本书获得
中国敦煌石窟保护研究基金会
资助出版

麦积山石窟内容总录

敦煌研究院麦积山石窟艺术研究所　编

项一峰　主　编

董广强　副主编

文物出版社

图书在版编目（CIP）数据

麦积山石窟内容总录 / 敦煌研究院麦积山石窟艺术研究所编；项一峰主编 . -- 北京 : 文物出版社，2023.5

ISBN 978-7-5010-8019-9

Ⅰ . ①麦…　Ⅱ . ①敦… ②项…　Ⅲ . ①麦积山石窟介绍　Ⅳ . ① K879.24

中国国家版本馆 CIP 数据核字（2023）第 063031 号

麦积山石窟内容总录

编　　者：敦煌研究院麦积山石窟研究所
主　　编：项一峰
副 主 编：董广强

责任编辑：许海意
装帧设计：谭德毅
责任印制：张道奇

出版发行：文物出版社
社　　址：北京市东城区东直门内北小街 2 号楼
邮政编码：100007
网　　址：http://www.wenwu.com
经　　销：新华书店
印　　刷：宝蕾元仁浩（天津）印刷有限公司
开　　本：889mm × 1194mm　1/16
印　　张：21.5
版　　次：2023 年 5 月第 1 版
印　　次：2023 年 5 月第 1 次印刷
书　　号：ISBN 978-7-5010-8019-9
定　　价：138.00 元（平）

《麦积山石窟内容总录》
编委会

图 1　北魏法生造像碑

图 2　麦积山开除常住地粮碑 拓片

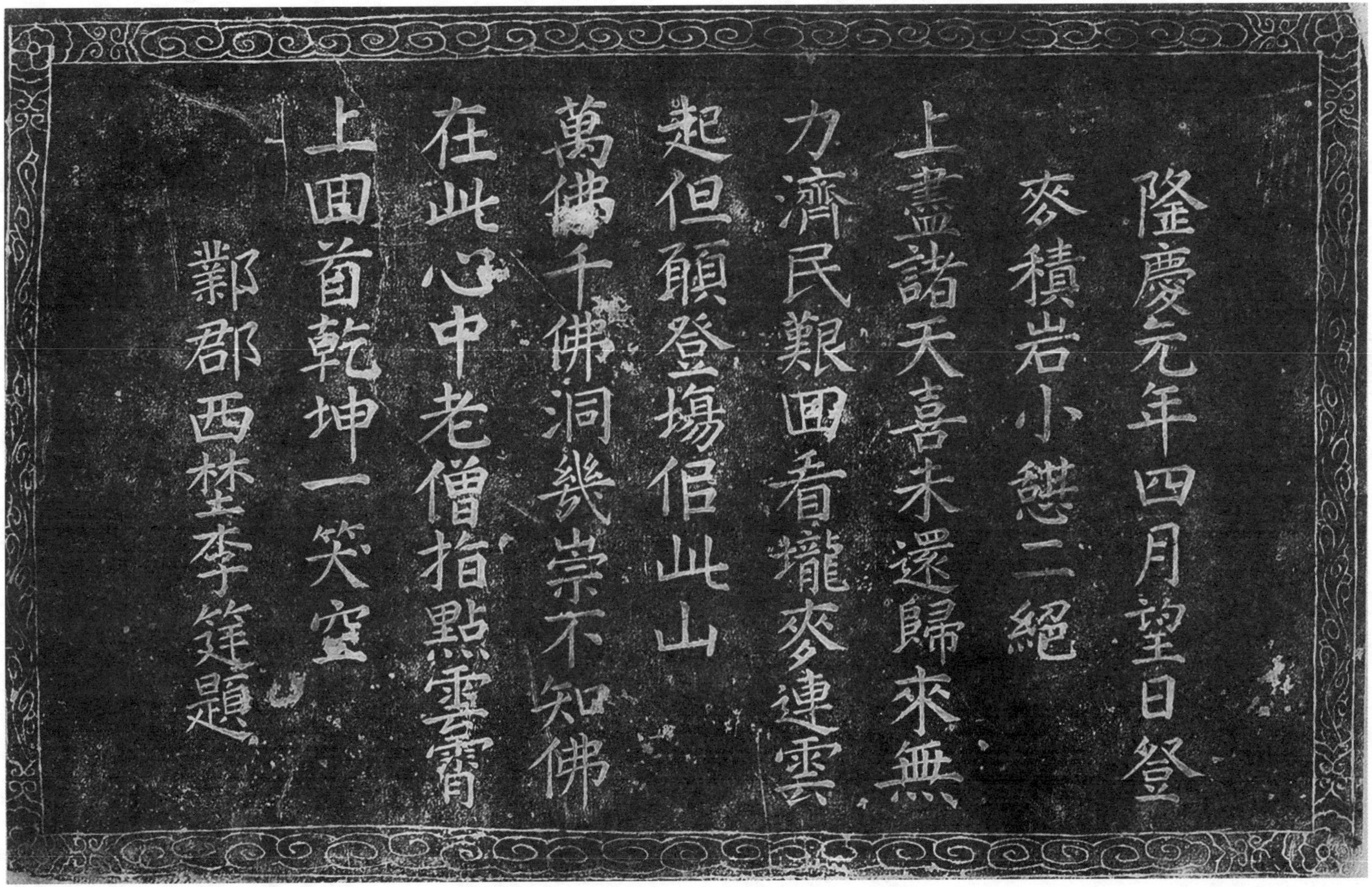

图 3　下麦积山小憩二绝碑　拓片

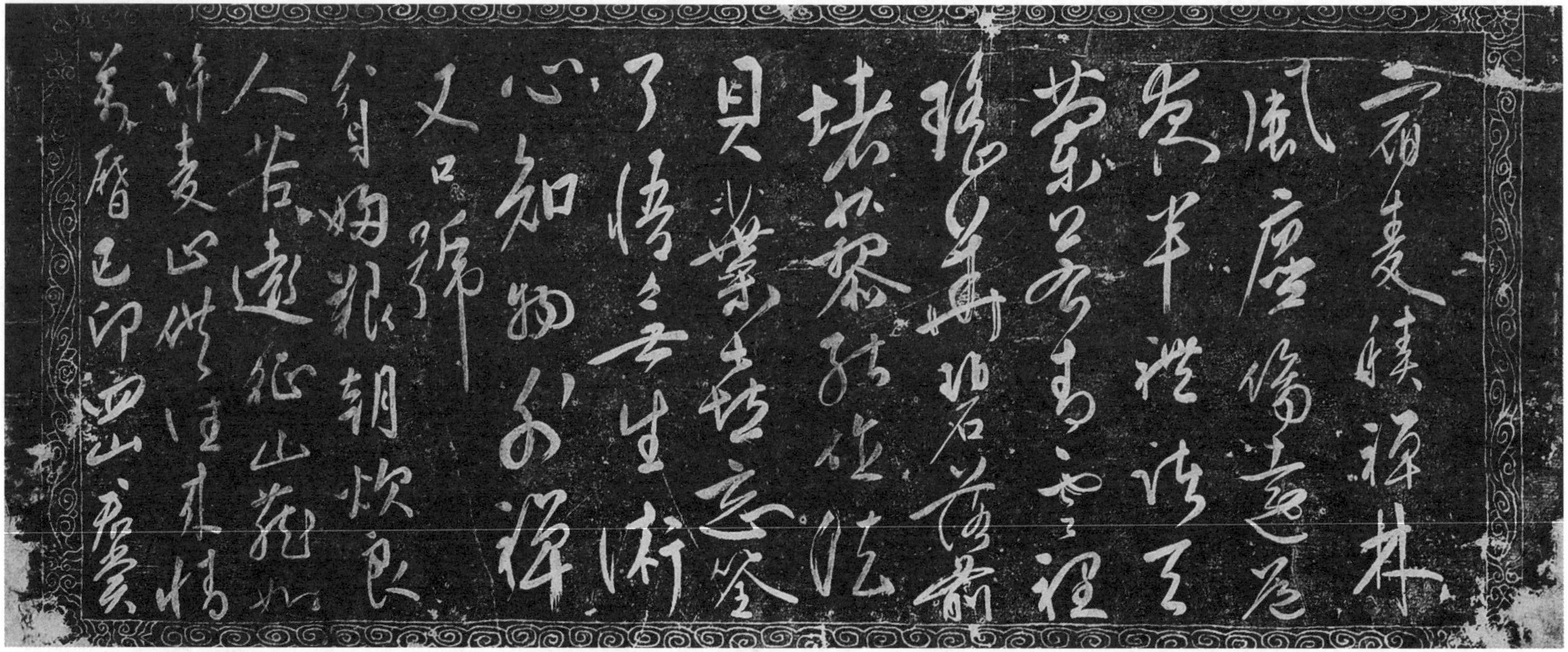

图 4　宿麦积禅林 拓片

图 5　瑞应寺再葬佛舍利碑　拓片

图6　四川制置史司给田公碑　拓片

图 7　麦积山瑞应寺常住香火田地四至碑记 拓片

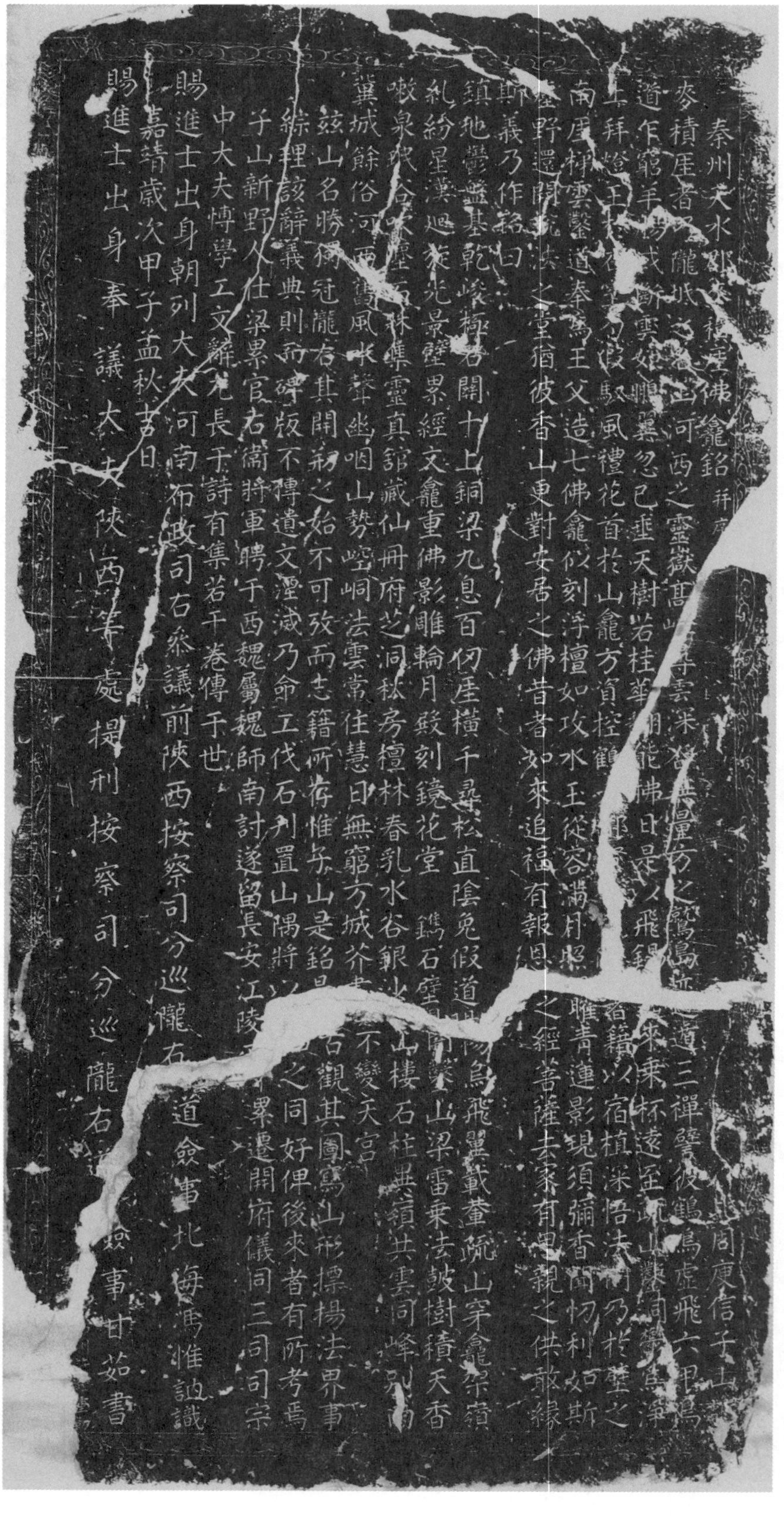

图 8　冯惟讷识、甘茹书《秦州天水郡麦积崖佛龛铭并序》 拓片

前　言

麦积山石窟是全国首批重点文物保护单位和世界文化遗产，是中国四大石窟之一。因为诸多原因，麦积山石窟始终没有出版过一部相对完整、全面的内容总录。

麦积石窟内容总录的相关工作，始于20世纪40年代冯国瑞对麦积山石窟的首次调查。随后出版的《麦积山石窟志》（陇南丛书编印社，1941年）中就已经涉及总录内容。1953年，中央文化部组织麦积山勘察团对麦积山进行考察之后，由吴作人执笔、冯国瑞参与整理的工作成果《麦积山石窟内容总录》在《文物参考资料》上发表，公布了对整个东西崖194个窟龛基本内容的简单记录，是麦积山第一版内容总录。北京大学阎文儒先生调查麦积山后，主编出版的《麦积山石窟》（甘肃人民出版社，1984年）中收录有李月伯、何静珍、陈玉英共同撰写的《麦积山石窟主要窟龛内容总录》，按位置、时代、造像、壁画、题记等五个部分进行了记录，但没有全面记录所有窟龛，记录也多有主观性判断。麦积山石窟艺术研究所编著的《中国石窟·麦积山石窟》（日本平凡社、中国文物出版社，1988年）内收录了李西民、蒋毅明整理的《麦积山石窟内容总录》，主要按时代、形制、内容、题记等四个部分进行了简单记录。此后，项一峰在《敦煌学辑刊》1997年第2期和2001年第1期，《敦煌研究》1998年第2期先后发表了《麦积山石窟内容总录》，分别记录了洞窟按照东、西崖和西上区石窟内容，体例框架基本完整，惜内容较为简略。张锦秀编撰的《麦积山石窟志》（甘肃人民出版社，2002年）一书中，对麦积山石窟不同时代主要洞窟的建筑、雕塑、壁画、题记等内容进行了详细调查记录，并附有相关统计图表，包含了内容总录的部分基本内容。

将内容总录作为专项业务工作进行推动，始于1998年。为推进麦积山石窟“四有”档案建设工作，麦积山石窟艺术研究所邀请甘肃省文物考古所董玉祥先生，指导并组织夏朗云、项一峰、孙晓峰、王纪月4位同志对洞窟进行全面调查记录，历时三年完成了麦积山石窟洞窟档案文本。2006年，为推进麦积山石窟内容总录的编写和出版工作，麦积山石窟艺术研究所正式组建考古研究室。2007年，邀请北京大学教授马世长先生指导考古研究室业务人员，首次按照石窟考古学方法对洞窟进行全面调查和记录。2014年，夏朗云带领考古研究室部分员工承担所内课题，进行麦积山石窟内容总录编写工作，2016年以10个洞窟为样稿结项，其内容包括文字、线图和图片三个部分。

总的看来，20世纪50～90年代的几种《麦积山石窟内容总录》，由于受窟区栈道不通、调查时间短、目的不明确、认识不到位等各种因素影响，难免存在各种遗漏和错误以及记录简单、主观性强等问题。重要的是，20世纪90年代以来，又新开展了麦积山东侧山梁王子洞窟区，以及崖面新增补窟龛和地震坍塌区的窟龛的调查记录工作，窟龛数量也由原来的194个增加到221个。因此，出于麦积山石窟考古工作深入发展以及国内外学术界研究的需要，我们在前人调查成果的基础上，结合近年来所做的诸多相关工作，计划重新编写出版一本全面、系统、完善的《麦积山石窟内容总录》。

这项工作也得到国家文物局的高度重视，并被列入相关工作会议纪要。敦煌研究院和麦积山石窟艺术研究所的领导均高度重视此项工作，将其纳入年度重点工作；相关人员不惜辛劳，加班加点，反复讨论修改，最终按时完成了编撰任务。

本书是几十年来麦积石窟石窟艺术研究所和国内外专家学者相关研究成果的共同结晶，为麦积山石窟研究工作提供了相对客观、准确的第一手资料，相信必将有助于推动麦积山石窟的相关研究工作的开展。

由于条件所限，本书没有附录相关图版、测绘图、摹本等资料，仅附部分碑刻拓片，对由此给使用者带来的不便深表歉意！同时，由于能力和水平有限，书中难免有不少纰漏和失误之处，诚挚欢迎国内外专家学者和读者朋友们不吝批评指正，以利于今后的再版和修订工作。

编　者

2022 年 10 月

凡　例

一、《麦积山石窟内容总录》基本体例，主要参照《敦煌石窟内容总录》，并根据麦积山石窟自身情况进行了调整。

二、洞窟数量之前长期沿用中央勘察团编号的194个窟龛，20世纪90年代后根据考古调查陆续增补了部分洞窟，现窟龛总数量为221个。

三、《麦积山石窟内容总录》总体结构所列项目主要有洞窟（龛）号、时代、位置、形制、造像、壁画、题记等七个部分。

1. 窟号：按麦积山石窟现行洞窟编号排序，统一为三位数001～221，其中个别洞窟俗称在括号内注明。

2. 时代：为洞窟的原开凿时代，部分有争议的洞窟以张锦绣《麦积山石窟志》中洞窟年代为准；后代重修塑或妆銮造像、重绘壁画等均在括号内注明。

3. 位置：崖面洞窟，因历史中地震中部塌毁，将崖面分为东、西两大部分，东崖洞窟又分出中区部分，西崖洞窟又分出西上区部分。洞窟在位置上记述分东崖、东崖中区、西崖、西崖西上区等四大区域，并说明左右相邻洞窟号；窟口下沿距栈道距离是指距离现今混凝土栈道面的距离。

4. 形制：主要记录洞窟平面和窟顶形制，洞窟朝向，洞窟内高、宽、深尺度，甬道以及窟内或壁面开龛、坛台、地面坛基等尺度。

5. 造像：主要记录洞窟现存造像位置、题材、尺度、形态、服饰、装饰、手势、坐式等，按正壁、左壁、右壁、前壁顺序记录；左右依照主尊佛像的左右为准，造像有重塑或重修情况时，记述中也加以说明；造像背光也记录于此。

佛袒右袈裟基本形式有两种：（1）袒右袈裟搭右肩一侧；（2）袒右袈裟搭右肩及臂一侧。总录皆通称袒右袈裟。通肩袈裟基本形式有三种：（1）高领露颈式；（2）中领露至胸式；（3）低领露至腹式。总录皆通称通肩袈裟。

6. 壁画：主要记录洞窟内现存壁画位置、题材、内容等，按正、左、右、前壁、窟顶顺序。后代重绘或存在层位重叠者，记述中加以说明。

7. 题记：主要记录窟内现存墨书题记、刻划题记、功德主题记、游人题记以及相关碑记等。因多种原因现题记多模糊不清，甚至已消失，现参考前人的调查资料和实地调查结合而成。

题记释文使用通行简体字，个别异体字和无对应简体字者除外。

四、未在洞窟范围内的有研究价值的碑刻、塔铭、钟铭等作为附录于后。

目 录

第001窟

窟　号　第001窟（俗称卧佛洞）

时　代　北魏（明、清重修）

位　置　位于东崖东端，左侧为加固工程栈道承重实验台，右邻第002窟，窟门下沿距栈道地面垂直高度0.42米。

形　制

平面横长方形、三间四柱平顶窟。坐北朝南，南偏东12°。窟高2.23米、宽7.75米、进深2.23米。中门大，两侧门小。中门高2.17米、宽2.15米、深0.63米。两侧门宽1.47米，高和深同中间门。柱为石胎泥皮素面八棱柱，柱高1.63米、宽0.52米，单面宽0.21米。每柱下为圆形素面柱础，高0.14米、直径0.74米。柱上端和斗下端有一高约0.05米的凸面，上托方形栌斗，高0.47米、边长0.59米。斗下部有四个抹角。斗上承檐下横梁，高0.25米、深0.57米。窟外上方凿有倒梯形防雨槽，防雨槽横向跨度7.8米、高0.86米。其下有中间四个桩孔。每柱上方的窟檐上均凿一向下不规则的桩孔。

窟内三壁前有通长倒“凹”字形高坛基，高出现代地面砖0.71米。正壁前坛基深1.05米，左壁前坛基深0.27米，右壁前坛基深0.27米。

造　像

原作无存。现存明代重塑造像，清代重妆施色。正壁前坛台上塑释迦牟尼涅槃像，其头、身后及足侧塑十大弟子及一身供养人（官员）。共计12身。

释迦涅槃卧像，身长5.96米、高1.10米、厚0.95米。右侧卧，头枕于右手，下方有长方形枕，枕边缘有回纹饰。螺发髻有肉髻珠，面部较宽，额间白毫相，细眉下弯，眼睑稍凸，上睑层压下睑层，双目微闭。左、右眼珠均残失。鼻梁较宽平，鼻头内收，有鼻孔，双唇边缘塑出凸起轮廓，嘴角作圆角状上翘，唇下、下颏各有一圆弧形阴刻线纹。身着袒右袈裟，上沥粉堆塑“田相”、龙凤、云纹和牡丹等装饰图案，下身着系带裙。左臂直伸平放于左侧身体上，双足裸露。

弟子。第一身弟子，高1.42米。青年形象，神情沉静，内着交领衫，中层着交领衣，外着袒右袈裟，左肩有环形扣。双手合十，手指残失，结跏趺坐于佛头顶后侧。其余弟子身高与其大致相同，姿势、表情与神态各异。第二身弟子，位于佛头后侧，老者形象，嘴角下垂，左手裹衣角托下颏，右手抚摸佛头。第三身弟子，位于佛颈，青年形象，口微张，左手抚摸佛肩。第四身弟子，位于佛肩后侧，老者形象，大眼圆睁，嘴巴大张，面部肌肉突起，左手抚佛臂，右手抚佛肩。第五身弟子，位于佛的腹部后侧，青年形象，嘴角轻微上扬，左手抚佛臂，衣饰与第一身弟子相似。第六身弟子，位于佛的腹部后侧，老者形象，鼻梁高挺，鼻头内收，有粗短胡须；左手紧握，右手抚摸佛臂，衣饰与第一身相似。第七身弟子，位于佛左手后侧，青年形象，头微右侧，嘴角向下，左手抚佛手，右手抚佛手腕，着交领袈裟，饰有牡丹花纹。第八身弟子，位于佛腿后侧，中年形象，怒目，口微张，双手端于胸前，双手残失，衣饰同第七身，有祥云纹。第九身弟子，位于佛胫后侧，青年形象，嘴角轻微上扬，头微右侧，表情平静，双手合十（残失）；衣饰与第七身相似。第十身弟子，位于佛足后侧，老者形象，嘴巴大张，喜笑颜开，左手覆衣袖置于佛左足，右手抚佛脚踝，内着交领衫，饰有牡丹、忍冬等花纹，外着斜披袈裟，饰有卷草纹。围绕卧佛的塑像双眼珠均残失。

供养人（官员），高1.27米。头戴笼冠，面形长圆，鼻梁较宽平，嘴角轻微上扬。内着交领衫，外着圆领宽袖紫红蟒袍，上半身饰有祥云龙纹图案，下半身饰有八卦图案，下摆中心为“巽”卦符号，右侧为“兑”符号，左侧不清。左手残失，右手抚摸佛趾，游戏坐于佛足下方。

壁　画

原绘无存，明清重绘。顶部相对于三个门口处画出三大团花图案。左侧壁底层壁画模糊，右壁底层壁画残有很少。坛基下部绘有条带纹，其上绘有三层六边棱形纹饰，有绿、红、白和现呈黑色的色彩。

窟门内斗上内层彩绘出方框中的双线网格纹图案。斗两侧上绘有泛白色的花卉图案及抹角上泛白色的云纹。

外层壁画分布在全窟各部，用笔粗犷。主要为正壁的弟子项光，顶部的云纹，团花中的草叶纹。左、右壁上的云龙、窟门内斗上的黑色云纹。

题　记

东侧柱头上墨书：“张锡、张进乾隆五十八年四月初二日进香。”

窟门中间两柱门内侧，在红色颜料底子上以粉白色书写对联，左侧柱为“幽洞悬崖翠竹苍松千古秀”，右侧柱为“灵水名山鸟语花香四时新”。

窟内左中间柱斗上红色蜡笔书：“河南兰考三车队司机，胡志强到此观景。”

左侧窟门内上方有刻划：“秦安葛凤光到此一游。”

前壁左侧上方有铅笔题诗一首：“青松入云端，气息爽万千。爬出不觉痛，看仙更喜欢。”

正壁右侧有粗体墨书：“初到贵地□□□车□□□□□□。”

正壁中部下层泥皮铅笔书：“刘脱拾三十年六月十一日游此。”

顶部正中后侧亦有墨书：“□□□、崔玉道、杨□超。”

第002窟

窟　号　第002窟（俗称狮子洞、阎罗殿）

时　代　北周（明、清重修）

位　置　位于东崖东端，左邻第001窟，右侧为崖面，窟门下沿距栈道地面垂直高度0.38米。

形　制

平面横长方形、盝顶窟，前有长方形拱形窟门。坐北朝南，南偏东7°。窟高3.15米、宽6.00米、进深3.68米。窟门下部为竖长方形，上部为低圆拱形，高2.37米、宽1.98米、深0.45米。正壁前左、右两侧各有一长方形低坛基，左坛基高0.28米、宽2.34米、深1.06米；右坛基高0.23米、宽2.00米、深1.12米。坛基上各筑多层“工”字形台座，高0.87米、宽1.53米、深0.95米。窟中部偏后有一长方形低坛基，高0.21米、宽1.70米、深0.94米。左、右壁前侧有一长方形低坛基，左壁前坛基，高0.24米、宽2.54米、深0.43米；右壁前坛基，高0.24米、宽2.70米、深0.37米。顶部最上部以截面方形的框架围成长方形藻井，四面坡以圆柱形框架梁围成前后左右8个梯形。窟门外上方有不同时期所凿人字披形防雨槽。除仍在使用的防雨檐，还有一道防雨檐石槽，人字披从两脚处到顶尖垂直高度1.30米，顶尖距离窟门1.00米。

20世纪80年代麦积山维修加固工程，对窟门周围及窟门外右侧泥皮用水泥进行了封护。左、右壁前侧低坛基为研究所工作人员用木材做成。

造　像

原作无存，题材布局不详。现存28身，均为明代补修或重塑。

窟内正中偏后塑乘狮子形神兽的地藏菩萨和昆仑奴。正壁前左、右各塑一坐像，坐于台座之上椭圆形仰覆莲台上。左、右台座前侧中央分别塑青狮和白象。正壁与左、右壁角落处分别塑道明和闵公立像。左、右壁前侧各塑五身十殿阎君。

地藏菩萨，高1.03米、宽0.77米、厚0.60米。头戴花冠，面容方圆，额际宽大，额间白毫相，眉弯曲，双目下视，鼻梁直挺，唇角稍上扬，下颏稍内收，双耳垂肩，耳垂较饱满；上身袒露，胸部丰满挺拔。肩披巾，佩璎珞，下着装饰华丽的革带系裙。双臂肘平置，双腕内侧相贴，左手朝下，右手朝上，五指展开，结跏趺坐于由足踏四朵莲花的神兽臂驮负的仰莲花座上。莲花座，高0.38米、宽0.71米。神兽，高1.59米、长1.67米、厚1.00米，目视前方，口大张，露齿与舌，颈佩铃铛，身上有圆状凸起。莲座与神兽身体间覆一方毯，画有方框，方框内有云纹及麒麟图案，外侧饰有牡丹纹。

昆仑奴，高1.23米。头戴毡帽，毡帽上有联珠纹。面目狰狞，双目圆睁，鼻梁高挺，显双鼻孔，面部肌肉突出，双耳较外扩，腮络胡须。内着紧身短衣，外罩短披巾，披巾前打结。胸部系带，腹部凸起，右手持琉璃珠，左膝跪压一个有装饰花纹的圆形球，足穿长筒靴。

正壁左侧坐像，高1.01米。面部饱满，眉稍粗，额间白毫相，眼角稍平，鼻梁长且直挺。着袒右袈裟，下摆较短。右手上举，掌心向外；左手置于右足上，掌心向上，坐于台座之上椭圆形仰覆莲台上。

正壁右侧坐像，高1.27米。戴头箍，上有一化佛。面部较平，眉间白毫相，眉较短且眉尾下垂，眼角上扬，表情严肃。内着僧祇支，外着袈裟，饰有牡丹纹。右手上举贴于胸前，左手斜向下，掌心斜向右上，坐于台座之上椭圆形仰覆莲台上。

左侧道明，高1.56米。中年形象，面容清秀，眉尾下垂，双耳较小，下颏圆润。内着交领衣，外着袈裟，双手合十，足穿白袜和白底黑鞋而立。

右侧闵公，高1.55米。老年形象，头戴双翅冠，白眉白须，目视前方。内着交领衣，中着交领长袍，外披大氅，双手合十，足穿白底黑靴而立。

地藏菩萨、神兽、左坐像、道明像均于明清用沥粉堆金装饰。

十殿阎君，以左壁内侧第一身为例。第一身阎君高0.90米，头戴笼冠，弯眉，小胡须，颈戴项圈，有一长方形挂坠，着交领衣袍，腰围玉带，下坠一白色宽带，双手握于胸前而立。其余九身身高、服饰、动作与第一身相似，且十身双足均残失。第二身，脸部瘦长，细目，黑色胡须。第三身，面相凶狠，皱眉，圆目，面部肌肉突出，红发红须，胡须较长，垂至项圈。第四身，鼻宽平，嘴角内陷，黑色短胡须。第五身，面容黝黑，露齿，黑色胡须垂至胸前。右壁内侧第一身，面容较平，目小，黑色短胡须。第二身，肤白，下唇中央内陷，下颌短小，黑色胡须较为稀疏。第三身，眉骨突出，圆目，鼻梁宽平，黑色长胡须。第四身，细目，鼻梁长而挺，小嘴，黑色胡须。第五身，眉毛眼角上扬，黑色络腮胡须。

窟顶长方形藻井内壁每壁各贴三身影塑坐佛，共12身。着袒右袈裟，结跏趺坐于仰覆莲座上，背光上部低平稍宽。其中正壁方向右侧一身，下半身残失；右壁方向左侧一身，头部残失。

壁 画

原作无存，现存为明、清重绘。面积约20平方米。表层大量为清代作品，明代有少部分可辨。

正壁现存绘三大圆形背项光，中间背光中部可见淡粗墨线所绘花纹，似为团花形象，为明代作品。清代在三背项光上又加彩绘。正壁中部背项光左、右两侧清代各绘有一身立菩萨，左侧菩萨色彩较鲜艳，头戴簪花，面带笑意，眉眼细弯。内着红衫，外着绿色双领下垂式衣袍。项光中以墨笔绘云头状花纹。右侧菩萨，模糊不清。正壁右侧，模糊不清。

左右壁表层清代壁画分为上下两部分。上部为十殿阎王判案图，下部为白色砖纹，砖纹中部有花纹。

左右壁上部各绘五身阎君。阎君坐于帐幔下，帐幔上绘有花纹。阎君身前有案几，案几上有笔架、文书、签筒等物品。除右壁外侧第一身阎君身侧只有一个侍从外，其余九身都有两个侍从。

左壁内侧第一身阎君与下方施刑图模糊，阎君左侧侍从皮肤黝黑，着绿色交领外袍。

第二身阎君，着蓝色圆领长袍，右手持毛笔，向后右倾倚坐。其左侧侍从着绿色长袍，双手揣袖，端于胸前。右侧侍从面部圆润，双手托一白色长方形盒。阎君下方绘五身像。一身鬼吏袒露上身，挺身而立；另有三人跪地，其中一人作掩面哭泣状，中间一人被绑，另一人面朝阎君作辩解状，最后一身立于鬼吏右侧，面前有一圆柱形物。

第三身阎君，面容狰狞，着红色圆领长袍，左手端于胸前，右手抚文书。其左侧侍从着绿色长袍，左手抱一卷文书，右手持笔。右侧侍从马面形象，右手持钢叉。阎君下方为下油锅场景，共绘有五人。其中三身小鬼，收纳刑具。

第四身阎君，头戴笼冠右倾，面容似愁苦状，身着绿色袍，右手掩于衣袖中。其左侧侍从为老者形象，白色胡须，垂至胸前，双手端于胸前。右侧牛头侍从双手抱拳。下方绘有三人，两身小鬼及一人躺在石锤下。

第五身阎君，身着红色圆领长袍，双手覆于书面上。其左侧侍从眉毛上翘，着绿色袍。右侧牛头侍从手持绿色卷筒。下方绘有四身像，一身鬼吏执长枪向前行进，另三身着长衫盘坐或跪地，其间绘有一只鸡。

右壁内侧第一身阎君，模糊不清。

第二身阎君，面带笑意，身着白色圆领长袍，左手外伸，右手持笔。其左侧侍从着绿色袍，右侧鬼面侍从头向右侧，头发向上竖起。下方施刑图模糊不清。

第三身阎君面容模糊，身着红色圆领长袍，左手端于胸前，右手两指向下指。其左侧侍从着绿色袍，右侧侍从羊头形象，左手持长斧，右手端于胸前。下方绘有两人。一身为小鬼，一身为跪地人物。

第四身阎君，向右微微斜视，着绿色圆领长袍，右手持笔。其左侧立两个侍从，一身为人的形象，一身为鬼面形象。下方绘有血池地狱场景，共绘七人。两身小鬼中间夹有四人，立于围栏中。血池中有一人。

第五身阎君身着红色圆领长袍，左手上抬，右手捋左衣袖。其右侧侍从身着白色长袍，双手端于胸前，向阎君行礼状。下方绘有石磨地狱场景，有三个小鬼，下方绘有一只动物形象。

前壁窟门左侧分上、下两部。上部绘有上刀山、入鬼门关场景，下部绘一云龙和一老者形象。上部左上方为上刀山场景，上部下方为入鬼门关场景，共绘有十三身像。其中五身小鬼形象，有两身小鬼各挟持一人。鬼门关入口处有虎头形象。窟门右侧前壁大部分损毁，左上方绘有树林和城墙。

顶部可见明清壁画叠压，内容基本一致。表层清代壁画形象有八卦符号、祥云、红日、红月、五身菩萨坐像，二龙、二凤、二火焰神兽。八卦符号位于顶部四周八格子中，菩萨位于藻井和左右四格中，龙、凤位于左、右坡上。左侧神兽有双须双角，右侧神兽头有凸起圆。还有二护法天，护法天分别位于正壁上方顶部二格中，其中左侧一身双手怀抱金刚杵。

顶部壁画中央方格，绘一红色圆形背景，圆形中绘一菩萨，头戴花冠，面容丰满，着红色袒右袈裟，结跏趺坐于莲花座上。红色项光，白色背项光，周围有祥云装饰。后坡左格中绘“☶”艮卦符，其左侧绘一护法天，头戴白帽，手持金刚杵。右格中卦符残缺不清（应为“☵”坎卦符）。左右坡四格上部各绘一菩萨，背后有祥云，中部绘卦符，下部为龙凤。左坡左格中卦符残缺不清（应为“☴”巽卦符），下绘一龙；右格中绘“☳”震卦符，下绘一凤。右坡左格中绘“☰”乾卦符，下绘一凤；右格中绘“☱”兑卦符，下绘一龙。前坡左格中绘“☷”坤卦，左侧神兽头部有圆状突起，右侧绘红日与祥云；右格中卦符下半残损不清（应为“☲”离卦符），左侧绘红日祥云，右侧神兽双须双角。

顶部各梁上均绘有花纹。

题　记

左壁内侧上方有明代红边榜框一个，此框再覆盖清代白粉；上有墨书：“□□□□□□□□□□□峰□□□□□□□……”

左壁壁画中淡红色榜书有“张门”字样，还有框上部只三字“张、胡、康”三姓氏。

左前壁元代层，与画右中部有一榜书，残余部分为“……□伟三中……□住居……□□□……□□夏……”

左侧壁明代层壁画中粉红色榜书框中无字。

第003窟

窟　号　第003窟（俗称千佛廊）

时　代　北周（宋、明）

位　置　位于东崖中上部，右上方邻第4窟，左邻第168窟。窟门与第168窟台阶相连。

形　制

大型人字披顶长廊式崖阁建筑，也是麦积山唯一一座长廊式阁道。坐北朝南，南偏东10°。阁道整体水平凿刻，东西全长36.50米、进深2.70米。共有14间，廊顶中间雕有月梁13道，月梁中央雕出驼峰，驼峰之上有替木和脊檩，内壁上雕出檐檩。两坡之间凿出圆形六七根椽子连接脊檩和檐檩，前檐大部崩塌。

造　像

第3窟俗称“千佛廊”，因其廊道上下现存六排共297身石胎泥塑坐佛即“千佛”造像而得名，廊道上方分布2排，下方4排，自上而下第一排44身，第二排48身，第三排53身，第四排55身，第五排50身，第六排42身；另廊道外侧与左前部残存上下两层，上层3身，下层2身。造像大小基本相等，均高0.93米、宽0.60米、厚0.19米，每排造像下方有分隔的横栏，高0.95米、栏台高0.28米，廊道第二排与第三排坐佛的分隔栏台高约0.60米。廊道下部四排造像除少数塑像泥皮脱落外，绝大多数保存基本完好；廊道上方两层造像小部分面部泥皮脱落，较为完整地保存宋代重修原貌。

廊道上方两排上部佛像石胎结构较清晰，凿出低平肉髻和五官，颈部较短，上身宽平，手臂较长，环于腹前，上身紧贴壁面，雕出圆形项光，石胎上可见袈裟及覆莲座的阴刻线。原作泥塑已不可辨，外层现可见宋代重修作品，低平肉髻，有肉髻珠，佛像发髻有磨光、水波纹和旋涡纹三种形式，间隔塑做。面部丰满，前额平阔，有泥质半珠形白毫相，下层一排白毫均残毁不存。眉骨突出，阴刻细长眉毛，双眼眼角上翘，微曲下视。鼻梁适中，有鼻孔，人中清晰，唇分四瓣，双耳垂肩，绘有胡髭。内着僧祇支，外着双领下垂或圆领袈裟，施以赭红、石绿和浅黄色，袈裟右侧衣缘一角或搭于左肩，或搭于左肘或于左侧胸前结环垂挂，下摆于莲花座前分四瓣呈莲瓣状下垂。双手施禅定印，结跏趺坐于莲花座。千佛双手结印分三种形式相间隔，或掌心向上置于腿部，或掌心向内覆于腿部外侧，或拢于袖中置于腿部。部分造像袈裟“田相”上绘有石绿色白边的卷草图案。

廊道下方四排坐佛，基本保持原作，表面均有磨蚀，除部分造像被桩孔打破，其余保存较为完整。坐佛均为磨光低平肉髻，面相方圆，眉间未塑出白毫相，双眉细小并凸起，眼鼻适中、嘴唇稍小、脖颈稍短、肩宽体长，内着僧祇支，外着双领下垂袈裟，阴刻衣纹较为舒缓，双手施禅定印，结跏趺坐。上排坐佛袈裟下摆为较平的素面，最下一排袈裟下摆呈莲瓣状。以赭石和现呈黑色的颜料绘出圆形项光和袈裟边缘。

壁　画

无

题　记

上层东起第二身旁墨书：“永乐十七年四月初一日□□□□。”

第五身旁墨书：“社□□谷税户□（董）三□□□□□□□□□名唐宅□□□□□□□各人开□□□□□（大）庆元四年三月□□□□。”

左边墨书：“□□□员黄□黄□□□□□□崇祯□□年四月□□□。”

第六身左边墨书：“明国山西太原人氏□匠人李登云陕西清平县人氏□金□□。”

第十三身旁墨书：“州社树坪重修上七佛天桥木匠高世班、高世□徒陈□（世）厚一家等二六时，吉祥如意□□九年□（四）月二十二日工完。”

第二十五身旁墨书：“□治十三年孟□□□秦州军□王到此。”左侧墨书：“顺治□□四月初八日□□□……”

第四十三身旁墨书：“策马一队将薛□□于□嘉定十四年九月十七日提辖□兵陈宣□□□。”

第二十八身身上墨书：“万历三十二年五月天水王永□蒲惟荐到此。”

第二十九身左边墨书：“隆庆三年闰八月二十六日秦州张瑞泉到。”

下层第三十六身旁墨书：“秦州雄武军□□□归朝□保□天水庆元四年。”

第3窟到第4窟栈道旁边的崖壁上石刻：“麦积山胜迹，始建于□（姚）秦，成于元魏。经七百年□□名额。绍兴二年岁在壬子兵火毁。历至十三年，尽境□宁，国泰□□。二十七年丁丑六月□□游此□□□□□特刻石以记之。”（注：此题记被20世纪80年代麦积山加固工程混凝土封闭）。

第004窟

窟　号　第004窟(俗称上七佛阁、散花楼)

时　代　北周（唐、宋、明、清重修）

位　置　位于东崖上部顶端，左下方邻第003窟，右邻第005窟，是麦积山石窟相对位置最高的洞窟之一。原栈道塌毁，现栈道直达前廊。

形　制

平面长方形、七间八柱、单檐庑殿顶式崖阁。坐北朝南，南偏东5°。此窟前廊后室结构，前廊上方距窟内地面16米的崖面上凿有单檐庑殿顶。正脊两端凿出鸱尾，均做素平处理。屋面雕出瓦垄，庑殿顶上方有大小桩孔各两排共计四排，中间两排为大桩孔，四排桩孔之上有一横向凹槽。

前廊面阔七间，廊高8.65米、面阔31.40米、进深4.10米。前方原有一横排八根八面檐柱，中间六根因历史地震全部崩塌，现仅余东、西梢间的二根檐柱。柱身净高7.25米，柱身下方为圆形覆莲柱础，柱头之上为栌斗，栌斗高0.89米。栌斗之上雕出阑额，阑额之上雕有齐心斗和散斗，斗上雕有上下两层一高一矮的橑檐枋和替木。前廊左、右壁上方各开一敞口小龛，平面方形四角攒尖顶，被后世改造为平面八角形、仿帐架式攒尖顶小龛，龛口变小成为拱形，现高2.65米、宽2.02米、进深1.87米。前廊右壁下方贴地面凿有一洞连接第5窟牛儿堂。窟廊顶部，按前面廊柱及后方诸龛也分为七间，每间廊顶上凿有梁，中间六根梁已经崩塌，仅存有梁尾与后壁上部相连，每间廊顶雕出六块平綦，按照宽两块、深三块的方式排列，保存完整的只有东西两侧共六块，平綦内凹、凿有方形边框，每块平綦边框四角各有五个小圆孔，当为插贴花饰之用。

后室为一字排开的七个仿帐形佛龛，面阔较前廊略窄，龛形一致，平面方形、四角攒尖顶龛，近方形门。七个龛大小基本相同，龛高5.06～5.42米，壁高约4.30米、宽4.20米、进深4.20米。龛门上方雕出龙、凤、象首等动物形象，口含由珠宝、铃铛等构成的长流苏。

龛内雕出八边形帐柱、帐杆，壁面凸出的部分呈四棱形，下有覆莲柱础，帐柱和帐杆相交接处雕出莲花，窟顶中央也有一大朵莲花，其中第七龛龛顶莲花已经脱落，露出方形插孔。

造 像

此窟后室七个并列龛里各有一身主尊佛，组成七佛，因此被称为“七佛龛”。窟内现存大中型泥塑佛、弟子、菩萨、力士、文殊、维摩诘等像计75身（其中两身塑像破损为多个残块），以及石胎浮塑天龙八部护法8身和影塑小千佛757身，共计造像840身。这些造像多经后代重修或重塑及妆銮。

前廊左、右两侧宋各塑一身力士。左侧力士，高4.00米。束发，佩宝缯，面形略方，皱眉，怒目俯视，张嘴，面部肌肉紧皱。戴项圈，上身袒裸，披帛绕两肩下飘，左上臂系绳，左手握金刚杵立于左腿前，左手五指残失；右臂屈肘握拳举于头部右上方。下着裙，裙及披帛均为褐色绿边。身体略向左倾斜，双脚呈“八”字形站立长方形台基上。右侧力士，高4.30米。造像整体风格及装饰似左侧力士，有别是嘴紧闭，左臂屈肘握拳举于左上方，右臂屈肘握拳，拳心向上横举于腹前。头部略向右侧，身躯向右倾斜。

前廊左右耳龛：两龛均现存一铺五身造像，为宋塑明重修。左龛为维摩诘与四身侍女，右龛为文殊菩萨并二弟子及二胁侍菩萨。

左龛内维摩诘，高1.04米。头戴荷叶形头巾，面部皱纹清晰，面显苍老，双目略下视，上身略前倾。内着交领长衫，外着对襟长袖衫。左臂屈肘，左手裹于袖中置于左膝；右臂屈肘手握拂尘，拂尘搭于左肩。左腿屈膝向上，右腿盘起，坐于长方形台座上。

右内侧侍女，高1.26米，发髻中分，并于脑后挽结。右外侧侍女，高1.19米，发髻后半侧毁，铁筋外露，有明显火烧痕迹，左耳失、右额残损，面、颈、胸手臂表面等处有多处残损，剥落及积尘现象，手持物品毁。左内侧侍女，高1.34米，面部斑驳剥落，右手毁，双足失。左外侧侍女，高1.32米，发髻残毁并有明显的火烧痕迹，双手及双足毁，余则大致完好。侍女多头发中分式阴刻高髻，面形长圆丰满，弯眉、悬鼻、小口，嘴角内敛，穿交领宽袖短袍、外披坎肩，腰间系带下垂，下系长裙，站立于台基之上。神情虔恭肃穆，体态庄重。

右龛内文殊菩萨，高1.54米。头束桃形发髻并佩宝缯，面部圆润，双眼圆鼓，鼻梁高挺，嘴较小，双唇轻抿，左耳佩圆形耳坠。内着僧祇支，外着双领下垂长袖衫，衣衫表层呈绿、褐色。双手合十举于胸前，跣足倚坐于长方形台基上，脚踏半圆形莲台。

右侧内弟子，高1.38米，青年形象，头顶微残，面部圆润，口鼻较小，略向左侧目视，内着交领衣，外着袈裟，袈裟右侧衣角绕腹前搭于左肘，双手相握合十举于胸前，下着长裙，足蹬圆头履站立于长方形台基上。左侧内弟子高0.41米，老者形象，面部褶皱明显，双手合握举于胸前，内着僧祇支，外着袈裟，下系长裙，足蹬尖头屐立于台基之上。

右侧外胁侍菩萨，高1.35米，头束桃形发髻并佩宝缯，面部圆润，略向右侧视，上身袒露，披帛自左肩打结后斜披而下，左手握拳屈肘举于腹前，右手握拳屈肘贴于胸前，下系长裙，裙上缘外翻，跣足立于长方形台基上。左侧外胁侍菩萨，高1.26米，面部圆润，造像风格与装饰与右侧菩萨大体相同。

天龙八部护法：第4窟七龛外左右两侧的壁面上有八身护法像，为石胎泥塑，经后代重修，现残损暴露多层，石胎为北周原作，露出两层泥层为唐宋重修。自东向西第一身，高2.50米。面形较方，发髻似火焰纹，头向右侧视，露左耳，戴耳环。双目圆睁，鼻梁高挺，上身袒，双肩披帛带，手腕戴双环，左手叉于腰侧，右手持两叉戟。下身穿短战裙。双脚呈“八”字形向外撇开而立，脚踏小鬼。小鬼，高0.54米。用右手和头顶托护法的右脚，左腿半跪，左手触地，右腿呈弓步。第二身护法，高2.33米。扭头朝向右侧，束发，眉高挑，双眼圆睁，眼角上挑。双嘴紧闭，嘴角向下，露左耳，耳饰环。颈戴桃形项圈，上身袒，手腕戴环，左手抚于腹部，右手屈肘上握金刚杵。下着贴身短裙，腰系带，双脚呈“八”字形外撇，右腿残，脚踏狮子而立。狮子高0.44米，呈侧面而立。第三身护法，高2.10米。头戴虎头盔，口张开，面部肌肉饱满。戴项圈，饰忍冬坠。上身披战巾，披帛从两侧下飘。手戴环，左手指残，手于腹前持一剑；右手上扬，手掌朝外贴于胸前，拇指与食指屈捻，剩余三指直伸。下着战裙，正面而立。脚踏雄狮，雄狮高0.66米，正面而蹲。第四身护法，高约2.10米，具体形象和所踏瑞兽都残不可辨。第五身护法，高2.33米。头束高发髻，嘴紧闭。上身着披帛，飘带自两侧下垂。手腕戴环，左手于腹前持一剑形兵器，具体形状不明，右臂抬起右手上抚于胸前。下着短裙，下半身漫漶严重，脚下所踏形象已不可辨。第六身护法，高2.14米。头戴盔甲，饰帽缨，头向左侧低斜。身穿战甲，左手屈肘上托一火焰宝珠，右手残。脚踏狮子。狮子，高0.67米，张口大吼，身体漫漶严重，侧身而立。第七身护法，高约2.15米。束发，戴项圈，披帛自两侧下垂，左手残，双手握持一环首刀。下着贴身短襦，系长带，正面而立。足踏一正面蹲踞的狮子，高约0.63米。第八身护法，高2.46米。扭头朝向左侧，露右耳。束发，戴桃形项圈，上身袒，披战巾，手戴双环，左手叉于腰侧，右手上握长柄瓜棱锤。下着短襦，双脚戴环，赤足呈“八”字形外撇而立，脚踏小鬼。小鬼，高0.66米。长发后甩，面部表情威严，上身袒，胸部与腹部凸出，下着贴身短裙；左腿弓步，右腿屈膝而跪，双手上托护法的双脚。

七佛龛内造像，经唐、宋、明重修。第一龛，龛内正壁一坐佛，左、右各一弟子，左壁三菩萨，右壁现存二菩萨，台座前左、右各一立佛，共计10身。

正壁佛，高2.46米。螺髻，于额前中分，有肉髻珠。眉间塑白毫相，白毫残失。面部圆润，眉弓高凸，口鼻较小，双下颌，耳垂略外撇，矮颈，挺胸鼓腹。内着僧祇支，胸前系带打结下垂。外着双领下垂袈裟，下摆呈“八”字形堆叠于座前，右臂屈肘掌心向外举于胸前，左臂屈肘掌心向内举于胸前，双手五指残失，双足均外露，结跏趺坐于方形台座上。

右侧弟子，高2.86米。面部圆润，眉间白毫相，弯眉细目，鼻梁高挺，嘴较小，面容清秀，内着僧祇支，外着披覆双肩袈裟，搭于双臂沿两侧自然下垂，右侧衣角绕腹前整体搭于左臂后呈弧形垂下。并于胸前系带。双手合十举于胸前，足蹬圆头履站立于覆莲台座上。

左侧弟子，高2.81米。面部紧皱，皱纹清晰，双眼深陷，眉弓高凸，双唇紧抿，颈部及胸部袒露处非常消瘦，骨骼突出，造像整体突出苍老之感。袈裟通覆两肩，右侧自肘下绕出经腹前上搭于左肘，双手相握举于胸前。下着长裙，腰部外翻并系带下垂，足蹬尖头履站立于覆莲台座上。

左壁中间菩萨，高2.97米；左侧菩萨，高3.00米；右侧菩萨，高3.00米。三身菩萨，头冠均已残失，表层略有破损之处。造像风格及装饰似右壁菩萨，两侧菩萨均为外搭披肩，斜披络腋。右侧菩萨络腋为自左肩至右腋下，左手握拳，拳心向上屈肘举于腹前，右手提披肩一角自然下垂。左侧菩萨身躯略向外侧，右手握拳，拳心向内屈肘举于胸前，左手握拳肘略屈于身躯外侧斜向下垂。三身菩萨均跣足站立于覆莲台座上。右侧菩萨络腋为自右肩至左腋下，下着翻边长裙。中间菩萨，内着袒右衣，外披前敞长袖衫，双手相握裹于巾中举于胸前，手持之物已残失，下着长裙。

右壁中间菩萨残毁，仅存足部及莲台，壁面残痕可见原塑像颈部下方有一个固定塑像的方形桩孔。

左侧菩萨，高3.06米。束桃形发髻，佩宝缯，宝冠已残失，仅存圆形边饰及残痕。面部长圆，眉间白毫相，白毫已残失，细眉高挑，鼻梁挺直，鼻翼较大，嘴角显笑，唇分四瓣，颈系项圈并有垂饰。内着袒右衣衫，外披帛自双肩至肘部，左臂屈肘掌心向上举于胸前，右手提披帛带一角自然下垂。下着长裙，腰部外翻，有系带，跣足站立于覆莲台座上。

右侧菩萨，高3.00米。造像风格及装饰似左侧菩萨，头冠亦残失，仅存支撑铁条及残痕，披帛带下方斜披络腋，左肘屈手握拳，拳心向内举于腹前，右肘略屈手握拳，沿身躯外侧下垂，跣足站立于覆莲台座上。

台座前两身立佛：左侧立佛，高1.71米。螺纹发髻，有肉髻珠，右手覆左手手心向内贴于腹前。右侧立佛，高1.76米。旋涡纹发髻，肉髻低平，有肉髻珠。头略向右倾，面部圆润，眉间白毫相，白毫已残失，俯视前方，双手结禅定印。两身佛均内着僧祇支，外着双领下垂袈裟，下着长裙，跣足站立于覆莲台座上。

第二龛，龛内正壁塑一坐佛，左右侧各一弟子，左壁现存二菩萨，右壁三菩萨，共计8身。

正壁坐佛，高2.75米。螺髻，有肉髻珠，面形方圆，细长眉，眉间有圆形白毫相，白毫已残失，双眼俯视，鼻梁高挺，嘴较小，下颚丰颈部三道纹。内着僧祇支，并于腰间束带打结。外着双领下垂袈裟，下衣边缘平行二层折叠下垂，厚重感较强，袈裟表面沥粉堆金，有龙、牡丹等图案及彩绘。左手拇指食指相捻，余指伸展掌心向上置于左膝，右臂屈肘右手拇指屈于掌心斜向上举，结跏趺坐于“工”字形台座上。台座正面椭圆形拱门，正中浮塑兽首，口含似流苏状饰物。正左、正右台座角卷云装饰，左、右侧台座壁面正中浮塑莲蕾，外圈为火焰纹。

左侧弟子，高2.83米，造像风格、姿态及装饰与第一龛坐佛左侧弟子相似，但此身造像面部略带笑容。右侧弟子，高2.85米，造像风格、姿态及装饰与第一龛坐佛右侧弟子相似，但此身造像，内着交领衫，中着交领长袖衣，外着袒右袈裟，右侧衣角绕腋下经腹部向上结环垂挂于左侧胸前，袈裟及中衣衣边有沥粉堆塑牡丹、菊花，云卷纹等花卉图案，并彩绘方格纹等。

左壁中间菩萨残毁，仅存莲台及部分残块，左右侧菩萨头冠均已残失。造像风格及装饰似右壁菩萨。左侧菩萨，高2.95米，左手提披帛带一角自然下垂，右手握拳屈肘举于胸前，跣足站立于覆莲台座上。右侧菩萨，高3.00米，双手握拳屈肘举于胸前，左手在下，右手在上，手持之物已残失，跣足站立于覆莲台座上。

右壁中间菩萨，高3.10米，左手握圆柱状器物举于胸前，器物上端一断裂，右手屈肘横举于腹前，手臂一残失。左侧菩萨，高3.15米。右侧菩萨，高3.10米。三身菩萨头冠均仅存底部残痕，表层略有破损之处。造像风格、姿态及装饰与第一龛菩萨相似。内侧菩萨束桃形发髻，中间发髻分两瓣；外侧菩萨发髻似扇形分三瓣。内着袒右贴体衣衫，外披帛，下着翻边长裙，裙边外翻样式略有不同。左侧菩萨左手握拳屈肘举于腹前，手持之物已残失，右手提披帛带一角自然下垂；右侧菩萨左手提披帛带一角自然下垂，右手拇指贴于掌心中指微微上翘余指平展分开掌心向上屈肘举于腹前。均跣足站立于覆莲台座上。

第三龛，龛内现存正壁一坐佛，左、右侧各一菩萨，左、右壁各三菩萨，共计9身。

正壁坐佛，高2.93米。水波纹发髻，有肉髻珠，面部方圆，眉间白毫相，双眼俯视，鼻梁高挺，嘴较小，彩绘胡须，耳垂外翘。内着僧祇支，腰间束带打结，巾带下垂。外着通肩袈裟，右侧衣角沿右肘下方上绕搭于左肩，下衣缘分三层呈“八”字形下垂，左臂屈肘掌心向右举于胸前，右手掌心向上置于右膝，左脚外露置于右腿上，结跏趺坐于“工”字形台座上。

左侧菩萨，高3.05米，内着“U”领长衫，长衫包裹发髻，外搭披帛，左手握右手腕，双手掌心向内贴于腹前，下着束腰长裙，跣足立于半圆覆莲台上。右侧菩萨，高3.12米，束桃形发髻，宝冠仅存底端莲花装饰，面部方圆，弯眉细目，眉间白毫相，白毫已残失，俯视前方，颈戴项圈，内着袒右长衫，外搭披肩，左手裹于巾中托举圆形器物举于胸前，右手戴双圈腕钏，握披帛带一角掌心向内紧贴右膝，下着束腰裙边外翻半长裙，跣足立于半圆覆莲台上。

左壁中间菩萨，高2.96米；左侧菩萨，高2.90米；右侧菩萨，高3.06米。三身菩萨项光均仅存底端莲花装饰，均束桃形发髻。中间菩萨，束发未中分，额际呈莲瓣状。左右侧二菩萨束发于额前中分，呈莲瓣状；三身菩萨均外搭披帛带，中间菩萨披肩较长覆两臂至腰部，两侧菩萨披帛带较短至肘部。中间与右侧菩萨内着束腰长衫并于腰部系带，下着裙；左侧菩萨斜披络腋，下着长裙。中间菩萨双手合十举于胸前；左侧菩萨右手握拳拳心向内斜向上举于胸前，左手握拳肘略屈拳心向下斜向下垂；右侧菩萨右手拇指内收余指残失，掌心向上斜向上举于胸前，左手提披帛带一角外贴于腿部自然下垂。均跣足站立于覆莲台座上。

右壁中间菩萨，高3.00米；左侧菩萨，高3.07米；右侧菩萨高2.98米。三身菩萨造像风格、姿态及装饰与第一龛菩萨相似，均束桃形发髻。左侧菩萨束发于额前中分，左右各呈旋涡状；中间菩萨束发未中分，额际呈莲瓣状；右侧菩萨束发亦于额前中分，左右各呈莲瓣状。左侧菩萨头冠仅存残痕，与脑后打结沿两肩垂下，左侧下垂宝缯残失；中间及右侧菩萨戴桃形花冠，冠前面有一排莲花、忍冬等饰物。三身菩萨均外搭披帛带，两侧菩萨披肩较短至肘部，中间菩萨披帛带较长覆两臂至腰部；左侧菩萨内着束腰长衫并于腰部系带，下着裙，中间菩萨内着袒右长衫；右侧菩萨斜披络腋，下着长裙。中间菩萨双手合十举于胸前；左侧菩萨左手握拳，屈肘拳心向下向前平举，右手提披帛带一角自然下垂；右侧菩萨左手握拳举于胸前，右手握拳，肘略屈向前倾斜垂下。均跣足站立于覆莲台座上。

第四龛，龛内现存正壁一坐佛，左、右侧各一弟子，左、右壁各三菩萨，共计9身。

正壁坐佛，高2.85米。螺髻，有肉髻珠，前额较平，眉间有圆形凹白毫相，双眉阴刻，较为粗壮，双眼微启，黑色琉璃眼珠，鼻梁挺直，有鼻孔，双唇分四瓣，但嘴角稍下垂，下颌丰圆，有一道阴刻线，绘出胡髭，双耳垂肩，耳垂外张，有竖形耳孔。内着僧祇支，露出较为丰厚的胸腹部，腹前系带。外着双领下垂袈裟，左手抚于左膝上，右手上举，掌心向外，结跏趺坐于“工”字形叠涩台座上。

左侧弟子，高2.84米。额际有横向皱纹，长眉下垂，黑眼珠，双颊有凹陷皱纹。神情庄重，脖颈上肌肉突出，有喉结。内着双层右衽交领衣，外着双领下垂式袈裟，左手于腹前托一圆形小盒，右手握拳于胸前，拳心向内，跣足立于石胎泥塑的覆莲台上。

右侧弟子，高2.87米。造像风格、姿态及装饰与第一龛坐佛右侧弟子大体相同，内着双层右衽交领衣，外披双领下垂袈裟，左手手指微屈掌心向上举于胸前，右手下垂提一角衣襟。跣足立于石胎泥塑覆莲台上。

左壁中间菩萨，高2.95米；左侧菩萨，高2.93米；右侧菩萨，高3.04米。三身菩萨均束桃形发髻，戴花冠，外搭披帛带。中间与左侧菩萨，内着袒右长衫并于腰部系带，下着裙；右侧菩萨斜披络腋，下着长裙。中间菩萨，左手半握肘略屈斜向前下垂，右手拇指食指相捻，余指微屈掌心向上举于胸前；左侧菩萨，左手握拳肘略屈拳心向下斜向下垂，右手握拳拳心向内举于胸前；右侧菩萨，左手提帛带一角外贴于腿部自然下垂，右手除拇指外余指残失，掌心向前举于胸前。均跣足站立于覆莲台座上。

右壁中间菩萨，高3.03米；左侧菩萨，高3.05米；右侧菩萨，高2.95米。三身菩萨造像风格、姿态及装饰与第一龛菩萨大体相同。均束桃形发髻，佩花冠，外披帛带。中间菩萨与左侧菩萨，内着袒右长衫，下着长裙并于腰部系带；右侧菩萨斜披络腋，下着裙。中间菩萨，左手手指半握拳贴左腿自然下垂，右手半握拳举于胸前，手持之物已残失；左侧菩萨，双手握拳举于胸前，右手在左手下方；右侧菩萨，左手握拳举于胸前，右手握拳，肘略屈向前倾斜垂下。均跣足站立于覆莲台座上。

第五龛，龛内现存正壁一坐佛，左右侧各一菩萨，左右壁各三菩萨，共计9身。

正壁坐佛，高2.94米。水波纹发髻，有旋涡，有肉髻珠。内着僧祇支，外着通肩袈裟，右侧衣角沿右肘下方上绕搭于左肩。左手掌心向上斜置于膝部，左脚外露置于右腿上，结跏趺坐于“工”字形台座上。

左侧菩萨，高3.07米；右侧菩萨，高3.10米。两身菩萨造像风格与装饰与第四龛主尊两侧菩萨大体相同。束桃形发髻，佩宝冠，发髻与宝冠均被包裹。面部圆润，弯眉细目，眉间白毫相，白毫已残失，俯视前方，佩项圈。左侧菩萨外着袒右长衫，衣衫顶部亦包裹头部，右手握拳，左手掌心向上握住右手，所持之物已残失；右侧菩萨外着圆领低胸长衫，衣衫顶部包裹头部，左手握右手腕贴于腹部。均跣足立于半圆覆莲台上。

左壁中间菩萨，高2.97米；左侧菩萨高2.93米；右侧菩萨高3.05米。三身造像头冠均有残损，造像风格与装饰与右壁菩萨大体相同。中间菩萨，左手提披帛带一角自然下垂，右手握拳，手持一物，所持之物残破；左侧菩萨，左手握拳肘略屈拳心向下斜向下垂，右臂自肘部断裂残失；右侧菩萨双手残失，屈肘斜向上举。均跣足站立于覆莲台座上。

右壁中间菩萨，高3.02米；左侧菩萨，高3.06米；右侧菩萨，高3.01米。三身菩萨造像风格、姿态及装饰与第一龛菩萨大体相同。均束桃形发髻，佩宝冠，外侧菩萨宝冠仅存残痕。中间菩萨，外搭披帛带，内着袒右长衫，腰部系带，下着翻边长裙；左侧菩萨外披长衫，内着袒右长衫，下着裙；右侧菩萨外披帛带，斜披络腋，下着裙，腰部系带。中间菩萨，左手握拳拳心向上举于胸前，右手握帛带一角自然下垂；左侧菩萨，双手合十举于胸前；右侧菩萨左手握拳举于胸前，右手握拳，肘略屈向前倾斜垂下，似双手持一物，所持之物已残失。均跣足站立于覆莲台座上。

第六龛，龛内现存正壁一佛，左右侧各一弟子，左右壁各三菩萨，共计9身。

正壁坐佛，高3.56米。螺髻，有肉髻珠，面呈方圆，眉间白毫相，弯眉大眼，镶釉珠，唇略厚，双耳垂肩，耳垂串有孔眼。内着僧祇支，腹下系带，外着双领下垂袈裟。左臂前伸手掌心向上置于腿部，右臂屈肘掌心向外斜向前举，结跏趺坐于叠涩“工”字形高台座上，台座为石胎泥塑，座壁面浮塑有“拱门”。

左侧弟子，高2.84米；右侧弟子，高2.89米。两身弟子与第一龛主尊两侧弟子，造像风格与装饰大体相同。左侧弟子双手相握合十举于胸前；右侧弟子双臂屈肘举于胸前，左手略低。均跣足立于半圆覆莲台上。

左壁中间菩萨，高3.00米；左侧菩萨，高2.96米；右侧菩萨，高3.05米。三身菩萨，造像风格、姿态及装饰与右臂菩萨相似。中间菩萨，双手合十举于胸前；左侧菩萨左手握拳略屈肘斜向前下垂，右臂屈肘，自手腕处断裂残失；右侧菩萨，双手手指已残失，双臂屈肘，掌心相对，左手朝下，右手朝上。均跣足站立于覆莲台座上。

右壁中间菩萨高3.08米；左侧菩萨，高3.18米；右侧菩萨，高3.10米。三身菩萨，造像风格、姿态及装饰与第一龛菩萨相似。中间菩萨，双手合十举于胸前；左侧菩萨右臂自肘部断裂残失，左臂屈肘，自手腕处断裂，手部残失；右侧菩萨双手残失，左臂屈肘似举于胸前，右臂略屈肘斜向下垂。均跣足站立于覆莲台座上。

第七龛：龛内现存正壁一佛，左右侧各一弟子，左右壁各三菩萨，共计9身。

正壁坐佛，高3.50米。螺髻，有肉髻珠，面形方圆，眉间白毫相。内着僧祇支，腹下系带，外着双领下垂袈裟，衣裾下垂呈弧状形，衣饰为后代重妆，有“沥粉堆金”。双手掌心，差合相对，举至胸前，双脚心朝上，结跏趺坐于叠涩“工”字形高台座上，台座为石胎泥塑，座壁面浮塑有“拱门”。

左侧弟子，高2.85米，表层略有破损及细小裂隙；右侧弟子，高2.93米，双手十指全毁，其余表层略有破损及细小裂隙。两身弟子与第一龛主尊两侧弟子，造像风格与装饰大体相同。左侧弟子双手相握合十举于胸前；右侧弟子双手残失，双臂屈肘举于胸前。均跣足立于半圆覆莲台上。

左壁中间菩萨，高3.03米；左侧菩萨，高3.04米；右侧菩萨，高3.07米。三身菩萨，造像风格、姿态及装饰与右臂菩萨相似。中间菩萨左臂屈肘举于胸前，左手残失，右手提披肩一角自然下垂；左侧菩萨双臂屈肘，两手残失，右臂举于胸前，左臂斜向前下垂；右侧菩萨双手相握持一物举于胸前。均跣足站立于覆莲台座上。

右壁中间菩萨，高3.04米；左侧菩萨，高3.12米；右侧菩萨，高3.02米。三身菩萨，造像风格、姿态及装饰与第一龛菩萨相似。中间菩萨，左臂屈肘举于胸前，左手残失，右手提帛带一角自然下垂；左侧菩萨，左手上握右手举于胸前；右侧菩萨，双臂屈肘，左臂举于胸前，左手残失，右手举于腹前，右手指残失。均跣足站立于覆莲台座上。

影塑千佛，北周原作，分布于七个列龛的正、左、右三壁上部，每壁均为上下三排，现存757身，皆为坐佛，每身影塑通高0.26米、通宽0.13米。坐佛，低平肉髻，内着僧祇支，外着袈裟，结跏趺坐，有椭圆形通高大背光。上部饰华盖，帷幔布于下方，两侧各有一串璎珞垂饰。所有坐佛的手印、背光色彩、台座都呈现有规律的变化，手印有双手抚胸式和结禅定印；台座有莲花须弥座和双狮莲花须弥座；背光色彩则有红色和绿色。三排千佛按照华盖形式的不同可分为三种类型：一是六边伞盖形华盖，正面表现出三边；二是圆形华盖，上方有一排摩尼宝珠与桃形物相间的装饰，两侧伸出两龙首及足，口含流苏下垂；三是圆形华盖，顶端中间一兽面口衔珠带，珠带与两侧的龙首相接。每排为同一类型。

壁　画

第4窟的壁画按照本窟建筑的构成可分为两个部分，第一部分为前廊壁画，第二部分为后室七龛内壁画。

前廊壁画，主要包括廊顶平棊顶内的壁画和前廊正壁上方的七幅大型薄肉塑壁画等。

廊顶壁画原有42块，因地震现仅存6块，皆有破损，因为廊顶壁画免于阳光照射以及雨水冲刷，故现存壁画色彩较为鲜艳，形象较为清楚。多绘以菩萨、弟子、天人等形象及庭院式建筑、马车等，画面周围及中间也是以带茎四瓣香花及忍冬纹祥云填补装饰。所用颜料有石青、石绿、土红、姜黄等。

前廊正壁上方的薄肉塑壁画

前廊上方诸龛对应的壁面上，绘有七幅大型飞天壁画，每幅绘塑四身飞天，左右对称，呈梯形排列，合计28身。每幅壁画高1.50～1.80米不等，宽2.90～3.50米不等。其中从左至右前五幅为“薄肉塑”壁画，后两幅为平面壁画。

后室七龛壁画

主要是指七个四角攒尖顶龛内龛顶四披所绘的壁画，每龛内对应龛顶形制有四块三角形的壁画，七龛合计28块，60多平方米，皆是北周开窟时的原作，虽然有些龛内表层被明代壁画所覆盖，但是因为这些龛顶壁画也是采用了薄肉塑的手法绘制而成，形象和色料逐渐浸透，通过各种角度和利用光线仔细甄别和观察，还是能辨别出来。原作壁画多绘以坐佛、立佛及胁侍、天人等形象，以及与之匹配的华盖、香炉、团花、树木、摩尼宝珠、金刚杵等饰物，同时大量绘制庭院建筑。表层重修壁画以飞天为主，另有花卉、祥云、忍冬等饰物。第4窟诸龛左右两壁现存的项光都是浮塑而成，项光主要分为两种：一种是桃形火焰纹项光，火焰纹用泥浮塑而成；第二种是中间为圆形浮塑莲瓣周围为桃形火焰纹的项光。

前廊现存壁画面积约75平方米。顶部平棊内及龛外上部彩绘为北周原作，各龛之间菩萨及供养人像，近顶部横梁正下方说法图为唐代绘制，前廊左、右壁耳龛内壁画为明代重绘。各个时代的壁画均有不同程度的残损、风化和剥落等现象。在七佛龛之间外墙壁、护法像之上方尚保留部分唐代壁画。顶部平棊壁画受地震影响，残损严重，仅存左右两侧的几方，其中廊顶内侧部分平棊壁画保存较好，其余多已无存，内容情节基本可辨：

左侧第二龛上方平棊壁画

仅存一格，彩绘壁画除边缘部分有残损外，画面形象、色彩等内容保存基本完整。平棊内绘“赴会图”，前方绘有数身飞天导引，其后有赴会的菩萨、弟子等；菩萨足踏莲台缓缓行进，四周众弟子及供养人簇拥。左二格内亦绘赴会图（听法），与第一格基本相同，众菩萨簇拥其后手持莲花缓缓而行。

第六龛上方平棊壁画

仅存近崖面部分少许，其中右起第一块平棊内仅存少许泥皮，可辨上绘仰覆莲、忍冬、荷叶等。第二块，仅存内侧部分，上绘两兽，似白象与青狮，一前一后奔跑，其上各坐一天人，多已残损不清，空隙间插绘有飞动的流云及十字瓣形花。

第七龛上方平棊壁画

右起第一格仅存两小块，格内绘一方形城郭，前方城门上一城楼，歇山式屋顶，人字拱，四周有勾栏；左侧角楼尚存部分，右侧仅存门楼；城内墙沿门楼左侧一人侍立，穿交领衫，裙腰高提至胸，双手拢于袖中，置于胸前。右下二排女性侍者夹道站立，上穿斜领交叉宽袖长袍，下系拖地长裙，外着短罩裙，双手扬至胸前分开，多已残损模糊不清。

第二格中心部分残毁，画面内容部分褪色。正中一宅门，有门楼，围墙上缘人字拱，门内一人向外行，仅露一腿。门外左侧并列四人，最前一人站立，后三人行走状，均双手合十于胸前，一手持盾牌，一回首，一前视，均作行走状。院内一歇山式殿堂，堂前众僧及比丘侍立，多抬头仰视，除个别穿窄袖长袍外，装束大致同前，均双手于胸前合十。院外左上方有一长方形榜题框，字迹已无。上述两方壁画可能为佛传或因缘故事内容。

第三格平棊残损严重，仅右侧残存一小块，隐约可辨绘有一比丘，圆形项光，附近有火焰纹等图案。

右起第二排自内至外第一格边缘棱框大多残损，壁画边缘残破多（已修补）。内容为贵妇出行场景。正中一双轮马车，前端踏板，两侧有护板，饰鸾带，插旌旗。上坐一贵妇，斜领交叉，宽袍大袖，裙腰高提至胸，双手拢于袖中，坐姿端庄；车前四马拉车，左、右各一车夫，扎头巾，穿圆口紧身短袍，一手握缰绳，一手握拳举至胸前，体格健壮魁梧；车左、右及后侧有数名武士骑马护卫，或回首观望，或提缕前行，形态生动。

后室帐形龛饰上方壁面上，每龛的对应处上部壁面上保留一块大型北周原作“薄肉塑”飞天壁画，共七幅。表现形式很特别，脸部、手脚采用浅浮塑的技艺，衣饰、花卉等采用绘画的技法，二者结合制作的飞天壁画。每幅画面绘四身飞天，两上两下呈对飞状。飞天多为三瓣式高发髻，也有长发披肩的男性形象。发髻前端饰多宝珠，面形圆润，弯眉细长目，直鼻小口，短颈半肩，手、足部塑造纤柔细腻。上身着僧祇支，璎珞搭肩贴胸垂于腹前十字交叉后扬，飘带搭肩绕臂或裹腹向后飞扬，下系长裙。空隙处多穿插绘流云、莲花、忍冬、十字花等形象。壁画因受地震、日照、潮湿、风力等自然因素的影响，色彩褪色、变色严重，有部分泥皮残损。

左起第一龛上部壁画，横长2.98米、纵高1.58米。色彩严重变色，画面色调呈赭黑色，形象模糊。画面绘两两对飞的四身飞天，背景以多种造型的莲花、流云等装点衬托。四身飞天颈戴宽面扁平项圈，上臂戴钏，腕戴手镯，上身着僧祇衣，腰系长裙，下肢上翘，细长飘带搭肩绕臂呈曲线向后飞扬。左上侧飞天面部、双臂，双足薄塑泥皮大部分剥落，双手、右前臂及右足五趾原塑保存完整；左手执一乐器，右手似执一物作敲击状。左下侧飞天面部五官保存完整，耳及左右手原薄塑泥皮有不同程度的残损；左手、右手、右肘原薄塑局部剥落，右足薄塑大部残损，只保留四趾，左足原塑保存完整，面带微笑，束高髻，双手执排箫。右上侧飞天面、胸部原薄塑部分泥皮残损剥落，右脚掌原薄塑残损，双手臂原薄塑保存完整，双手持一上宽下窄的长条形乐器，右下侧飞天右肋处有残损，面部、双臂、双足原薄塑保存完整；面部神情愉悦，长发披肩，肩挎细腰鼓置于腹前，双臂外张作扑打状。四飞天周围绘造型各异的莲花、流云等布满整个画面。

第二龛上部壁画，横长3.20米、纵高1.68米。绘两两对飞的四身飞天形象。背景以多种造型的莲花、流云等装点衬托。四身“薄肉塑”供养飞天，面形方圆，双耳垂肩，长眉细目，束高发髻，嘴角微翘，眉宇间露出恬淡的微笑。着装样式与第一龛上部飞天相同，只是色彩略有差别。左上飞天呈正面坐飞的动态，双臂内屈上举，双手持一束莲花莲叶，作供养状。左下飞天作半侧飞行状，面部神态同上，左臂内屈，手持一香熏，右臂内屈，手似捻香状。右上飞天束高髻，面部、上身朝左前方呈半侧倾斜，右腿内收，小腿搭左大腿面，脚掌心外翻，左腿笔直，脚面朝外，脚趾上翘，裙摆上扬，呈坐飞姿态；左手托举一圆形托盘，右手作散花状。右下飞天头微后仰，面带微笑，无高髻，长发披肩后扬；原薄塑面部、手臂保存完整，膝以下壁面泥皮剥落，导致双足、腰带等残损；双手内屈齐肩，右手持一长柄熏炉，柄曲呈一弓形，左手略前伸亦作捻香状；腰膝后弯，腹部前挺，作趴飞姿态。

第三龛上部壁画，横长3.15米、纵高1.7米。整幅画面边角多有残损，色彩剥落较为严重。两两对飞的四身飞天，背景以多种造型的莲花、流云等装点衬托。左上侧飞天头上部残毁，右肘微残，裙裾色彩剥落，现呈泥皮土色；薄肉塑除头上部已残损外，其余颈、肩、胸、上臂、双手及双足均保存完整；头左转回首，前臂内屈，双手执横笛吹奏，腰部向后弯，左小腿朝内屈，脚心外翻，脚跟抵臀，右腿略内屈上翘，裙摆上扬，呈回首趴飞姿态。左下侧飞天薄肉塑保存完整，头呈侧面斜视正前方，神情专注，鼻梁高挺，下颌较圆，长发披肩，发梢上扬；前臂内屈，双手合执芦笙吹奏，笙腰系网格纹帛带上扬飘动；臀略上翘，左小腿内屈与大腿折叠，脚跟近臀，脚面朝外，大拇指上翘；右小腿略内屈后伸，裙摆上扬，作趴飞姿态。右上侧飞天薄肉塑下颌及双足残毁，其余保存完整；束高发髻，双臂内屈前伸，双手执奏一古筝，右手执乐器一端置于胸前，左手翻转反握另一端，食指上翘，似作弹弦状；腰部及两膝略向内屈，臀部及双足略上翘，腹略鼓，肢体曲线呈弧线，动态幅度平缓，作趴飞姿态；朱红瓔珞搭左肩绕腹背上扬，左袖口呈喇叭形下垂，裙摆、飘带后半截、流云等形象已残损。右下一身飞天薄肉塑面、臂、手、足等均保存完整，上半身为身体正面，腰部以下略侧，脸面正对前方，束高髻，发际线上部作莲花装饰，上额扁平，脸颊丰圆目细鼻直，唇薄角翘，双耳内翻垂肩，面带微笑；双手执抱一阮咸紧贴胸膛，右手执拨板紧贴腔体表面、左手翻转反握乐器柄后段，食指和小拇指内屈上翘，似作拨弄琴弦状；左腿内屈，脚跟近臀，脚掌心外翻，五指上翘，右腿略内屈上翘，脚尖后蹬，肢体曲线略呈小“V”字形。

第四龛上部壁画，横长3.52米、纵高1.81米。两两对飞的四身飞天，背景以多种造型的莲花、流云等装点衬托。上半部分基本残毁脱落，现存右下侧一身和左上、下两身飞天残块形象，色彩剥落褪色较为严重，壁面有多道纵向及斜向裂缝。右下飞天耳、颈、左肘及右足部分剥落；长发披肩，面形丰圆，双臂内屈前伸，右手持一敞口香熏，四周镂空，孔作三层，上两层孔形为横长方形，下层孔形为莲瓣形；左手上翘，掌心朝外，小拇指下屈，作捻香状；肢体作翘臀、弯腰、鼓腹、屈腿，呈小

“v”字形曲线；左脚心外翻上翘，右脚后蹬，脚趾朝下。飘带、流云等作曲线上扬飞动。左上飞天头部及右臂、膝以下均残毁殆尽，只有右足保存完整；隐约可辨左手持一香熏，右臂向下前伸，手心外翻，大拇指叠压内屈的食指，小拇指内屈上翘，作捻香状。左下飞天长发披肩，双臂内屈上举，右手叠握左手四指合执熏香长柄，作供养状，肢体曲线亦呈小“v”字形；两香熏之间绘一覆莲，座上置一长方体供物，顶端一覆莲心置一摩尼宝珠，两侧饰长颈莲花等花卉。

第五龛上部壁画，横长3.61米、纵高1.85米。画面色彩部分剥落褪色，壁画有部分泥皮剥落。两两对飞的四身飞天，背景以多种造型的莲花、流云等装点衬托。左下侧飞天薄肉塑面部及右臂肘部残损，双足已毁；束高髻，发际线上方作莲瓣装饰，隐约可辨双手执奏一箜篌，紧贴右肩，向前斜倾；双臂内屈前伸，右手可辨五指分开屈翘，作拨弦状。肢体挺胸、鼓腹、翘臀，双腿屈翘，呈一弧线，作趴飞状。左上侧飞天薄肉塑右上臂、肩、颈及面部已残毁；该飞天应是长发披肩绕颈上扬，上身呈正面斜侧仰状，臀作坐姿，右腿内屈，脚心朝前，脚跟贴左大腿根部，左腿向后直蹬，裙摆上扬飞动；璎珞由各色环形色圈构成绳索状，搭肩绕背穿腋至腹打节绕臀上扬飞动；双臂内屈外伸，双手执一长角号上扬鼓吹；号角通体扎绑四色三角幡带，带梢上扬随风舞动。右上侧飞天薄肉塑右臂、左上臂部分及双足已残损；长发披肩朝后上扬，面形方圆，面带悦色，昂首平视前方。双臂内屈抬举至左肩处，左手掌心外翻，大拇指与内屈的食指相接，小拇指内屈上翘，似缀一圆形打击乐器，腔体周围嵌饰有若干个小圆珠；右手执一柄，作敲击状；肢体接近水平匍匐状，双腿前屈，脚跟抵臀，臀部高翘，双膝近腹，裙摆上扬飞动，呈跪姿趴飞状。绳状璎珞搭肩绕颈，穿右臂肘部，经腹臀上扬飞动。右下侧飞天薄肉塑面部鼻子至下颌处、右臂肘部及双足已残损；束高髻，发际线上部作莲瓣装饰，头微后仰，双臂内屈，双手合执圆形双钹置于胸前击打；肢体作侧卧状右腿内屈搭左大腿，左腿伸展向后直蹬，裙摆上扬；肢体曲线呈一弓背形作侧卧飞行状；联珠状璎珞搭肩绕颈，穿左壁贴腹上扬飞动。

第六龛上部壁画，横长3.23米、纵高1.68米。整幅画面风化较严重，右侧一竖向裂痕几乎贯穿整个壁画，两两对飞的四身飞天，形象保存完整。背景以多种造型的莲花、流云等装点衬托。头、胸、臂、手、足等部位的薄肉塑及色彩脱落，只见残留的影状轮廓。从残迹辨识，左上飞天长发披肩上扬，面形轮廓方圆，头略后仰平视前方，双臂内屈上举，右手心外翻，执一莲花作散花状；左手托举一方盘，盘内装满莲瓣形供品；上身俯斜，下肢呈水平态势，臀翘腹鼓，右腿内屈，脚掌外翻近臀，左腿略内屈向后伸展，裙摆上扬，作趴飞状；联珠状璎珞绕颈贴胸，至腹打结绕臀上扬。左下飞天面部及上身为大正面，面形丰圆，束高髻，髻作莲花装饰，绳状璎珞搭肩穿腋上扬；上肢略向右侧倾斜，左腿内屈，盘腿搭贴右大腿，脚尖前伸上翘，右腿伸展后蹬，裙摆上扬；双臂内屈过肩，右手执一熏香，左手屈腕搭肩贴下颌，作坐姿飞行状。右上飞天亦似长发披肩上扬，左臂内屈上举，手托一盘高过头顶，内装满莲瓣形供物；右臂向下伸展，手执一莲花，作散花状；肢体动态等形态和其对飞的左上飞天基本相同。右下飞天似束高髻，髻饰莲花；上身略向右斜侧，臀部为坐姿，右腿屈盘至左大腿面，脚心外翻，脚面平直，左腿笔直写向上伸展，裙摆上扬；双臂内屈齐肩，双手持一供物（不清），绳状璎珞绕颈搭肩穿腋绕腰上扬。

第七龛上部壁画，横长2.98米、纵高1.51米。两两对飞的四身飞天，背景以多种造型的莲花、流云等装点衬托。画面左中右上部风化剥落严重，右飞天裙摆、帛带后段及部分流云莲花（天花）等形象残损模糊。飞天薄肉塑面部、胸、臂、双手、双足足等已脱落殆尽，只见其影状轮廓犹存。左上飞天束高髻，髻饰莲花；上肢向左扭朝前呈大正面，面形方圆，双臂内屈呈“八”字外撇，双手贴胸，似执一椭圆形陶埙吹奏；仰胸翘臀鼓腹，左腿内屈，脚跟抵臀，脚面平直，脚心内翻，右腿略内屈上扬向后伸，裙摆上扬飘动，肢体作匍匐趴飞状，联珠状璎珞绕颈搭肩贴胸裹腹上扬飘动。左下飞天隐约可辨其头部上仰，长发披肩，发带及发梢上扬飘动，面部呈正侧面，鼻梁高挺，下颌外凸，左臂内屈前伸，肘部成直角，手执一琵琶曲柄部，曲柄内折亦成直角，柄末端呈菱形，右手抱其椭圆形腔体；下肢动态和左上飞天基本相同，作趴飞状，绳状璎珞搭肩贴肋绕左足上扬。右上飞天头部后仰，面部和上身为半侧面；束高髻，髻饰莲花，上额高平，颧骨和下颌略凸；双臂前伸内屈，左手似执一乐器吹奏，右手贴胸；下肢姿态和左下飞天相同，作趴飞状；联珠状双串璎珞绕颈搭肩穿腋至腹打结，贴臀上扬飞动。右下飞天头略后仰，长发披肩上扬，上额平阔，下额尖凸，双臂前伸内屈，双手过肩，左手托举一“杯”形乐器，杯口外撇，右手执一短细棒作敲击状；绳索状璎珞绕颈搭肩穿腋贴肋上扬；肢体姿态与左下飞天相同，作趴飞状。

七幅薄肉塑飞天壁画的间隔处残存唐人绘制的说法图八幅，壁画形象大部分已残损，模糊可辨：

左起第一幅说法图，横宽1.02米、纵高1.56米。色彩大部分已剥落，仅存下部两小块局部，其中右侧残块上隐约可辨一身着赭红色交领衣、跪姿的女供养人。

第二幅说法图，横宽1.08米、纵高1.56米。除零星石绿色斑外，其余全部脱落无存，仅可辨识佛及二菩萨圆形项光轮廓痕迹。

第五幅说法图，横宽1.05米、纵高1.55米。色彩脱落较为严重，仅石绿色保存较好，坐佛及二菩萨的轮廓尚可辨识，底端供养人色彩基本脱落或呈黑色。其中左侧尚存三身，为女性装束；右侧尚存四身，为男性装束，内侧一身较高大，多已残损。

第六幅说法图，横宽1.45米、纵高0.85米。色彩无存，仅可辨佛项光痕迹。

第七幅西方净土变，横宽1.48米、纵高0.84米。色彩脱落较严重，人物及服饰细节已无法辨识。正中绘一坐佛，高内髻，面形圆润，双耳垂肩，端肩挺胸，俯视正前方；内着僧祇支，束腰带于腹部打结下垂，外着袒右袈裟，结跏趺坐于仰莲台上；左手平置于足底上，右手施说法印，神态安详。项光为圆环形，里外由三层构成，背光为椭圆形，均以石绿为主色。项光上方绘一覆钵形宝盖，盖上方正中呈半球形凸起，顶端绘一火焰宝珠；盖朝里边沿上绘出网格纹状垂幔，并饰绘串珠呈半圆形垂吊；盖顶上方周围绘覆莲状树叶。盖左、右各绘一身俯冲式飞天形象，飘带流云向上飞扬。佛左、右各绘一身胁侍菩萨，束戴高花冠，颈戴宽面项圈，项光为圆形，宝缯自耳后下垂，头略向内偏侧，端肩束腰，赤足立于仰莲台上；一臂内屈上举，手指呈兰花状，腕戴环镯，上臂戴臂钏，一臂自然下垂，手持净瓶或飘带；偏袒右肩胸或左肩胸，上着僧祇支，披巾搭肩穿肘绕臂下垂，下系长裙，腰带沿双腿间自然下垂；飘带搭肩绕臂下垂于腹再搭臂下垂，体态丰满优美。台座下方绘一莲台，上置一香熏，左、中、右各置一火焰宝珠，两侧各绘一束花卉。最下端绘一排供养人，右侧绘女性四身，排列从内至外个头依次变小；发髻及面部均较模糊，均内穿夹襦，下系曳地长裙，披帛搭肩于胸绕双臂自然下垂；均足穿云头履，双手拢于袖中置于胸前，手持一莲蕾，向佛虔恭而立。每身头后上方各绘一竖长条形榜题框，字迹无存。左侧绘五身男性供养人，现仅可辨识四身。其中内侧第一身为儿童。外侧二身头部模糊，均着圆领窄袖服装，系腰带，双手齐胸拢于袖中，手持一莲蕾，向佛恭敬而立。每身供养人头前方亦绘有竖条形供养榜题框，字迹全无。

第八幅说法图，横宽0.87米、纵高1.27米。壁画上方已炭化呈黑色，下方尚隐约可辨绘一佛二胁侍菩萨，下端绘一排供养人，因风化开裂，剥落较为严重，具体内容多已模糊不清，很难辨识。

左右壁耳龛壁画

现存有明代彩绘壁画，原二耳龛内均有彩绘，仅左侧耳龛内壁画保存较好，有多处开裂、剥落和残蚀现象；右侧耳龛内彩绘多已无存，多有白灰等污渍。在两耳龛楣上均彩绘缠枝牡丹纹，其上绘两只彩凤，前后呼应，剥落残损较为严重。左耳龛内顶部浮塑仿木梁柱，上均涂呈黑色，在几个三角形顶部斜面上，上端绘三重式莲花瓣，下端绘三重半圆形卷云纹，中间绘升腾式卷云图案。在平面呈八角形的窟内壁面上，离距地约2/3处绘一宽约0.13～0.18米的横向装饰带，粉白底，朱绘连续的折枝忍冬纹带。其下方绘有大朵不规则的卷云图案。上方分成10格竖向长方框，框内绘菱形明窗，左至右依次内绘莲花、牡丹、牡丹、菊花、香莲、莲花、菊花、牡丹、香莲、莲花。右侧耳龛内彩绘基本脱落无存，仅可辨壁画忍冬装饰纹带，朱底墨绘填白粉，宽约0.48米。

此外，在右壁宋塑天王左后侧上方壁面泥皮底层上，尚可见北周原绘的伎乐飞天残块，色彩艳丽，尚存飞天头部、部分飘带及忍冬等内容。

七佛龛内壁画

第一龛（左起）壁面存在部分残损剥削、风化及脱落现象，炭化烟熏较为严重，多较模糊。现存壁画面积约30平方米。北周原作仅存顶部斜坡，四壁面、顶部梁柱等均为明代重绘。

龛顶正坡中部右侧一宝盖，两层垂幔，四周祥云缭绕，盖下“薄肉塑”一坐佛，磨光高髻，面形方圆，神态慈祥，袒胸，穿双领下垂式袈裟，结跏趺坐于六角“工”字形台座上，一手抚膝，一手作说法。座前一香熏，仰莲底座，尖锥盖。床左侧立二菩萨，束高发髻，一饰凤钗，一饰牡丹，面相雍容华贵，短颈削肩，披帛搭绕臂，下系长裙，赤足立于莲台上，一回首视佛，一手上扬，一手抚肩，另一身后视，双手持一盘供品，形态生动，色彩艳丽。上方卷云，其下一圆拱顶华盖，中心饰宝珠，盖沿绘垂幔，后侧祥云。华盖下一菩萨立于一圆形仰覆莲台上，面部模糊，披帛搭肩垂至腹前呈弧形上绕，双手拢于袖中。后并列三弟子，略小，多已模糊，均内穿僧祇支，下系长裙，外着袈裟，双手合十，恭敬而立。

龛顶左坡下方有一院落，正中一门，左、右设八字墙，其外侧各浮塑一树，枝干虬曲。院门后侧一屋，门扇半掩，其后一大屋廊前设围栏，右侧有一大院，院内一歇山式大殿，殿堂中“薄肉塑”释迦多宝并座说法，项光及背光圆形，台座“工”字形，平面方形。二佛两侧各一弟子，一双手合十、虔心说法；一仰首躬腰，似在请教。整个画面祥云缭绕，保存较好。

龛顶右坡正中后代重绘一殿堂，其上云烟缭绕，数珠菩提树枝繁叶茂，堂内正中“薄肉塑”弥勒倚坐于台座之上，袒右肩袈裟，一手置于胸前，一手置于腹前结说法印，左、右各一弟子，合十而立，诚心听法。台座前下方一大香炉，仰莲底座，炉内烟雾升腾；左、右各一葫芦状小香炉，顶端绘摩尼宝珠，上有仰覆莲瓣状饰物。左下一菩萨立于莲台之上，双手持一供物，装束大致同前，其后三弟子合十而立，一人专心听法，另二人似在交谈。右侧上绘一方形宝盖，四角绘流苏、鸾铃。盖下一佛赤足立于“工”字形仰覆莲台上，一手施无畏印，一手施与愿印。其左侧两弟子促立，交领内衣，宽袖长袍，似在交谈；右侧一弟子，手捧经匣，其右一菩萨立于“工”字形莲台上，高发髻，饰珠花，穿着同前，双手捧一盘供物，空隙间绘彩云。

龛顶前坡底部一道围墙，中间一门楼，门扉半开，两侧各浮塑一大树，墙外右侧一男子，扎头巾、穿长袍，正回首向一仆人交代什么，仆人低首躬腰聆听，左侧一女子，背向而立，正看向主仆二人，墙外右侧绘卷云。院内正中一坐佛残损，前有一长方形供桌，上罩绿毯，正中三足鼎香炉，炉内烟气氤氲，案两端各置一钵一净瓶，案上方云中佛端坐于“工”字形仰覆莲台上，背光莲瓣形。佛身披袈裟，双手合十，头顶祥云缭绕，云端一莲花盛开，两侧各一飞天，高髻饰珠花，手持供物，相向而飞，装饰大致同前，披帛搭肩绕臂向后飞扬。案左侧祥云、树林等，右侧上方祥云，下方有数身弟子及供养人，多已模糊不清。

壁面壁画为后代重绘，正壁浮塑背光上彩绘圆形项光。背光两层，内层绘团花牡丹纹带，外层绘折枝菊花及卷云纹饰，边缘绘火焰纹。背光两侧下方佛左、右侧绘台基及勾栏，台基被分割成长方框，框内绘云纹、菊花等内容，下方框内绘旋涡及花卉等。勾栏以上部分多已残损不堪，内容不详。

正壁两侧弟子后绘圆形项光及卷云。左、右壁上方自上至下第二层影塑坛台上重绘五朵莲花（其中右壁为网格纹）；第二层上方绘菊花。存彩绘刻划剥落严重，内容不辨，仅可见菩萨后绘圆形项光及卷云图案，其中内侧一身菩萨背光中心为浮塑莲花。

第二龛壁面泥皮基本保存，壁画因烟熏与自然风化剥蚀，大部分难以详辨，现存壁画面积约30平方米，模糊可辨。

龛顶后坡正中绘庑殿顶四柱殿堂一座，中门有帐幔。殿堂内立一个长方形，似碑。殿堂台阶下左、右侧各立二身弟子。左、右角各浮塑大树，树后面有数身穿长衫的供养人。

龛顶左坡正中“薄肉塑”一身倚坐佛，佛坛前有香炉，坛上左、右各有供物。左角绘一身立佛，略靠前两侧各绘一身弟子。左右角均绘大树，右角模糊不可辨。

龛顶右坡正中塑绘华盖下“薄肉塑”一身立佛，略前位置各绘一弟子，佛脚下前方三身弟子。左、右角均有大树，树后均绘多身弟子，其中左角树后立弟子前有一身跪像似菩萨。树下各有穿长衫供养人数身。

龛顶前坡正中“薄肉塑”一身坐佛，左、右两侧各一身立佛，佛前下方绘香炉，佛前略下方左右各绘两身弟子。左、右角各绘大树等。

壁面壁画为后代重绘，正壁佛彩绘背项光，两侧模糊可见绘狮子、弟子、牡丹、卷云等花卉，弟子彩绘圆形项光。左壁菩萨彩绘项光，外圈为卷云纹。壁画空间彩绘流云纹。其中外侧菩萨右侧下方，清代又用墨线复绘四身带帽穿长衫、腰间束带、上身衣服外垂的供养人。右壁菩萨彩绘菩萨项光，壁画空间彩绘流云图案。窟顶人字披枋梁上彩绘流云、花卉等装饰图。

第三龛，龛内四壁及窟顶泥皮保存完整，现存壁画面积约36平方米。龛顶正坡绘佛说法图，画面正中"薄肉塑"一坐佛，内着僧祇支，外着袒右袈裟，结跏趺坐于高台座上。双手胸前作说法状。略前左、右侧各站立五身弟子，内着双领交叠长衫，外着袒右袈裟，两侧恭立。左、右侧及下方浮塑多棵大树，树上开花，还有山石、竹、流云等。

龛顶左坡绘说法图。画面正中浮绘庑殿顶宫殿，殿中"薄肉塑"一倚坐佛，内着僧祇支，外着袒右袈裟，结跏趺坐于莲台上，莲台前有供桌，上有供物。两侧各绘三身立弟子，着双领交叠长衫，左、右侧及下方一排有浅浮塑数棵树。

龛顶右坡画面上部绘二身应为原绘飞天，正中"薄肉塑"一立佛，外着袒右袈裟，下着裙，腰带腰间打结，带头垂下，跣足立于莲花台上。脚前左、右侧各绘一身跪于莲台上供养菩萨，高发髻，上身袒裸，下着裙，帛带从双肩垂下向身后上飘动，动感较强，双手合十侧身朝佛。二身跪菩萨外侧各立一身菩萨，左侧菩萨高发髻、戴花冠，上身袒裸，披肩、巾带两侧垂下外飘，下着外短内长裙，双手胸前捧物，跣足立于莲花台上，绘圆形项光。右侧菩萨与左侧菩萨似同，区别为双手胸前自然相托，巾带绕双肘外两侧垂下外飘。坡左角绘三身穿长衫，手托捧灯盏法器，足穿小圆红鞋立弟子，侧身朝佛，其中一身弟子后盼。坡右角绘三身内着长衫，外斜披袈裟，手捧物，足穿小圆口红鞋立弟子，侧身朝佛，其中一弟子后盼。图中另绘流云等。

龛顶人字披前坡，画面上方塑绘帐顶形华盖，下"薄肉塑"一佛坐于高台座上，着袒右袈裟，左、右侧各有一身弟子，佛左、右侧前方各有一身菩萨，站立在莲台上，坡左角有四身弟子，其中一身年青弟子而向左外侧。坡右角有三身弟子，其中一身年老弟子，而向右外侧。左、右侧及下方有浅浮塑数棵树。

壁面壁画为后代重绘，正壁佛浮塑的莲瓣形背光上彩绘图形项光。其外绘牡丹、流云、火焰等装饰图案。佛袈裟表面沥粉堆塑彩绘龙、牡丹等装饰图案。正、左、右壁菩萨项光绘云纹等图案，身上服饰作沥粉堆塑图案，其中有龙、凤、牡丹、菊花、方格、云朵等装饰。正、左、右三壁空间壁面绘流云图案。

第四龛壁面泥皮有部分残损和剥落，现存壁画面积约20平方米。龛顶正坡下部正中塑绘华盖下"薄肉塑"一身结跏趺坐佛，左、右侧各前后排列多棵浮塑的树，树下绘侍立众多菩萨、弟子。左、右角处各有一棵树，左角树下现存绘二身跪坐吹弹乐器的伎乐天；右角树下现存绘四身跪坐打击乐器的伎乐天。

左坡上面绘多身飞天，正中绘一个"工"字形台座，无存佛像，难以判断是原作还是重绘。前浅浮塑一个圆形几层高台，正中放一个似小塔，左右侧影见各放一物。圆形高台前有一个长弯柄熏香炉，侧面摆放大小不同多个似盆器物。画面左角部分绘较大的长方形高台，上绘方形塔，塔左侧绘棺，棺上浮塑一只小鸟。方台后（上方）为一棵开满花的树。方台左后侧绘多身人物。画面左角部分塑绘，一位人赶着两匹马的拉车，前方（三角尖处）绘城门楼一角。其中赶车人上方浮塑一个莲台，莲台上绘摩利宝珠。

右坡上部绘多身飞天。下部正中塑绘华盖下"薄肉塑"一身结跏趺坐佛，结说法印，台座前有供器。左、右侧绘众多人物(应该是菩萨弟子，模糊)，右侧另绘一座宫殿。

前坡上方有数身飞天，正中塑绘华盖下“薄肉塑”一身足踏莲台立佛，侧身向前。佛右侧身菩萨、弟子众侍立云上。佛、菩萨、弟、飞天在空中皆朝右侧一个方向向下飞行。

壁面壁画为后代重绘，正壁表面壁画为明代，绘波折形光带的项光，外是缠枝牡丹的淡粗墨线图案。正中上方绘人身、鸟头、双翅伸展的迦楼罗。其左、右亦各有一身人像。以墨线和红色绘出火焰纹。火焰纹下边左、右亦绘有云朵的形象。左、右壁胁侍菩萨项光有多层，有莲花、缠枝花纹和火焰等。

第五龛现存壁画面积约20平方米。正坡正中浮塑一棵树，左侧塑绘华盖下一身坐佛，右侧略下一身立佛。画面左角塑绘山，山中有浮塑龛楣形洞窟，山前浮塑两棵树等。

左坡上部两侧绘飞天；正中塑绘华盖下并列“薄肉塑”结跏趺坐佛三身，三身佛之间立两身弟子；佛前有香炉、灯台，佛两侧从壁面透出底层痕迹看，应该绘菩萨弟子众；画面左、右角各塑绘一棵树。右坡左侧“薄肉塑”结跏趺坐佛一身，右侧现残存部分浮塑华盖，原华盖下应该“薄肉塑”佛，现为后代重绘宫殿中坐佛一身；其下有二比丘供奉坐佛形象。可辨左、右下角亦有二比丘。

前坡左侧塑绘华盖下“薄肉塑”结跏趺坐佛一身，左侧菩萨弟子众侍立，右侧残缺。画面左右角有浮塑树。

壁面存绘佛、菩萨背项光或项光，有火焰纹、缠枝菊花、莲花纹、缠枝牡丹花纹、瑞兽头、花栏杆等图饰。

第六龛现存壁画面积约30平方米，主要为明代重绘。龛顶正坡正中现残存原浮塑华盖部分，坛前存“薄肉塑”一只右脚，原应该为“薄肉塑”佛。现为明代绘一庑顶翘檐大殿，殿有柱、栏杆及台阶。上饰有帐幔，分两侧垂落，殿内“沥粉塑”一身佛，结跏趺坐于“工”字台座上，身着宽袖袈裟，手施说法印，作说法状。台座两侧各立一弟子，拱拳于胸前，殿台下两侧各立一光头菩萨，赤足立于圆莲上，身着圆领宽袖衫，下着长裙，身披帛带飞扬，莲台周围散落有莲花，右菩萨已残损，正前方绘二香炉，香火缭绕，左前方已残毁脱落。右前方绘三身弟子并排合掌而立，中一身面向右作交谈状。殿外绘有墙，墙外绘有树木、石头。顶部绘有五彩祥云流动。

龛顶左坡明代绘山林中，华盖下“沥粉塑”一身佛，绘圆形背项光，身着袒右袈裟，结跏趺坐于六面形“工”字形高台座上，手施禅定印，两侧各绘一带光的弟子，拱手于胸前恭立。左前方绘了三身并排跪地诵经的弟子（两侧弟子边一身探视中间一身）。右前方绘二身弟子，中年一身跪地求拜，少年一身合掌恭立一旁，中年一身旁边放置一担布包的物品，似深山求道。二俗家弟子前方绘有一木柴头架起的小桥，桥下有流水。人物像身后绘有山石树木，周围绘有彩云缭绕。

龛顶右坡明代绘山林中，华盖下“沥粉塑”一身佛，绘圆形背项光，服饰、手印、台座均与左面坡佛相同，不同的是画面左侧残存一高高耸立的木架，前有三小鬼用绳索吊拉一沉重的石磨，后面一中年俗家妇女掩面涕哭。旁边一小鬼手持硬棍正在翘磨盘，其上身半裸，下系短裙，面目狰狞、精瘦，动作凶狠，周围绘有山、树木及五彩祥云。

龛顶前坡下方正中残存浮塑华盖部分，下“薄肉塑”一身结跏趺坐佛，明代在原作脸、耳、左手及肘部分运用“沥粉塑”。佛两侧各绘一身有项光的合掌立弟子。在前方绘有三个（中大两边小）的舍利瓶于石台上。右前方一木桌子上放着与左侧中部一样大小的舍利经瓶，周围祥云缭绕。

壁面正壁主佛背光上端浮塑护法神像。佛莲瓣形背光内绘圆形项光，项光外圈绘菊花纹、忍冬纹和云纹，再外圈绘火焰纹，背光中部绘有栏杆、二弟子，弟子头部绘有环形项光，其上、下周围绘五彩祥云。

第七龛现存壁画面积约为30平方米，明代进行了重绘。龛顶正坡正中绘一座三间四柱的庑顶大殿，前有庭，殿中绘一坐佛，有背项光，结跏趺坐于叠涩“工”字形台座上，手施说法印。佛两侧各立一弟子，有项光，持合掌印，殿外两侧各立一有项光、双手端供品的菩萨，其身上帛带飘扬。画面左前方，前排绘五身跪地比丘，持合掌印，中间一身低头转颈，左视为交谈状；后排前方一年少比丘，双手捧物与前排一跪地老僧似在悄声交淡。右前方绘三身跪地比丘，持合掌印与左前方对称，其中一年长弟子正对年少弟子在交淡或指教。整个画面四周空间绘有山、林与祥云。

龛顶左坡绘三个四角攒尖翘檐塔式佛帐，“品”字形分布，帐内各一坐佛及胁侍菩萨与弟子。中间正帐内佛，有项光，结跏趺坐于叠涩式“工”字形台座上，手施说法印，两侧各立一菩萨，双手于胸前低头侍奉；帐外两侧各有一位合掌而立的比丘。左帐内佛，有背项光，结跏趺坐于方形台座上；两侧各有一胁侍菩萨，有项光合掌而立；向外两侧各一合掌而立的俗家弟子，左侧年长清瘦，右侧年少丰润。右帐内佛，有项光，结跏趺坐于方形“工”字形台座上，手施说法印。台座前方两侧各有一圆项光、双手于胸前的菩萨（左侧菩萨残存痕迹），菩萨身后有二身俗家弟子，一老一少，一瘦一胖，老瘦型弟子正探身窥视，望年少弟子。台座后方两侧各一有项光合掌而立的弟子，“品”字形佛帐中放置一高台座器皿，内盛满供品，三佛帐四周及空间均绘有树林及祥云。

龛顶右坡正中塑绘一三角形大华盖，华盖边沿垂幔帐及风吹摆动的串珠；，长流苏华盖下绘置一身坐佛，有背项光，结跏趺坐于六面形叠式“工”字形台座上；佛两侧各立一弟子，有项光，左年长强悍，右年少文静；左弟子前方又有三身比丘，二身面朝外，一身背向，三人作交谈状；右弟子前方前后相随的三身俗家弟子，前一身年长，似有地位正在向佛秉告，佛身子微朝右前方倾探，双手分开，一手于胸前，一手平伸于腿部与前来的右弟子正在交谈；后两身弟子年少，正在自交谈或随前者。画面左前方绘四身有项光的供养菩萨，后两身一提香炉，一端供品虔诚地立于一旁；前两身立于莲台上手端供品，作低声交谈状。右前方绘两身有项光的供养菩萨，手端供品立于盛开的莲花台上。周围绘祥云、树木纹，整个画面有风吹的动感。

龛顶前坡绘三佛说法，呈“品”字形分布。上部塑绘帐顶形华丽华盖，华盖下一佛有背项光，结跏趺坐于叠涩“工”字形台座上，手施禅定印；两侧各立一有项光的合掌弟子，抬头仰望佛祖。左、右侧各一佛，无华盖，有背项光，结跏趺坐于“工”字形台座上，手施禅定印，比主尊佛略小，头微微前探。左、右佛前各一有项光的菩萨，姿态优雅，帛带飘扬。两菩萨中间有一镂空高座，座上放置一火焰摩尼宝珠；左侧佛左前方立四身俗家弟子，施合掌印，在低头交谈；右侧佛左前方对称四身比丘，合掌作交谈状。四周空间均绘有树木及五彩祥云。

龛正壁佛莲瓣形背光内绘环形项光，项光外圈绘菊花、缠枝忍冬与火焰纹。弟子绘圆形项光只残存痕迹，其周围空间均绘五彩祥云。龛左、右壁菩萨绘有色彩间隔的环形项光，外为火焰纹，内二身菩萨的项光内圈残存有浮塑的圆形莲瓣纹饰，其他菩萨项光圆圈中也残存有浮塑的痕迹，此窟菩萨的项光为塑、绘结合而制作，项光外空间及周围均绘有五彩祥云。

题　记

前廊。左壁耳龛内右壁前侧下方一白底墨书榜题；字迹多已无存，可辨落款为："万历三年四月□□□□□□赟。"浮雕帐龛及护法神表面多有题记。左至右第一龛，护法神右侧墨书："纯臣同弟积中来。"中间墨书："利州左三孙震记□□□□麦积□□□隆兴三年七月初三日。"左下墨书："太原王下到此记，崇祯二年四月。"帐带上墨书："淳熙九年四月二十三日，武康军王与牛到此。"帐带题记左侧墨书："右四益王昌国同张进，赵君王、李押清、王才敬并湫池会官文德天到此时，淳熙七年三月初二日瞻仰圣像谨题。"帐幔处墨书："西康马珍、孟逊、扬征、刘仲威、秦绶同故道杜昌等六人于/庆元己未正月上元佳节施/灯油于圣寺祈愿永得瞻上圣者谨记。"

左壁宋塑天王右小腿后壁面墨书："光绪□年五月□□□湘乡王惠□临洮李□□。"左侧中部壁面有横向墨书藏文三行，内容不详。

前廊左立柱内侧石刻题记："前往持僧智雄上石/刘永安、赵三斤、登顶/和戊戌闰月。"

右壁天王右膝外侧墨书："□□渠生员杨大士游□积□□至此/□□……□大清嘉庆□□……□。"其右侧刻划题记，仅可辨"甘肃□□人游□□十三年六月二十五日"。

右壁石洞上方有明人恭裕书写"小有洞天"四个楷书大字，镌石阴刻。其上方有宋石刻："提点秦凤等路刑狱公事游师雄/提举茶马公事仇伯玉同登麦积/山寺七佛崖阁元祐六年二月三日/陇城县令扬愬巡捕□马震巡/赵远偕至京车副将段缄题/"

右立柱内侧石刻："陇城县事赵希安/车□以檄尝游于/此岁崇宁五年二月十有八日闲志。"其下刻石："张保淳、刘□合同游、崇宁壬/年十二月望日/张宏中后至。"其下刻石："阎令薛适、绍圣乙亥七月丁酉同至。"

此外，在左起第一至四龛门外上楣处各悬一块明清之际的功德木匾，具体内容如下：

第一龛横匾，木质，已斑剥开裂，高0.48米、宽1.62米、厚0.21米，四边镶饰之朵状木质边饰。正面减地阳刻"菩提场"，楷书、涂墨。

第二龛横匾，木质，高0.46米、宽1.51米、厚0.17米。轻度斑驳剥落开裂，字迹有风化现象；匾四周镶饰卷云状边框，其中上下框沿处均减地阳阴刻二龙戏珠图案，左右框沿阳刻云龙戏珠图案。正面阴刻"西来圣人"，楷书；启首"巩昌府秦州秦安县州县人氏"；落款"康熙二十年四月初八日王□。"

第三龛横匾，木质，高0.47米、宽1.62米、厚0.17米。轻微斑剥开裂。匾四周镶饰镂空折枝莲花图案，正中阴刻楷书"慧光普照"。

第四龛横匾，木质，高0.56米、宽1.68米、厚0.20米。四周镶饰镂空云龙，花草图案，其中上缘为二龙抢珠图案，其间穿插花卉，左、右缘各雕一龙穿行于花草间，下缘雕折枝莲花纹。正文阳刻

“是无等等”四字。行楷体、浓墨填涂。第四龛楣上部壁面摩崖石膏质刻题：“麦积奇观”，四字排列成方形，上下左右各二字，楷书、阴刻，字大55厘米。落款“天雄赫瀛书”，题外左下则墨书“大明万历十年×月刊字记”。

七佛龛之第一龛。左壁外侧第一至第二身菩萨之间中部有白底，黑边方框榜题墨书：“惟大明国陕西巩昌府秦州□县民出□□/麦积山主持大戒僧慧莲发心承许/站/佛二尊妆彩贴完慧莲/□□□二月二十五日吉时生/妻王氏□大学见□□□/父姓何□□/董氏相余氏/亲弟慧忻/□□年九月初九日吉时生/郭宇诸妹何氏外□女□□□/师智幻□□□共成好事/天启六年五月十九日开工□□□□年正月初一日书名二六时中祥光。”

右壁内侧第一身菩萨，右侧中部榜题墨书：“西厢里三甲弟子赵永祥妻周氏，男强行健阎家代/发心补塑圣像全□保佑一家眷□清泰/康熙二十七年八月吉日立主持僧人性印。”

第三身菩萨左侧中部榜题墨书：“麦积大戒比丘僧慧莲领上下众姓人等虔诚发心修贴妆彩/菩萨金像众姓信女会□□张氏男阮尚策，陈氏孙男阮永宁一家等/恩荣寿四大程绍舜郭氏男程世俊，卜氏幼男程长寿等/阮任爱王氏男阮相阮练、阮四阮六一家等/吴□亮阮氏男吴小弟孙男吴不上礼/阮秦于氏男阮尚任高氏幼男寿哥一家等/阮门席氏男阮侨家保阮罗汉保/吴门张氏孙男大经保/阮门□氏男阮尚文周氏/萧隐诏刘氏阮连高氏男阮尚增/侯光道张氏男尚文高阮仕安/天启六年五月十九日开工七月完/天启七年正月初一日君名各家二六时中吉祥如意。”

第二龛。左壁外侧菩萨右侧上方榜题墨书：“大明国陕西都司巩昌卫后□□……/墨凤灿西峪沟居住□□□/佛妆画贴金发心承舍一疋祈□□□/杜官□□/室人童氏□□/刘氏□□□/徐氏□□□万历四十七年四月初八日功完上报回恩，下祈一家清泰，愿求□□深生善果，吉祥如意。”

左侧下方墨书：“康熙四十二年会首田腾来朝山进香。”“进香信士王守□□。”

右侧中部刻划：“清水县刘成进香。”“秦安县长效孔成、文炳、冯嗣京。”“昨□仙人□今到山明天何朝皇土贮积累几千年。”“乾隆六十年四月十八日进香弟子付君正、杜子厚、张夫。”

正左壁角柱下方墨书：“光绪弍拾四年四月□□。”

正右壁角柱下方墨书：“朝山会首霍伯爱、文世跃众等。”

第三龛。右壁中外侧两身菩萨之间墨书：“游海……/朝山进□□□凤昌朱氏男□□马氏……”

正右壁角柱上墨书：“翟佰爱文世耀。”

左壁外侧菩萨左侧墨书：“秦州□会□□……”

右壁中外侧菩萨之间墨书：“巩昌卫人颜亚孔到此名山/秦州西宁□□马君诏到此山。”

右壁中内侧菩萨之间墨书：“□□□八月初四□□□□明盛到此。”

第四龛。左壁前侧墨书题从上至下书：“道正□□□□。”“康熙四十二年四月初八日。”

“秦州东关一会信士朝山进香到此；山下会首刘□刘□□□□□□□人望□金鳌张□□□□□□王发渊朱瑞、李金、周而栋□海□□春□耀先□□□朱弘烈□□□张□□赵建□□□□万永吉冯启贵文止敬张尔绮；□□□□□门张氏三年……；张家川□□□□□朝山进香保女□□□□□□□□□顺□□□□□□□□保众等□□□□；远眺□□□□□□□□□□□□□□□□□□□□攀相荣四面千□□

□□□□□登梯□□□□□□□□□□□□□□□□□□□移岂不虚□□□□□俗□□□□□□□□□堂□□□□□□四□子；雷李氏到老爷山；秦□□□□十月初七日□□；高礼□毛氏□高攀龙□□□□□会匕？；一会同麦积山□□□□□六年持留？□□□□□□□□□万□年王□□□陶□。”

左前柱上白色题记：“□□□登此/庚寅至元贰拾柒□伍/月初伍日下手至拾捌日回家下山。”

第五龛。左壁前侧墨书：“……住持……大任妻□……康熙二十一年……”

左壁前侧和中间菩萨之间墨书：“秦州张□□□□□□□周德等一家善眷保佑吉祥如意万历十年七月十七日□□。”

右壁中部菩萨外侧菩萨之间下部榜题框中墨书：“大陕西等处承宣布政司道巩府秦州清水县在城关厢各门居住信士会首人等奉/佛设供妆彩贴金朝山进香信士会首□门李氏 黄加宾/曹氏 陈门宋氏 陈门郭氏纪门□氏□□□□张问士□氏□□禄氏　王门□氏　陈□□张氏□□□□□□□□黄氏□□□王氏　陈门王氏贺腾□□□□□□□□□□氏王□臣□□□善统 贻氏 孙门□氏　孙□□□□□□□氏李门门□氏　王门李氏雍应期□□□□□□□□□孙门□氏隋缘会首杨□王氏□□□□孙□□□□□□锦张氏雍□□□□□□杨氏　胡门□氏 王正家　雍氏 王门陈氏□□□□□□□□氏纪门王氏 张门安氏 王作养马氏□门□氏马守德范氏 烟守礼　范氏 姚门部氏秦州□□登王氏/□□□□奉请山西匠人王勇□李健朝王□/天启三年四月初八日孟夏吉旦保佑一会人等平安如意。”

右壁前侧有榜书框：其中不清，唯辨“……□義宾齐氏……秦州□□□□□□……”

第六龛。前壁左上角墨书：“大明崇祯六年八月十五日开工妆彩贴金、画匠陇州南乡梨林里侯家嘴居住信士侯荣、侯相弟兄二人，侄：侯□印三人十月二十妆贴工完满，吉祥如意。”

第七龛。左壁中部墨书：“唯大明国陕西等处承宣布政使司巩昌府秦州敕建麦积山上下方园众信奉佛妆贴圣像姓名与后会首……”

右壁中部墨书：“施主□德□重新□佛堂善念感天地造福自无疆铁匠王化明，画匠侯□、侯□相天启元年四月二十四日书。”

右壁前部墨书：“施□□□□□新□□付堂喜□□/地造福……自无疆/铁匠王化为……书正侯□□相/天启元年四月二十四日书。”

第005窟

窟　号　第005窟（俗称牛儿堂）

时　代　隋唐（明、清重修）

位　置　位于东崖上部，左邻第004窟，右侧为崖面（天桥），窟口下沿与栈道地面齐平，其中中龛门下沿距栈道地面垂直高度0.56米。

形　制

崖阁式洞窟，前廊后龛。坐北朝南，南偏西13°。前廊平面横长方形，平綦顶。前部因历史上地震坍塌。顶高9.00米、通面宽15.00米、进深6.00米。廊前部开凿出四根方形截面石柱，因地震坍塌目前仅存东侧石柱上半截。各柱头上承一栌斗及三升，上承一横枋，每柱之间穿以阑额，柱头上有一斗三升和挑尖梁头，两大斗之间有曲脚人字拱。

前廊左壁前凿出低坛基。廊后壁开三大龛，正中为平面马蹄形穹隆顶大型龛，高5.50米、面阔5.90米、深4.00米，龛内壁前凿“凹”形低坛基。正壁坛基高0.26米、深0.76米；左壁坛基高0.23米、宽2.90米、深1.06米；右壁台高0.28米、宽2.93米、深1.11米。正壁前有高台座，高1.40米、宽2.59米、深1.55米。左、右为平面马蹄形、圆拱敞口龛，高3.30米、面阔2.70米、进深1.60米，龛内正中有长方形高台座，每龛均浮雕出莲瓣形和圆拱形双重龛楣。左右两侧有龛柱，柱头雕有火焰宝珠及莲花。左右各有三个半圆形莲台。明代于中龛口部建立篱笆墙及门。前廊左壁凿开一洞，通第4窟。通道口高1.50米、宽0.75米、深2.94米。

造　像

中龛正壁一佛及阿难、迦叶弟子，两侧壁各二身立菩萨；左、右二龛均一佛两胁侍菩萨；中龛与左龛之间壁前一身天王。共计14身。

中龛隋代主佛，高5.00米。螺髻，面形方圆，眉间白毫相，弯眉，长目圆睁下视，鼻梁直挺，鼻头硕大，有双鼻孔，人中粗深、双唇厚，略呈四瓣。双颊丰圆，下颌有一道阴刻线，双耳贴脑垂肩。肩宽挺胸，内着僧祇支，腹前系带，外着双领下垂式袈裟，绘“田相”，左手抚于左膝之上，右手抬起，掌心向下，手指弯屈。结跏趺坐于长方形“工”字形叠涩台座上，袈裟下摆垂于座前，形成2～3层交叠。表层袈裟饰沥粉堆金纹饰。

左侧弟子迦叶，高3.20米。老年形象，长圆脸，皱纹布满面部，双眉较粗，双眼圆睁前视，鼻梁直挺，张口露齿，大耳下垂，脖上喉结、肌腱突出。内着僧祇支，外着双领下垂袈裟，绘“田相”。左臂抬起，手掌心向外屈指举于胸前；右臂竖起，手掌心向上屈指上托于肩前，跣足立于圆形莲台之上。莲台高0.15米、直径0.82米。

右侧弟子阿难，高3.30米。青年形象，圆脸，眉间白毫相，面相清俊，内着僧祇支，外着双领下垂袈裟，绘“田相”，左臂抬起，手掌心向上托于左侧，右臂自然下垂，手掌心向下握袈裟一角，跣足立于圆形莲台之上。

中龛左右四菩萨高3.20～3.40米。

左壁左侧菩萨，戴高花冠，发较厚，眉骨突出，双目向上弯曲，鼻适中，嘴小，上绘卷曲八字胡，下绘圆形螺旋状胡髭，耳小，面带笑意。内着僧祇支，高腰系带，中着从背后向前围系的衣服，外披帛带搭于两臂下垂，于腹前呈圆弧状下垂；下身着内、外双层高腰长裙，裙上沥粉堆金饰牡丹、麒麟、宝珠等纹样。跣足立于圆形莲台上。

左壁右侧菩萨，头戴化佛冠，束发披肩，方圆脸，细长弯眉，眉间白毫相，双目微启下视，鼻适中，嘴小巧，上绘卷曲八字胡，下绘圆形螺旋状胡髭，大耳，颈戴项链，内着僧祇支，披帛带于双肩并下垂于腹前、腿前二道弧状上绕肘外侧下垂。臂戴钏，手腕戴镯。下着翻边高腰束带腹前打结下垂的长裙，裙上饰云纹及牡丹。双手合十，跣足立于圆形莲花台上。

右壁左侧菩萨，形象略同于左壁对应者。手腕戴镯，左手掌心向上托举于胸前；右手轻提腰带垂于右腿前。

右壁右侧菩萨，戴花冠，宝缯垂于双肩上，耳垂丰圆，颈佩二串项链，内着僧祇支，上沥粉堆金饰牡丹及云纹，外披帛带，左侧帛带下垂绕于腰部掖于裙内，右侧帛带经右手处自然下垂于地面。腰束白色细带，下垂部串有玉璧，底部打结。双臂戴臂饰，手腕戴镯。下着长裙，绘有牡丹及卷草纹，跣足立于圆形莲台上。

左龛（唐）主尊，高3.00米。螺髻，前有肉髻珠，面相方圆，额宽平，细弯眉，眉间白毫相为一凸起的圆珠，双眼微启，作俯视状。鼻梁挺直，鼻翼舒张，嘴唇较厚，嘴角微上翘。下颌正中上方有一凹陷，大耳，耳垂部丰厚，颈有三道阴刻线。双肩宽平，挺胸饱满，内着僧祇支，胸前系带打结下垂，上绘凤凰及云纹。外着双领下垂袈裟，上沥粉堆金绘龙凤及祥云纹。左小臂平抬于左侧，手掌心向下，手指残失；右手上举于胸侧，掌心向外，三指残失。倚坐于方形台座上，双足踏于座前仰莲台上。

左胁侍菩萨，高2.65米。头束发髻微向后倾，戴花冠，发辫披肩，方圆脸，面带微笑，额有凹形白毫相，细弯眉，长眼微启下视，高鼻大嘴，耳坠丰厚。颈戴华丽项链，臂戴钏。上身内着低胸束带衣，肩披帛巾下垂至腹下和膝前二道弧形上绕搭肘外侧下垂。手腕戴链，左臂自然屈下垂，手残失，右小臂斜抬起，手握珊瑚，下着翻边长裙，跣足立于圆形莲台上。

右胁侍菩萨，高2.65米。头束发髻，戴花冠，发辫披肩上，方圆脸，面带微笑，额有凸形白毫相，细弯眉，长眼微启下视，高鼻，嘴微开露牙，耳坠丰厚。颈戴华丽项链，上身内着低胸束带衣，肩披巾下垂至腹下和膝前二道弧形上绕搭肘外侧下垂。臂戴钏，手戴链，左臂自然屈下垂，左手失，右臂残失。下着翻边长裙，跣足立于圆形莲台上。

右龛主佛，高2.05米。低平螺髻、有肉髻珠，面形方圆，眉间有凹状白毫相，细眉，双眼外凸下视，鼻梁适中，鼻翼丰满，唇分四瓣，嘴角上翘，大耳稍外张。上身内着僧祇支，腰束带打结下垂，上饰凤凰和云纹。外着双领下垂袈裟，绘有龙纹及祥云纹。左手抚于左膝上，右手上举，掌心向外。结跏趺坐于长方形台座上。袈裟下摆于长方形台座前，呈中间突出圆弧状下垂。

左胁侍菩萨，高2.63米。头束呈葫芦状高发髻，戴花冠，额际发纹路绘制细腻，方圆形脸，眉间有凹状白毫相，鼻梁适中，鼻翼丰满，唇分四瓣略小，大耳戴花状耳饰，束发辫披肩，颈戴项链，上身内着僧祇支，帛带从双肩下垂至腹下和膝前二道弧形上绕搭肘外侧下垂。臂戴链珠饰，手腕戴链。右手上举，手残失，左手半握下垂，下着翻边大裙，跣足立于圆形仰莲台上。

右胁侍菩萨，高2.65米。头戴化佛冠，面庞略同于左菩萨。内着僧祇支，上饰三角回旋几何纹，肩披帛带于腹前和膝部二道弧状上绕肘外侧下垂。右臂上举，手掌心向外于胸前，左臂平抬，手抚于右侧腹部。下着翻边大裙，胫部绘有麒麟，跣足立于圆形仰莲台上。

此龛三身造像表面均有明代沥粉堆金彩绘。

中龛与左龛外之间天王，高3.60米。头戴三瓣宝冠，顶束锥状发髻，宝缯结于脑后垂下搭于双肩。头发以粗阴刻线稀疏地表示。面相方圆，额头三道细横纹，眉稍细，眉头皱，眼珠突出如圆球状。鼻梁直挺，有双鼻孔，上髭上翘，颌下络腮胡子，双耳抿贴，耳垂扁平下垂。上身穿明光甲，立领、护肩、双圆形护胸。下身穿扎口灯笼裤，外罩较厚的战裙，上彩绘有串珠璎珞图案和红色横围状带饰。腰系带于左右两侧侧打结下垂至足下。双臂屈肘手握拳于腹前两侧。跣足踩于一卧牛身上。牛卧于半圆形台上，昂首，牛眼大睁，鼻孔大张，牛口微闭，后蹄呈奋起之势。

壁　画

中龛顶部底层隋代画仅辨出痕迹，具体不详。顶部外层明代重绘，用笔较细，色彩上石绿色较多，且尚艳，其形象亦有少许斑驳剥落。顶部正中绘一宝珠，其周围绘三身飞天环绕与数朵莲花，左右壁顶部绘佛说法图。

顶部左壁佛说法图，上方绘一佛二弟子，主佛项光上绘有华盖与祥云。其身后左右两侧各一座七层高塔，左侧高塔下似一城墙建筑。台座前绘一香案，其两侧各八身供养人，共16身。靠近香案的六身供养人为跪姿，其余十身皆站立。香案左侧八身皆为男性供养人，戴官帽，着长袍；右侧皆为女性供养人，着长衫。周围绘有祥云。靠近窟门侧绘有山石流水。

顶部右壁佛说法图，上方绘一佛七菩萨。主佛，身着袒右袈裟，结跏趺坐于台座上，绘背项光，上方绘华盖、树冠及祥云，其上绘两身飞天及数多莲花。佛左右两侧各有两身菩萨，一坐一立。坐菩萨内着僧祇支，外披袈裟，结跏趺坐于台座上；立菩萨两臂裸露，披帛带飞扬，立于莲座之上。另外三身供养菩萨朝向主佛，跪坐于莲台上，皆身披帛带。中间一身与左侧一身面朝主佛，右侧一身面朝窟门一侧。

正壁主佛，绘舟形背项光，一直延伸至顶部。有火焰、莲花、云朵、卷草等纹饰，卷草纹上部正中莲花上有一身迦楼罗。佛头后残存的圆形项光左、右下方分别绘有白象及狮子。

左、右壁上部为黄色卷草纹图案，分为上、下两层，下层为隋代绘，上层为明代绘。其下对应造像绘有项光。环绕窟门内侧依稀可辨隋代装饰花纹。窟门上方及其左右壁，依稀有隋和明代彩绘。

中龛外有明代修补之篱笆墙，上部绘二龙戏珠，每龙各持一珠，下部右侧绘六臂护法，怒目圆睁，可辨持戟、持伞盖、持剑，持铃或金瓜。身后飘带飞扬。

左龛表层壁画为清代所绘，下覆盖壁画可能为明代和唐代绘制。龛梁底层为明代壁画，表层为清代所绘红色及顶部正中绘榜书框。龛楣底层所绘，因模糊不清，难以断定何时所绘，约为一佛二菩萨二弟子，表层为清代所绘九身像，一佛二菩萨四弟子二供养者及祥云。主佛着圆领袈裟，结跏趺坐于莲花座上，左手搭于左膝，右手举于胸前秸说法印。二菩萨与四弟子于左右站立，近主佛二弟子面朝主佛，双手合十静立。左侧弟子着袒右袈裟，右侧弟子着双领下垂袈裟。二菩萨面朝主佛，头戴花冠，着双领下垂袈裟。左侧菩萨双手于胸前交握，右侧菩萨双手合十于胸前。外侧二弟子头转向外侧，双手合十站立。左侧供养人着双领下垂式衣，右侧供养人着圆领衣，腹部系带垂于膝盖下方。整组壁画后绘祥云。

左龛内主佛项光分三层。最外层为绿色细带状；中层白色宽带状，上绘莲花；内层绘彩色波浪纹汇聚于佛头。二菩萨项光分两层，外层外绿色细带状，内层为红色项光。三身像项光外侧均绘祥云。

右龛内底层似初唐所绘，明、清时期均有重绘。龛梁上方绘五颗火焰宝珠。龛楣底层为初唐火焰纹；上一层为明代重修的榜书框及重描的火焰纹，榜书框外侧绘红色回形纹；再上一层，清代似又进行了一次重描。右龛内部壁画略同于左龛内壁画。

右龛外上方及右壁周围壁面上的壁画为初唐所绘。上方正面内容为西方净土变，画面正中绘半圆形华盖下阿弥陀佛结跏趺坐于“工”字形圆莲台上，着袒右袈裟，双手作说法状；两侧二菩萨面朝向主佛，坐于莲台上（左侧菩萨已无）。台座下部绘莲池，莲池中多身化生菩萨跪于莲花之上虔诚向佛，莲池左右侧又有众供养菩萨站立。其下左侧绘三排女供养人，右侧绘一排女供养人。壁面右侧拐角处绘莲池引申至前廊右壁，其上绘一佛结跏趺坐于圆形“工”字形莲座上，佛左侧绘坐于莲台的供养菩萨等，佛之后面有建筑回廊及琉璃铺地的地面等，其余均毁或不清；其下为女供养人部分，左侧上下三排，右侧一排。龛右侧（廊右壁）壁面存上、下两铺说法图，它们之间可辨有五身女供养人，具体服饰较模糊，帛带自双肩扬下穿肘下扬，下着长裙。

左龛左上部在表层白粉下露出一铺说法图，仅可见华盖和飞天痕迹。

前廊左壁白粉下露出火焰项光的痕迹，并可见到缠枝忍冬的形象，其左侧于白粉下亦有底层壁画痕迹，可辨一身菩萨和一台座一角，其下方还有一覆莲的形象。

前廊平綦中右侧，可见一长方形画面，正中一匹红马，后面一身象，象头及身上有带状饰或笼头和鞍带之类；周围环绕六身飞天，披巾其身后作大圆环状飘扬，均作供养状；飞马前另有四个莲花火焰宝珠。

题 记

中龛龛口左侧中部刻石：“武康陈康民按部独游。”“元丰辛酉三月四日大中题。”墨书：“嘉靖癸亥□□巡按陕西御史三晋韩君恩边备副使金陵张祥分（公？）巡检事蜀都甘茹同游书此。”左侧下部刻石：“蒋之奇登麦积山观悬崖之处之杜诗为不诬矣，元丰四年三月二十六日。”右侧上部刻石：“仲文中秋十三日独登，下观茂林山泉，顿觉神往。”注：后三字被明代篱笆墙压，此字应在明代之前。

中上龛口右下部刻石：“熙宁八年三月二十四日试校书郎赵赡自秦州陇城寨簿权，陇城县尉来观麦积山石佛阁因书。”

中龛左壁左侧墨书：“万历甲午孟夏/清水县辛金因/公游此顿觉尘襟/洒然；康熙三十七年岁在戊寅四月十二日河南祥符润子玉、符石城□□□□书此。”中下部墨书：“秦州西宁……志一会等万历三年□月二十五日。”“万历二十六年三月十五日，秦州卫□□□□下军……信士高□。”

中龛左壁正中菩萨衣带上墨书：“万历三十三年朝邑县人秦州王民□□□。”左侧菩萨腹部墨书：“雍正元年四月初八日朝山进香，张进贤、李集龙、谢大顺、张奇瑛、张纯鼻、宁朝凤。”“乾隆四十七年□□初五日，菜园王逢元，上铺李肇基到此。”“大清嘉庆二年岁次丁巳夏四月初八日，第伍保桑渠庄生员杨大士游此。”中龛左壁左侧菩萨衣带上墨书：“宣统四年二月初二日朝山进香，秦州西关人氏弟子三人□□□、左汝谐、范震吉遨游至此虔叩。”右侧菩萨衣带上墨书：“南郡……光绪廿二年四月溯八日敬。”右侧迦叶衣带上墨书：“大清甘肃省直隶秦州秦清两县军民人等，见在此名山，家□□□一心奉佛进香祈福，信士会首王缵臣、王喜凤、王宗臣率领一会人等进香，领众僧□□，乾隆四十年四月初五上香。”

中龛右壁右侧菩萨腹部裙带上墨书：“崇祯二年三月二十日，磨钞老人何到此过，刘进才、杨春昌过三人头，住在西关关爷□过此。”中菩萨右臂上墨书：“乾隆四十七年四月初五日□韩□□。”刻划：“崇宁五年□（四）月初一日到此。”右下方墨书：“嘉靖四十三年正月十□日□□□□上山朝香。”右侧墨书：“巩昌府信士义官向□晋、伏羌县信士□腾龙。”“秦州卫……嘉靖四十四年十□月四日。”“万历四十一年□月□□清水县信女高门伏氏，偕男生员高攀龙、高攀□到此。”“崇祯三年四月进香，上邽庠生柳时畅、任氏、男生员柳□到此。”刻划：“康熙四十七年五月四日……”

中龛正壁右侧墨书：“诸天法雨洒晴空，震海潮音梦寐通。灵窿重乐觇祖意，丹梯半火护神工。十年再到今吾是，众愿欲成善侣同。游戏预期齐剪纸，散花原不借溪风。民国三十二年七月三十日与杨君和亭、张君自振、赵永发、僧本善同游。幼上时聂从录题。”右侧弟子衣服上墨书：“崇祯元年□□□子等进香，信士□□□。”左侧墨书：“何人开此不朽基，与天同寿无须疑。抹倒亘古创业者，志向端的是男儿。中华民国九年已□八月，天水镇野人武天恩、傅承民、涂仝，友人安风伯之四子安按舞游此。”

中龛主台座左侧刻划：“嘉庆元年。”右侧墨书：“民国三十二年六月廿九日，邑人张自振□□此。”

中龛外右侧壁面两条刻划：“踏白马军第一将出戍太平监一行七人/故游此景□□□道（？）□三□□□□人/陈佑方书此□高□息/淳□十三年二月十九日题。”“淳一（？）十三年二月二十日。”

左龛外左侧刻划：“乾隆廿二年秦州张德明下□在此上香叩头。”

右壁前部中下部有一长方形单粗线框，墨书：“巩昌□□□□里发心信土□□美/周□□男周德男□□□室人汪氏男□周张氏，周杨氏孙男□寅受生□/嘉靖四十年□月十五日□□□七月□日记。”

台座下部第二层台左前侧有一则竖文墨书：“余/察通监麦积山/北魏时与突厥和亲/而该突进来一女强又/立为后，且进后以上□/正后迁□咸阳□王/后崩魏曰乃突厥后/暗香陵庙偷□□□/葬于上邽之□□□□/积山□穴内余今/游此亦/无境堺可考询问/寺僧，不知葬于何处，又阅太平广记内指麦积山有古人庾信/佛龛铭之碑余观寺内之碑/铭文系大明嘉靖年所/立真迹不知失于何所/令人叹惜因而记之。时在大清光绪三十三年六月十二日天水小吏梁建都□和标氏因公游于此山。”

左龛外左壁中部墨题：“维大清甘肃直隶秦州人氏于光绪二十年夏五月十九日，信士弟子张铎同妻董氏，小子□（）讽，于十五日赴石门，为三霄圣母敬香，路过仙人岩，转游麦积山。因石门山无有诵经之人，故祈此山和尚诵经一十二卷，以表衷肠，伏乞勿哂。”“监生王德义、贡生赵焕章，内阁中书张铎，庠生张钧，同游友人杨超、曹见贤、赵相□、王辅仁、刘开基……”

前廊东侧洞口上方刻划：“乾隆六十年四月初六日弟子傅君正、杜□□。”“嘉庆十三年张文瑞游。”

第006窟

窟　号 第006窟
时　代 北周
位　置 位于东崖东端，左侧为崖面，右邻第007窟，窟门下沿距栈道地面垂直高度1.09米。

形　制

摩崖，圆拱龛。坐北朝南，南偏东5°。龛高0.73米、宽0.61米、进深0.26米。

造　像

原龛内存放于一北周坐佛，因龛形较浅，保护困难，20世纪90年代搬入第035窟保存。

壁　画

无

题　记

无

第007窟

窟　号 第007窟
时　代 北周
位　置 位于东崖东端，左邻第006窟，右邻第007窟，窟门下沿距栈道地面垂直高度0.79米。

形　制

平面方形、四角攒尖顶窟。坐北朝南，南偏西20°。窟高2.50米、宽1.96米、进深1.96米。窟顶仿木构雕凿出半圆形帐杆。方形窟门，门道前沿略浅，窟门高1.85米、宽2.16米、深0.60米。窟内正壁凿圆拱形龛，正壁龛离地面0.56米，龛高0.94米、宽0.84米、进深0.42米。左、右壁前凿通长台座，高0.43米、长2.10米、深0.37米。地面正、左、右前有“凹”字形低坛基，高0.07米、宽0.16米。

造像

窟内正壁龛内塑一佛，左、右壁各塑三佛。共计7身。

正壁佛，高0.81米。水涡纹低肉髻，方圆脸，五官端正，眉骨突出，眼窝内侧下陷，目下视，鼻头尖，嘴四瓣且丰满。短颈宽肩，体态较丰满。内着僧祇支，外着双领下垂袈裟。左手置于左膝上，掌心贴膝，右手举于胸前，五指合并，掌心向左前方施无畏印。结跏趺坐于龛内低坛座上。

左、右壁各三佛，均高0.82米。磨光低平肉髻，眉骨突出，细目下视，小鼻大耳，嘴角微微上翘，带有笑意。其中左、右壁外侧的两身头微微转向窟口，结跏趺坐于台座上。

左壁内侧第一身佛，内着僧祇支，腹部以阴刻线刻划系带，外着双领下垂袈裟，袈裟在腹部阴刻线呈圆弧状下垂；左手自然平放于右足上，右足露于袈裟外，右手于胸前施无畏印。第二身佛，内着僧祇支，阴刻系带，外着双领下垂袈裟；左手抬于胸前握袈裟一角，掌心贴胸，右手掌心向内自然平放于右膝上，右足露于袈裟外。第三身佛，着通肩袈裟，袈裟下摆向两侧自然展开；双手作禅定印置于腹前，右足露于袈裟外，结跏趺坐于台座上。

右壁内侧第一身佛，着通肩袈裟，腹部三道粗阴刻线，衣袖自然下垂；双手置于胸前，左手掌贴于胸，右手掌朝前。第二身佛，内着僧祇支，腰部阴刻系带，外着双领下垂袈裟，双手掌心向上作禅定印置于腹前；右足三分之二露于袈裟外。第三身佛，衣饰同第二身，左手施无畏印，右手自然平放于右膝，右足露出于袈裟外。

壁画

原窟顶及四壁均彩绘壁画，因自然侵害和烟熏严重，原绘壁画仅隐约可见。绘有红色长方形边框、火焰纹背项光轮廓等痕迹。

题记

左壁近门，第一与第二佛中间壁墨书：“大中十年……”

第008窟

窟　号　第008窟
时　代　隋
位　置　位于东崖东端，左邻第007窟，右邻第009窟，窟门下沿距栈道地面垂直高度1.00米。

形　制

平面长方形、穹隆顶小龛。坐北朝南，南偏东30°。龛高1.50米、宽1.46米、进深0.75米。正壁凿台阶式高台座，上高0.43米、宽0.96米、深0.18米；下高0.20米、宽0.96米、深0.19米。下坛台正中伸出莲花座高0.08米。

龛形基本保存完好，龛内壁面泥皮大多剥落，现仅存台座右侧及左壁部分泥皮。20世纪80年代初工作人员对龛内壁面所有剥落的泥皮处以素泥进行了重修加固。

造　像

正壁塑一身坐佛，左、右壁各塑一身胁侍菩萨。共计3身。

主佛，高1.18米。磨光低平肉髻，方圆脸，细长弯眉，双眼下视，鼻棱圆，双耳平贴，瓣形小嘴，颈适中，肩圆，内着僧祇支，外着双领下垂袈裟，袈裟上彩绘“田相”纹，并夹有花卉装饰，赭红、石青、石绿、藤黄颜色较艳。左手握袈裟一角贴于胸前，右手自然下垂，掌心贴于右膝上，倚坐于高台座上。双足踏仰莲。

左、右壁菩萨，均高1.16米。跣足立于圆形台座上。左壁菩萨，头戴三宝珠光焰装饰花冠，方圆脸，细弯眉，双眼下视，鼻棱圆，小嘴大耳，发束披于左、右肩，颈戴项圈，饰有圆形项坠。手腕戴镯。上身内着僧祇支，腰间束带打结垂下，帛带自双肩下垂至腹前垂下呈“U”形，一端搭右肘外侧垂下至右足脚面。一端握提于左手，自然垂于左腿侧，右手上抬胸侧，掌心托宝珠。下着长裙而立。

右壁菩萨面容衣饰略同于左菩萨。左手举于胸前，掌心贴胸，手握莲蕾；右手下垂提净瓶。帛带右肩斜垂至腹前垂呈“U”形，一端搭左肘外侧下垂。

菩萨彩绘残存石青、石绿、赭红等颜色。

壁　画

现存约0.3平方米。原正、左、右三壁可能均彩绘壁画，因壁面原有泥皮剥落严重，仅存少许。

正壁佛坛台正壁面，佛两腿外侧各彩绘一身单膝跪于椭圆形蒲团上的供养菩萨。佛右侧连接右壁左侧一大块残破的泥皮上可辨一身弟子。右壁菩萨身后壁面隐约可见圆形项光，可辨外层联珠纹与火焰纹。右侧壁面可辨一身人像。窟顶右前侧残存泥皮上绘有飘带。

题　记

右壁近门出墨书："发心弟子佛会打扫菩萨金色之面。"

前廊东侧洞口上方刻划："乾隆六十年四月初六日弟子傅君正、杜□□。""嘉庆十三年张文瑞游。"

第009窟

窟　号　第009窟（俗称中七佛阁）

时　代　北周（宋、明、清）

位　置　东崖东端，左邻第008窟，右邻第003窟（东崖大佛），窟下沿和栈道地面高度齐平。

形　制

栈廊式崖阁。坐北朝南，南偏东13°。窟高3.96米、宽22.18米，外侧的现代保护廊进深1.44～2.58米。依崖并列开凿七个圆拱形敞口大龛，每个龛内有高台座，两侧菩萨或弟子凿半圆形塑莲台。外侧为20世纪80年代麦积山加固工程修建的混凝土结构七间八柱仿古建筑保护建筑。

七个龛从左至右分别：

第一龛，高3.75米、宽2.95米、进深2.02米；台座，高1.14米、宽2.61米、进深0.97米。

第二龛，高4.20米、宽2.80米、进深2.02米；台座，高1.04米、宽2.82米、进深0.96米。

第三龛，高3.10米、宽2.85米、进深1.79米；台座，高0.89米、宽1.95米、进深0.82米。

第四龛，高3.82米、宽2.85米、进深1.82米；台座，高1.01米、宽2.75米、进深1.05米。

第五龛，高3.80米、宽2.86米、进深1.99米；台座，高1.08米、宽2.66米、进深1.16米。

第六龛，高3.80米、宽2.81米、进深2.01米；台座，高1.05米、宽2.56米、进深1.38米。

第七龛，高3.10米、宽2.35米、进深1.90米；台座，高1.06米、宽2.26米、进深1.26米。

七个龛内，龛外壁均有少部分泥皮剥落。窟形基本保存完好。

造　像

窟内现存宋代重塑七佛、十身菩萨、二身弟子。共计19身。

原作题材及布局：七龛正中一龛塑一佛二弟子，其余六龛均塑一佛二胁侍菩萨。

现在分布状况：七个龛内从左至右第五、六龛内右侧菩萨毁，其余造像布局同前。由东至西分述如下：

第一龛：主佛，高2.10米。螺发高肉髻，面形方圆，额间白毫相。弯眉长目，双眼微启下视，大耳垂肩，四瓣嘴，下颌圆润，宽肩，袒胸挺腹。左手掌心向上自然置于腿部，手指残失，仅存手掌；右手上扬至胸部，右手失。内着僧祇支，外着双领下垂袈裟，衣饰沥粉堆金龙纹及祥云图案。右领下垂至腹部堆叠并掖一角于僧祇支后下垂。袈裟下摆分三瓣垂于台前，显露足形，但不露足。台座前袈裟边沿有不同程度残损。

左侧菩萨，高2.80米。束高发髻，头戴花冠，花冠残损，面形长圆，弯眉细目，四瓣嘴，大耳平贴，耳戴花饰，左耳垂残。袒胸，颈戴项圈，内着僧祇支，外着双领下垂袈裟。手戴镯，左手掌心向外，屈肘举于胸前；右手掌心向上，托于左手前。双手大部残失，仅存手掌。下着长裙，跣足立于方形台基上。

右侧菩萨，面容服饰类同于左菩萨，双手自然交叠于腿前，左足五趾残失。

第二龛至第六龛内主佛与两侧菩萨或弟子尺寸与第一龛基本相同。

第二龛，主佛，螺发高肉髻，有肉髻珠，面形方圆，细眉长目，双眼珠残失，鼻挺，四瓣嘴。下颌圆润，两耳平贴。袒胸挺腹，内着僧祇支，腹前系带打结，外着双领下垂袈裟。左手抚左膝，右手上举至胸前仅存手掌，结跏趺坐于台座上。袈裟下摆分两片分别向左、右垂覆于座前，座前袈裟边沿有不同程度的残损。

左侧菩萨，束高发髻，戴花冠，面形长圆，目光下视，大耳平贴，耳戴花饰。颈戴项链，内着僧祇支，腰间系带，外着双领下垂袈裟，双手抱拳上举胸前，跣足立于圆形莲台上。左足五趾均微残，右足残失。

右侧菩萨，面容衣饰与左菩萨大致相似，头戴化佛冠，双手残失，双臂向上举于胸前，跣足立于圆形莲台上。左足五趾均残损，右足大、二两趾微残。

第三龛，主佛，螺发高肉髻，有肉髻珠，面形方圆，细眉长目，目光下视，左眼珠残失，四瓣嘴，下颌圆润，两耳平贴。袒胸挺腹，内着僧祇支，腹前系带打结，外着双领下垂袈裟，左肩佩一坠饰固定袈裟一角。左手施与愿印，右手施无畏印，双手手指残失，结跏趺坐于台座上，袈裟下摆分两片垂覆于座前。

左侧菩萨，头微外偏，束高髻，花冠部分残失，面形方圆，眉清目秀，下颌绘胡子。颈戴项链，袒露上身，斜披络腋于腹前打结下垂。双肩披帛带，帛带下端断裂。左臂残失，右臂下垂屈肘向前，右手残失。下着裙，上缘外翻垂于腿前。跣足立于方形台座上。

右侧菩萨，面容大致与左菩萨相似，袒露上身，外着袒右袈裟，右衣角搭于左臂臂弯后下垂至左膝前。左手举于胸前，右臂屈肘、右手置于腿侧，双手手指残失。跣足立于方形台座上。左足五趾残失，右足大趾残失，其余四趾均微残。

第四龛，主佛，螺发高肉髻，有肉髻珠，面形方圆，细眉长目，双眼残失，四瓣嘴。下颌圆润，两耳平贴。袒胸挺腹，施禅定印，结跏趺坐于台座上。内着僧祇支，腹前系带打结，外着双领下垂袈裟，袈裟裹足，袈裟下摆分两片分别向左右垂覆于座前。

左侧弟子，面容瘦削，双眉紧锁，鼻尖上翘，嘴角下垂。内着僧祇支，外着双领下垂袈裟，右侧内衣角掖于袈裟内，双手抱拳于胸前，足蹬圆头履，立于台座上。触地衣边有不同程度的风化剥蚀。

右侧弟子，面形长圆，眉清目秀，有白毫相，双眼珠残失，直鼻小嘴，大耳平贴。双手合十，指尖有残损，衣饰与左侧弟子大致相似，衣纹华丽。足蹬圆头履立于台座上。右足微残。

第五龛，主佛，螺发高肉髻，内有肉髻珠，面形方圆，细眉长目，鼻挺，四瓣嘴。下颌圆润，两耳平贴。袒胸挺腹，内着僧祇支，外着双领下垂袈裟。左臂屈肘，左手置于腹部左侧；右臂屈肘前伸，右手掌心向左，双手手指残失，结跏趺坐于台座上。袈裟下摆分两片分别向左右垂覆于座前，座上覆毯。

左侧菩萨，束高发髻，戴花冠，花冠部分残，面形长圆，面容清秀，目光下视，大耳平贴，耳戴花饰。颈佩璎珞，内着僧祇支，腰间系带，外着双领下垂袈裟。双臂上举胸前，双手残失。下着长裙，跣足立于圆形莲台上。双足大趾均残损。右菩萨残失。

第六龛，主佛，螺发高肉髻，有肉髻珠，面形方圆，细眉长目，左眼珠残失，四瓣嘴，两耳平贴。袒胸挺腹，内着僧祇支，腹前系带打结，外穿双领下垂袈裟，袈裟一角覆盖右肩。双手施禅定印，结跏趺坐于台座上。袈裟下摆分两片垂覆于座前。大部残。

左侧菩萨，束高髻，戴花冠，头戴披巾，面形方圆，眉清目秀，嘴微张露齿。颈戴项链，内着僧祇支，腰间系带，外着双领下垂袈裟，左手覆于右手上自然置于腿前。跣足立于圆形莲台上。左足五趾残失，右足大趾微残，莲台大部残。右菩萨缺失。

第七龛，主佛，高1.70米，螺发高肉髻，内有肉髻珠，面形方圆，细眉长目，双眼珠残失。嘴角上翘，下颌圆润，两耳平贴。袒胸挺腹，内着僧祇支，腹前系带打结，外着双领下垂袈裟，袈裟裹足。施智拳印，结跏趺坐于台座上。袈裟下摆分四片垂覆于座前。

左侧菩萨，高1.34米。束高髻，面形长圆，弯眉细目，双眼残。耳垂露于发外，无项饰。内着僧祇支，外着袈裟，左腕戴镯，手执衣角置于腿侧，右臂残失。跣足立于方形高台座上。台座高0.52米、宽0.67米、深0.42米。

右侧菩萨，高1.44米。双眼珠残失。面容与左菩萨大致相似。内着僧祇支，外着袈裟，右肩覆衣角，右领自右臂下绕至左臂臂弯后自然下垂。左手掌心向上，手指残失，置于腹前；右臂屈肘抬至腹前，右手缺失。跣足立于方形高台座上，左右足均微残。台座高0.50米、宽0.60米、深0.43米。

壁　画

现存面积约64平方米，均为明、清时重绘。部分壁画剥蚀脱落多，被烟熏，绝大多数护法形象、宝盖模糊不清。

七龛内均彩绘佛、菩萨背项光或项光、云纹。其中第一、三、五、七龛顶部绘宝盖，第二、四、六龛顶部绘迦楼罗，第四龛顶部左、右又各绘一身迦陵频伽，一身二头，鸟翅鸟爪，双手合十，童子形象。

现存状况内容及位置，第一龛内壁画同第七龛，第二龛内壁画同第六龛，第三龛内壁画同第五龛。

第四龛，佛绘椅背式背光，圆形项光。背光外为莲瓣形大光圈。内侧左、右下方各绘一朵莲花，上为化生童子，胸佩布兜，臂戴钏，手脚戴环，手捧物；上方为牡丹。外侧下方各绘一身狮子，其侧面及上方为火焰纹。弟子绘圆形项光。龛顶绘迦陵频伽鸟，其左右两侧下方各绘一身鸟翅鸟爪的“共命鸟”双头童子。

第五龛，佛绘椅背形背光，圆形项光内光束装饰。菩萨绘圆形项光，龛顶绘宝盖。壁面彩绘卷云装饰。

第六龛，佛绘椅背形背光，圆形项光，周边螺纹装饰。菩萨绘圆形项光。龛顶绘迦楼罗，龛壁空间绘云纹装饰。

第七龛，佛绘背项光，菩萨绘项光，龛顶绘宝盖、云纹等装饰。佛坛前壁左绘内近方孔圆钱。

现残存壁画约5平方米，在第一、二龛上部壁画位置残存有部分飞天壁画。可辨有火焰纹的尖部，颜色有赭石、淡红和石青。火焰纹正中绘一飞天，戴花冠，肤色现为白色，颈戴项圈，上身着石绿色僧祇支，披巾于背部呈环状，两端呈波浪状向后飘扬，下着长裙，翻上沿、系带，长裙上扬，白带飘扬。手戴镯，左手持雀尾炉，跣足。长裙施红色，披巾正面石青色，背面现为灰色。其左、右各有二身飞天相向飞行，飞天空白处绘莲花、火焰宝珠、忍冬、莲蓬及云气等装饰。

题　记

第一龛右壁墨书：“直棣秦州东南乡饰金五戒弟子张门魏氏、张门□氏、张门□氏、张门白氏、张门乾氏、张门□氏、阎□进范氏、张门张氏、张忠沈氏、毛门张氏、张门孙氏、张全德邓氏。主持僧际博、广宽、徒了如、智、义、机、觉、宗、想，孙达□。乾隆五年吉日□□。”右壁下方墨书：“直棣（隶）秦州□□饰金如家□　功德主　邓莫刘氏、王宗文、王宽德、温宣、王宗里、□□/乾隆□□。”下方墨书：“宝石山地俱仙合、四月八日其相来。/□□闻声真圣会，禅□□参上玄台。/界清闫题。”左侧下方墨书：“希望神山。”

第二龛右壁柱上墨书：“远闻山有景，近听水无声。四季春常在，人来鸟不惊。静宁州二当□朝山在此□□”。右壁下方墨书：“直棣（隶）秦州□□饰金如家□　功德主　邓莫刘氏、王宗文、王宽德、温宣、王宗里、□□/乾隆□□。”左壁下方墨书：“远望空山石经斜，高山渠中坐人家。/停步坐观风景雅，无降甘霖四月八。/景棠到此作为纪念。”

第四龛，内左壁墨书：“清水县西关朝山会□□/王□　杨□王□……朱紫贵、李朝凤、文武华、藾（赖）登榜、韩硕、姚开学、□涧香，□思洲，□世杰，□□梅、高元、高普、王燕，童□/乾隆十一年五月初七日进香。”

第六龛壁面下方墨书：“□西陈茂柏三十三□二□三。”

第七龛右壁菩萨胸前墨书“李承翠”。

第010窟

窟　号 第010窟

时　代 隋

位　置 东崖东部，左侧为崖面，右邻第013窟，窟门下沿距栈道地面垂直高度1.13米。

形　制

平面马蹄形、穹隆顶窟。坐北朝南，南偏东34°。窟高2.10米、宽2.02米、进深1.70米。圆拱形甬道，高1.59米、宽1.20米、进深0.47米，窟内正壁正中塑一方形台座，高0.52米、宽0.87米、深0.58米。左、右两壁凿通长低坛基，高0.07米、深0.33米。窟形保存完好，窟内泥皮基本保存相对完整。

造　像

正壁塑一身坐佛，左壁塑三身菩萨，右壁正中塑一身弟子，其左右侧各塑一身菩萨。共计7身。

正壁主佛，高1.64米。光头，面形圆润，细眉棱鼻，双眼微启下视，大耳小嘴，绘胡须，宽肩挺腹，内着僧祇支，腹前系带打结，僧祇支边缘绘莲花；外着双领下垂袈裟，衣饰质地较厚重。左臂向外张开、左手残失，右手抚于右膝上，结跏趺坐于方形台座上。

左壁由内向外，第一身菩萨，高1.56米。束高发髻，前戴花饰，发纹阴刻稀疏。面形方圆，弯眉细目，目视前方，唇周绘有胡髭，双耳平贴。削肩，内着僧祇支，外着双领下垂袈裟。左手掌心向内贴于胸前，右手抚左衣袖至于腹前。足蹬云头履立于圆形莲台上。莲台高0.17米。

第二身菩萨，高1.55米。束宝珠形发髻，戴花冠，发辫垂肩。长方形脸，双目微启下视，直鼻，嘴适中，绘胡须，双耳平贴，颈戴项链，手戴镯，削肩，内着僧祇支，肩披帛带，下着长裙，足穿云头履立于圆形莲台上。莲台高0.16米。

第三身菩萨，高1.58米。头偏向窟门，束高发髻，戴发冠，发纹阴刻。余发披肩，面容神情与左壁第一身菩萨类同。内着僧祇支，披帛带顺身体两侧自然下垂。手腕戴镯，左手执珊瑚枝置于腿侧，右手露三指置于胸前。下着外翻腰边长裙，跣足立于圆形莲台上。足下莲台高0.20米。

右壁由内向外，第一身菩萨，高1.52米。束高发髻，戴花冠，面形扁平，面容与左壁第一身菩萨类同。颈戴项链，手腕戴镯。内着僧祇支，双肩披帛带，帛带顺身体两侧自然下垂。左手掌心向前置于腿侧，手指残；右臂屈肘置于胸前，右手残失。下着长裙，足蹬云头履立于圆形莲台上。足下莲台高0.20米。

第二身弟子，高1.55米。面形方圆，弯眉细目，内着僧祇支，外着双领下垂袈裟，左手屈肘端于胸前，右手提袈裟置于膝侧，足蹬圆口履立于圆形莲台上。足下莲台高0.20米。

第三身菩萨，高1.52米。神态衣饰与左壁第三身菩萨相似，颈戴项链，左臂屈肘置于胸前，左手残失；右手握火焰宝珠置于腹前。足下莲台高0.20米。

壁　画

现存约11平方米，因风化剥蚀，所绘内容大部分模糊可辨。窟顶正中绘圆莲，以圆莲为中心四周绘四层千佛，仅可辨认外形。左壁绘三身菩萨，仅可辨认第一身与第三身，上着僧祇支，下着长裙。右壁亦有菩萨痕迹。正壁佛后绘圆形项光，环形背光，背项光外缘绘火焰纹，背光左、右上方各绘一碑形榜题框，碑额作半圆形莲叶，碑座绘仰莲台。碑形榜题框与主佛背项光之间又绘一黄色榜题框。佛台座前壁绘双层方框，内层绘数朵莲花，外层绘卷草纹。左、右壁菩萨以墨线绘圆形项光。窟顶正中为方形榜题框，上绘莲叶，下绘莲瓣。窟内门道顶绘团莲，花卉等，模糊不清。

题　记

右壁近门处刀划："西康权珪同四友人魏璋，带佃户毕□到此拜佛，庆元乙卯记。"

左壁上碑形榜体框中墨书："枯株垭□□□□将化主将刘端□同日缘妆銮施□□□□□承信郎骆进施钱□□□□承信郎郭仲□□□□□承信郎朱显施钱□□□太岁□辰淳化□年七月十五日题；解连等妆銮发愿□□□。"划划："平凉长泰王府马腾霄到此。"

西壁上墨书："承信郎□□马玉宗施钱，保义郎□□□壹道承信郎李□□道承信郎□□□□□□□陈□□忠翼郎彭端半道承信郎□□半道　宫使□胜半道□□头朱□□□道□□发官二□□□道 郡指挥使王□半道。""宋大□□□□同江□□□□□□□□。""□周□昌□□太原王□诚德之古岷安仲。""□□亭颖以陈□孟尧辅鸡山王□涛□东柯镇启□瞻佛麦积□利登阁瞻望良久辄成五十六字□□□□夏行□太宋……""嘉靖二十二年七月十九日郡人□朝宗舍人张伯□庠生杨□□同到此。""嘉靖二十六年□□□□城住坐舍人阮国治到此。""正统十年□□□。"此三条上角有墨书："民国二十三年徽邑于彩章等六人。"刻划："□州□马将王雄段□同□□□。""□□□柱同友人魏璋细户毕□到此□仰庆元乙卯记。"

窟顶藻井墨书："枯株垭策（第？）□□□□舍钱妆銮记/承信郎队将张/□人各人施钱半道□□冯仲□□……"

第011窟

窟　号 第011窟

时　代 北周（宋、明重修）

位　置 位于东崖东部，左侧为摩崖刻字“麦积山”，右邻第012窟，窟门下沿距栈道地面垂直高度1.64米。

形　制

平面方形、四角攒尖顶窟。坐北朝南，南偏东12°。窟高2.98米、宽2.85米、进深2.88米。窟内四角和壁面转折处雕凿有半圆形帐柱。前壁开方形甬道，明代加装木质门，甬道高2.06米、宽2.00米、深0.88米。

窟内正、左、右三壁通长凿“凹”字形低坛基，上敷泥。正壁坛基，高0.33米、深0.84米。正壁坛基上又砌一方形台座，高0.59米、宽1.13米、深0.84米。左壁坛基，高0.35米、深0.22米；右壁坛基，高0.35米、深0.34米。

造　像

窟内三壁原塑像已无存，现存正壁塑一佛二胁侍弟子；左、右二壁各塑四身菩萨。共计11身。其中右侧弟子为明代增塑外，其余均系宋代重塑，明代妆銮。

正壁主佛，通高1.88米。水波纹发髻，前有肉髻珠，面相长圆，眉间白毫相，拱形眉、眼睛细长，双眼微启下视，鼻直大耳，嘴小唇厚，颈刻三道纹。袒胸鼓腹。内着僧祇支，腰间束带，外着双领下垂袈裟。左手掌心向下，平贴于左膝上，右手略抬施说法印，右手拇、食二指残损。双足裹于袈裟中，结跏趺坐于方形台座上。袈裟下摆分三瓣自然垂于台座前。袈裟阴刻衣纹较深，显得较为厚重。座前壁绘双层方框，外层绘有云纹。

左侧弟子，高1.63米。老者形象，双眉高耸，双眼向右斜视，眼角上翘，高鼻大耳，嘴大绘胡须，嘴角下垂，颧骨隆起，喉结、胸部肋骨突出。外着袒右袈裟，双手抱拳于胸前，衣覆盖脚面。足穿圆头鞋，立于低坛台上。坛高0.11米、宽0.54米、深0.54米。

右侧弟子，高1.70米。少年形象，圆脸，双眉弯曲，浓眉大眼，直鼻大耳，小嘴，绘胡，嘴角微翘。内着交领广袖长衫，外着袒右袈裟，边缘绘卷草纹，袈裟一角在左肩折叠卷浪纹衫装饰，衣袖垂至小腿部，下摆边缘上卷覆盖脚面，露出尖头履。双手胸前合十，立于坛台上方形低台上。坛高0.11米、宽0.54米、深0.54米。

左壁四身菩萨，从内向外：

第一身观自在菩萨菩萨，高1.80米。头挽扁圆形高髻，戴宝冠，宝缯束发于两侧打结并垂至肩臂外侧。面形椭圆，额有白毫相，双眉弯曲，眼角上翘，目光平视。高鼻小嘴，两颊丰腴。颈戴贴花宝珠项链，袒胸，披帛带自双肩臂搭下于两侧下垂至地面。手腕戴镯，左手上举至胸前，右手掌心朝上置于左手下，手指大部残失。下着腰外翻边短裙，跣足立于坛台上。

第二身普贤菩萨，高1.88米。面相与第一身菩萨类同，外着大衣，腰束带，大衣右衣袖内侧袖边束于带内，绕至左前臂肘搭下，两衣袖及大衣下摆垂至小腿部；双手合十于胸前，下穿长筒裙，跣足立于坛台上。

第三身金刚手菩萨，高1.93米。形象装饰同于观自在菩萨，右手上举至胸前，左手置于右手下方，手指大部残失。

第四身除盖障菩萨，高1.93米。形象装饰同于普贤菩萨，区别是大衣右角搭于左肩垂下，右衣袖内侧袖边掖进大衣右衣角内，左手屈肘，左手失，右手上举至胸前，仅余两指。

右壁四身菩萨，从内向外：

第一身文殊师利菩萨，高1.93米。形象装饰似同于观自在菩萨。

第二身弥勒菩萨，高1.90米。形象装饰似同于观自在菩萨，短裙右裹。

第三身虚空藏菩萨，高1.88米。形象装饰似同与普贤菩萨，右手上举上举至胸前，左手置于右手下方。

第四身地藏菩萨，高1.90米。形象装饰似同与普贤菩萨，左手上举至胸前，右手屈肘。

壁　画

现存面积约10平方米，均系明代重新彩绘。佛绘圆形项光，底层隐约可见莲瓣形背光。弟子及左右壁菩萨绘圆形项光，底层均绘火焰纹项光，菩萨项光之上墨色画砖纹墙壁装饰，下绘云朵。部分模糊。弟子、菩萨衣服上有彩绘方格纹、袖边彩绘花草藤枝。前壁门内门楣上以墨线绘数树木、山水、人物等。窟顶正中绘莲花，正三角形斜披内绘莲座上托方形榜体框，框内写有草书（或少数民族文字），其余三斜披均各绘牡丹一朵及周围绘牡丹叶。

窟顶及左右壁上部基本保存，正前壁及左右壁下部壁画风化剥蚀，模糊，仅存部分可辨。

题　记

窟顶内斜坡里绘莲座上托一方草书（或少数民族文字），内容无法辨认，待考。

门内楣上墨书："吉日成化四年岁在庚子□□□秦州阴阳□□……""万古麦积在，千载永不采。古人造古像，视问谁磋凿。大明嘉靖二十年正月十四日郡□人阮□阮□阮□弟兄三人到此题。""大明嘉靖二十年三月二十一日行香□两阮国治杨世和到此。""万历四十八年四月八日朝山进香信士李秀、颜宁先文到此名山。""嘉靖二十三年十一月二十四日徐得善到寺跪拜佛像，室妻杨哐□同行人张。"

左壁菩萨上方墨书榜题，从内向外分别为"观自在菩萨""普贤菩萨""金刚手菩萨""除盖障菩萨”。左壁观自在菩萨榜题上墨书：“微山人王□全□秦州工房姚汲到此。”普贤菩萨项光上墨书：“跋□□诏承训，承浩承谕□□□。”金刚手菩萨项光上墨书：“四十五年正月十六日宝鸡县客人贯大宾赵禄同到此。”

右壁菩萨上方榜题分别为“□□□□”“弥勒菩萨”“虚空藏菩萨”“地藏菩萨”。右壁有墨书：“李伯享到此李盛王贤到此。”

正壁佛台座上铅笔写：“岁次甲午仲春，调度所王华铭、郭亚奎、芽广泉、何群、赵延瑞来此一游。”台座右侧有墨书：“米朝珍五两五文。”台座下侧另有墨书：“米朝珍、米朝元、张大奇。”

顶部左坡左侧墨书：“半岩一洞天，活佛在此间。有人若到此，跪倒把佛参。玄妙极玄妙，非凡真非凡。人若能到此，便是大罗仙。民国二十三年徽邑弟子于彩章。”

第012窟

窟　号　第012窟

时　代　北周（明重修）

位　置　位于东崖东端，左邻第011窟，右邻第013窟，窟门下沿距栈道地面垂直高度1.07米。

形　制

平面方形、四角攒尖顶窟。坐北向南，南偏东12°。窟高2.30米、宽1.76米、进深1.74米。方形门，高1.05米、宽0.72米、进深0.72米。四壁角顶部雕凿有石胎泥塑帐柱、帐杆等。正壁凿圆拱形龛，龛高0.87米、宽0.76米、进深0.32米。龛楣浮塑火焰纹，龛左右浮塑圆形柱，柱头为宝珠火焰形。窟内四壁前凿倒凹形低坛基，高0.06米，正壁低坛基深0.50米，左、右壁低坛基深0.13米，门内壁低坛基深0.28米。左、右壁又在低坛基上凿通长台座，高0.34米、宽0.30米。正壁菩萨、门内壁弟子足下在低坛基上塑莲台，莲台高0.07米。

造　像

现存七佛二胁侍菩萨二弟子。正壁龛内塑一佛，龛外左、右侧各立一身胁侍菩萨；左、右壁各塑三身佛。门内前壁左、右侧各立一身弟子。共计11身。

正壁佛，高1.00米。磨光低平肉髻，面形方圆，弯眉，目微启下视。嘴唇上下绘有胡须，两耳平贴，颈短。内着僧祇支，腰间系带打结下垂，外着双领下垂袈裟。左手掌心朝内贴于胸前，食指内弯，右手背贴胸，食指直伸，中指弯屈指尖接触拇指尖，无名小指自然弯屈作说法状。结跏趺坐于高坛台上。

左、右胁侍菩萨，高0.96米。头戴莲瓣形花冠，束发披肩，眉弯目细，微微下视，绘胡须，大耳平贴，其中左侧菩萨戴耳环。颈戴桃形项圈、双道圆珠串瓔珞，臂戴钏，手戴镯，上身袒露，双肩披帛带，帛带下垂于腹部腿前双道弧形绕肘外侧自然下垂。下着低腰束带翻边长裙，衣裙贴体。巾裙彩绘并绘卷云、花朵等裙边装饰。左侧菩萨双手托圆形宝瓶举于胸部右侧，右侧菩萨左手托法器于左肩，右臂弯抬于左胸前，均跣足立于覆莲台上。

左、右壁佛，高0.80米。神情姿态与正壁佛基本相同。两壁正中坐佛，内着僧袛支，腰间束带，外着双领下垂袈裟。两侧坐佛，着通肩袈裟。袈裟上有明代沥粉堆塑牡丹、菊花等花卉装饰图案并彩绘。六坐佛双手均交叠置于腹前，或掌心向上，或掌心贴腹。均结跏趺坐于通长台座上。

前壁左、右侧弟子，高0.90米。圆形脸，弯眉，双眼微启下视，鼻直挺，大耳平贴。内着僧袛支，外着袒右“田相”袈裟，衣角搭于左臂。左弟子双手合十于胸前，右弟子双手交叠于腹前，手掌贴腹。均足穿云头履，立于半圆形覆莲台上。

壁　画

原作无存，现存壁画皆为明代重绘，面积约7.5平方米。所有壁画现存均较好，内容明确可辨，唯有少许残破或风化。

正壁龛内佛，绘圆形背项光，壁面绘卷云。龛楣绘菊花。龛外左右侧壁面绘圆形菩萨项光，其余空间绘卷云。

左壁壁画，三身佛绘圆形项光。从内向外，第一身与第二身佛项光上绘彩色直条带光芒，其中第二身佛，彩色直条光芒上又绘华盖；第三身佛，绘波浪条带光芒。其余壁画空间绘卷云。右壁壁画同左壁。

前壁左、右侧弟子以墨色线条绘圆形项光，其余空间绘卷云。

左、右壁长条形台座前壁绘三组“凹”字形框，框内或绘相连的八边形图案，或绘菊花、细线条等不同形式组合图案。

窟顶梁柱上彩绘卷云及几何图案的组合。于四个顶角各绘一圆形，圆形内又绘类似八卦的图案。

窟顶人字披绘释迦佛涅槃、鬼子母因缘故事等。后坡绘释迦佛涅槃图。佛双目闭合，头枕右手，着袒右袈裟平躺于榻床上，其周围绘十一身人物，神态各异。卧佛头上升起一束祥云至画面正上方，云上绘一身跣足立佛，圆形头光，外着双领下垂袈裟，双手端于腹前。佛头前有一身弟子，右手拉着床前扑到在地哭泣的小弟子，左手高举指向空中化现的立佛。卧佛脚下绘一身穿俗装的老者，双手抚摸佛左脚；佛足后绘一身老者弟子，双手抚摸一身坐在地下哭泣的小弟子的面颊。左、右两角各绘一身狮子，其余空间绘卷云。

左坡绘俗人佛前忏悔。画面正上方绘一身坐佛，着袒右袈裟，结跏趺坐于莲花座上，有圆形背项光。周围祥云环绕。莲花座前绘一个三足供桌，桌上有一个三足香炉，内有两道香烟飘出。供桌前一人着白衣，面朝佛祖双膝跪地。其左右两侧各绘五身弟子，分前后两排向佛而立，表情祥和，手持莲花。画面下方绘山石。其余空间夹绘卷云。

右坡绘佛说揭钵图。画面正中绘一坐佛，形象略同于左坡坐佛。着双领下垂袈裟，结禅定印。

佛下方为一个半透明大鼎，口朝下，鼎中有一赤身孩童。鼎左右侧各有一根翘杆，杆上系绳。鼎周围绘九身恶鬼，或压杆或拉绳，或拉弓或持矛。恶鬼均头长双角，袒露上身，壁画人物空间夹绘卷云。

前坡画面下方绘九身形态怪异、双膝跪地的小鬼。均双手合十。其余空间夹绘卷云。

题 记

窟门内壁上方墨书："蓬莱洞。""秦州西厢里王喜。""崇祯六年四月初六日宁远县雒……万花寺李文光到此。""秦州市子里杨柱到此。""崇祯元年四月初八日，进香信士王守仲张氏、男王晓哇、王四来家、女三姐、母景氏保佑长命百岁。""秦州阴阳学，何应图，礼县人牟国英到此。""崇祯六年四月初八日，卜应启、卜应占、缑显、缑谏不来。""天启二年四月二十六日画人侯荣□□□士……""崇祯六年四月初八日，宁远县吕川万花寺李文光到此。""秦州市子里杨柱到此。"

左壁墨书："崇祯元年四月初日，秦州卫左所赵百户下信士一会人张……明周启凤赵秀，樊能，赵忻，周启龙，高树……高启先高启雷，韦希龙吝……夏赵科……魁赵魁周忻……烛吉祥如意。"

右壁上墨书："天启□年四月十六日侯崇。"

第013窟

窟　号 第013窟（俗称东崖大佛）

时　代 隋（宋重修）

位　置 位于东崖中部，左邻第003窟、009窟、010窟、012窟，右邻第014窟、027窟。窟下沿距栈道地面垂直高度1.18米。

形 制

摩崖窟，坐北朝南，南偏东7°。高15.7米、宽17.81米。

20世纪80年代山体加固工程对整个摩崖造像四周喷护成一个五边形的混凝土边界。

造 像

原作一佛二胁侍菩萨。南宋进行大规模修补。三身造像均有残损，其中主尊犹为严重，下半部石胎外露。

主佛，高15.7米。螺纹肉髻，面形丰满，弯眉细长目，两眼下视，下眼睑阴刻线明显，高鼻阔口，嘴角略下垂，大耳，下颌圆润，短颈端肩，颈上三道阴刻线。袒胸鼓腹，内着僧祇支，腰间束带打结下垂，外着双领下垂袈裟，双手已失，从残迹推测原左手抚左膝，右手上举或施无畏印。倚坐于方形台座上。服饰质感厚重，表面堆塑数道流畅舒展的衣纹线。

两侧菩萨，均高13米。左侧菩萨，头向右微侧，头戴三瓣式高花冠，上饰摩尼宝珠，发辫搭于双肩，面容饱满，眉间白毫相，弯眉长目，悬胆鼻，鼻梁略外扩，四瓣形嘴，嘴角略上扬，两耳平贴，耳垂大且长，饰长条形耳坠，短颈，上刻三道阴刻线，佩项饰，节状璎珞垂于膝部，端肩挺胸鼓腹。双肩披帛带，帛带搭于右小臂下垂至大腿后上绕搭于左肘。左手托莲花于颈前侧，莲茎少许残毁。右手抚腹。下着长裙，裙上缘于腰腹之际外翻，下摆于膝部轻微堆叠。跣足立于佛左侧，双足失。

右侧菩萨，头向左微侧，姿态略同于左侧菩萨。耳戴环形饰。左手提净瓶垂于左腿前侧，右手端于胸腹前。

三身像下方有通长石胎雕凿的连续仰莲瓣，表层泥质已全部脱落，其间有大小不等的桩孔分布。

20世纪80年代初期，麦积山石窟加固工程对东崖大佛进行了加固，本所修复人员借助工程脚手架之机，于1983年6月对主佛头部螺旋发、右半脸部及右菩萨下部已脱落服饰部位及净瓶等进行了复原性修复。在修复佛额上“白毫”内发现一白瓷碗，背后有墨书：“秦州甘谷城塑匠高□同行□□□绍兴二十七年八月二十五日高振□”。在佛脸部残毁的右部与左部的泥块下（即鼻部下）发现《金刚光明经》第四卷一卷。现藏于文物库房。

壁　画

现存约10平方米。多已风化褪色，模糊不清，可辨有：

佛项光为圆形，内至外一共三圈，依次填涂褚红、白、石青，中间一圈纹带上绘等距排列的小坐佛，现仅存右侧二身；靠下方的一身坐佛较清晰，项光圆形、褚红色，佛头部模糊，内着石绿色僧祇支，外着褚红色双领下垂袈裟，施禅定印，结跏趺坐，依稀可辨服饰上绘有衣纹线。

左侧菩萨，项光仅存右半部分。圆形，内至外一共五圈，依次填涂褚红、黑、白、石绿、石青色彩痕迹。

右侧菩萨项光处左侧上方，残存少许石绿色，其余无存。

题　记

左侧菩萨衣褶上刻划：“正德十二年闰十二月十□日张麟拜。”“正德十四年七月二十六日文□□。”“崇祯四年夏五月孙裔昌、邵荣州、李本贤拜。”

第014窟

窟　号　第014窟

时　代　隋（明重修）

位　置　位于东崖中上部，左邻第013窟，右邻第015窟，窟门下沿距栈道地面垂直高度0.13米。

形　制

平面方形、四角攒尖顶窟。坐北朝南，南偏东7°。洞窟前部遭历史地震坍塌，窟高3.41米、宽3.70米、残进深2.18米。四壁上方及顶部均雕凿半圆形帐杆、帐柱。窟内三壁前有较宽的低坛基，均高0.05米，正壁深1.20米、左壁深0.88米、右壁深0.80米。窟内正壁开一圆拱形龛，龛高2.08米、宽1.59米、进深0.63米。龛内塑一长方形高台座，高0.67米、宽1.12米、深0.76米。坛基前半部为20世纪70年代修复。龛外浮塑龛楣及龛柱，龛楣两端塑有卷云纹图案，龛柱为半圆形，柱上塑火焰宝珠。浮塑龛楣及龛柱除左侧上方略有残存外均已毁。龛外两侧各塑一圆形莲台，高0.22米、径0.59米。左壁力士脚下，现代修复，塑一长方形低坛基，高0.09米、宽0.95米、深0.73米。窟前半部坍塌，右壁尤为严重。

造　像

现存正壁龛内一佛，龛外左、右两侧各一胁侍菩萨，左壁一力士。共计4身。90年代初，所内工作人员对左壁力士从背部用铁件进行了拉固处理，对双足与小腿部进行了复原性加固，并在双足下做了方形台座。

正壁龛内佛，高1.22米。低平肉髻，方圆脸形，宽额，细长目，平视前方，鼻直且圆润，嘴角内敛上扬，下颌圆润，两耳平贴，耳垂丰厚外撇。颈短粗，端肩挺胸。内着僧祇支，外着双领下垂袈裟，其左腹前一系带（已损）搭于左肩，右臂内侧袈裟掖于腹前。左手掌心向上置于腹前腿上，右手屈肘上举，掌心向前施无畏印或作说法状。双手五指毁，铁筋外露。结跏趺坐于方形台座上。

龛外左侧菩萨，高1.62米。头微右偏，发髻后翻，发辫与宝缯搭于双肩，发髻及宝缯残断。面形长圆，弯眉细目，眼窝较明显，下眼睑突出。鼻挺直且饱满，唇丰厚紧闭，嘴角上扬。大耳平贴，耳垂残损，铁丝外露。腹部微鼓，内着僧祇支，双肩披帛带，帛带呈两道“U”字形下垂，一道垂于腹前，搭于右臂肘弯处，一道垂于左胫前，搭于左臂。双臂戴臂钏，左手自然下垂于左腿侧；右臂屈肘向龛侧，右手上扬。双手残失。下着贴身长裙，上缘外翻。右腿屈膝，左胯向左侧微顶出，跣足立于圆形莲台上。

龛外右侧菩萨，高1.63米。发髻后翻，发辫及宝缯搭于双肩，面形长圆，眉间白毫相，弯眉细目，目视前方。鼻直挺，嘴角内陷上扬。下颌丰满，削肩鼓腹，衣饰略同于左侧菩萨。双臂戴臂钏，左手屈肘举于胸前，左手残失，右手臂贴胯垂于右腿侧，右手仅存拇指，铁筋外露。左腿屈膝，右胯向右侧顶出，跣足立于圆形仰莲台上。

左壁力士，高1.88米。头左偏，面相棱角分明，高颊方下颌，斜挑眉，眉骨突出，平行四边形目，目圆睁，两眼珠毁，鼻硕大，鼻翼丰满，鼻孔大张。阔嘴厚唇，嘴角微下垂。大耳，耳垂饱满，佩有耳饰。颈部较粗，且佩有项链，宽肩袒胸，右肩高于左肩，锁骨胸骨端处突出。胸丰满，腹微鼓，有肚脐。小腿肌肉饱满立体，两腿分叉。下着短裙，上缘外翻，腰部系带，裙摆飘向左后侧。双臂失，右脚后两指残失。左脚朝向窟门侧，右脚朝向右壁，呈“八”字形，侧身跣足立于长方形台座上。

壁 画

窟内原绘壁画无存。现存明代重绘，模糊不清，其中有：

正壁龛内，隐约可辨绘佛背项光，项光同心圆形，其外上方绘两条放射线状装饰纹带。项光下方两侧依稀可辨有墨线勾绘的卷云、牡丹等纹饰，卷云由佛身后底部向外向上延伸。底色为赭黄。

正壁龛外两侧各绘一圆形菩萨项光，项光上方各隐约可辨绘一组图案，一朱绘，一墨绘，具体内容已不可辨。

左壁上方，隐约可辨有墨线条，内容不详，下方填涂朱红底色。

右壁上方划分成格状，格内有墨绘的卷云图案，下方施朱红底。右侧仿木梁柱上可辨有粗墨线绘制的连续卷云图案。

顶部正坡及左坡内有墨线勾绘的枝干，似未完成。

题 记

正壁龛内左侧上方墨书：“□□年十二月初八日。”

左壁力士后刻划：“正德七年□□□□。”

右壁刻划：“嘉熙二年□□。”

第015窟

窟 号 第015窟

时 代 北周（宋、明重修）

位 置 位于东崖西侧中部，左邻第014窟，右侧为崖面，窟门下沿和栈道地面齐平。

形 制

平面近方形、人字披顶窟。坐北朝南，南偏东10°。洞窟前部因历史地震而塌毁，但基本窟形完整。窟高4.38米、宽6.20米、进深5.52米。窟内正、左、右三壁凿低坛基，高0.50~0.58米、宽0.70~0.71米。低坛基上再筑一高坛基，大部分已残。正、左、右三壁正中于低坛基上各塑一方形台座，正壁台座高0.75米、宽1.45米、深0.73米；左壁台座高0.74米、宽1.41米、深0.81米；右壁台座座高0.74米、宽1.45米、深0.78米。其中正壁台座左、右两侧又各塑一略小的方形台座，左侧台座高0.70米、宽0.87米、深0.66米，右侧台座高0.86米、宽0.92米、深0.66米。窟顶为人字披结构，并雕凿有椽、梁等仿木构件。顶部大部分已坍毁，仅余内侧披顶。窟顶石雕的椽、梁等表面泥皮全部脱落，露出仿木建筑椽梁的石胎，并有岩层剥落及残损现象。右壁前侧及左壁中侧各有一竖向裂隙。

20世纪80年代加固工程对窟顶部和前侧进行了修补加固，并对裂隙进行了封堵粘接。

造　像

现存窟内正壁三身佛，左、右壁各一身佛。共计5身。

窟内原北周造像已无存。宋代在窟内正、左、右三壁各塑一坐佛。明代在正壁坐佛左、右各塑一佛，其间各塑一身像（均已残毁），左壁右侧，右壁左侧各塑一身像（均已残毁）。

正壁正中佛，高1.67米。水波纹发髻，有肉髻珠。面形方圆，弯眉细目，双眼平视前方，鼻高且直，四瓣形嘴，下颌圆润，两耳垂外撇，短颈上有三道阴刻线，丰肩袒胸。内着僧祇支，上饰龙纹及云纹，腹部系带下垂。外着双领下垂袈裟，右领于腰腹际上绕搭于左肩处环扣。双手于腹前施禅定印，双手拇指毁，右手掌残，结跏趺坐于方形台座上。袈裟下摆垂于座前，在下摆处可见明显的泥层叠压。服饰上刻塑衣纹线，并绘有荷花、牡丹及龙纹，均沥粉堆金。

正壁左侧佛，高1.15米。波浪纹低肉髻，有肉髻珠，脸形方圆敦厚，弯眉细长目，平视前方，鼻梁细长。双耳较大耳垂略外撇，粗颈端肩，内着僧祇支，腰系带，中衣于腹前上绕搭于左肩，外着双领下垂袈裟，右侧垂至腰腹下方后，上绕至右小臂，再自然下垂于台座上。左手置于左小腿上，手腕残，右手屈肘置于右胸侧，手失。结跏趺坐于方形台座上。袈裟下摆呈两层垂于座前。服饰上阴刻衣纹线并彩绘方格、番莲等图案，此外有沥粉堆金的龙、莲花、云朵等纹饰。背项光为两个圆形堆叠，项光为红色小圆，身光为白色大圆。

正壁右侧佛，高1.09米。形态略同于正壁左侧佛，旋涡纹发髻。左耳毁。左手腕残损，左手小指残毁，右手失。

左壁佛，高1.56米。螺髻，大部分脱落。面形长圆，弯眉目微启下视，悬胆鼻，四瓣嘴，下颌圆润。短颈、端肩、袒胸，内着僧祇支，腰束带下垂，外着双领下垂袈裟至束带下侧后上绕搭于左肩处勾环扣。左手微屈肘置于腹前左侧，右手举于右胸前，左右手皆失。显足形但不露足，结跏趺坐于台座上。背项光为上下两个圆形堆叠，项光由内至外可辨为四圈，背光由内至外为三层，分别为白色、彩色云纹及黑色。僧祇支上绘有团花卷草纹，袈裟上绘有牡丹、荷花等纹饰，皆沥粉堆金。

右壁佛，高1.62米。形态略同于左壁坐佛。有多处不同程度的脱落、残损。

壁 画

原作无存。现存壁画约12平方米。明代在正、左、右三壁重贴泥皮上彩绘背项光、卷云等图案。

正、左、右三块泥皮均已大片脱落并残损呈不规则片状。正壁泥皮大致分三个部分，正中坐佛两侧背光各绘一竖向条带黑底内绘赭红色折枝莲花图案，左条纹带之间上方绘圆形项光，外圈填涂波折状纹饰，佛肩后部墙上平绘勾栏及护板，其下方绘卷云及菱格状纹饰，格内朱绘“×”纹。勾栏内两侧各绘一麒麟（残）昂首嘶鸣，其上方绘牡丹及枝叶，多已残毁无存。装饰条纹带外侧内容大致对称分布，均为背项光、卷云等内容，从其上侧残留内容看，较为复杂，但多模糊不辨或残毁，仅存卷云纹等。正壁每两佛之间各绘一圆形项光。

左壁仅残留粗线勾勒的背项光、卷云等少许内容，多已残损，模糊难认。左侧绘红色头光。

右壁彩绘内容大致同左壁，但残损、模糊更为严重。其中左上方绘有类似花瓣状花纹。

题 记

左壁外侧近门处刻划：“宋国李琦许无仲□高□（成）章以□圣四年闰二月七日同拜。”

第016窟

窟 号 第016窟

时 代 北魏

位 置 位于东崖中区，左侧为崖面，右邻第218窟，窟门下沿距栈道地面垂直高度1.18米。

形 制

平面方形、平顶窟。坐北朝南，南偏西10°。洞窟前部坍塌，窟高1.70米、宽1.75米、残进深1.20米。左、右壁大部残毁，现残存后半部及左壁残龛。正壁正中塑一方形台座，高0.51米、宽0.84米、深0.52米。正壁左、右两侧和中段各开二圆拱形小龛，正壁小龛高0.33米、宽0.25米、进深0.14米。

窟内左、右壁开龛，左、右壁上方并排开圆拱形小龛，高0.28米、宽0.20米、深0.10米。左壁龛外上方残存二小龛，右壁上方残存一小龛，左壁龛内右壁面塑有二层宽约0.03米的小坛台。

窟内泥皮大部分已脱落，现存者多有斑驳与孔洞。20世纪80年代麦积山加固工程对其崖面进行了喷护修复。

造 像

现存泥塑一佛二菩萨，影塑十一身佛、六菩萨、二弟子、二飞天，共计24身。保存基本完好，个别部位有残损。

窟内正壁台座上一坐佛，正壁上方佛头顶左、右相对各贴一影塑飞天。正壁两侧龛内各贴影塑一身立佛，下龛内各贴影塑一立佛二胁侍菩萨。左、右壁内侧相对立一胁侍菩萨。左壁上方二小龛内各贴一影塑坐佛，内侧小龛外右侧贴一身影塑弟子；外侧小龛外右侧贴一身影塑菩萨。右壁上方小龛内贴一影塑小坐佛，龛外左侧贴一身影塑弟子、右侧一身影塑菩萨。左壁残龛右壁面上层坛台上并排贴两身影塑坐佛，下层坛台上并排贴两身影塑交脚弟子。

正壁主佛，高1.50米。高肉髻残损，面形瘦长，弯眉细目，高鼻大耳。长颈削肩，内着僧祇支，胸前系结，外着双领下垂袈裟，右领自然下垂至腹前上绕搭于左臂，并垂于左膝上，双手残失，露右足，结跏趺坐于长方形台座上。袈裟下摆分三瓣垂于座前，阴刻衣纹稀疏流畅，衣着质感轻柔单薄。

左、右侧的二胁侍菩萨。左侧菩萨高1.20米，右侧菩萨高1.18米，莲台高0.10米。均身材修长，抬头平视，面相清瘦，细眉秀目，俊鼻小嘴，细颈削肩，颈戴项圈；上身袒露，肩披帛带，帛带“×”形叠压置膝际上绕臂弯贴壁面飘扬而下，下着长裙，阴刻衣纹简练流畅，质感单薄贴体；跣足立于半圆形莲台上。左菩萨左手提桃形法器置于腹侧，右手执莲瓣于胸前；右菩萨左手提净瓶于腹侧，右手上扬于胸前。

主佛上方影塑飞天，长0.20米，束高髻，略呈胡跪式相对飞翔。

正壁左侧下层龛内二胁侍小菩萨，头已失。左壁大残龛右壁面，上层坛台上影塑两身坐佛，头已失，且一身仅存下半身。下层一身交脚坐小佛，头已失。其他影塑小佛、菩萨、弟子、飞天，均保存基本完整，但有不同程度的斑痕，脖颈有断裂。

正壁小龛内影塑立佛，高0.26米，均身着双领下垂袈裟，袈裟搭于左臂弯处，手分别施无畏印、与愿印，跣足立于莲台上。胁侍菩萨，高0.23米，形象、服饰与正壁左、右侧胁侍菩萨大致相同。

左壁上方内侧小龛及左壁龛内右壁面上层小坐佛，均着通肩袈裟，施禅定印，结跏趺坐。左壁上方外侧小龛影塑小佛，高0.20米，及右壁上方小龛小坐佛，残高0.12米。均着袒右袈裟，手施禅定印，结跏趺坐。

左壁龛内右壁面下层佛，高0.22米，着袒右袈裟，右手于胸前，左手置腿上，交脚坐。小龛外小菩萨，高0.18米，身着宽袖长袍，下系裙立于小龛外，手施说法状。小弟子，高0.18米，身着双领下垂袈裟，左手举起置于肩前，右手于袖中置于腹侧。

壁 画

现存壁画面积约2.5平方米，部分尚清晰可辨。

正壁主佛，绘圆形项光，共七层；其下左、右各绘有五身弟子簇拥在佛的身后，或低头下视，或相互交谈，或抬头凝视，形态各异。弟子皆内着僧祇支，外着双领下垂袈裟，双手置于腹前。正壁左下部分上、下两排绘有数身供养人，有的仅为土红色勾勒线条，右侧与左侧一样绘有数身供养人及几身土红勾勒的线条，多辨认不清。

左壁菩萨，绘圆形项光，周围绘有数身供养人，仅可辨外形。左壁内侧上部一身供养人，穿宽袖襦袍，拱手向佛而立，略为清楚，周围空间绘圆莲、莲蕾等。

右壁与左壁相似，除菩萨项光外，内侧尚绘有供养弟子。所绘人物造型均身材修长。

右壁与正壁右侧中部小龛交界处有一突起连接，似塑有山峰。

顶部据现存痕迹看，可能为正中绘一大圆莲，周围绘忍冬纹、莲蕾等，四角各绘一小圆莲，现存顶部内侧二角圆莲，左顶部较完整。均以白粉作底，上施赭红、石绿、石青等，色泽淡雅，虽有残损，部分尚能辨认。

题　记

无

第017窟

窟　号　第017窟
时　代　北魏
位　置　位于东崖中部，左、右侧皆为崖面，窟门下沿距栈道地面垂直高度0.56米。

形　制

平面方形、平顶窟。坐北朝南，南偏西30°。窟高1.80米、宽1.80米、残进深1.10~1.18米。前壁塌毁；左壁残余右半部，右壁仅余左侧少部。窟内三壁各凿落地圆拱形（近方形）龛，正壁龛高1.73米、宽1.04米、进深0.60米，龛内有方形台座，高0.63米、宽0.80米、深0.54米；左壁龛高1.63米、残宽0.96米、进深0.43米，龛内一方形台座，高0.53米、宽0.76米、深0.40米；右壁龛残高1.63米、残宽0.45米、残进深0.43米。正壁龛外左、右侧壁上方均各凿一圆拱形小浅龛，小龛高0.23～0.26米、宽0.21～0.24米、深0.10米。左右壁龛两侧也各有一小龛。

现窟形大部分保留，其中左壁左侧塌毁，右壁仅存左侧少部分。

造　像

窟内正、左壁龛内各塑一身坐佛，正壁与左、右两壁交角处各塑一身立菩萨。正壁佛左右两侧坛台上。现存五身影塑。正壁龛前坛基左右各有一弟子。共计11身。

正壁龛佛，高0.98米。磨光高肉髻，面形长圆，额有白毫相，弯眉细目，近三角形眼，鼻梁直挺，嘴角内陷上扬。双耳平贴，细颈端肩。内着僧祇支，外着双领下垂袈裟，右衣领顺身体自然下垂至腰际后搭于左腕。服饰表面阴刻稀疏流畅的衣纹。左手似半握拳，食、中二指残失；右手屈肘举于胸前施无畏印。露足，结跏趺坐于“工”字形高台座上。袈裟下摆分三瓣重层下垂于座前。佛身后浮塑莲瓣形背光，表面彩绘仅能辨认外层火焰纹及内层圆形项光。大部分布满孔洞。

正壁坛台前两身弟子，均头失，残高0.32米。左弟子，内着僧祇支，外着双领下垂袈裟。左领顺身体自然下垂至腰际后上绕搭于右臂。左手上扬至肩部，立于台上。右弟子，衣饰似同于左弟子。左手失，右手持物已残，立于台上。

左壁龛佛，高0.94米。形态、衣饰与正壁主佛似同，袈裟右侧衣领顺身体自然下垂后上绕至搭于左肩。

左侧菩萨，高1.24米。戴扇形花冠，面形长圆，弯眉细目，悬鼻小口，两耳后贴。细颈端肩，内着僧祇支，披帛带自右肩顺身体自然下垂至膝部后重叠上绕，搭于肘部后下垂。左手持桃形法器于腹前，右手上举托至右肩，手残损。下着长裙，立于残损的坛台上。

右侧菩萨形态、衣饰与左菩萨似同，左手掌心向下，拇指与食指挟珠状物，托举至左肩。

五身影塑，龛内左侧坛台由上至下：第一层二身，为一佛一弟子；第二层二身，为坐佛。右侧第二层坛台一身为坐佛，均失头。影塑佛，残高0.20米，内着僧祇支，外着袒右袈裟。左手掌心向内抚于腹前，右手屈肘上扬至胸前施无畏印，均结跏趺坐于台上。弟子，头失，残高0.20～0.33米，着袒右袈裟，质感厚重，双手合十而立。

2002年，麦积山石窟艺术研究所修复人员对原零散于窟内的正壁龛左壁上长坛台外侧一身无头影塑弟子及正壁龛楣左上端浮塑龛所饰莲花进行了归位复原。

壁　画

现存龛内及壁面绘画剥蚀脱落现象严重，壁面又布满孔洞，绝大多数壁画内容模糊，仅存少数人物形象或一些局部痕迹。现可辨有弟子、飞天、供养人、火焰背光、圆形项光及花草等。

龛内佛绘火焰纹背光及圆形项光。影塑佛、弟子（或菩萨）均绘圆形项光。龛内影塑佛项光之间绘似莲蕾。正壁龛内存几身模糊供养人形象，龛内左右顶部各绘莲花一组。正壁龛楣绘火焰纹，龛楣及龛内浮塑莲花数朵。现仅存龛楣左上一朵及龛内佛背光左侧一朵。

龛外左右两侧菩萨立像后绘有弟子，左壁仅可辨上半身，右壁可辨大部。弟子内着僧祇支，外着袈裟。

窟顶后部左侧残块上似绘飞天。

题　记

无

第018窟

窟　号　第018窟

时　代　北周

位　置　位于东崖中区，左邻第019窟，右侧为崖面，窟门下沿距栈道地面垂直高度0.30米。

形　制

平面梯形、敞口圆拱形龛。坐北朝南，南偏西30°。窟高1.62米、宽1.14米、进深0.68米。龛内正壁一通宽低坛基，高0.16米。龛内泥皮全部脱落，龛内右壁下端外侧部分残毁，台座前方及右侧部分残毁。

造　像

龛内正中塑一坐佛，残高0.98米。低平肉髻，面形方圆饱满，弯眉细目，鼻挺直，下颌处有一阴刻线。双耳平贴，颈较长，上有两道阴刻线。挺胸鼓腹，内着僧祇支，衣带于腹前打结后下垂，打结处以数道较深阴刻线刻出褶皱，外着双领下垂袈裟，袈裟于系带下方形成半圆弧。服饰上有稀疏的阴刻衣纹线，质感轻薄。左手屈肘抬至膝上腹部、拇指和食指相捻，后三指头微微弯屈。右手屈肘抬至腹前系带处，右手残失。结跏趺坐于坛基上，双膝以下部分基本残毁。

壁　画

无

题　记

无

第019窟

窟　号　第019窟
时　代　北魏
位　置　位于东崖中区，左邻第020窟，右邻第018窟，窟门下沿距栈道地面垂直高度0.28米。

形　制

此窟经地震破坏，仅存后壁。据现状推测原形制可能为平面方形、平顶窟。坐北朝南，南偏西15°。窟高1.74米、宽2.02米、残进深0.24米。现窟内仅存正壁残损的台座，高0.36米、宽0.63米、残深0.13米。其中正壁原佛像两侧各竖向开凿的三个圆拱形小耳龛，保存较为完整，耳龛高0.19～0.33米、宽0.20～0.24米、进深0.10～0.18米。其余壁面的耳龛分布情况不详。

造　像

现存各类影塑13身。其中五身影塑佛，均无头，头部以下多保存较好，残高0.11～0.17米。一身弥勒菩萨，六身胁侍菩萨，影塑菩萨均无头，其中右侧耳龛内菩萨风化、磨损较为严重，残高0.10～0.16米。一身弟子，无头，残高0.15米。

现左、右壁已毁，由现存正壁耳龛内影塑可推知其题材为一佛二弟子、释迦多宝、一佛二菩萨、交脚弥勒菩萨等；正壁佛左侧上龛内塑一佛二菩萨，中龛内塑一佛二菩萨，下龛内塑释迦多宝及二身胁侍菩萨。佛右侧上龛内塑一佛二菩萨二弟子。中龛塑交脚弥勒及四身胁侍菩萨、下龛内塑释迦多宝及四身胁侍菩萨。

现仅台座两侧的耳龛内保存有部分影塑，具体如下：

台座左侧上龛内存一佛一菩萨。佛着双领下垂袈裟，左手向下，右手上举半握，左、右手掌心均朝外，结跏趺坐，袈裟下摆呈三瓣自然下垂于座前。右侧菩萨着宽博上衣，帛带自双肩斜下交叉垂于膝前；左手屈肘置于腹前，右手半屈于腹前下方，立于一侧。

左侧中龛影塑失。

左侧下龛内存二佛，均着双领下垂袈裟，结跏趺坐。

台座右侧上龛内存一佛及左壁一菩萨，右壁一弟子一菩萨。佛着双领下垂袈裟，右手上举至右胸前施无畏印，左手手背朝前置于腹前，结跏趺坐。右弟子双手置于胸前，双手合十而立。左、右侧立菩萨衣饰形态略同，宽博上衣，帛带交叉下垂，左手置于胸前，右手置于腹前。

右侧中龛内存正壁交脚弥勒及右壁一菩萨。交脚菩萨内着僧祇支，外披帛带，帛带于腹前交叉下垂；左手手背朝前，四指微屈置于腹前，右手抚帛带于右胸前。右壁菩萨样态略同于右上耳龛菩萨。

右侧下龛内存正壁一佛及左侧二菩萨。佛略同于左下耳龛佛，左壁菩萨略同于右上耳龛菩萨。

壁　画

窟内原满绘壁画，现仅存正壁及正壁台座两侧耳龛处彩绘的龛楣及背项光等内容。面积约0.2平方米。正壁台座左侧上龛外侧隐约可辨彩绘龛楣。龛内彩绘背项光图案残迹。其余各耳龛内亦保存有较为清晰的莲瓣形背光及圆形项光图案。

题　记

无

第020窟

窟　号　第020窟

时　代　西魏

位　置　位于东崖中区，左邻第021窟，右邻第019窟，窟门下沿距栈道地面垂直高度0.12米。

形　制

平面方形、平顶窟。坐北朝南，南偏西5°。窟高1.66米、宽1.59米、残进深1.53米。窟顶部前侧、右壁前部已坍塌。

造　像

窟内正壁塑一佛，左右两侧各塑一身立胁侍菩萨，左壁塑一身坐佛。共计4身。

正壁佛，高1.14米。旋涡纹肉髻，双眉细长，双目下视，鼻直唇薄，两耳平贴，耳郭较厚，削肩平胸。内着僧祇支，中着对襟衣系带打结，系带垂于袈裟外，外着双领下垂袈裟，袈裟下摆自然重叠下垂，服饰上阴刻衣纹线，衣饰显得较为厚重。右手说法印，左手与愿印，双手指均残，铁筋外露。结跏趺坐于方台座上。

左侧胁侍菩萨，高1.11米。梳高髻，戴三花冠，宝缯自两侧垂下到肩头。细长颈，戴尖顶宽项圈，右手执一盛开的莲花于胸前，左手垂于身侧，手握一圆环玉璧，下着抹胸长裙，裙带系于胸前，立于地面。

右侧胁侍菩萨，高1.11米。梳高髻，戴三花宝冠，细长颈，戴宽项圈，佩系三个宝石坠。左手执一盛开的莲花于胸前，右手握一圆形物自然垂于身侧。下着抹胸长裙，裙带系于胸部，立于地面。

左壁佛，高1.16米。磨光肉髻、双眉细长，双目下视，两颊浑圆，鼻直唇薄，耳郭较厚，削肩平胸。内着僧祇支，中着对襟衣并系带打结，外着袒右袈裟，袈裟下摆重叠下垂。双手在腹前自然上下交叠、结跏趺坐于方形台座上。

壁　画

现存壁画面积约1.5平方米。

正壁左下方，绘佛背项光，多已残毁。左侧绘菩萨项光及莲花莲叶等，现残存少许背光及火焰文和莲叶等图案；右壁上方绘千佛、背项光，用石绿勾绘，现残存上、中、下三排，共计7身。中部隐约可辨绘供养人及供养榜题，供养人头部模糊，穿双领下垂式宽袖袍，下部绘莲叶、莲茎等内容。顶部左侧仅存一块，绘一伎乐天，仅存半身,双丫髻饰花朵，双手持排箫状乐器作吹奏状，帛带飘荡，身旁绘数朵十字花。

正壁及顶部大部分、左壁上部、右壁下部的泥皮已基本剥落无存，残余部分多呈碎片状，且多被白色鸟粪污染。

题　记

右壁中部尚存两条竖长条形墨书："侍者伏女供养。""比丘尼□□供养。"

第021窟

窟　号　第021窟
时　代　北魏
位　置　位于东崖中区，左邻第156窟，右邻第020窟，窟门下沿距栈道地面垂直高度0.41米。

形　制

前部因地震塌毁，形制不清，仅残存正壁及右壁少部分。坐北朝南，南偏西13°。窟高1.07米、宽1.05米、左壁残进深0.34米、右壁残进深0.2米。

壁面地仗泥皮多已脱落，正壁台座左侧残损，仅右侧及右壁长条形坛基保存较好。

造　像

窟内正壁塑一佛，正壁和右壁下方有五身影塑供养人，共计6身。

正壁佛，残高0.65米。头、两臂及左腿残损。内着僧祇支，于腰部系带垂于袈裟外，外着双领下垂袈裟，密集的阴刻线衣纹呈阶梯状排列，结跏趺坐于台座上。

正壁右侧下三身供养人，右壁下方二身供养人，残高0.17米。靠佛一侧为比丘或比丘尼，内着僧祇支，外着袈裟，双手重叠执一物于胸前，绘有项光。其余四身为女性供养人，均上穿广袖短襦，下穿百褶长裙，左手垂于身侧，右手平端一物于胸腹前，站立于低坛基上。除第二身（高0.20米）外，其余四身头部缺失。

壁　画

现存面积约0.2平方米。位于正壁右下及右壁，其余全部剥落。正壁右下残存壁画分上、下两层，上层用红线勾画两身坐姿比丘，左侧一身着白衣，头向后仰视，右侧一身着黑衣；下层为供养人榜题框。

题　记

无

第022窟

窟　号　第022窟
时　代　北周
位　置　位于东崖中区，左邻第023窟，右侧为崖壁，窟门下沿距栈道地面垂直高度0.42米。

形　制

窟前部已坍塌，现只残存后部分。平面方形，平顶窟。坐北朝南，南偏西20°。窟高2.30米、宽2.35米、残进深0.75米。正壁在距坛基0.50米开圆拱形龛，龛高1.30米、宽1.20米、进深0.63米。龛前浮塑出“工”字形台座，地面作低坛基，高0.20米、深0.35米。正壁和左壁角落处的“L”形坛基，高于正壁前坛基0.10米。

造　像

正壁龛内塑一身坐佛，龛外左侧坛基上塑一身弟子、一身菩萨。共计3身。

正壁佛，高1.50米。低平肉髻，圆脸，眉间白毫相，细眉，眼角上翘，鼻梁挺直，唇略厚。肩圆，内着僧祇支，外着通肩袈裟，右手说法印，左手与愿印。跏趺坐于台座上。袈裟下摆裹腿呈“八”字形垂于座下，层次分明。

弟子，高1.11米。身材修长，头斜扭平视，圆脸，细颈小肩。内着僧祇支，外着袒右袈裟，左手握左肩衣巾，右臂弯屈提一小布袋于腿侧，足穿圆头履立于坛基上，绘项光。

菩萨，高1.19米。梳扇形发髻。圆脸，短粗颈，肩饰圆形物并有垂带，身材修长，细腰，上身袒露，戴项圈，披帛带自双肩垂于腹前十字形穿环绕弯垂下，臂戴钏，左手垂下轻提帛带，右手持莲于胸前，下着翻边长裙，立于坛基上。绘项光。

壁　画

现存面积约1.5平方米。圆拱龛内存绘佛背项光及弟子菩萨项光痕迹等。

龛内佛，彩绘莲瓣形背项光，项光内绘放射线及光环，外圈绘一条较宽的卷草忍冬纹饰，背光内绘椭圆形光环，巾带上部两侧各绘有宝珠、莲枝，莲花等相互对称，下部左、右两侧绘二弟子拱手向佛而立（右侧弟子已漫漶不清），外圈均绘火焰纹。

龛壁两侧及龛楣处点缀有圆形莲花。

壁画以白粉作底，石绿、石青、赭红色为主调，虽有残损，但色泽尚鲜丽。

题　记

无

第023窟

窟　号　第023窟
时　代　北魏
位　置　位于东崖中区，左邻第024窟，右邻第022窟，窟门下沿距栈道地面垂直高度0.10米。

形　制

窟前部因地震塌毁，平面方形、平顶窟。坐北朝南，南偏西23°。窟高2.18米、宽2.05米、残进深0.60米。正壁一方形台座，高0.66米、宽0.80米、深0.58米。

窟大部分已坍塌，现仅存后壁及左、右壁少部分。

造　像

现存正壁塑一坐佛、右壁一胁侍菩萨，及左壁菩萨残留的部分帛带。共计2身。

正壁坐佛，高1.26米。半球形高肉髻，长方脸，鼻梁挺直，眼角细长，薄唇，嘴角深陷。细长颈，削肩，内着折边僧祇支，腰部系带于腹前打结后垂于袈裟外，外着双领下垂袈裟，双臂前伸，双手均残，宽大的袖口呈波浪纹垂于双腿前，结跏趺坐于方形台座上。袈裟下摆呈四瓣垂于座上。

右侧菩萨，高1.23米。面向佛，头戴花冠，系宝缯，长发披肩，于肩部打结垂于肩头，高鼻小嘴。身材修长，上身袒露，斜披络腋，披帛带自双肩绕臂贴墙壁呈圆弧状垂下，左手提桃形法器置于左胯，右手举一盛开的莲花于右胸前。下着长裙，右腿虚探一步，跣足立于半圆形莲台上。莲台高0.14米、直径0.38米。

壁　画

现存壁画面积约4平方米。正壁佛左、右两侧及左、右壁上部绘千佛，正壁下部台座两侧绘女供养人图。

佛身后浮塑莲瓣形大背光，内绘宽带同心圆项光，最外圈为忍冬纹，背光宽带纹外为火焰纹。舟形背光下部两侧各绘一身弟子及菩萨。左菩萨只残留少部分火焰纹。均白粉作底，施色为石青、石绿、赭红等。

正壁及左、右上部绘千佛，有背项光，身着双领下垂袈裟，施禅定印，结跏趺坐。正壁及左、右侧壁上部尚残留有朱砂勾勒的千佛底图。

正壁台座两侧下方绘有女供养人图，左、右对称，均为三个缀穗带的华盖下站着三位着华服的女供养人，束高发髻，身穿露颈袒肩宽边圆领广袖衫，下系长裙，裙腰至胸际，拱手似持一莲花面佛而立，衣袖垂至膝际。身后跟随侍女，身材修长，束高发髻，着露颈袒肩宽边圆领窄袖衫，下系长裙，裙腰至胸际，肩披帛带绕臂飘落曳地。

画面虽已漫漶不清，白粉作底，以朱砂红、赭红、土黄为主色调，另配有石青、石绿，偏重暖色。

窟顶绘画透过涂抹的白粉底，可见正中绘一圆莲，圆边环绕六个小圆莲，组成六边形团花图案，周围绘有花卉及奔跑的小鹿等。

题　记

无

第024窟

窟　号 第024窟

时　代 隋

位　置 位于东崖中区，左侧为崖壁，右邻第023号窟，窟门下沿距栈道地面垂直高度0.12米。

形　制

平面马蹄形、穹隆顶窟。坐北朝南，南偏西25°。窟高2.84米、宽2.90米、进深2.13米。环壁面凿有低坛基，高0.10米、深0.57米。正壁前一方形台座，高1.63米、宽1.00米、深0.70米。台座靠下正中凿一桩孔，高0.35米、宽0.30米、进深0.35米。龛前部坍毁。

造　像

窟内现存正中塑一身坐佛、左侧内塑一身菩萨，外一身木雕菩萨，右侧内塑一立弟子，外塑一立菩萨，共计5身。

主佛，高1.63米。低平肉髻、脸形方中带圆、弯眉高鼻，五官棱角突出，宽肩，内着僧祇支，腰系带，外着双领下垂袈裟，右手前伸，掌心向前下，五指微屈，左手抚膝，结跏趺坐于台座上。

左侧菩萨，高1.56米。头束扇形发髻，戴冠，发梢披于肩头，刻出发丝。耳垂略大，内着僧祇支，帛带自双肩下垂，右端至腹部后上卷，从左肘外下垂至莲台，左端下垂到膝下后上卷，从右手腕上下垂至莲台。左手举于胸前，右手垂于身侧。下着长裙，裙沿隆起外翻后折叠下垂，跣足立于圆形莲台上。莲台高0.12米、直径0.53米。

左侧木雕菩萨，高1.65米，木雕莲台高0.35米、直径0.62米，风化严重，仅存基本形态。

右侧弟子，高1.55米。国字脸，内着僧祇支、外着双领下垂袈裟，左臂屈肘前伸，右手下垂牵衣角，足穿圆头履立于覆莲台上。莲台高0.12米、直径0.55米。

右侧菩萨，高1.52米。发瓣由发丝排列成细密的鳞片状覆于头上，圆脸，颈部较长，上有两道阴刻线。上身着僧祇支，帛带自双肩垂至腹部与膝部横搭二道又上卷绕臂弯后自然垂下，左手上举、掌心向上似托一物，右手自然垂于身侧，下系长裙，裙腰呈凸棱状于腰部外翻折叠下垂，跣足立于圆形莲台上。莲台高0.12米、直径0.50米。

壁　画

无

题　记

无

第025窟

窟　号　第025窟
时　代　隋（明重修）
位　置　位于东崖中区，左邻第026窟，右邻第156窟，窟门下沿距栈道地面垂直高度0.34米。

形　制

平面马蹄形、圆拱顶。坐北朝南，南偏东8°。高4.60米、宽3.72米、残进深1.56米。龛前部已塌毁，仅残存后半部。

造　像

现存一身坐姿菩萨，高2.97米。头戴化佛冠，上饰摩尼宝珠，长发披肩，宝缯于双耳上方打结并于两肩堆叠后垂下。面形方圆，宽额，眉间白毫相，耳垂丰厚。袒上身，颈佩串珠璎珞垂于胸前，宽大的帛带自双臂垂下后搭于左右前臂上。下着裙，于腰部系带，裙沿呈折叠状直立至胸际，上有明代沥粉堆金彩绘的二龙戏珠，结跏趺坐于“工”字形壸门须弥座上。台座外面泥塑镂空雕刻六根四棱角柱，柱头上、下塑有摩尼宝珠及覆莲柱础，柱与柱之间雕刻出椭圆形壸门，上下边浮塑缠枝忍冬纹。

壁　画

龛内壁面泥皮上半部有部分存在，下半部大都已脱落。现存壁画面积约4平方米。均为明代重绘，位于龛内菩萨的背项光及龛顶、须弥座及衣饰。龛内上部残存有火焰纹、少部分椭圆形宽带纹背光；龛顶部及须弥座上有五彩云纹图案，以石青、石绿、赭红、土黄、白粉、朱砂红为主要色彩。

题　记

台座左侧刻划："天启七年四月同妆贴菩萨匠人陇州梨林里侯尽兄弟二人妆贴完/会首僧人惠莲、惠省、木匠僧人本年。"

第026窟

窟　号　第026窟

时　代　北周（宋重修）

位　置　位于东崖中区，左邻第027窟，右邻第025窟，窟门下沿距栈道地面垂直高度0.24米。

形　制

平面方形、攒尖顶窟，前部被历史地震坍塌破坏，其中右壁保存较多。坐北朝南，南偏东10°。窟高3.68米、宽3.24米、残进深1.73米。正壁距离地面高0.75米开一圆拱龛，高1.81米、宽1.61米、进深0.92米。左、右壁前有"T"形高台座，左壁台座，高0.57米、宽1.28米、深0.58米；右壁台座，高0.61米、宽2.15米、深0.59米。窟内各壁面相交处雕凿有半圆形的帐柱、帐杆等，窟角处雕有圆莲。窟内三壁前均有低坛基，正壁前低坛基高0.13米、宽0.48米，左、右壁低坛基宽0.74米。

20世纪80年代初对窟内脱落泥皮及台座、壁面作了初步修复。

造　像

正壁龛内塑一身坐佛，龛外两侧各塑一身胁侍菩萨，左壁坛台上坐佛一身，坛台正面浮雕两身伎乐天人，右壁坛台上现存两身坐佛，佛座前面浮雕伎四身乐天人。现存塑像6身、浮雕6身。共计12身。

正壁龛内佛，头缺失，残高1.06米。体形宽厚，内着僧衹支，胸前系带呈"八"字形下垂于袈裟内，中层着双领下垂中衣，外着袒右袈裟，右手说法印，左手与愿印，结跏趺坐于龛内。阴刻线衣纹，袈裟下摆呈圆弧状垂于龛外。

左胁侍菩萨，头缺失，残高1.45米。长发披肩，长方脸，上身着僧衹支，戴花边宽项圈，身佩串珠璎珞，披帛带自双肩绕出穿肘后呈一道横于膝前，上卷从肘内垂于身体两侧。手戴镯，左臂自然下垂于身侧，右手上举。下着长裙，裙沿外翻下垂，裙带垂于两腿间，立于覆莲座上。莲座高0.03米、直径0.41米。

右胁侍菩萨，高1.75米。头戴化佛冠，长方脸，短颈，上身着僧衹支，串珠状璎珞呈垂弧状佩于身前。披帛呈两道分别横于胸前和大腿前，两端上卷于肩、肘部下垂于身体两则。下着裙，裙沿外翻下垂，裙带垂于双腿间，立于覆莲座上。

左壁佛和右壁两身坐佛，均高1.20米。低平肉髻，方圆脸，两耳平贴，眉间白毫相，细长眉，短粗颈，内着僧祇支，于胸前系带，外着通肩袈裟，手施禅定印，结跏趺坐于台座上。其中左壁佛头面部分可见较厚（5毫米左右）的叠压泥层，下半部分的外层泥质破损脱落，上部分叠压泥层也有脱离现象，身体部位可见较薄（1毫米左右）的叠压泥层。右侧两身佛像经宋代重修，外侧也有较厚的叠压泥层。外层袈裟为袒右袈裟，袈裟衣角披覆左肩。

左壁台座前面浮塑两身伎乐飞天，高发髻，方圆脸、耳戴环，短颈戴项圈，上身着僧祇支，收腰，帛带绕双臂后向上飘舞，胡跪状。左侧一身双手拍打细腰长鼓。右侧一身侧首与之相望，双手呈击打状。

右壁台座前浮塑四身伎乐飞天。第一身头部残失，残高0.32米。双手持排箫，披帛带自双臂内侧下绕后向上飘扬，呈交脚蹲坐式。第二身头部与腿部均残失，残高0.17米，颈戴宽边项圈，双臂屈肘平置于腹前，左手已失，右手竖握细长管状乐器（箫？），左侧残存飘扬的帛带。第三身形象已漫漶不清，残高0.25米，隐约可辨面部五官，颈部项及圈及飞扬的帛带；第四身腿部残失，残高0.23米，顶作蝴蝶结状发髻，面部圆润，耳大垂肩，帛带自双眉下垂自腋下后绕向两侧飘扬。左臂残失，右臂屈肘平置，右手手心向内抚于胸前，五指仅存食指。

壁　画

现存面积约12平方米，位于窟顶坡面及正、左、右三壁上部。

窟顶坡面残存的《涅槃经变》图及三壁上部所绘的千佛，画面尚清晰可辨。窟内造像的背项光及千佛下部壁面彩绘的纹饰均为宋代重绘。

窟顶，帐楣、柱、帐杆上均彩绘有云纹及卷草纹，对接处的箍为白、赭红、石青三色组成，深色、浅色交替绘制，上饰云纹。

窟顶部正面坡左侧绘密林中的释迦牟尼佛在宝盖下，结跏趺坐于六面“工”字形台座上，为众弟子作最后说法的场景。十余身弟子立于周围，有的悄声交耳，有的静默听法。右侧角画一身双手高举的供养弟子，台座前正中绘一熏炉，地面有花草。画面两侧有竖长方形的榜书题框。

右侧绘释迦牟尼佛侧卧于娑罗林双树间的七宝床上，头右侧卧入“涅槃”，众弟子或跪或立于四周举哀的情景。画面中一弟子前扑床沿，手抚佛双足，正坡面右下角画一木棺，上方有六身飞天从空而来。

左右坡残存部分画面保存不多，绘菩萨、弟子、诸天及信众等，人物均面朝正披方向，前后相随前来娑罗树林中赴会、听法，并作最后的供养与致哀。每组人物像前均有一竖条形的榜书框。左坡残损边缘尚绘有一建筑物类似塔基。

正、左、右三壁上方佛绘千佛，低平肉髻，面形方圆，内着僧祇支，外着双领下垂袈裟，施禅定印，结跏趺坐于“工”字形方形座上。圆形背项光，头顶上方有华盖。

题　记

左壁刻划：“□州随王韶制下虞候孙赟随贯文□（检）巡游到此。”“敬依差军严士良到采药乙酉年七月妙婴。”

第027窟

窟　号　第027窟

时　代　北周

位　置　位于东崖，左邻第013窟，右邻第026窟，窟门下沿距栈道地面垂直高度0.35米。

形　制

平面方形、攒尖顶窟。坐北朝南，南偏东12°。窟高3.31米、宽3.27米、残进深2.10米。三壁开龛，正壁一个，左、右两侧壁各三个。正壁龛，高1.42米、宽1.29米、进深0.68米，距离坛基高0.58米；左、右壁龛，高0.95~0.96米、宽0.77~0.82米、进深0.37~0.41米，距离坛基0.45米。窟内三壁前凿低坛基，宽0.40米、高0.10米。

此窟历史上受到地震破坏，窟前部坍塌严重，左、右壁仅存约二分之一，左侧保存二个龛，右壁保存一个龛；各龛均浮塑龛楣及龛柱，龛楣尖拱形，半圆形龛柱，柱础为覆莲，柱头为仰莲，正中塑宝珠。三壁前凿低台基。壁角及顶部凿有半圆形仿帐柱、帐杆等，四角原各塑一圆形饰物并有垂带（镜）。壁面泥层剥落严重，20世纪70年代末期对窟内泥皮进行了加固，并对原三壁所有现存龛楣及龛柱、摩尼宝珠、莲瓣形柱础等进行了复原性修补及加固。

造　像

正壁龛内塑一身坐佛，龛外两侧各塑一身菩萨，左壁现存两个龛，每龛内塑一身坐佛，右壁现存一个龛，龛内塑一身坐佛，共计6身。均在宋代进行了重塑或改塑。

正壁龛内佛，高1.41米。方圆脸，弯眉细长目，平视前方，高鼻、口小唇薄且略呈四瓣形，双下颌。颈粗短，内着僧祇支，衣带于腹前打结，外着双领下垂袈裟，结跏趺坐于龛内，袈裟下摆分两片垂于龛前。

左胁侍菩萨，高1.62米。头梳扇形高发髻，面形方圆，唇分四瓣，短颈，袒上身，戴宽项圈。披帛带从双肩下垂后于腹前穿璧成“×”形。串珠式璎珞走向与帛带相同。手戴镯，左手抚胸，右手垂于身侧，下着长裙，裙带系于胸腹间打结下垂于双腿间，立于低坛基上。

右胁侍菩萨，高1.64米。梳球形高发髻，身体、服饰与左胁侍菩萨相同，仅右手贴于胸部前似执一物，左手垂于身侧提一桃形法器，立于低坛基上。两身菩萨宋代加塑泥层有多处脱落。

左、右壁龛内坐佛外形特征与正壁佛类似，均为通肩袈裟，禅定印，结跏趺坐。左壁内侧龛内佛，高0.88米；外侧龛内佛，高0.83米；右壁龛内佛，高0.88米。

壁 画

现存面积约7平方米。窟内顶部泥皮有不同程度的残损、彩绘保存较好。正壁及左、右侧壁及龛内壁画残损较为严重，多已剥落成碎片，内容模糊不清。

正壁龛内佛绘莲瓣形背项光。由内至外分为四层，依次填石青、赭红、石青，最外层绘火焰纹；项光由同心圆形构成，由内至外共四圈，依次填涂褚红、石青、褚红、石青。龛内右壁上方有宋代绘粉底榜题框；龛外左侧上方底层残存北周原作，模糊难辨，表层残存宋代重绘的卷云图案。

左壁龛楣，龛柱上的彩绘基本脱落。内侧龛内正壁表层有宋绘的圆形项光。左、右壁涂粉底、底层北周原绘仅露出部分痕迹，内容不详；外侧龛内表层有宋绘圆形项光；右壁涂粉白底，上有后人刻划的小坐佛。在左壁上部及右侧表层有宋代绘制卷云纹图案，剥落处可见部分北周原绘，内容不详。

右壁龛内彩绘无存，仅左侧涂有粉底，龛楣上用朱红绘卷云及火焰纹。

顶部仿木梁上均有北周原绘的卷云纹，忍冬纹及浮塑束腰仰覆莲图案。

顶部正披三角框内上方绘一圆形宝盖，饰莲瓣、摩尼宝珠等，边缘垂飘带。释迦、多宝并坐于华盖下方，有圆形项光，内着僧祇支，外着双领下垂袈裟，施说法印，结跏趺坐于六角形台座之上。台座两侧各有一身弟子侍立，有圆形项光。左侧弟子双手合十，右侧弟子手捧一物，均立于圆形莲台之上。两弟子下方各有二菩萨侍立，均高花冠，戴项圈，披帛带于胸前十字交叉或作两重呈弧形垂至腹前再搭臂下垂，下着长裙，立于圆形莲台上。在右侧菩萨下方，一弟子双手合十站立；释迦、多宝正前方，中间一圆形仰莲台，台上内容已残损不辨。其左、右又各绘一覆莲台，各有一身童子跪坐其上，童子身后绘莲叶及莲花。

童子外侧各有一身力士，上身袒露，双手于胸前作拈珠状，下系长裙，立于圆形覆莲台上，目视童子；左侧力士身后绘假山、莲花等，其上方菩萨身后绘数身供养人。最外侧绘一方城，墙面为长条形琉璃砖。正中绘方形城门，门两侧各有一身头戴冠、身穿束腰袍站立男子，城门上方绘一城楼，单层歇山顶式门楼，其正面并列有两个门，侧面有一个门，转角处有角楼，四周有围楼。城内正中绘一歇山顶式殿堂，四壁各有一门，在城的内侧四周、各有一排歇山顶式房屋，面向殿堂。城外左侧上方绘四身穿夹领衫的供养人。

右侧力士及菩萨后方，上、下共绘有六排比丘尼，或跪或立，虔诚听佛说法。在左下角，有数身胡人形象的供养人，戴锥形帽或圆帽，高眉深目，脸上有胡须，上穿夹襟袍，手持莲蕾，下穿宽裙，跣足站立听佛说法。

左披仅存左半幅，上方绘一佛二菩萨，下侧画伎乐飞天。图中祥云缭绕，莲蕾飘动，飘带飞扬，十余身伎乐天向佛飞翔，演奏各种乐器，可辨有月琴、排箫等，因画面剥落风化较多，许多具体细节已模糊不清。

右披彩绘多已无存，所剩部分基本无法辨认。

题 记

右壁上方帐杆上朱书："山主。"同壁龛上方题诗一首，仅可辨"幻化语空望"。

正壁龛内左侧墨书："洪武三十一年十一月廿陆日，刘升□□。"

左壁内龛佛内背光处墨书："郭小普到此，淳熙二年四月八日记也。"同龛壁面墨书："秦州。"

第028窟

窟 号 第028窟（与第029、030窟合并俗称下七佛阁）

时 代 北魏（宋、明、清重修）

位 置 位于东崖下层，左侧为自然山坡，右邻第029窟，窟门下沿距窟前地面垂直高度0.2米。

形 制

三间四柱、单檐庑殿顶崖阁。坐北朝南，南偏东5°。窟高3.10米、面宽9.95米、进深5.60米。前部为廊，雕凿有四根八棱檐柱，柱上承栌斗，斗上架额枋，内托纵梁，外檐凿有挑檐、正脊、垂脊、瓦垄等，正脊两端雕高耸的鸱尾。檐柱后方并列开三间平面马蹄形穹隆顶龛，左龛，高2.70米、宽2.35米、进深2.40米；正龛，高2.78米、宽2.54米、进深2.45米；右龛，高2.70米、宽2.48米、进深2.40米。内依壁作低坛基，低坛基高0.13米、宽0.40米。龛外有龛柱及尖拱形龛楣，柱头塑覆莲上饰摩尼宝珠。

窟前部略有坍塌，残留有部分挑檐、瓦垄、鸱吻。窟内地仗泥层剥落严重。20世纪70年代末曾对龛内壁面地仗层进行过修补加固。

造 像

中间龛内塑一佛二弟子二菩萨，左右龛内各塑一佛二菩萨，均为宋代重塑，明清妆彩。共计10身。

中间龛内佛，高1.40米。螺髻，圆脸，眉毛弯长，下颌丰满，四瓣小嘴，短颈，内着僧祇支，胸部袒露较多，外着双领下垂袈裟，袈裟下摆裹腿垂下，结跏趺坐于方形台座上。左侧弟子迦叶，高1.73米，长方面颊，骨骼突出，双眼圆睁，粗眉呈蝌蚪状，胸骨凸出，双手残毁，跣足立于低坛基上。右侧弟子阿难，高1.72米，长方脸，肌肉丰满，面相稚嫩，身披袈裟，跣足立于低坛基上。

菩萨均位于弟子外侧。左侧一身菩萨，高1.85米，束高发髻，弯眉长眼，四瓣小嘴，腮颊丰满，上身袒露，佩戴串珠式项链；外着大衣，左臂完全破损，右臂屈肘平置于腹前，右手残损；下着长裙，立于低坛基上。右侧一身菩萨，高1.85米，束高发髻，弯眉长眼，四瓣小嘴，腮颊丰满，内着僧衹支，外着大衣，左臂屈肘向上，左手残损，右臂屈肘平置，小臂及手部均残损；下着长裙，立于低坛基上。

左龛内佛，高1.30米，螺髻，有肉髻珠，圆脸，眉毛细长而弯曲，四瓣小嘴，短颈，内着僧衹支，胸部袒露较多，外着双领下垂袈裟，双手在腹前结禅定印，结跏趺坐于方形台座上。左侧菩萨，高1.82米，梳高发髻，面庞肌肉饱满，眼角上翘，四瓣嘴，颈戴项链，上身袒露，斜披络腋，帛带自双肩顺两臂自然下垂，双小臂及手部均残，下着翻边长裙，长裙于膝部束绑一道。右侧菩萨，高1.82米，束高发髻，发带垂至两肩，圆脸，肌肉丰满，颈戴项链，内着僧衹支，外着大衣，双手掌心向上，平叠于腹前手掌托一方巾。

右侧龛内佛，高1.43米，螺髻低平，有肉髻珠，圆脸，眉毛弯长，双眼微闭，四瓣嘴，短颈，袒胸，内着僧衹支，外着双领下垂袈裟，双手施禅定印，结跏趺坐于方形台座上，袈裟下摆重叠垂于座前。左侧菩萨，高1.75米，圆脸，梳高髻，小嘴，嘴角深陷，短颈，袒上身，戴串珠项链；内着圆领衣，外着袒右衣，双手和于胸前，但双手已残，具体手印不清；下着长裙，跣足立于坛基上。

壁　画

现存面积约4平方米。为明、清时重绘的背项光及周围装饰纹。背项光椭圆形光环内绘海水，外绘火焰，周围绘莲蕾、五彩祥云及飞天童子等。

题　记

无

第029窟

窟　号　第029窟（与第028、030窟合并俗称下七佛阁）
时　代　北周（明、清重修）
位　置　位于东崖下层，左邻第028窟，右邻第030窟，窟门下沿距窟前地面垂直高度0.12米。

形　制

敞口、平面半圆形、平拱顶龛。坐北朝南，南偏西3°。龛高4.70米、宽4.90米、进深2.80米。窟内依壁面作坛基，坛基高0.39米，正壁前宽0.92米、左右壁前宽1.02米。正壁前有”工“字形台座，高0.60米、宽1.95米、深0.86米。窟前部略有坍塌，窟内壁面位置也有崩塌。

造　像

现存造像均为明、清之际重新修塑。龛内正壁塑一身佛，左侧普贤菩萨，右侧文殊菩萨，共计3身。

正壁前佛，高1.35米。螺髻，圆脸，鼓眼，直钩鼻、小嘴，短颈、宽肩，上内着低胸僧袛支，外着双领下垂袈裟，上施沥粉堆金龙、凤花饰。左臂屈肘下垂，左手置于腹前，手已残；右手置于右膝上。结跏趺坐于叠涩"工"字形台座上。

普贤菩萨，高1.45米。戴花冠，圆脸，短颈、袒胸、戴串珠项饰，外着大衣，下系裙裹腿；左臂屈肘、左手置于腹前，手已残，右臂屈肘平置，右手掌心向左置于胸前；左脚置右膝上，左腿自然下垂坐于白象上，左脚残损。白象屈腿而卧，头部向外扭视，象鼻残，象身上盖有方毯。

文殊菩萨，高1.50米。与普贤菩萨相似，双手残毁，右脚置左膝坐于狮子身上。狮子屈腿而卧，头部向外扭视，狮子身上盖有方毯。二菩萨身上沥粉堆金云纹。

壁　画

现存壁画面积约3平方米。窟内正壁及右壁部分泥皮上残存有佛、菩萨，由多色绘制成的圆形背项光，外周绘五彩放射性的光焰，周围尚绘有流动感强的五彩祥云。台座上绘有图案及团花等。施色为赭红、蓝、绿、赭黄、粉红、绛红等，色彩鲜艳。

正座下部泥皮上绘有浅黄色的云纹。

题　记

无

第030窟

窟　号　第030窟（与第028、029窟合称下七佛阁）

时　代　北魏（宋、明、清重修）

位　置　位于东崖下层，左邻第029窟，右侧为崖壁，窟门下沿距地面垂直高度0.9米。

形　制

三间四柱、单檐庑殿顶崖阁。坐北朝南，南偏东5°。窟高3.60米、面宽12.55米、进深4.10米。前为廊，雕四根八棱柱，柱身上下有收分，柱上承栌斗，斗上架额枋，内托纵梁；外檐凿有瓦垄、正脊、垂脊、鸱尾，瓦垄。窟内后壁并排开凿三个圆拱形龛，正中龛高3.35米、宽3.45米、进深2.40米，左侧龛高3.35米、宽3.45米、进深2.40米，右侧龛高3.35米、宽3.35米、进深2.45米。

窟前檐坍塌，残留有瓦垄、鸱尾，前廊窟形、龛形基本保存完好。20世纪70年代曾对部分廊、龛内壁面作过修补加固。

造 像

现存造像为宋代重修，明、清重彩妆，三龛内每龛正中一佛，左、右各立三身胁侍菩萨。共计21身。

正龛佛，高2.13米，保存基本完好。螺髻，有肉髻珠，方圆脸，眉间有白毫相，大耳垂肩，短颈，圆肩；内着僧祇支，腹下系带，外着双领下垂袈裟；左臂自然下垂，左手置于左膝上，右臂屈肘上举，右手掌心向左，五指均残；结跏趺坐于方“工”字形台座上。衣纹襞褶写实，上有沥粉堆金的龙、凤花饰。

左侧菩萨，皆高发髻，束串珠，阴线刻出发瓣，面形半圆，细眉吊眼，直鼻，四瓣小嘴，双耳丰厚，袒胸、戴项圈。自内向外，第一身菩萨高2.43米，内着僧祇支，外着双领下垂袈裟，双臂屈肘，双手置于胸前，双手均残；第二身菩萨高2.41米，内着僧祇支，中着双领下垂衣，外着袒右袈裟并披于头顶，双手自然下垂交于腹前，双手残失；第三身菩萨高2.46米，袒上身，外着袈裟，右臂全残，左臂屈肘向上，左手残失，下着高腰长裙。

右侧菩萨，面容、装饰与左侧菩萨似同。第一身菩萨，高2.45米，内着僧祇支并于腰间系带，外着双领下垂袈裟。左臂屈肘平置，手残失，右臂屈肘上举，右手残；第二身菩萨，高2.46米，内着僧祇支并于腰间系带，外着袈裟并披于头顶。双手自然下垂交叠于腹前，左手握右手腕，右手半握拳；第三身菩萨，高2.46米，袒上身，斜披络腋，披帛带自双肩顺身体两侧自然下垂，双小臂均残，下着翻边长裙。

左龛佛，高2.20米，保存基本完好，与正龛佛相同。双手于腹前结九品往生印。

左侧，第一身菩萨，高2.42米，束高发髻，带头冠，胸前配项链，内着僧祇支，外披顶于头部的袈裟，左臂屈肘平置，左手残，右臂小臂残，跣足而立；第二身菩萨，高2.45米，束高发髻，带头冠，长圆脸，胸前佩项链，上身袒露，双肩披帛带并顺身体两侧自然下垂，帛带大部分残断，双臂均残，下着长裙；第三身菩萨，高2.41米，束高发髻，带头冠，长圆脸，大耳，胸前佩项链，内着僧祇支，外着大衣，左臂屈肘略上举，左手残，右小臂残。

右侧，第一身菩萨，高2.40米，高发髻，胸前佩项链。内着僧祇支，外着袈裟，左臂屈肘略上举，右臂屈肘略下垂，双手均残。第二身菩萨，高2.36米，束高发髻，颈戴项链，上身袒露，斜披络腋，披帛带自两肩顺身体两侧自然下垂，左侧帛带残损严，下着长裙。第三身菩萨，高2.40米，高发髻，胸前佩项链，上身袒露，外着大衣，左臂屈肘上举，左手已残，右小臂残，下着长裙。

右龛佛，高2.15米。螺髻，有肉髻珠，方面大耳，短颈。内着僧祇支，外着袈裟，双手于腹前结禅定印。结跏趺坐于“工”字形台座上。胸部泥皮破损，露出早期塑像泥层。

左侧，第一身菩萨，头部残损，残高1.91米，颈戴项链，内着僧祇支，中着双领下垂袈裟，外着袒右衣；胸腹部有大面积残破，露出内部石胎，双臂均残。第二身菩萨，高2.36米，束高发髻，长圆脸；上着圆领折边短上衣，胸腹间有一系带，披帛带自双肩顺身体两侧自然下垂；双臂屈肘，双手交于腹前，但双手均残，下着长裙。第三身菩萨，高2.36米，高发髻，戴发冠，长圆脸，发辫自耳边垂下置于两肩，胸前佩戴的项链仅见痕迹；袒上身，外着袈裟；左臂屈肘微下垂，左手残，右小臂残，下着平胸长裙。

右侧，第一身菩萨，高2.40米，高发髻，长圆脸，胸前配项链，内着僧祇支，外着顶于头顶的袈裟；左臂屈肘平置，左手残，右臂全残。第二身菩萨，高2.43米，形象同左壁第二身菩萨，左臂微屈自然下垂，左手残，右臂屈肘向上，右小臂残。第三身菩萨，高2.40米，高发髻，戴发冠，长圆脸，内着僧祇支，外着袒右袈裟；左臂微屈下垂，左手残，右小臂残。

壁　画

现存壁画面积约8平方米。位于左、右龛正壁佛绘水波纹背项光及五色祥云。

中龛正壁残存绘海水，外为火焰，椭圆形佛背项光，周围绘五色祥云。顶部绘展翅的护法迦楼罗及乘云飞天及祥云等，均被烟熏黑。其余大部分脱落。

三龛外壁面绘四天王像。其中左侧龛外护法头部较为清晰。

施色以赭红、兰、绿、黄为主调。

题　记

前壁右侧端中部留有竖行红笔书写：“一九五二年十月西北文化部勘察麦积山石窟。”

左龛外右壁面中部有墨书：“静宁州地□仁当川阳河□□□□……人名。”

中龛龛沿上墨书似对联：“佛洞□□□……观模幽，梵宫连日□□□……河环抱。”

第031窟

窟　号　第031窟

时　代　北周（隋重修）

位　置　位于东崖中区，左、右侧皆为崖壁，窟门下沿距栈道地面垂直高度0.51米。

形　制

平面横长方形，平顶敞口龛。坐北朝南，南偏西5°。门外上侧雕凿有仿木结构庑殿顶窟檐，可见屋脊、鸱尾等。屋顶为素面，未做出瓦垄形象。龛高0.90米、宽0.93米、进深0.40米。正壁前坛基高0.12米、宽0.17米。

造　像

龛内正壁分上、下两排共有十身影塑坐佛。左、右两壁分上、下两层共有四身站立的影塑菩萨，每壁两身，现仅存右壁下侧一身，其余三身仅存粘贴痕迹。共计11身。

正壁影塑佛，均通高0.27米。根据具体形象可分为3种样式。

第一种：方形华盖，有一兽头含流苏悬于华盖左右两侧，佛有圆形项光和椭圆形背光，低平肉髻，面形方圆，着袒右袈裟，双手于腹前结禅定印，结跏趺坐，袈裟下显示右足，下摆较长。“工”字形台座，台座下有覆莲，座左、右有两狮子，其中一足踏于仰茎莲花上。此种形象，共计4身。

第二种：华盖为上部弧形，下部垂角式，各角垂璎珞宝珠。其他区别为多边形台座。左、右双狮双足踏莲花。佛着通肩袈裟。其余皆同第一种。此种形象共4身。

第三种：华盖近方形，但左、右垂角，垂璎珞宝珠。其他特点是佛着双领下垂袈裟，右手拇指、中指相合，手心向外，结说法印，左手手心向内抚于左胸前。台座方形，左、右于圆台上盘腿坐两力士，双手托腮，头顶台座上沿。其余皆同第一种。此种形象，共2身。

右壁影塑菩萨，头部缺失，菩萨残高0.20米。上身内着僧祇支，双肩披帛带，下垂于小腿位置上绕至肘部下垂，双手右上左下置于胸腹前。下着长裙，跣足而立。

壁　画

现存壁画面积约0.2平方米。

佛身上及上、下排之间红色云头状装饰花纹。左、右壁内侧影塑立菩萨周围红色云头状装饰条纹。左壁外侧现存黑色、白色和石绿颜色，依稀可辨为站立的一身供养人像。

题　记

无

第032窟

窟　号　第032窟

时　代　北周（宋重修）

位　置　位于东崖中区，左侧为崖壁，右邻第033窟，窟门下沿距栈道地面垂直高度1.07米。

形　制

平面方形、四角攒尖顶窟。坐北朝南，南偏东13°。窟高2.64米、宽2.66米、进深2.65米。前有长方形甬道，甬道左、右壁及顶部有安装木门的凹槽。甬道高1.44米、宽1.04米、进深0.90米。窟顶和四壁的转折处石胎泥塑半圆形帐杆、帐柱等。正壁中部开一落地圆拱形龛，高1.66米、宽1.07米、深0.43米。正、左、右壁前凿低坛基，高0.47米、宽0.43～0.52米。

造 像

正壁龛内一身石雕坐佛，龛外两侧各塑一身胁侍菩萨，左、右壁各塑三身坐佛。共计9身。

正壁龛内石雕坐佛，通高1.75米、佛高1.25米。低平肉髻，面形方圆，眉棱稍凸，眼睑稍厚，鼻梁直厚，唇较厚实，大耳垂肩。内着僧祇支，腰系带于胸前打结，外着双领下垂袈裟。右手施无畏印于胸前，左手掌心向外，食指中指下垂，无名指和小指上翘。结跏趺坐于“工”字形座上。袈裟下摆分四层圆弧状内收。背光莲瓣状，顶尖部向前倾。项光圆形，莲瓣形饰，周围有宋绘的放射状宽边光线及火焰纹等。

正壁左侧菩萨，发髻及花冠残失，残高1.07米。面形长圆，袒上身、双肩披帛带下垂，左臂自然下垂、左手持一桃形法器于腿侧，右臂屈肘平置、右手手心向内置于胸腹间。下着长裙，跣足而立。

正壁右侧菩萨，发髻及花冠残失，残高1.05米。面形长圆，颈戴烦琐串联的项链，袒露上身，帛带自双肩披下在双膝处上绕，左侧搭于肘部下垂，右侧提握在右手后下垂。左臂屈肘平置，左手手心向内置于胸腹间，右臂自然下垂，右手于腿侧提帛带。下着长裙，跣足而立。

左、右壁三佛，经宋代重修，部分位置可见明显的泥层叠压现象，形象、体态、袈裟等大致相同。均波纹发髻，前有肉髻珠。袈裟分圆领下垂肩和双领下垂两种，双手均施禅定印，结跏趺坐。禅定印有三种形式，分别为双手在袈裟下不显露、双掌心向上、掌心向内。

壁 画

因斑驳、烟熏严重，隐约可见窟顶前坡有莲花。

题 记

无

第033窟

窟 号 第033窟

时 代 隋（宋重修）

位 置 位于东崖中区，左邻第032窟，右侧为崖壁，窟门下沿距栈道地面垂直高度1.41米。

形 制

平面马蹄形、敞口摩崖龛。坐北朝南，正南向。窟高2.87米、宽3.06米、残进深0.84米。三壁圆弧形向上内收，顶部半穹隆形外张。正壁前长方形台座，原台座具体形制不详，宋代重修，无明确上沿。台座高0.78米、宽1.40米、深0.90米。窟前部坍塌。现存窟龛上部残损较重。

造 像

正壁塑一坐佛，左侧一菩萨，共计2身。

佛，高1.8米。低平肉髻，螺发。面部方圆丰满，眉间凹圆形的白毫相，阴刻线修长眉，眼睑凸出，后眼角上翘，俯视。鼻梁挺直，鼻翼较小，唇分四瓣，上唇和下巴以墨笔画出胡须，颌下一道阴刻线纹，双耳长大，脖子上三道阴刻线纹。胸部袒露，胸上有阴线弧纹，内着僧祇支，外着双领下垂袈裟。结跏趺坐于长方形台座上。

左侧菩萨，高2.00米。束高发髻，面形长圆，眉间白毫相，眉棱较高，内着僧祇支，外着双领下垂袈裟，双手举于腹前，手均残损，手印不清。跣足而立。

壁 画

无

题 记

无

第034窟

窟 号 第034窟
时 代 北周（元重修）
位 置 位于东崖，左邻第190窟，右邻第035窟，窟门下沿与栈道地面平齐。

形 制

平面马蹄形，穹隆顶。坐北朝南，南偏东10°。窟高2.51米、宽2.50米、进深2.43米。前有拱顶窟门，高1.99米、宽1.65米、深0.54米。正壁前一“工”字形台座，高0.67米、宽1.21米、深0.55米。左、右壁上及左右壁前地面各有二桩孔。

正壁大部分泥皮残毁。其余各壁面泥皮均有不同程度的脱落。门道壁面的泥皮也大部分脱落。

造　像

正壁塑一坐佛，有明显的泥层叠压现象，佛头部、袈裟下摆、右臂等处可见北周泥层，其他位置为厚重的元代泥层。

佛，高1.53米。低平磨光肉髻，面形圆润，大耳贴于脑后，鼻梁挺直丰厚，唇轮廓分明丰厚，脖项短粗强健。袈裟衣纹有粗细相间的阴刻线，较贴身体，结跏趺坐，袈裟下摆分两片状下垂。面部可见白色，唇上可见朱红色痕迹。袈裟上可见到石绿和赫红色颜色痕迹。元代重修袈裟等部分素面无色，衣纹粗细结合。

元代对原塑像进行了覆盖式补修。补修的形象表现为宽肩挺胸，胸上有两道圆弧线。腹前着带系内裙。外着袒右袈裟，双足向上，足心画有花纹，结跏趺坐。

20世纪80年代对台座部分进行了复原式重修。

壁　画

无

题　记

无

第035窟

窟　号　第035窟
时　代　北周（宋、元重修）
位　置　位于东崖，左邻第034窟，右邻第036窟，窟门下沿距栈道地面垂直高度0.9米。

形　制

平面方形，四角攒尖顶。坐北朝南，南偏东8°。窟高1.73米、宽1.51米、进深1.48米。前有长方形甬道，高0.92米、宽0.7米、进深0.35米。正、左、右、前壁前地面上均有低坛基。甬道地面高于窟内地面0.07米，同左、右壁前坛基同高。左、右壁坛基高0.07米、宽0.36米。前壁坛基高0.07米、宽0.26米。正壁前低坛基原同左、右坛基大致同高，元代塑泥改造成一个短而稍高的低坛基。现正壁前坛基高0.13米、宽0.32米。正壁开一圆拱形龛，高0.75米、宽0.6米、进深0.26米，龛底距坛基高0.42米。龛外塑莲瓣形尖楣，各壁面转角处造出一半圆形石胎泥塑的帐柱、帐杆等，顶部正中及四角各塑出一朵莲花。前壁前低坛基上左、右各残存一方形桩孔。正壁龛前塑一“工”字形台座，高0.33米、宽0.72米、深0.19米；座上莲台，高0.10米、宽0.55米、深0.28米。

造　像

正壁龛内元代塑一身坐佛，右壁残存一身挪动过的北周小坐佛（原放置于东崖第006窟）。共计2身。

正壁元代佛，高0.56米。低平螺纹肉髻，面上部稍宽，眉间白毫相，双眉细弯，凸状塑出，上眼睑凸而宽大，有黑色釉装饰眼珠，鼻较小，有孔，唇上厚下薄，双耳垂肩，有纵向耳孔，脖较短，双肩较宽平。着袒右袈裟，袈裟紧贴身，上有阴刻线装饰的带状“田相”图案，双手置于腹前、双手残毁，结跏趺坐于双层“工”字形仰覆莲台座之上。身后有元代装饰复杂的背项光。台座平面呈“凸”字形样式，上为平面椭圆形。莲台上装饰复杂，有模制的莲花、联珠、团花、卷草、莲瓣等。背光椭圆形，项光为出尖莲瓣形，多有模制的宝相花等。

右壁北周佛，高0.57米。低平肉髻，面形方圆，眉棱稍凸，眼睑较凹，双耳丰厚贴颊。内着僧祇支系带，系带用细阴刻划出，外着双领下垂袈裟紧贴体；左臂自然下垂、左手置于左膝上，右臂屈肘上举，右手掌心向内抚于胸前，结跏趺坐。

左、右壁上部各残存三个项光和火焰背光纹。

壁　画

现存壁画面积约3.5平方米，因烟熏情况较为严重，仅模糊可辨。

顶部四披绘说法图，正坡绘一铺壁画，可能为佛、菩萨、弟子等形象。左坡正中一身主佛，左、右各二身立菩萨等形象。前坡正中为一身佛，坐于“工”字形圆覆莲座上，左、右立数身弟子。右坡华盖下正中有一身坐菩萨，左、右各立二弟子四菩萨。在帐杆、帐柱上有宽带纹，左右绘卷草纹图案。左、右壁背项光上方，依稀有痕迹，具体形象无法辨认。前壁窟门上方有较宽的横纹和较窄的竖纹，难辨其具体形象。

题　记

无

第036窟

窟　号　第036窟

时　代　北周（宋重修）

位　置　位于东崖，左邻第035窟，右邻第037窟，窟门下沿距栈道地面垂直高度0.69米。

形　制

窟前壁因地震塌毁，平面方形、四角攒尖顶。坐北朝南，南偏东13°。窟高2.38米、宽2.22米，左壁纵进深2.15米、右壁纵进深1.75米。正壁开圆拱形龛，高1.00米、宽0.90米、进深0.40米，距离地面0.55米。正、左、右三壁前有低坛基，高0.07米、正壁前宽0.36米、左右壁前宽0.46米。左右壁在坛基上凿通长台座，高0.43米、宽0.33米。四壁角顶部石胎泥塑仿帐的帐杆和帐柱以及圆莲装饰。

造　像

正壁龛内塑一身坐佛，左右侧各塑一身胁侍菩萨。左壁台座上塑三身坐佛，右壁台座上现存两身坐佛。共计8身。

正壁佛，高1.00米。磨光低平肉髻，前有肉髻珠，方脸，细长眉，双眼微启下视，鼻挺且圆，四瓣嘴，下唇较厚，颈较粗。内着僧祇支，外着双领下垂袈裟。左臂屈肘微下垂，左手五指内屈置于腹前；右臂屈肘略上举，右手掌心向左前，五指自然弯屈，置于胸前。结跏趺坐于龛内，袈裟下摆分两片悬垂于龛前。

正壁左胁侍菩萨，高1.05米。花冠缺失，发瓣垂于两肩上，圆脸，眼微眯下视，嘴角略上翘，唇薄。戴宽项圈，着僧祇支，披帛带自腹、膝前呈两道横过后自双肘外侧下垂于身体两侧。右手执一盛开的莲花于胸前，莲花中为摩尼宝珠；左手自然下垂于身侧，手中执一圆形物。下身着裙，裙沿外翻下垂，裙带垂于双腿前。跣足立于仰覆莲台上。

正壁右胁侍菩萨，残1.03米。磨光圆形发髻，花冠缺失，长瓣及宝缯垂于两肩上，面形方中略显圆，双眼微启，后眼线较长，唇薄，戴宽项圈。上着僧祇支，披帛带从左右两臂上臂后绕出呈垂弧状分别于胸腹间，左膝上两道上卷后，于手臂内侧自然垂于身体两侧。左臂托举宝珠于左胸前，右手托左肘。下着长裙，裙沿外翻。跣足立于仰覆莲台上。

左壁现存三身坐佛，均高0.90米。圆脸，低平肉髻，小嘴；身体修长，腹前凸出，着通肩袈裟，双手施禅定印，结跏趺坐于台座上，袈裟下摆分两片呈垂弧状悬垂于座前。中间坐佛，袈裟圆领下垂至腹部，露出内着僧祇支；衣纹为阴刻细线，圆润流畅。

右壁二身坐佛，均高0.88米，经宋代重修。圆脸，水波纹发髻，有肉髻珠，柳叶眉、细眼，四瓣小嘴，颈短粗；身体修长，着通肩袈裟，结跏趺坐于台座上。袈裟下摆分两片呈垂弧状悬垂于座前。内侧坐佛，双手拢于袖中；外侧坐佛，圆领下垂到腹部，双手掌心向上结禅定印叠放于双腿上。阴刻衣纹，棱角分明。

壁　画

现存面积约5平方米。窟顶右披残存一佛头及二身供养人。

正、左、右三壁上方彩绘二排着通肩袈裟的小坐佛。其下为彩绘佛背项光及其上宽带、忍冬纹等装饰图案。左壁佛项光上方存有方形榜题框痕迹。

题　记

无

第037窟

窟　号　第037窟
时　代　隋
位　置　位于东崖，左邻第036窟，右侧为崖壁，窟门下沿与栈道地面平齐。

形　制

平面马蹄形、圆拱顶。坐北朝南，南偏西5°。窟前部有塌毁，窟高2.70米、宽2.40米、进深1.65米。正壁前有台座，高0.87米、宽0.98米、深0.45米。脚下莲台高0.19米、宽0.74米、残深0.25米。

造　像

龛内正壁塑一身坐佛，右壁塑一身菩萨。共计2身。

正壁佛，高2.07米。低肉髻并粘贴有小螺髻，小螺髻大部分脱落，圆脸，宽额，眉间白毫相，高鼻，长梭形眼，内嵌釉陶片作眼珠，耳垂较长。短颈，戴项圈，胸部较饱满，身着通肩袈裟，衣纹为垂弧阶梯状。右臂屈肘前伸，右手残失，左臂屈肘微下垂、左手掌心向前施与愿印，拇指、无名指残失。倚坐于台座上，双足踩于座前半圆形莲台上。

右壁菩萨，高1.85米。束发髻，戴冠，发辫分披垂于两肩，宝缯自耳后垂至胸前。双眉高挑，细长眼，小嘴，嘴角微翘，细颈，戴宽项圈，佩璎珞，上身袒露，披帛带至膝际上绕到肘部后顺体垂于身体两侧，双手手心向内自然交叉于胸前，右手搭于左手背，腰系长裙，跣足立于圆形莲台上。

壁 画

现存面积约0.25平方米。窟顶部右侧有一飞天的帛带残痕。

题 记

无

第038窟

窟 号 第038窟
时 代 北周
位 置 位于东崖中区，左侧为崖壁，右邻第039窟，窟门下沿距栈道地面垂直高度1.5米。

形 制

平面近方形、圆拱敞口龛。坐北朝南，南偏东20°。窟高1.15米、宽1.05米、进深1.25米。窟形基本保存，窟内泥层均剥落。

造 像

无

壁 画

无

题 记

无

第039窟

窟　号 第039窟

时　代 北周

位　置 位于东崖中区入口处，左邻第038窟，右邻第040窟，窟门下沿距栈道地面垂直高度1.4米。

形　制

平面方形、四角攒尖顶窟。坐北朝南，南偏东5°。洞窟前部塌毁，窟高2.20米、宽2.16米、残进深2.01米。各壁面相交处和窟顶雕凿有半圆形的帐杆、帐柱；正壁距离地面0.51米处开凿一尖拱形龛，有拱形龛楣，龛两端为宝珠火焰纹，龛高1.02米、宽0.95米、进深0.46米。正、左、右壁前凿低坛基，均高0.09米、深0.41米。正壁前坛基残，左、右壁在低坛基上有通长台座，其中右壁台座残断，左壁台座高、宽均为0.34米。右壁前部有一不规则长形孔洞与第040窟相通。

造　像

现正壁龛内一坐佛，左壁三身坐佛，右壁一坐佛。共计5身。

正壁佛，头已失，残高0.70米。内着僧祇支，外着双领下垂袈裟，双小臂及双手残毁，结跏趺坐于台座之上，袈裟下摆分左右两片垂于龛前。

左壁左侧（最外侧）佛，头已失，残高1.01米；正中佛通高1.28米，左壁右侧（最内侧）佛通高1.26米。低平磨光肉髻，方圆形脸，着通肩袈裟，或内着僧祇支，外着双领下垂式袈裟，双手相握或交叠施禅定印，结跏趺坐于长方形高坛台上。

右壁佛，通高1.22米，着通肩袈裟，质感单薄，双手于腹前结禅定印，左腿及袈裟下摆残损，结跏趺坐于台座之上。

壁　画

窟内正、左、右三壁及窟顶均绘壁画，烟熏现象严重并伴有空鼓、龟裂、起甲、片状剥落等病害，已漫漶不清，较为难辨。现存面积约1平方米。

右壁中间仅隐约可见绘忍冬纹、宝珠、联珠纹、圆形项光等。

题　记

无

第040窟

窟　号　第040窟

时　代　隋

位　置　位于东崖中区，左侧为崖面，右邻第041窟，窟门下沿距栈道地面垂直高度1.5米。

形　制

平面马蹄形、穹隆顶窟。坐北朝南，南偏西15°。前壁塌毁，窟高1.80米、宽1.95米、残进深1.52米。窟内正壁及右壁凿半环形高坛基，高0.44米、宽0.39米。正壁前一和坛基相连的方形台座，高0.50米、宽0.62米、深0.49米。

窟前部及左、右壁前部均有不同程度的崩毁。左壁上方前部与水泥加宽壁连接处有一小洞与第039窟相通。

造　像

窟内现存正壁塑一身坐佛。

正壁佛，通高1.44米。低平肉髻，面形方圆，眉间白毫相。弯眉细目、薄唇，下颌饱满丰润，颈部略长。内着僧祇支，外着袒右袈裟。双小臂及下半身残损，残存上半身亦风化严重，坐式不清。

壁　画

窟内现存壁画面积约1.5平方米。因烟熏严重，已漫漶不清，隐约可见佛身后绘背光，边缘部绘千佛等。窟顶部绘千佛、团莲、云纹等。

题　记

无

第041窟

窟　号　第041窟

时　代　西魏（北周重修）

位　置　位于中区，左邻第040窟，右邻第042窟，窟门下沿距栈道地面垂直高度0.9米。

形　制

平面半圆形、圆拱顶窟。坐北朝南，南偏东4°。窟高1.14米、宽1.06米、进深0.65米。窟前部塌毁，左、右侧壁前部均有不同程度的崩毁。正、左、右三壁砌台座，其中左壁台座全无，现台座仅存正壁及右壁的部分，台座高0.28米、宽0.42米、深0.20米。

造　像

洞窟内现存正壁北周重修塑一身坐佛。

正壁佛，通高0.82米。面形方圆、细眉细目、薄唇。外着通肩袈裟，衣纹大量运用阴刻线，袈裟薄衣贴体。双手平叠腹前结禅定印，结跏趺坐于“T”形台座之上。

壁　画

无

题　记

无

第042窟

窟　号　第042窟

时　代　北周

位　置　位于东崖中区，左邻第041窟，右邻第043窟，窟门下沿距栈道地面垂直高度0.38米。

形 制

平面马蹄形、圆拱顶窟。坐北朝南，南偏西10°。窟高1.28米、宽1.34米、进深1.05米。正壁前一“工”字形台座，高0.30米、宽0.64米、深0.32米。洞窟基本保存。

造 像

正壁塑一身坐佛。

佛，通高1.06米。低平肉髻，面形方圆，弯眉细目，薄唇，短颈，内着僧祇支，外着袒右袈裟，衣纹运用阴刻线条，袈裟贴体。双手结禅定印，结跏趺坐于“工”字形台座上。

壁 画

无

题 记

无

第043窟

窟 号 第043窟（俗称魏后墓）
时 代 西魏（五代、宋重修）
位 置 位于东崖中区，左邻第042窟，右邻第044窟，窟门下沿距栈道地面高度0.75米。

形 制

三间四柱，单檐庑殿顶大型崖阁，经考证为西魏皇后乙弗氏墓葬。坐北朝南，南偏东4°。窟通高6.10米、通面阔6.65米、通进深7.30米。窟形基本保存，檐柱后有廊，窟内从前往后分别为前廊、前室（享堂）、后室（柩室）结构。前廊进深1.60米。前室为平面马蹄形，穹隆顶大龛，面阔3.70米、顶高3.00米、进深2.30米；其左、右壁各开一圆拱壁龛；前室正中侧砌台座，高1.03米、宽1.06米、深0.93米；龛内沿壁面凿低坛基，高0.38米、宽0.38米。后室为后壁正中凿一盝顶龛，宽3.40米、顶高1.80米、进深3.40米。

前檐建筑，通面阔6.65米，檐柱截面八角形，每面四周留边棱，下有半圆形柱础，柱上雕栌斗，栌斗以上雕出阑额，每柱栌斗之上各石胎泥塑装饰，有摩尼宝珠及莲花，阑额正中也石雕泥塑摩尼宝珠及莲花，石胎泥塑花饰以上雕水平伸出的檐椽，屋顶上雕筒瓦瓦垄，正脊两端有鸱尾，两鸱尾之间雕出树枝形饰物。

造　像

窟内前廊内左、右两次间宋代各塑一身力士；前室正中宋代塑一身佛，左、右侧五代（宋重修）各塑一身菩萨，前室正壁面上方高浮雕二身供养菩萨，椅背头各塑一条龙头；后室内左侧前方立一件西魏石雕佛。共计10身（含龙头塑像）。

前廊左侧力士，通高2.70米。头戴花冠，面部肌肉隆起，斜竖眉，双目圆睁，鼻孔大张，张口，大耳，怒状表情。上身袒露，肌肉突起，披帛搭于双臂，穿肘后扬。腕戴镯，左手于腹前持搭于左肩的金刚杵，右手五指张开向左上挥动。下着战裙，卷边外翻打结于腹。身躯扭动，脚戴环，双腿做跨步，跣足立于下方的云形台座上。

右侧力士，高2.54米。头部向左侧扭动，戴花冠，双目圆睁，鼻孔大张，双唇紧闭，上身袒露，披帛带后扬至身后壁面处，并从双肩下垂经双腋后扬。左手于左侧大腿前拄金刚杵（已残损），右手握拳上扬至头部右侧。下着战裙，跣足立于云形台座上。

前室主佛，通高2.50米。螺髻，有肉髻珠，面形方圆，眉间白毫相，双目微启俯视。内着僧祇支，外着双领下垂袈裟，腰间束带打结，左手抚膝，右臂屈肘向上前举、右手掌心向左前，五指残损。倚坐于“工”字形台座上，双脚各踩一朵从地面伸出莲茎的莲台，莲台高0.52米。

前室主佛身后壁面高浮雕供养菩萨。左供养菩萨，通高0.54米；右供养菩萨，高0.57米。均头戴宝珠花冠，发髻高耸。面形圆润，弯眉，臂戴钏，手戴镯。其中左侧供养菩萨，左手托净瓶于胸，俯身下视；右侧供养菩萨，双手合十。两龙头，残高0.70米，昂首向两侧上方。

前室主佛左侧胁侍菩萨，高发髻残损，残高1.62米。头右倾，发髻花冠已毁，面形方圆，眉间白毫相，细弯眉，双眼微启下视，四瓣小嘴，大耳。身体呈微微“S”形，略右倾，内着窄袖衣，外着圆领半袖衣，上臂束带，左肩斜披络腋，并由身后缠绕至腹前作结，两胸前衣纹为凸起的旋涡状。腕绕环，左臂屈肘左手托于胸前，五指残损，右臂自然下垂、右手残损。下着翻边束腰紧身长裙，双足残损，立于方形台座上。台高0.05米（现代修复台座）。

主佛右侧胁侍菩萨，高1.76米。头束圆形高发髻，花冠残存小的花饰，上身和头部右倾，面形圆润，装饰与左菩萨似同；双手右上左下置于胸前，似捧一物，右手手指残失；身躯向右扭，右腿略前弓，双足残失，立于方形台座上。台高0.05米（现代修复台座）。

后室内石雕佛，由佛身和台座两部分组成。佛头部及上部背光残损，残高0.82米。内着僧祇支，中着衣于胸前结带，外着双领下垂袈裟。左手五指朝下、掌心向前置于左膝上方，食指和中指并拢伸直，其余三指自然内屈。右臂屈肘平置、右手残损，从残迹判断应该是无畏印。倚坐台上，双足下有半圆形台。左右两侧各有一身弟子穿袈裟、双手拢于腹前。

壁　画

左、右两侧的耳龛内可见白粉层之下的莲花、莲叶、水草等形象，有石青、石绿等色彩。龛外边缘有火焰纹。左壁龛外左上方，有一身菩萨，具体形象无法辨识。

题　记

窟内前壁上墨书："万历十五年□□□□崇祯七年□□□□。"左侧耳龛下刻划："至正元年□（四）□□□（八）日到此。右侧刻：嘉□（泰）六（元）年□□□。"

前廊后壁左侧墨书："荆湖路荆门军□（当）阳□（县）/景德玉泉禅寺□□/惠德字明□时淳熙□/年岁次乙未季秋闰□/月□休□经□观□□/复回旧隐记□□。"

第044窟

窟　号　第044窟
时　代　西魏
位　置　位于东崖中区，左邻第043窟，右侧为崖面，窟门下沿距栈道地面垂直高度1.02米。

形　制

窟前部已塌毁，现存洞窟后部及龛形。原形制为平面方形、四角攒尖顶窟。坐北朝南，南偏西20°。窟高2.40米、宽3.10米、残进深1.00米。正壁距地高0.54米处开一圆拱形半壁浅龛，龛高1.46米、宽1.26米、进深0.48米。龛前壁面塑一和龛底面齐平的"工"字形台座，高0.61米、宽1.04米、深0.41米。

造　像

正壁龛内塑一身坐佛，龛外两侧各塑一身胁侍菩萨，左壁塑一身立弟子。共计4身。

正壁主尊佛，高1.56米。旋涡纹高肉髻，面形长圆，细眉，双眼微启下视，高鼻、薄唇、大耳，面带微笑。内着僧祇支，腰束带打结下垂，外着双领下垂袈裟，左臂抬起伸于腹侧，左手施与愿印，右臂抬起至胸前，右手施无畏印，结跏趺坐于台座上。袈裟下摆折叠"八"字形垂于座前，衣着上可见石青、石绿等色彩。

正壁左菩萨，高1.32米。头戴宝冠，宝缯束发披肩，面形方圆，颈戴桃形项圈系坠，上身袒露，下着带束腰打结下垂长裙，披帛带自肩部下垂至腹前交叉穿圆环上绕搭肘外侧飘垂，腰右侧垂戴打结佩挂圆环。双腕戴镯，左臂自然下垂，左手提环，右臂屈肘抬起，右手掌心向内贴于腹前，跣足而立。

正壁右侧菩萨，高1.36米。面形与左菩萨相似，束发披肩，颈戴桃形项圈，上身袒露，披帛带绕肘弯折下垂。双腕戴镯，左臂略抬至腹侧，左手提长颈瓶，右臂略弯至腹侧，右手执帛带。下着束带长裙，左侧裙边自左膝处打结，跣足而立。

右壁弟子，高1.40米。面形长圆，弯眉细目，高鼻薄唇，长颈，溜肩，着通肩袈裟，双手合十，双足穿云头履而立。

壁 画

窟内彩绘的壁画泥皮大多剥落，现存面积约0.6平方米。龛内右壁下部残留有彩绘的一身立菩萨，上身袒露，外披石绿色帛带，右手抚于胸前，立于圆形莲台上。项光残留有部分朱砂红、白粉、赭红相间的色彩。

题 记

无

第045窟

窟 号 第045窟
时 代 北周
位 置 位于东崖中区，左、右侧皆为崖面，窟门下沿距栈道地面垂直高度0.45米。

形 制

平面马蹄形、圆拱顶窟。坐北朝南，南偏西15°。窟高1.78米、宽1.87米、进深0.89米。正壁塑一“工”字形台座，高0.47米、宽0.84米、深0.33米。左、右两侧各塑半圆形莲台，现左侧已失，右侧莲台，高0.03米、半径0.19米。左壁塑一方形台座，高0.39米、宽0.55米、深0.31米。

造 像

正、左壁各塑一身坐佛，正壁左、右两侧各塑一身胁侍菩萨。共计4身。

正壁主佛，高1.02米。低平肉髻，面形方圆，弯眉细目，高鼻薄唇，下颌一横纹，短颈，双肩浑圆，着“田”字纹通肩袈裟，衣纹阴刻线密布，质感单薄。左臂屈肘前伸，左手掌心向外，五指朝下，四指贴于右足，右臂屈肘前伸，右手掌心向外，四指朝上呈说法状。结跏趺坐于“工”字形台座上。

正壁左侧菩萨，高1.15米。束高发髻，面形方圆，弯眉细目，高鼻薄唇，下颌一横纹。短颈，双肩浑圆，颈戴项圈，身躯修长，上身袒露，披帛带穿肘绕腹下垂。左臂自然下垂，左手提瓶，右臂屈肘上举，右手持莲蕾贴于胸。下着翻边长裙，跣足立于半圆形莲台上。

正壁右侧菩萨，高1.17米。束桃形发髻，戴花冠，发披两肩，面形方圆，弯眉细目，高鼻薄唇。短颈，颈戴项圈，双肩浑圆垂挂璎珞，身躯修长，上身袒露，披帛带自双肩穿肘绕腹下垂。左臂屈肘上举，左手持莲蕾抚于胸，右臂微屈下垂，右手提环。下着翻边长裙，跣足立于半圆形莲台上。

左壁佛，高0.81米。低平肉髻，面部方圆丰润，长眉细目，悬鼻薄唇，着通肩袈裟，双手于腹前结禅定印，结跏趺坐于台座上。

壁　画

无

题　记

无

第046窟

窟　号　第046窟
时　代　北周
位　置　位于东崖中区，左、右侧为崖面，窟门下沿距栈道地面垂直高度0.62米。

形　制

平面半圆形、圆拱顶。坐北朝南，南偏西13°。窟内大部坍塌，仅存正壁及其右侧部分，前侧多已无存，窟高1.20米、残宽1.00米、残进深0.41米。顶部岩层有明显脱落痕迹。窟内沿壁凿低坛基，坛基仅左侧有少许残留，高0.12米、宽0.19米。正壁塑方形台座，高0.19米、宽0.62米、深0.30米。

造　像

正壁塑一身坐佛，左侧一身弟子、一身胁侍菩萨。共计3身。

正壁佛，高0.69米。低平肉髻，面形饱满，短颈，着通肩袈裟，结跏趺坐于台座之上。

左侧菩萨，发髻残毁，残高0.75米。颈戴项圈，上身斑驳严重，细节无法分辨，身躯修长，披帛带自双肩于腹前十字穿环后上绕，左臂自然下垂，左手持玉环，右臂屈肘上举，右手置于胸前。下着长裙而立，双足毁。

左侧弟子，残高0.77米。面形方圆，弯眉细目，面容清秀，丰肩挺胸鼓腹，内着僧衹支，腰系带，外穿双领下垂袈裟，袈裟一角搭于左臂。左臂屈肘平置，左手捧一圆饼状法器，右臂屈肘微上举，右手置于胸前，五指已失。足穿云头履，立于坛基之上。

壁　画

窟内壁画残损剥落严重，模糊可辨识少许色彩及内容，面积约0.3平方米。佛左侧下方残存赭黑、石青线条的背光痕迹；左侧弟子与菩萨之间依稀绘一弟子，仅存下部，穿石绿色衣，蹬赭红色圆头履，立于一圆形覆莲台上，莲台面浅石绿色，莲瓣赭黑色。

题　记

无

第047窟

窟　号　第047窟
时　代　北周（宋重修）
位　置　位于东崖中区，左邻略上第048窟，右邻第217窟，窟门下沿距栈道地面垂直高度1.38米。

形　制

平面近马蹄形、圆拱顶敞口窟。是利用岩隙开展的形制不规则洞窟。坐北朝南，南偏西15°。窟高2.00米、前宽2.40米、后宽2.10米、进深3.0米。

造　像

窟内正中塑一坐佛，左侧靠前立一件石雕立佛，共计2身。

正壁佛，通高1.27米，其中像高0.87米，座高0.40米。水波纹低肉髻，上方下圆脸，柳叶眉，杏核眼微启，高棱鼻，小嘴大耳，颈适中，胸略挺，着双领下垂袈裟，腹前上绕搭左肩上，双手作禅定印于腹前，结跏趺坐于方台托莲座上。

左侧石雕立佛，高0.97米，足下的方台覆莲座高0.20米、宽0.43米。磨光低平肉髻，方圆脸，弯眉，双眼微启，高鼻角棱，嘴唇略厚，大耳平贴，面带微笑。身材修长，宽肩平胸挺腹，内着僧祇支，外着圆领袈裟，右手于肩前施无畏印，左手手心向内于腹前，拇指和食指自然伸展，余三指内屈，跣足而立，足下有榫插在覆莲台中间的洞中。

石雕菩萨①，通高1.42米、像高1.14米，足下的莲台高0.20米。高髻上戴花冠，桃形项光中间浮雕莲花。方形脸，双眼前视，棱鼻唇略厚，面部可见彩绘眉线、眼珠、口红等，嘴两边及下颌彩绘一束小胡，大耳平贴，颈适中，带桃形项圈，平肩及胸，挺腹。双肩圆形饰物下垂带，上身袒露，披帛带贴身体两侧下垂膝前交叉上绕搭臂垂下，佩瓔珞自两肩垂下至腹部上绕。右手握莲蒂举于胸前，左臂自然下垂。下着贴身长裙，腰间束带，跣足立于覆莲台上。

壁　画

无

题　记

无

第048窟

窟　号　第048窟
时　代　北周（元重修）
位　置　位于东崖中区下方，左邻第049窟，右邻第046窟，窟门下沿距栈道地面高度0.45米。

形　制

浅廊式崖阁。坐北朝南，南偏西12°。窟高2.28米、宽3.20米、进深0.60米。窟前部塌毁，顶凿凹槽，浅廊后并列开一对并列圆拱顶双龛，右龛高1.23米、宽1.02米、进深1.19米。左龛高1.06米、宽1.05米、进深1.23米，双龛距廊内地面高0.33米。两龛外两侧塑有龛柱，上有火焰宝珠莲花柱头，下有覆莲柱础。

造　像

现存为元代塑像，右龛内塑一身佛，左龛内一身四臂菩萨，龛外两身力士。共4身。

---

① 原放置于此第047窟，后搬入文物库房，兹记录于此。

正壁左侧龛内四臂观音菩萨，高0.41米。束宝塔式发髻，面形丰满，短颈有三道横纹，上身袒露，肩阔膀圆，有四臂。前双臂双手合十（手已残），后双臂屈肘向外向上，手心朝外，举于左右肩部。下着长裙，裙裾覆盖双膝，结跏趺坐于“工”字形须弥座之仰覆莲台上。身后有塑莲瓣形背光，背光正中间上方有宝相花，两侧有一对翘首扬尾的狮子。须弥座高0.56米、宽0.66米、深0.30米。

正壁右侧龛内坐佛，高0.47米。磨光高肉髻，面形扁圆，双颊丰润，短颈，肩阔膀圆，着袒右袈裟，结跏趺坐于“工”字形须弥座之仰覆莲台上。身后浮塑有莲瓣形多重背项光，背光上中间靠上有宝相花和兽头形象，两侧一对回首翘尾狮子。须弥座通高0.64米、宽0.59米、深0.33米。

双龛中间力士，高1.04米。发呈火焰状，怒目圆睁、唇齿外露、獠牙凶煞。颈部筋骨分明，呈倒三角形。突胸鼓腹，穿外翻边短裙，跣足立于山形座上。

正壁右侧角力士，高1.10米。高发髻，面形长方，高眉骨，突眼，高颧骨，腮内陷，下唇包上唇，下颌上翘。短颈，上身袒露，鼓腹，通体肌肉健硕，左残臂置于腹前，右手握拳屈肘侧身举过头顶。下着过膝长裙，跣足立于山形座上。

壁　画

原廊壁面及龛内壁面均彩绘有壁画。现残存面积约有1平方米。

正壁左尖拱楣上部有石绿色莲瓣及忍冬纹。右龛门道上两道赭红色线条。

题　记

左龛入口西侧白色书：“晒陈留李□□□。”

第049窟

窟　号　第049窟

时　代　隋（宋重修）

位　置　位于东崖中区最下部，左邻第050窟，右邻第048窟，窟门下沿与栈道地面齐平。

形　制

平面横长方形、外观为庑殿顶崖阁，内为平面近“凸”字形，前廊后室。坐北朝南，南偏西15°。窟高4.75米、宽4.60米、进深3.10米。前凿三间四柱式浅廊，廊进深1.10米。廊左右两端各雕凿一方台，右台高0.42米、宽0.73米、深0.6米。右台高0.40米、宽0.84米、深0.65米。前檐及下部列柱多已坍塌，右角柱尚且完整，柱身上下有嵌置木构件的浅槽，柱头上雕大斗，并直接雕承檐枋。后凿一平顶窟，高2.50米、宽2.23米、进深1.50米。内部三壁又各开一舟形浅龛。前廊上方的窟外崖面凿出庑殿顶窟檐，有正脊、垂脊、瓦垄、鸱尾等形象。前廊和后室之间为长方形门，高0.21米、宽0.15米、进深0.19米。

后室，正、左、右三壁各开一龛，龛均为圆拱顶浅龛。正壁龛，高2.00米、宽1.50米、进深0.36米；左壁龛，高1.40米、宽0.92米、进深0.36米；右壁龛，高1.20米、宽0.95米、进深0.35米。正壁龛底部近地面龛内凿出一长方形台座，台座高0.62米、宽0.65米、深0.4米。三壁前均凿出长条形低坛基。正、左、右三壁前低坛基石胎部分高0.20～0.23米，左、右壁前坛基均宽0.28米，正壁前坛基宽0.20米。

造 像

正、左、右三壁龛内各塑一身坐佛，均经宋代不同程度重修。共计3身。

正壁龛内佛，高1.41米。螺旋高肉髻，面形方圆，眉间白毫相，弯眉悬鼻，四瓣小嘴，短颈端肩，颈部三道横纹，臂膀浑圆。着袒右袈裟，左手臂残缺，右手下垂抚于膝，双腿下垂，倚坐于高台座之上，足下踏莲台。

左壁龛内佛，高1.38米。水波纹高髻，上有一圆形突出肉髻珠，面形方圆，弯眉悬鼻，四瓣小嘴。短颈端肩，颈部三道横纹，臂膀浑圆。内着僧祇支，外着双领下垂袈裟，左手持衣角搭于左膝，右手屈肘上举手掌外翻贴于胸。双腿自然下垂，呈倚坐像。胸前衣纹密布呈“U”形。

右壁龛内佛，高1.38米。旋涡纹高发髻，上有一圆形突出肉髻珠，面形方圆，弯眉悬鼻，四瓣小嘴。短颈端肩，颈部三道横纹，臂膀浑圆。内着僧祇支，外着通肩袈裟，左、右臂屈肘，双手缺失。双腿自然下垂，倚坐于高台座上。胸前衣纹密布呈“U”形。

壁 画

现存原作面积约0.2平方米。后代有重绘的痕迹。模糊可辨前廊右壁上方的梁架上泥皮绘忍冬和其他花卉的形象。后室正、左、右壁龛内绘背光痕迹。后室前壁右侧上部从黑烟中透出多重圆项光痕迹。

题 记

无

第050窟

窟　号　第050窟

时　代　隋代（宋重修）

位　置　位于东崖中区，左侧为崖面，右邻第049窟，窟门下沿距栈道地面垂直高度0.70米。

形　制

平面近马蹄形、圆拱龛。坐北朝南，南偏西20°。窟高2.20米、宽2.58米、进深1.28米。窟龛口外略有坍塌，正壁前一横长方形座，座高0.53米、宽1.07米、深0.80米。座后有长方形背屏，上端左右两侧出云头饰，背屏高0.80米、宽0.81米。正、左、右壁前地面有宽约0.40米低坛基，多残损。

造　像

现存宋代一身高僧像。

正壁高僧，高1.01米。面形长圆，额头一突起白毫相，弯眉垂眼，眼内嵌黑色琉璃珠，悬鼻小嘴，面颊饱满，短颈端肩，着双件交领衣，双手结禅定印于腹前，结跏趺坐于方座之上。

壁　画

宋绘面积约1.5平方米。模糊可辨，正壁正中上方绘圆形银白色头光。靠背两侧绘暗红色线条的装饰带。背屏中部涂以暗红色，左后两侧素面条状带上绘浅粉红色缠枝菊花纹样。两侧上部左右云头上以赭、黄、白色绘制云头纹。

题　记

无

第051窟

窟 号 第051窟

时 代 后秦（明重修）

位 置 位于西崖底部，是麦积山崖面位置最低的洞窟。左、右侧未见洞窟痕迹，皆为崖面。窟门下沿距地面垂直高度0.70米。

形 制

平面方形、平顶敞口窟。坐北朝南，南偏西25°。窟高4.45米、宽3.90米、进深3.15米。窟内四壁转角呈弧形，正壁两侧上方各开一耳龛，高0.45米、宽0.39米、进深0.15米。浮塑龛楣及柱；地面沿正、左、右三壁凿一“凹”字形高座，高1.25米。正壁座下方两侧所开一方形桩眼，似为后代所为，高0.38米、宽0.38米、深0.31米。窟形保存基本完整，窟内各壁泥层均有残蚀和部分破损剥落现象。座正、左、右三面表层泥皮大多脱落，石胎外露。

造 像

原作不详，现存为明代重塑。正壁塑一身坐佛，两侧塑弟子、菩萨各一身。左、右两壁各塑一身坐佛。共计7身。

正壁佛，高2.58米。水波纹发髻，面形方圆，前额宽，两颊丰满，神态端庄。颈部三道横纹。内着僧衹支，外着低领通肩袈裟，双臂屈肘，双手缺失，结跏趺坐于高台座之上。

左内侧迦叶，高1.86米，光头，面形方圆，长眉深目，瘪嘴。双手合十贴于右肩，内着僧衹支，外着“田”字纹袈裟立于圆形座上，座高0.08米、直径0.42米。

左外侧菩萨，高2.05米。束发，头戴花冠，面形方圆，弯眉月牙眼，面颊丰满，下颌一阴刻线，长颈溜肩，双臂屈肘，双手缺失，木骨架外露。内着卷边束腰长裙，外着“田”字纹袈裟，立于圆形座上。座高0.60米、直径0.62米。

右内侧阿难，高1.86米。光头，面形方圆，弯眉月牙眼，面颊丰满，下颌一阴刻线；长颈溜肩，双臂屈肘，左手缺失，右手屈指掌心向上贴于胸前；内着僧衹支，外着“田”字纹袈裟，立于圆形座上。座高0.08米、直径0.40米。

右外侧菩萨，高2.16米。束发，头戴花冠，面形方圆，弯眉月牙眼，面颊丰满，下颌一阴刻线，长颈溜肩，双臂屈肘，双手缺失，木骨架外露。内着束腰长裙，外着“田”字纹袈裟，立于圆形座上。座高0.06米、直径0.65米。

左壁佛，高2.51米。水波纹发髻，面形方圆，前额宽，两颊丰满，神态端庄。颈部三道横纹。内着僧祇支，带束腰，外着低领通肩袈裟，双臂屈肘；左手背朝外自然下垂，右手拇指食指呈“O”状手背朝外贴于胸部，结跏趺坐于高坛台之上。服饰多用曲线，似绸缎质感。

右壁佛，高2.57米。水波纹发髻，面形方圆，前额宽，两颊丰满，神态端庄，颈部三道横纹。内着僧祇支，带束腰，外穿低领通肩袈裟，双臂屈肘；左手缺失，木骨架外露，右手掌向外，施说法印，结跏趺坐于高坛台之上。服饰多用曲线，似绸缎质感。

20世纪80年代，所内工作人员对残损的造像局部进行了部分复原性修补加固。

壁　画

壁画保存较完整，有轻微的残损状况，均为明代重绘，现存面积约为18平方米。

正壁佛项光绘同心圆形四圈，为放射状火焰纹及波折纹饰。内分别填涂石绿、石青、红、黑等色；项光上方绘一宝盖，顶端一火焰宝珠，盖上绘菱形花卉图案，四角各绘一卷云状饰物，其中后两角各有垂幔及两缕垂带向后飘动，其四周彩绘卷云纹。头光两侧各绘5～6身人物，有人面和兽头两类形象，人面头戴朝天冠或进贤冠，兽头人身无冠冕；均身穿宽博朝服，手持笏板，服饰装饰繁缛艳丽。

佛两侧弟子、菩萨均绘圆形头光，内填涂深浅不一，呈同心圆状的赭红色图案，身体四周绘细密的卷云纹饰。

两耳龛内各有一竖长方形榜题框，无字迹，龛楣彩绘宝珠及卷云纹饰，均涂朱红底色。

左壁佛，项光绘同心圆形四圈，从内至外依次填涂红、白、黑、红等色。头光上方墨线绘一宝盖，顶端一火焰宝珠，盖上绘繁缛的莲花图案，两角各一卷云花卉状饰物，下系鸾带，周围彩云缭绕。项光内侧上方绘两身天王，面目狰狞，戴金盔，披铠甲，一身左手持伞，右手托塔；另一身左手捏剑诀，右手持剑，形态生动威猛。下方内侧绘一君王，头戴朝天冠，身穿朝服，手持笏板，足踩祥云。外侧绘一六臂天神，束发带冠，身着长袍，两手合握举于胸前，其余四只手分别持矛、金铎、钵鱼和宝剑，足踏莲台。

右壁佛，绘项光、宝盖、卷云等图案，项光内侧彩绘脱落残损严重，大致可辨绘数身天王形象，多头戴盔，身披甲，下系战裙，细部内容难已辨识。

窟顶正中，绘一迦楼罗，有项光。束发，尖嘴猴腮，颈系围巾，袒胸，背生两翅，双臂平伸，手握一串珠，肩披帛绕臂缠腹后飞扬，下系裙，腿下两爪蹬踏于佛宝盖之上，绘项光，形态凶猛生动。迦楼罗膝部两侧绘一彩凤、一仙鹤，相对展翅飞翔。二鸟上方各绘一飞天，三抓式发髻，手捧供品，脚踏祥云，披帛搭肩绕臂，相对而立。其余各处绘有鼓、钹、笛、萧、笙、云锣等乐品，空隙处插绘卷云图案。

题　记

无

第052窟

窟　号　第052窟

时　代　北周

位　置　位于西崖下层，左邻第053窟，右邻第059窟，窟门下沿距栈道地面垂直高度0.91米。

形　制

平面方形、四角攒尖顶。坐北朝南，南偏西25°。窟高2.05米、宽2.05米、进深1.80米。四角凿出石胎泥塑圆柱与横枋，方形门。门高1.58米、宽1.50米、深0.22米。因窟内渗水，壁面泥皮仅存少部分。

造　像

窟内原存正、左、右三壁正中各塑一坐佛，正、右壁之间地面平置一身塑菩萨。这身菩萨原立靠于右壁后侧，20世纪90年代防地震时置地。三佛及一菩萨，均存有不同程度的残失损坏。目前这几身像存于第064窟（见第064窟内容总录）。

现窟内存北周石雕单体三佛（一身弥勒菩萨）、弟子与菩萨组合两件，共5件（7身）。2008年山顶舍利塔因地震出现裂隙，进行加固修复时全落架拆除，这七身造像即塔身所藏出土，随后移入此窟。

现存正壁石雕坐佛，残高1.18米。磨光高肉髻，面形长方，弯眉细目，两颊丰润，双耳长直，下颌饱满有阴刻线。长颈，臂膀浑圆，内着束腰系带僧祇支，外着双领下垂袈裟，双手结禅定印，体态端庄，结跏趺坐于方形台座上。身有背项光，项光略有残损。方形台座高0.34米、宽0.76米、厚0.30米；台座底沿雕莲瓣装饰，底沿高0.06米。

左壁石雕坐佛，通高1.23米。磨光高肉髻，面形长方，弯眉细目，两颊丰润，双耳长直，下颌饱满有阴刻线。长颈，臂膀浑圆，内着束腰系带僧祇支，外穿垂领袈裟，双臂屈肘，双手残。跏趺坐于方形台座上。身有背项光。方形台座高0.39米，上宽0.72米、下宽0.79米、厚0.30米；台座底沿雕莲瓣装饰，底沿高0.08米。

右壁石雕弥勒菩萨，通高1.30米。戴花冠，束发，缯带自双肩分披两侧。面形长方，弯眉细目，两颊丰润，双耳长直，下颌饱满有阴刻线。长颈，戴桃形项圈、佩璎珞，臂膀浑圆，双臂屈肘，双手缺失。轻薄的服饰裹于双腿，结跏趺坐与方形台座上。身有浮雕椭圆形莲花状项光。方形台座高0.40米、宽0.76米、厚0.33米；座底沿高0.06米。

左壁左侧石雕弟子菩萨组像：左侧为弟子，右侧（内侧）为菩萨。弟子，头部已失，残高0.48米。

内着僧祇支，外着垂领通肩袈裟，衣纹线条流畅。左手持香熏，右手掩于菩萨身后。跪于方形台上一侧。台高0.14米、宽0.58米、残深0.22米。右侧菩萨，高0.95米。水滴形头光，头戴宝冠，束发，缯带自双肩分披两侧。上身袒露，戴有项圈、手环，佩璎珞。双手合十置于胸前，下着裙，跪于方形台上。

右壁右侧石雕弟子菩萨组像：左侧（内侧）为菩萨，右侧为弟子。菩萨，高0.70米。头戴宝冠，宝缯束发自双肩分披两侧。上身袒露，戴项圈、手环，佩璎珞。左手上举一贡物于胸前，右手下握一环形玉佩，下着裙，跪于平面梯形的台上一侧，有椭圆形项光。梯形台座前高0.18米、宽0.44米、深0.30米。右侧弟子，残高0.48米，头部已失，前胸骨凸出，似为一老者形象，内着僧祇支，身穿袈裟，双手残，跪于台座上。

壁画

无

题记

无

第053窟

窟号 第053窟
时代 北魏（北周、宋重修）
位置 位于西崖下部，左邻第054窟，右邻第052窟。窟门下沿距栈道地面垂直高度0.97米。

形制

圆拱形、敞口小龛，坐北朝南，南偏西38°。龛高1.00米、宽0.78米、进深0.54米。泥塑半圆形龛柱及龛楣。龛形基本保存完好，龛内壁面泥皮有少部分剥落，壁面有数十处大小不等的残孔。

造像

现存北周塑1身佛。

正壁佛，高0.75米。磨光低肉髻，面形方圆，朱砂绘白毫相，弯眉细目，镶嵌珠石眼珠。高鼻薄唇，绘八字胡，长颈宽肩挺胸，内着僧祇支，外着低领通肩袈裟，左手抚于左腿，右手掌心向外、拇指与食指相触贴于胸前。结跏趺坐于方形台座上。衣着轻薄贴体，衣纹较写实，流畅自然，质朴感较强。宋代在佛面部进行过部分补塑。

壁　画

现存壁画面积约1.5平方米。窟内窟顶壁画表面风化剥蚀较严重，模糊可见：窟顶绘有飞天、卷云、花卉等痕迹，可见一几案上有赭红色的书卷，似为写经。正壁左、右侧各绘一身菩萨，色彩脱落较多，下方可见一圆形项光。左、右壁后侧隐约可见各绘一身弟子，右壁弟子斑驳不清，左壁弟子内着蓝色僧祇支，外着绿边袈裟，双手置于腹前。

题　记

无

第054窟

窟　号　第054窟
时　代　西魏（北周重修）
位　置　位于西崖下部，左邻第055窟，右邻第053窟。窟门下沿距栈道地面垂直高度0.63米。

形　制

圆拱形、敞口龛，坐北朝南。南偏西52°。龛高1.75米、宽1.37米、进深1.15米。正壁前一方形台座，高0.24米、宽1.23米、深0.44米。左、右壁前各一莲台，高0.13米、直径0.34米。

造　像

龛内现存塑一佛二菩萨，共计3身。

正壁佛，高1.05米，磨光低平肉髻，面形方圆，弯眉平目，黑色琉璃眼珠，高鼻薄唇，嘴角内敛；长颈窄肩，着通肩袈裟，稀疏阴刻线突出厚重质感；左手抚于膝，右手紧贴胸前左侧施无畏印，结跏趺坐于台座之上。

左壁菩萨，高1.00米，头戴花冠，上有摩尼宝珠，束发自双肩分披两侧，面形长方，弯眉细目，高鼻薄唇，下颌饱满，双耳长且直，长颈溜肩。内着僧祇支，外着交领衣，束腰系带打结。左手拢于袖内置于腹部，右手持莲蕾贴于胸。双足残失，立于莲花台上，服饰厚重。

右壁菩萨，高1.01米，头戴花冠，上有摩尼宝珠，面形长方，弯眉细目，高鼻薄唇，下颌饱满，双耳长且直，长颈溜肩。躯体修长，内着僧祇支，外着交领衣，双手捧覆莲举于胸前。双足残失，立于莲台之上。

壁　画

壁画泥皮部分脱落，现存面积3平方米左右。左、右壁靠上位置各有两身飞天，衣带向上飘扬，细节模糊不辨。正壁绘佛背项光，有莲瓣、多重同心圆，忍冬纹、火焰纹。左、右壁菩萨项光上有多重同心圆、忍冬纹和联珠纹。

题　记

左壁右侧墨书：“成州选步二将校乔森到此，时嘉定十五年正月初四远游。”“薄州东河院。”“薄州河。”“砲手南壹官”。

右壁墨书：“遂宁张信天曾游□□。”“天圣元年正月三日到此贵寺游。”“大僧各神。”“垂杨堺风。”“即问高禅。”“风（凤）翔府五会此僧行□。”“同光四年正。”“一人到此问津。”“武□步一正将下二人杨□。”

顶部墨书：“故道闲散伯浪见庭。”“是阁丙申四月初四日。”“略阳秦勉仝曹君同游。”“秦亭人□□□。”“沔州砲将兄弟二人□□□。”“□来□台郑同咸阳元□□仝。”

第055窟

窟　号　第055窟
时　代　北周
位　置　位于西崖西下部，左邻第056窟，右邻第054窟，窟门下沿距栈道地面垂直高度0.50米。

形　制

平面长方形、圆拱顶敞口龛。坐北朝南，南偏西55°。龛高2.17米、宽2.02米、进深0.90米。正壁正中一长方形台座，上半部分使用瓦片、泥层砌筑，下半部分为石胎。台座高0.52米、宽1.10米、深0.60米，窟前部塌毁，窟形保存基本完好。

造　像

窟内现存正壁正中塑一坐佛，左侧塑一立菩萨；左壁塑一立菩萨，右壁石雕一立佛。共计4身。

正壁佛，头已失，残高1.03米。内着红边蓝色僧祇支，中着对襟并开衣，胸前打结垂带自然下垂，外着袒右袈裟，袈裟自右肩下垂至肘部外侧，经腹部上绕至左小臂自然垂下，袈裟表面绘有以赭红色为主的田相格。左臂屈肘置于腹前，左手握袈裟衣角，右臂屈肘前伸于胸前，右手为后代补塑，掌心向外五指向上，手指残。右脚外露脚心朝上，结跏趺坐于台座上。袈裟下摆垂于座前，线条流畅，衣服质感单薄。其中右膝及右侧袈裟下摆部分为后代补塑，未上彩，技法相对粗糙。

左侧菩萨，保存基本完好，高1.03米。低平发髻，经后代重修（发髻处有泥层叠压），余发自耳后下垂分披双肩并系带有圆形佩饰，颈戴项圈，腕饰环，内着僧祇支，外着帛带自肩绕臂下垂。下着高腰长裙，腰间系带，两侧垂有环形饰物并系带，带上打十字形花结，长裙衣纹均为垂直雕刻形式。左臂屈肘，手置腹前，右臂微屈自然下垂，手于腿侧提圆形玉璧，双足穿云头履，立于半圆形莲台上，莲台高0.12米。

左壁菩萨，保存基本完好，高1.00米。发髻、装束配饰、神情等与正壁左侧菩萨大致相同。左臂微屈自然下垂，手提圆形玉璧贴于大腿外侧，右臂屈肘，手掌心向内置于胸前；双足穿云头履，立于半圆形莲台上。

右壁石雕佛，头部已失，残高0.90米，通高1.21米（含下方莲花座）。内着僧祇支，外着双领下垂袈裟。腿部均有“U”形衣纹，腹部微凸。左臂屈肘前伸，手下垂，掌心向外，无名指和小拇指内屈，其余三指向下；右臂屈肘前伸，手已残。跣足立于方形覆莲狮子座上。足下方有榫，安插在覆莲狮子座的卯口之中。方形覆莲狮子座高0.23米、宽0.44米、深0.44米。四角各雕一姿态不同呈蹲姿的雄狮，面朝外。其中左侧后部一狮残毁，其他三狮无头且有风化现象。此身石雕立佛，从布局、位置等判断都不协调，应为他处移入。

壁　画

无

题　记

无

第056窟

窟　号　第056窟
时　代　北魏
位　置　位于西崖下部，左邻第061窟，右邻第055窟，窟门下沿距栈道地面垂直高度0.50米。

形　制

平面近方形、圆拱顶小龛。坐北朝南，南偏西45°。龛高1.25米、宽0.87米、进深0.94米；台座高

0.30米、宽0.58米、深0.30米。龛前部有塌毁。

造 像

现存正壁一身佛，头部残失，残高0.40米。内着僧祇支，腰间系带，外着双领下垂袈裟。左臂屈肘前伸，左手掌心向前，小指和无名指内屈，其余三指并拢向下，右臂屈肘前伸，手于右腹前施无畏印。右足外露，结跏趺坐于台座之上。袈裟下摆分左右两瓣覆盖于座前，袈裟上有彩绘痕迹。

壁 画

无

题 记

无

第057窟

窟 号 第057窟（俗称湫洞）
时 代 后秦
位 置 位于西崖东下部，左邻第058窟，右侧为山体崖面。未见到明确的窟口下沿，前有齐平的栈道面。

形 制

平面近梯形、穹隆顶窟。坐北朝南，南偏西28°。窟高4.30米、宽4.70米、进深4.30米。正壁前有一不规则的坛台，坛台高0.80米、宽5.08米、深1.55米。半穹隆顶向外斜张向上。此窟有严重的渗水现象，洞窟形制破坏严重，细节部分无法分辨，在窟口处可见少许泥皮和门框痕迹。

造 像

现存隋代石雕一立菩萨，为残成三块。即头及上胸残块一件，躯干残块一件，底座残块一件。躯干部分高1.06米；头及上胸残高0.47米；底座长0.55米、宽0.27米、高0.16米。底座仅剩半边，上有一半圆形插孔，菩萨躯干与头、胸部残块上均有两个方孔，原与木头固定在一块的。今残像面部已残损，从装饰上看为隋代作品。造像塔坯与菩萨像同一石质，截面方形，下大上小，亦是隋造像塔形式。

高0.33米、上方边长0.21米、下方边长0.24米。

菩萨，耳侧有宝缯下垂，肩有圆饼状饰并有垂带，另外可见左臂上的披巾和右腿侧的披巾和垂饰，有圆形项光。

壁画

无

题记

无

第058窟

窟号 第058窟
时代 宋（明重修）
位置 位于西崖东下部，左邻第173窟，右邻第057窟，窟门下沿距栈道地面垂直高度1.03米。

形制

平面圆拱形、敞口窟。坐北朝南，南偏西29°。窟高2.45米、宽1.80米、进深1.45米；顶部与第175窟连通。

正壁前一山形座，高1.05米、宽1.60米、深0.73米。可见莲叶、流水等形象。正壁造像背后用“T”形木骨架形式塑成一个与各个壁面整体不相连立体假山背景，高于并凸出菩萨头顶，假山造型复杂，顶部中间和两侧有兽头形象，整体涂绘有赭石、青等色泽。

右壁前塑一不规则山石状高坛基，高0.50米、宽0.50米、深0.40米。三壁前有石胎低坛基，高0.06米，正壁前坛基宽0.65米，左壁前坛基宽0.35米，右壁前坛基宽0.25米。

造像

正壁前塑一身水月观音，左、右壁原各塑一身胁侍，现左侧已失，右侧为供养人。共计2身。

水月观音，高1.39米。顶束高发髻，戴花冠，花冠上系宝缯，缯带垂于双肩，面部长圆丰满，眉间有白毫相，鼻梁宽平厚实，双眼俯视，下颌有一阴刻线，颈上有三道阴刻线。颈戴项圈，下坠三个菱形饰物，双腕带镯。菩萨上身着僧祇支，披帛带覆盖双肩下垂于腹前缠绕两圈后垂于双腿外侧，下系长裙，衣着上有沥粉堆积的花卉、祥云纹饰。菩萨自在坐于台座上圆角长方形的坐垫上。坐垫泥皮部分脱落，露出木架。菩萨身体微向左侧倾斜，左臂伸直支撑于坐垫上；右臂搭于右腿外侧下垂。左腿自然下垂于台座前，左足踩于台座下部浮塑山泉水中伸出的莲花上；右腿屈膝抬起，右足踏坐垫。

右壁男性胁侍供养人，高0.95米。头戴六梁冠，面容清秀，唇上墨笔绘出八字胡，下颌上绘长胡须。内着交领窄袖衣，外着交领长袍，衣着上有沥粉堆积的花卉纹饰，足穿云头履立于坛基上。

左、右壁浮塑出层叠的山石，有泉水呈旋涡状流出。

壁　画

明代于左、右壁绘少许图像。以没骨法用石绿、赭红色绘出竹叶、花草、树木、旋涡、流水等。流泉以石绿色绘出；水涡以赭红色，旋涡纹绘出；圆形凸物上也以赭红色绘出螺旋纹。

题　记

左壁刻划：“同陕西客人师自明男、师进喜。”

第059窟

窟　号　第059窟
时　代　宋
位　置　位于西崖西下部，左邻第052窟，右侧为崖面，洞窟下沿距栈道地面垂直高度1.36米。

形　制

平面横长方形、摩崖敞口浅龛。坐北朝南，南偏西41°。龛高2.36米、宽2.62米、进深0.15米。窟形基本完好。

1996年泥皮部分剥落碎裂，此后粘接修复，字迹多已漫漶。

造　像

无

壁　画

无

题 记

该窟是北宋时期墨书的重修功德题记，字迹多已漫漶，大部分字迹保存完整可辨，约1200字，字直径约4厘米。

麦积山应乾寺重妆东西两阁佛像施主舍钱记

……会来□流金仙有缘之方震玉像依归之地资兴/……当山地秀山□□□奇物叠横标胜寺耸龛石形叠云栈而千层高□（阁）/……真像瞰危峰而万仞化出仙贤实陕西植福之场乃陇右归投之地盖为/……梯之旷□间及多年□□（诗）□（之）□（后）全凭修塑□有当寺山主赐紫沙门惠珍坚心志恳切倾诚□募有缘同□盛事遂檀□纠/……□（首）太原王秀等遍□白疏共集芳贤各舍蜻□（蚨）□摩臻当寺或妆塑佛或助金簿祈弥勒下生之因缘求龙华第一之上会□（乞）/纪事吴坚□留名恐时代之迁流乃书凿而记后时景祐二年乙亥岁仲春月二十有一日记/……抄到钱一十贯伍百文足陇城县傅大郎赵大郎同行疏一道抄三钱一/……行疏一道抄到钱六□文足 长道县路仁遇行疏一道抄道钱十伍贯□百文足/行疏一道抄到钱一十七贯伍百伍十文足□（和）金务边校书行疏一道抄到钱九贯二十文足/□□□行疏一道抄到钱十一贯文足乾涧□李莧行疏一道抄到钱四贯七百伍十文足/塔尖□□□大郎王大郎共行疏抄到钱一十八贯文足/奉□行疏一道抄到钱四贯一百伍十文足/□□□□□郎共行疏抄到钱一十四贯文足天水县高大郎行疏一道抄到钱八贯八百文足/□□□□□到钱二十一贯三百文足□（甘）罕河王亮抄塑佛麻皮/□□□□□□抄到钱二贯七百二十文足杨二郎行疏一道抄到钱三贯六百文足/□□□抄到钱二贯伍百伍十文足米谷寨杜延会行疏一道抄到钱一十一贯伍百文/□□□抄到钱三贯八百文足临□（金）务边福□行疏一道抄到钱四贯四百文足麻皮/□□□□□行疏一道抄到钱七贯二百一十文足/□□□□□□贯二十文足□□□□大郎行疏一道抄到钱四贯二百七十文足/□□□□□□抄到钱五贯伍百四十文足任知发行疏一道抄到钱六贯二百文足/□□□□□□六百文足 、穄城东大郎行疏一道抄到钱八贯文足/□□□□□□□塑佛麻皮一十秤崖石韩秀石光李奉和/共行疏抄到钱一十贯文足/□□□□□抄到钱九贯五百文

乾涧谷李大郎行疏一道抄到钱一十六贯四百文足/□□□□□□证回寿行疏一道抄到钱一十三贯五百五十文足□□□……临□□□福显行疏一道抄到钱一十一贯一百文足钉子六百个/□□……天水县□□谷王逢运行疏一道抄到钱九贯文足。

第060窟

窟　号　第060窟

时　代　西魏（隋重修）

位　置　位于西崖下层，左邻第062窟，右邻第094窟，窟门下沿距栈道地面垂直高度0.48米。

形　制

平面近方形、平拱顶敞口龛。龛外上方有尖瓣形龛楣。坐北朝南，南偏西43°。龛通高（含龛楣）2.14米，其中龛内高1.46米、宽1.35米、进深1.07米。正壁前有低坛基，高0.15米、深0.36米。左、右两壁前各有一莲台，莲台高0.05米、半径0.35米。左壁菩萨头后壁面残留一小孔洞，高0.06米、宽0.06米、进深0.07米。

造　像

窟内现存正壁塑一身坐佛；左、右两壁各塑一身胁侍菩萨，共计3身。

正壁主佛，高1.26米。头部为隋代补塑。顶作低平髻，面形方圆，双目下视，高鼻薄唇，平胸削肩。内着僧祇支，外着双领下垂袈裟，衣纹为阴刻线，左臂微屈前伸，手抚于左膝；右臂屈肘上举，手掌心向外置于右肩，结跏趺坐于坛基上。袈裟下摆自座前垂于地面，衣着质感厚重。浮塑莲瓣形背光，顶部残损，外缘为火焰纹，上绘石绿、石青、赭红、褐、白色的条带纹组成；正中彩绘圆形项光，中心为蓝色莲瓣，向外为石绿、石青、赭红、褐、白色的同心圆，最外圈有忍冬卷草纹饰。

左壁胁侍菩萨，高1.04米。头部隋代补塑。束花蔓冠，细颈削肩，肩有圆形配饰和垂带，内着圆领衣，外着宽领大袖交领衣，双手拢袖于胸前，下系长裙，立于莲台上。绘项光内侧由绿、蓝、褐、红色的同心圆组成，最外圈有忍冬卷草纹饰。

右壁胁侍菩萨，残高1.00米。为隋代重塑。发髻残损，戴花蔓冠，面形方圆，面带微笑，细颈削肩，颈带桃形项圈。内着僧祇支，外披贴体帛带，帛带裹双肩经臂弯内侧顺体下垂。左臂自然下垂，手握火焰宝珠于左腿前；右臂屈肘上举，手握莲蕾于胸前。下系长裙，立于莲台上。彩绘项光，内侧由淡黄、绿、蓝、褐、红色的同心圆组成，最外圈有忍冬卷草纹饰。

壁　画

无

题　记

无

第061窟

窟　号　第061窟
时　代　不详
位　置　位于西崖西下部，左侧为崖面，右邻第056窟。

形　制

摩崖龛，坐北朝南，南偏西36°。窟前部在地震中坍塌，仅存简单龛形，高3.50米、宽3.00米、进深1.00米。

该窟在20世纪70年代末至80年代初麦积山石窟崖体加固工程期间被混凝土完全喷护（信息采自《麦积山石窟志》）。

造　像

无

壁　画

无

题　记

无

第062窟

窟　号　第062窟

时　代　北周

位　置　位于西崖下部，左邻第169窟，右邻第060窟，窟门下沿距栈道地面垂直高度1.42米。

形　制

平面方形、四角攒尖顶窟。坐北朝南，南偏西35°。窟高1.84米、宽1.70米、进深1.70米。前有方形甬道，高1.00米、宽0.75米、进深0.50米。窟顶部四壁角有半圆形石胎泥塑帐杆，顶尖及四角塑出圆莲形装饰。正、左、右三壁各凿一圆拱形半壁龛，距地0.51米，龛高0.73米、宽0.60米、进深0.25米。窟内四壁前凿凹形低坛基，高0.10米、深0.30米。

造　像

窟内正、左、右三龛内各塑一身坐佛，三龛外左、右两侧各塑一身胁侍菩萨，前壁左、右侧各塑一身弟子。门外左、右两侧原各塑一身力士，现存左侧力士。共计12身。

正壁佛，高0.92米。磨光低平肉髻，面形方圆，弯眉细长，双眼微启下视，高鼻薄唇，大耳平贴，短颈宽肩。内着僧祇支，中着对襟衣并在胸前系带下垂，外着袒右袈裟，袈裟下摆垂于台座前。左臂屈肘前伸，手掌心向右前方侧置于左腿上；右臂屈肘前伸，手掌心向外，五指并拢朝上。右脚显露在外，结跏趺坐于台座上。莲瓣形背光可辨赭红、石青、白色等色彩。

正壁左侧菩萨，高1.16米。头戴宝冠，宝冠上有宝珠、火焰纹等装饰，束发披于肩上，方圆脸，弯眉细目，高鼻薄唇，大耳平贴，耳垂带环，短颈宽肩，颈带桃形项圈，内着僧祇支，披帛带从双肩下垂至腹下呈双道半圆形，绕至双臂后自然下垂，胸前佩长至小腿处的串珠状长璎珞。上臂戴臂钏，双腕戴镯，左臂屈肘上举，手掌心朝外于肩前；右臂微屈下垂，手握火焰宝珠于腿前。下着翻边长裙，跣足立于坛基上。

正壁右侧菩萨，高1.13米。面形、体态等与正壁左菩萨相似。上身袒露，左臂屈肘上举，手抚于胸前，右臂微屈，手呈托举状于腹前。下着长裙，侧身向佛，跣足立于坛基上。

左壁佛，高0.90米。面形、体态、背光等与正壁佛相似。身着通肩袈裟，双手前后交叠结禅定印于腹前，右脚显露在外，结跏趺坐于台座上。

左壁左菩萨，高1.11米。面形、体态等与正壁菩萨相似，头顶束扇形髻，戴宝冠，颈带圆形项圈，内着僧祇支。左臂屈肘上举，手抚于胸前，右臂自然下垂，手贴于腿侧。下着翻边长裙，足穿云头履立于坛基上。

左壁右侧菩萨，高1.12米。面形、体态等与左壁左菩萨相似。左臂屈肘平置，手心向上托一小钵置于腹前，右臂屈肘略向上，手心向下置于左手上方，跣足立于坛基上。

右壁佛，高0.90米。面形、体态等与左壁佛相似。身后有莲瓣形背光，由褐、白色的条带纹组成，外缘残留少量火焰纹。正中彩绘圆形项光，由绿、褐、白色的同心圆组成。

右壁左侧菩萨，高1.10米。面形、体态等与正壁菩萨相似。头顶束高髻，颈戴桃形项圈，下系坠饰。左臂屈肘上举，手掌心向外置于肩前，右臂微屈下垂，手置于腿前，跣足立于坛基上。

右壁右侧菩萨，高1.06米。面形、体态等与右壁左菩萨相似。顶束扇形髻，颈戴圆形项圈，头微向右转。左臂微屈下垂，手置于腿前，右臂屈肘上举，手抚于胸前。足穿云头履，立于坛基上。

前壁左侧弟子，高0.94米。头微侧向右，内着僧衹支，外着双领下垂袈裟。左臂屈肘平置，手心向内，抚于腹前，右臂屈肘上举，手掌心向外，置于胸前，足穿云头履，立于坛基上。

前壁右侧弟子，高0.94米。面形、体态等与左侧弟子相似。头微侧向左。左臂自然下垂，手贴于腿侧；右臂屈肘上举，手抚于胸前。足穿云头履，立于坛基上。

门外左侧力士，发髻残损，残高0.78米。头束高髻，双眉倒竖，大眼圆睁，高鼻厚唇，颈骨隆起。上身袒露，左臂自然下垂，手五指张开贴于腿侧，右臂屈肘上举，手贴于胸前。下着腰系带长裙，双足已失，立于方形上。经现代修复，高0.13米、宽0.16米、深0.13米。

壁　画

因窟内部分泥皮剥落，现存泥皮表层风化剥蚀较严重，仅存部分壁画，形象模糊。

正、左、右三壁龛内佛绘莲瓣形身光、圆形项光，色彩脱落严重。左、右、前三壁上部各绘有千佛。左、右二壁台座前各绘三个外圆内方孔的钱币形图案。

窟顶人字坡后坡隐约可见绘佛说法、飞天，具体形象模糊，其余三坡均绘千佛，每身千佛高0.13米，均为着圆领袈裟，结禅定印。

题　记

甬道西侧壁面泥皮上刻划：“广政十五年正月十一日董寺继。”

前壁窟门上方刻划：“光天。”

第063窟

窟　号　第063窟
时　代　北周
位　置　位于西崖西下部，左邻第064窟，右侧为自然崖面，窟门下沿距栈道地面垂直高度0.90米。

形　制

平面方形、覆斗藻井窟。坐北朝南，南偏西30°。窟高1.25米、宽1.25米、进深1.24米；前壁开方形甬道，高0.88米、宽0.60米、进深0.57米。

造　像

无。现窟内放置大量各处收集的破碎瓦片。

壁　画

无

题　记

无

第064窟

窟　号　第064窟
时　代　北魏
位　置　位于西崖西部中下层，左邻第065窟，右邻第063窟，窟门下沿距栈道地面垂直高度0.78米。

形　制

平面方形、覆斗顶窟。坐北朝南，南偏西45°。窟高2.35米、宽2.25米、进深2.20米。窟内正、左、右三壁各开一圆拱形半壁浅龛，三面正壁龛距离地面0.44米，正壁龛高1.30米、宽1.10米、进深0.48米；左壁高1.40米、宽1.00米、进深0.35米；右壁龛高1.30米、宽1.00米、进深0.30米。前壁有方形甬道，高1.28米、宽1.00米、进深1.43米；甬道地面高于窟内地面0.25米。

造　像

窟内正、左、右龛内各塑一坐佛，左壁右侧立一弟子，右壁右侧立一菩萨，共5身。另有从第052窟移入的二佛二菩萨，共4身。窟内现存共计9身。

正壁龛内佛，高1.20米。螺髻，面形长圆，细颈削肩，内着僧衹支，腰间系带，外着双领下垂袈裟。左臂屈肘前伸，手残失；右小臂及右手残失。右足外露，结跏趺坐于台座上，袈裟分左右两瓣垂于台座前。

左壁龛内坐佛，高1.03米。高肉髻，面形长圆，细颈削肩，内着僧衹支，腰间系带，外着双领下垂袈裟。左臂屈肘前伸，手残失；右臂屈肘前伸，手残失。右足外露，结跏趺坐于台座上。

左壁右侧弟子，双足残失，残高0.94米。面形清秀，细颈削肩，内着交领僧衣，外着袈裟，左臂平置略向下，手于腹前提香囊，右小臂及右手残失。

右壁龛内坐佛，高1.16米。高肉髻，面形长圆，细颈削肩。内着僧衹支，腰间系带，外着双领下垂袈裟。左臂屈肘前伸，手残失；右小臂及右手残失。右足外露，结跏趺坐于台座上。袈裟分左右两瓣垂于台座前。

右壁龛外右侧菩萨，双足残失，残高1.06米。束高螺旋发，面形清秀，细颈削肩，内着僧衹支，外着袈裟，双臂屈肘、双手合十置于胸前，头微前倾而立。

此窟内现临时放置有第052窟二佛二菩萨造像，共4身：

第一身坐佛，位于前壁右角，高0.65米。低平肉髻，面形方正，颈部有三道阴刻线；内着僧衹支，中层衣于左胸前上提并系带下垂，衣摆经左小臂下垂至左腿外侧；外着垂领袈裟，双手结禅定印于腹前，结跏趺坐。

第二身坐佛，高0.54米。低平肉髻，面部略方正，内着僧衹支，中着二层袒右衣，第一层（内）衣下垂至腹部上绕；第二层（外）衣下垂至腹部下再上绕。外着袒右袈裟。左臂屈肘前伸，左手置大腿上提握袈裟衣角；右臂屈肘前伸略上举，手残失。右脚显露在外，结跏趺坐。

第一身交脚菩萨，头部残失，残高0.80米。内着僧衹支，双肩披帛带，双臂屈肘上举于胸前，左手握帛带一角，下着长裙，双腿悬垂，右小腿及双脚残损。

第二身菩萨，发髻残损，残高1.15米。面部略方正，颈戴桃形项圈。内着僧衹支，披帛带从身体两侧自然下垂。左臂屈肘平置，左手掌心朝内握莲叶于胸前；右臂自然下垂，右手于腿侧提握帛带。下着翻边长裙，双脚残损。

壁 画

无

题 记

无

第065窟

窟 号 第065窟
时 代 北周
位 置 位于西崖西部，左邻第066窟，右邻第064窟，窟门下沿距栈道地面垂直高度0.98米。

形 制

平面方形、四角攒尖顶。坐北朝南，南偏西34°。窟高2.21米、宽2.07米、进深2.10米。窟内正壁开一半壁圆拱龛，龛口下沿距离坛基0.24米，龛高1.14米、宽0.84米、深0.40米，龛上方有云状尖瓣龛楣。窟内四角凿有半圆形帐柱，四壁上方和窟顶雕凿有半圆形帐杆，交接处上有圆形饰物。壁面沿地面四周凿有坛基，高0.22米、宽0.25米。前壁开甬道，高1.12米、宽1.00米、进深0.65米。

造 像

窟内正壁龛内塑一身坐佛，龛外两侧各塑一身菩萨；左、右坛基上各塑三身坐佛，前壁两侧各塑一菩萨。共计11身。

正壁佛，高1.00米。低平肉髻，方圆脸，面部有残损；内着僧祇支，并于胸下系带，中着双领下垂衣，外着袒右袈裟；右臂屈肘前伸，手残损，左臂屈肘前伸，左手施与愿印；右脚显露在外，结跏趺坐于龛内。

左、右两侧菩萨，均高1.18米。整体保存基本完整，头戴花冠，颈饰宽边并有织物花边的项圈；内着僧祇支，披帛带自肩部下垂十字穿环相交于腹前，腹部微凸。右侧菩萨右臂屈肘上举，手心向内置于右胸前，左臂微屈肘自然下垂，手中提一香囊。下着长裙，足穿云头履立于坛基上。左侧菩萨双臂姿态大致相同。

左、右壁的六身佛，均高0.80米。形象、服饰等都基本一致，身体风化斑驳严重，低平肉髻，方圆脸。外着通肩袈裟，衣质贴体，衣纹呈凸棱形式，双手于腹前结禅定印。右脚显露在外，结跏趺坐于坛基上。

前壁二菩萨，左侧菩萨，高1.02米，花冠微残；右侧菩萨，残高1.06米。皆头戴花冠，长发披肩，上身袒露，颈戴宽边项圈；内着僧祇支，帛带自肩绕臂顺身体两侧飘下，在双膝处弧形上绕，腹微凸。左侧菩萨右臂微屈自然下垂，手中提一桃形法器，左臂屈肘平置、左手手心向内置于腹前，双足残损。右侧菩萨左臂自然下垂，手指提一桃形法器，右臂残损，右足残损，下着翻腰边长裙而立。

佛与菩萨均绘背项光，有忍冬、火焰纹等图案，但烟熏严重细节无法辨识。

壁 画

窟内壁画现存面积约4平方米左右。左右壁、前壁上方均彩绘有4排小千佛，每排17身，有圆形项光。前壁两侧上方绘有3排千佛，色彩以黑、石绿、石青为主。正壁龛内左右两侧，各绘一身弟子形象，面朝内而立。左侧弟子身着土黄色袈裟，左手于胸前持一香熏。右侧弟子身着土红色袈裟，左臂屈肘前伸，手似持一香熏，右手置于右肩前。

题 记

窟外竹篾泥皮上墨书："乾隆四十一年四月十□日朝。"

窟内右壁刻划："庆元六年四月初五日，成州□忠显亲□□□□到此；兴州无尽□达意□□社吕。"窟内南角柱上刻划："时绍熙五年正月中旬后五日，同谷□润夫同鸣佳到此记道。"南壁上刻划："兴元六□□……"

第066窟

窟 号 第066窟

时 代 不详

位 置 位于西崖中下层，左侧为自然崖面，右邻第065窟，窟门下沿距栈道地面垂直高度1.15米。

形 制

平面近马蹄形、圆拱顶龛。坐北朝南，南偏西18°。窟高1.2米、宽1.05米、进深0.9米。窟形保存基本完整。

造 像

无

壁　画

无

题　记

无

第067窟

窟　号　第067窟
时　代　北周
位　置　位于西崖下方，左邻第070窟，右下邻第060窟，窟门下沿距栈道地面垂直高度0.23米。

形　制

平面长方形、圆拱顶龛。坐北朝南，南偏西55°。高1.55米、宽1.45米、进深0.79米；正壁前台座高0.45米、宽0.50米、深0.27米，龛外边缘有浮塑龛楣及半圆形龛柱。

造　像

窟内正壁前塑一身坐佛，左、右两侧各塑一身胁侍菩萨，右壁一身力士。共计4身。

正壁佛，高1.15米。低平肉髻，面形方圆，眉间有白毫相，弯眉细目，鼻高且直，双耳平贴后颈，头略前倾，两眼下视，细颈端肩，平胸鼓腹。内着僧祇支，外着袒右袈裟。左臂屈肘略上举、手部残损；右臂微屈肘下垂、手掌心向前、五指朝下置于右膝上方。倚坐于方形台座之上，跣足踩于半圆形覆莲台上。

左侧菩萨，发髻残损，残高0.94米。束发辫自耳后分披双肩及上臂，面部圆润，五官刻画细致，双耳戴耳环，颈戴项圈，上有花饰。上身着僧祇支，披帛带在胸前和双膝位置各作半圆形上绕。左臂自然下垂，手持一物，似一香囊，右臂完全残损，仅见右手置于胸前。下着翻边长裙，跣足立于圆形莲台上。

右侧菩萨，头部残毁，残高0.83米。双臂均残毁，其余体态服饰等与左侧菩萨相同。

右壁力士，高0.82米。发髻部分微残，皱眉，怒目圆睁，高鼻大孔，双唇微启，两耳残。颈部筋骨突起，宽肩挺胸鼓腹，上身袒露，披帛带于膝前十字交叉后搭臂下垂。左臂自然下垂，小臂以下残损，右臂屈肘上举、手半握拳置于胸前。下着长裙，跣足立于一山形座上。力士形态威猛有力。山形座下塑一瑞兽，奋力前爬，扭头咆哮。

壁　画

无

题　记

无

第068窟

窟　号　第068窟
时　代　北魏
位　置　位于西崖中部，左侧为崖面，右邻第073窟，窟门下沿距栈道地面垂直高度2.45米。

形　制

平面长方形、圆拱顶龛。坐北朝南，南偏西40°。龛高0.69米、宽0.66米、进深0.35米。正壁前台座，高0.13米、宽0.29米、深0.15米。

造　像

窟内现存塑一身坐佛，一身菩萨。共计2身。

正壁佛，高0.41米。身体多处风化，仅头部保存较好。磨光高肉髻，面形方圆，两耳略外撇，粗颈宽肩挺胸，内着僧祇支，外着袒右袈裟，阴刻细密的衣纹线并施彩绘。双手于腹前结禅定印，结跏趺坐于长方形台座上。

左壁菩萨，高0.49米。除头部外全身严重风化，依稀可辨。面形模糊，颈戴桃形项圈，上身袒露，帛带搭肩绕臂后浮塑于壁面下飘，左臂自然下垂，右手持莲蕾举于胸前，下穿羊肠大裙，跣足立于低坛基上。

壁　画

佛左侧绘同心圆状项光，各层依次施石绿、褚红等色，其中褚红色层内用粉勾绘连续的“S”形及联珠纹饰，最外层绘火焰纹。

题　记

无

第069窟、第169窟

窟　号　第069窟、第169窟

时　代　北魏

位　置　位于西崖下部，左侧为崖面，右下邻第062窟，窟门下沿距栈道地面垂直高度2.17米。

形　制

此两窟为相连双龛形制。1953年中央勘察团将其分开编号。坐北朝南，南偏西25°。左侧为第069窟，右侧为第169窟，均为平面近方形、平拱顶，两龛之间塑双龙交尾，上方影塑一身坐佛。

第069窟，龛高1.06米、宽0.97米、进深0.49米。龛口处有龛梁和龛柱连接成平拱状。龛内正中塑方形台座，高0.27米、宽0.57米、深0.25米。左、右两侧各有一半圆形莲台，高0.2米、半径0.19米。

第169窟，龛高1.06米、宽1.03米、进深0.48米。龛内正中的台座右下侧残毁，高0.36米、宽0.38米、深0.21米；左侧有半圆形莲台，莲台高0.03米、半径0.11米。龛顶部前侧岩层剥落，右下侧大部分坍毁。

造　像

第069窟龛内正壁塑一身坐佛，左、右壁各塑一身胁侍菩萨。共计3身。

正壁佛，高0.50米。磨光高肉髻，面相丰圆，鼻梁挺直，眼角细长，嘴角上翘，颈部有一道阴刻线。着圆领袈裟，左臂屈肘平置，手掌心向内提左袈裟衣角于腹前；右臂屈肘上举，手掌心向左前，拇指、食指、中指自然伸展，余两指内屈置于肩前。结跏趺坐于台座上，袈裟平铺台座上，垂于台座前作双层三角形。绘背项光，背光中可见白、赭、绿色的条带状与火焰纹痕迹；圆形项光，最外层有联珠纹，向内由白、赭、蓝色的同心圆组成。

左侧菩萨，高0.68米。头束高发髻，宝缯束发，戴宝冠，宝冠正、左、右三面各有一个圆形装饰，各一绺束发穿孔，戴耳铛，颈戴桃形项圈。内着僧祇支，帛带较宽并覆盖两肩及上臂，并从胸前下垂后在大腿前交叉垂至双膝再上绕至两肘自然下垂。左臂屈肘平置，手掌心向上托莲蕾于左腹前；右臂屈肘上举，手作拈花状于胸前。下着长裙，跣足立于莲台上。绘圆形项光，有白、赭、蓝色的同心圆。

右侧菩萨，高0.68米。面形、体态、项光等与左侧菩萨相似。不同是左臂屈肘上举，手抚于胸前；右臂屈肘平置，手提净瓶于腹前。

第169窟龛内正壁塑交脚弥勒菩萨一身，台座左下侧浮塑狮子一身。左、右壁原各塑胁侍菩萨一身，现右侧菩萨已失。现存造像共3身。

正壁交脚菩萨，高0.67米。头戴宝冠，宝冠正、左、右三面各有一个圆形装饰，宝缯于两侧打结下垂于肩部，长发呈条缕状搭于两侧上臂与胸侧，颈戴较宽的桃形项圈，面部圆润，高鼻薄唇。上身袒露，外披帛带搭双肩下绕臂弯浮塑于墙面，臂戴钏，左右两臂均为屈肘前伸，两小臂均残损，双手残失。下着长裙，交脚坐于台座上，左足残失、右足残损。绘背项光，残留少许石绿及白色的火焰纹痕迹。台座左下侧浮塑狮子呈趴卧状，双眼鼓圆，张嘴吐舌，两前抓已毁，后爪踩于台座上，尾巴上翘浮塑于正壁上。

左壁胁侍菩萨，高0.76米。风格装饰等与正壁菩萨相似，帛带搭双肩下绕臂弯浮塑于墙面，斜披络腋至右小腿后上绕。左臂外展自然下垂，左手持帛带；右臂屈肘上举，右手作持花状于胸前。下着长裙，跣足立于莲台上。绘项光，残存少许石绿及褚红色的火焰纹。

两龛间交龙，以龛梁作为龙身，龙头、前肢在两龛之间相互交缠，大睛大嘴，头顶有长角，龙头回首反顾。龙上方有一身影塑坐佛，头部残失，残高0.16米，着通肩袈裟，结跏趺坐。

壁　画

第069窟龛梁外尖楣上绘有火焰纹。交龙与影塑坐佛间残留模糊的绿色忍冬花纹。

题　记

无

第070窟

窟　号　第070窟

时　代　北魏（北周重修）

位　置　位于西崖中下部，左邻第071窟，右邻第067窟，窟门下沿与栈道地面齐平。

形　制

平面长方形、圆拱顶敞口龛。坐北朝南，南偏西45°。窟高1.74米、宽1.80米、进深0.88米。正壁前凿“工”字形台座，高0.37米、宽0.90米、深0.56米。左、右各有一半圆形莲台，高0.05米、半径0.18米。

造　像

龛内现存正中塑一身坐佛，左、右各塑一身胁侍菩萨。共计3身。

坐佛，高1.16米。磨光高肉髻，弯眉突目，高鼻阔嘴，粗颈端肩，挺胸鼓腰。内着僧祇支，整体为赭红色，上绘有花卉，边缘绘绿色条带纹，外着袒右袈裟，阴刻劲健细密的衣纹线，并施彩绘。双手前后交叠作禅定印于腹前，结跏趺坐于台座上。绘背项光，残留有莲瓣形背光，圆形项光，项光有8层，最内层为白底团莲，由内向外依次为石绿、石青、褚红、白色等的同心圆，其中最外层褚红底上，绘有莲珠纹。背光为莲瓣形，7层条带纹，内至外依次填涂白、石绿、石青、赭红、白、赭红、石绿等色。背项光中各绘一圈数身小坐佛。

左侧菩萨，高1.17米。头戴宝冠，宝冠正、左、右三面各有一个圆形装饰，宝缯带于耳后折叠下垂，发辫分三缕下垂于双肩。面形与坐佛大致相同，略显清秀，耳垂饰一长条饰物，颈戴桃形项圈。上身袒露，挺胸鼓腹，颈部带一桃形项圈，络腋自左肩斜披至右小腿后上绕，左臂自然下垂，手持帛带，帛带搭肩绕臂后浮塑于墙面；右臂屈肘平置、手持莲苞于腹前。下着贴体长裙轻薄紧贴双腿，跣足立于半圆形莲台上。头后壁面绘同心圆项光，由内向外为石绿、石青、褚红、白色等，最外圈有缠枝忍冬及十字花等。

右侧菩萨，高1.18米。姿态服饰等和左侧菩萨大致相似。左臂屈肘上举，手持莲蕾于胸前；右臂外展自然下垂，右手提瓶浮塑于墙面。

壁 画

北魏原绘基本被叠压，现存为北周重绘。

佛背光中小坐佛，着通肩袈裟或双领下垂袈裟，双手结禅定印，结跏趺坐于圆形莲台之上，各有圆形头光，眉目等墨线绘制，较为清晰，坐佛之间点缀莲蕾及涡旋状水波纹。

佛背光两侧各绘一比丘，面部五官大致可辨，着通肩袈裟。左侧比丘左臂屈肘上举，手平端一长柄香熏，右手扶持于香熏上，侧身虔诚向佛，右侧比丘仅存腿部及莲台部分，跣足立于圆形覆莲台上。

题 记

无

第071窟

窟　号　第071窟

时　代　北魏（北周重修）

位　置　位于西崖中层，左侧为崖面，右邻第070窟，窟门下沿与栈道地面齐平。

形　制

平面长方形、圆拱顶、敞口龛。坐北朝南，南偏西34°。龛高1.78米、宽1.82米、进深0.81米；正壁前一“工”字形台座，高0.44米、宽0.90米、深0.78米。龛内顶部及左、右壁外侧泥皮均已脱落，龛前侧略有残损。

造　像

窟内正壁塑佛一身，左、右壁各塑一身胁侍菩萨。共计3身。

佛，高1.12米。磨光高肉髻，宽额弯眉，眼角细长，鼻直且高，两耳平贴，面形饱满，端肩挺胸鼓腹，内着僧祇支，外着袒右袈裟，阴刻细密、流畅的衣纹线。双手于腹前结禅定印，结跏趺坐于“工”字形台座之上。绘背项光，项光部分为8层同心圆，中心为团花图案。其余从内至外各层依次填涂石绿、石青、赭红、白、灰等色。背光为莲瓣形，主体由8层条带纹组成，从内至外依次为石绿、白、灰、赭红、石青等色。外缘为石青、石绿、白色等构成的火焰纹。背项光中绘两圈千佛，其中外圈现存12身、内圈现存6身，皆着圆领袈裟，结禅定印，身后有圆形背项光，袈裟有石青、白、赭石等色彩。

左壁菩萨，高1.12米。头戴由三个圆形饰物组成的高花冠，宝缯束发后折叠下垂、发辫披于双肩，面形清秀，佩带长条形耳坠，颈戴桃形项圈。上身袒露，斜披络腋，帛带自双肩下绕至肘部，顺身体两侧下垂。右臂屈肘、右手置于腹前持一莲蕾；左臂自然下垂、左手持帛带。下着轻薄贴身大裙，跣足立于半圆形莲台上。项光可辨有7层同心圆，从内至外依次填涂石青、石绿、白、赭红等色。其中最外层较宽，内绘缠枝忍冬纹，其间绘莲花及十字花。

右壁菩萨，高1.12米。形态、装饰等与左侧菩萨大致相同，有别是左手持莲蕾举于胸前，右手持帛带自然下垂。

壁　画

北魏原绘基本被叠压，现存为北周重绘。

佛背项光中小坐佛，颈部较长，着通肩袈裟，双手结禅定印。结跏趺坐于圆形莲台之上，莲花周围点缀莲蕾及涡状水纹。

佛背项光外侧各绘一比丘，形体大致相同，其中左侧一身较为清晰，高约0.73米，头部线描，双眉细长，双目略下视，面目清秀，内着僧祇支，外着双领下垂袈裟，左手持莲蕾，右手置于腹前，神情虔诚，向佛而立，右侧比丘残损较多，隐约可辨袈裟及莲蕾部分，足穿圆口履，向佛而立。

题　记

无

第072窟

窟　号　第072窟

时　代　北魏

位　置　位于西崖中层，左邻第073窟，右下邻第067窟，窟门下沿距栈道地面垂直高度2.47米。

形　制

平面方形、平顶窟。坐北朝南，南偏西45°。窟高1.84米、宽1.64米、进深1.65米。前壁开券顶甬道，高1.06米、宽1.12米、进深0.66米。窟内正、左、右三壁各开圆拱形龛，正壁龛高0.96米、宽0.74米、进深0.27米。左壁龛高0.82米、宽0.62米、进深0.26米。右壁龛高0.91米、宽0.62米、进深0.28米。

造　像

窟内现存塑三佛、一菩萨。共计4身。均置于地面。

靠正壁坐佛，肉髻微残，高0.92米。袈裟下摆断成两截且部分残毁。靠左壁坐佛双膝以下残毁，残高0.65米。靠右壁坐佛双膝以下残毁，残高0.65米。肉髻残损。三身佛大致相同，磨光高肉髻，面容清秀，双眼细长并微下视，削肩平胸鼓腹，内着僧祇支，外着双领下垂袈裟，均结跏趺坐，袈裟下摆作“八”字形左右分开。正壁佛，双手在腹前结禅定印；左右两侧佛右手抚膝，左手握袈裟衣角。

正壁左胁侍菩萨双足残毁，残高0.78米。发髻、下颌及右臂微残，束双丫式发髻，饰宝缯，细颈削肩，挺胸鼓腹，双手置于胸前持一莲花，外着宽袖上衣，肩部两侧各一圆形发饰，其下有系带垂至胸腹部，帛带搭肩绕臂垂至脚面，下着长裙。

另有数块造像菩萨残块置于地面。

壁　画

窟内泥皮大多脱落，仅在正壁左侧残存壁画约为0.6平方米，隐约可见飞天、忍冬、流云等图案，以石青、石绿、灰白为主色。残损不全，难以细致辨识。

题　记

无

第073窟

窟　号 第073窟

时　代 北魏

位　置 位于西崖中层，左邻第068窟，右邻第072窟，窟门下沿距栈道地面垂直高度2.47米。

形　制

平面横长方形、圆拱顶龛。坐北朝南，南偏西36°。龛高0.82米、宽0.91米、进深0.34米。正壁前一方形台座，高0.16米、宽0.37米、深0.22米。

造　像

龛内现存塑一佛。

正壁佛，残高0.50米。除头部外全身严重风化，右肩、左臂、右胸及两膝盖残毁。磨光高肉髻，内着僧祇支，外着双领下垂袈裟，双手于腹前结禅定印，结跏趺坐于长方形台座之上。

另窟内还有数块泥塑菩萨造像残块。

壁　画

无

题　记

无

第074窟

窟　号 第074窟

时　代 后秦（北魏、明重修）

位　置 位于西崖中上部，左邻第075窟，右侧为崖面，窟门下沿距栈道地面垂直高度0.44米。

形　制

平面长方形、穹隆顶、敞口窟。坐北朝南，南偏西40°。窟高4.54米、宽4.68米、进深2.80米。正壁上方左、右两侧各开一圆拱形小龛，左龛高0.57米、宽0.80米、进深0.26米；右龛高0.60米、宽0.74米、进深0.32米。正壁及左、右壁中后部前凿一倒“凹”字形高坛基，高0.86米、宽4.56米、深2.37米。

造　像

窟内三壁各塑一身坐佛，正壁佛两侧各一身胁侍菩萨；上方左、右各一龛，皆塑一铺三身菩萨组合，左龛为思惟菩萨及二胁侍菩萨，右龛为交脚菩萨及二胁侍菩萨。共计11身。

正壁佛，高2.95米。头部为明代重塑，发髻高圆，面部略呈方形，眼睛鼓圆，鼻梁直挺。嘴角内收，双唇呈正反“M”形，下颌圆鼓突出。肩宽背直，挺胸敛腹，内着僧祇支，外着袒右袈裟，表面阴刻衣纹线有勾联纹饰。下衣摆呈“八”字形包裹腿部。左腿下方袈裟表面随意绘一仅有线条的飞天。左臂屈肘前伸，左手握拳状；右臂屈肘，右手掌心向左前，仅中指残存。双足外露，结跏趺坐于高坛基上。

左侧胁侍菩萨，高2.73米。整体保存良好。头戴三珠冠，束发披肩，面形方圆适中，弯眉骨隆起，双目平下视，眼角细长，鼻梁高直，双唇微闭，嘴角内陷，大耳戴长耳坠。颈戴桃形宽项圈。上身袒露，斜披络腋，肩搭帛带，臂戴钏，手腕戴环，左手握莲蕾贴于胸前，右臂自然下垂，右手提净瓶。下着羊肠长裙，跣足站立于半圆形莲台上。

右侧胁侍菩萨，高2.79米。形象、装饰等与左侧菩萨大致相同，造像面部圆润，头戴高花冠，颈戴桃形项圈。手腕及臂膀处戴腕钏与臂钏，上身袒露，斜披络腋，肩搭帛带，下着翻边长裙。左臂屈肘，左手握莲蕾贴于左侧胸前，拇指食指轻捏莲茎，莲蕾两侧各点缀3片莲叶。右臂紧贴背光侧向外下垂，右手半握帛带掌心向内贴于背光。跣足站立于双层莲台上。

正壁左、右上方各开一圆拱形耳龛，均为一铺三身造像组合。

右龛内主尊为交脚菩萨，左、右两侧各一胁侍菩萨。三身造像与正壁坐佛两侧胁侍菩萨风格及装饰大体相同。主尊交脚菩萨，高0.63米。头冠已失，面露微笑，头略前倾，向下俯视。两臂屈肘，右手贴左手施转法轮印贴于胸前，交脚坐于束帛座上。帛带自肩后紧贴两臂外侧绕两肘弧形飘下，下着长裙，下衣摆于脚腕处横向贴覆台座。右胁侍菩萨，高0.48米，头冠残失，面部圆润，嘴角微微上翘。左臂屈肘手握莲蕾贴于胸前，右臂侧向外垂下手提帛带。左胁侍菩萨，高0.48米，头冠已失，面部方圆，面带微笑正视前方，右手握莲蕾贴于胸前，左手提帛带与净瓶，飘带从净瓶下方弧形垂下，跣足立于半圆形莲台上。

左小龛与右小龛相对应，龛内主尊为思惟菩萨，左、右两侧各一胁侍菩萨。风格装饰与右龛大体相同。主尊思惟菩萨，高0.64米。头略右倾，上身袒露，帛带自两肩紧贴两臂外侧向下绕两肘弧形下垂。左手搭扶右脚，右肘置于右膝上，屈肘向上，右小臂大部及手部残失。下着翻边长裙，舒相坐于束帛座上。右胁侍菩萨，高0.47米。贴壁而塑，略向右倾。左臂屈肘握莲蕾贴于胸前，右臂自然垂下，右手残破，跣足站立。左胁侍菩萨，高0.47米。头略前倾，向下俯视。自左肩向右膝覆斜披衣，右臂屈肘手握莲蕾贴于胸前，右臂则向外侧自然垂下，手提净瓶与帛带。下着翻边长裙，跣足立于半圆形莲台上。

右壁坐佛，高2.88米。高圆肉髻，面部圆润，面带微笑，两手结禅定印于腹前，结跏趺坐，双脚均被衣摆包裹在袈裟内，造像衣饰与正壁坐佛大体相同。内着两层分别为黑、褐色边的僧祇支，外着袒右袈裟，袈裟衣纹上有勾联纹。袈裟下摆沿呈“八”字形外分。

左壁坐佛，头部与左臂残失，残高2.26米。身体左侧腿部及台座左侧近一半崩塌，造像整体表面有多处破损、划痕或裂隙。残破台座处可见其内部构造，靠壁面正中心竖立边长0.12米、厚0.08米的木骨架，造像同右壁坐佛风格与装饰大体相同，内着僧祇支，外着袒右袈裟，双手结禅定印，结跏趺坐于台座上。胸部绘“回”字形方格纹饰，外方格为黑色线条，四角各绘一个白色圆点，内方格为黑绿两色。

壁 画

窟内壁画脱落严重，顶部残存面积较大，正壁坐佛及二胁侍菩萨肩部以上遗留残块，肩部以下保存较为完整，左、右两壁坐佛背光靠正壁一侧保存较多，三身坐佛背光及窟顶壁画有重层。

窟顶壁画。表层壁画以千佛为主题，千佛之间空隙处饰以莲花，因窟顶泥层脱落严重，整体布局现已不清，壁画表面亦有磨蚀，千佛部分区域较模糊，所绘莲花大多不可见。千佛，高0.33米（含台座与头光），均双手裹于袖中结禅定印，结跏趺坐于莲台之上。台座高0.04米、宽0.17米。千佛面部与颈部呈白色，长眉高挑，鼻梁挺直，唇上下绘胡须，面部均侧向右前方。着通肩式袈裟，两袖于两腿之间相贴后下垂至莲座。所绘千佛分为两种不同的颜色搭配方式隔色而绘，并于窟顶中间左右相对。

壁画底层，窟顶右侧壁画残块，靠前可见火焰纹，靠后为莲花，现可见残存五圈同心圆，并与左侧残块相连。窟顶右侧第二部壁画残块，靠内可见残存一天人，面部轮廓及项圈；向前可见一莲茎连莲蕾；莲茎底端右侧可见残存天人之臂钏与腕钏。另可见三身天人残痕。

窟内三壁壁画。正壁主佛背光表层以火焰纹、忍冬及团花为主，底层可见项光内飞天，背光两侧可见六身天人，另可见火焰纹等饰物。两侧胁侍菩萨项光以火焰纹、忍冬、团花为主，背光处多绘以莲花，两侧各一身坐佛，两侧下端各二身天人残痕。左、右两侧坐佛头光内可见表层千佛及火焰纹、忍冬、团花等饰物，身光表层以千佛与火焰纹为主，底层可见天人像及莲花等。

题 记

无

第075窟

窟　号 第075窟
时　代 北魏
位　置 位于西崖中下部，左邻第078窟，右邻第074窟，窟门下沿距栈道地面垂直高度0.10米。

形　制

平面马蹄形、圆拱形敞口龛。坐北朝南，南偏西10°。高1.50米、宽1.32米、进深0.60米；窟门有残损，正壁前一“工”字形台座，高0.22米、宽0.67米、深0.43米。

造　像

窟内现存一坐佛。佛像高1.04米。浅水波纹高肉髻，面形椭圆，眉间白毫相，弯眉细目，鼻梁高直，双唇微抿，大耳平贴，脖颈略粗。肩宽腰细，身着通肩袈裟，衣领下垂至胸部，袈裟上有细密的阴刻衣纹，左臂自然下垂，左小臂已残，右小臂水平前伸，手已残失。身体下部残蚀严重，坐式不清。

壁　画

无

题　记

无

第076窟

窟　号 第076窟
时　代 北魏
位　置 位于西崖中下部，左邻第077窟，右侧为崖面，窟门下沿距栈道地面垂直高度0.70米。

形　制

平面近方形、平顶窟。坐北朝南，南偏西30°。窟高1.31米、宽1.15米、进深1.20米。窟门塌毁残损。正壁前砌一长方形台座，高0.25米、宽0.56米、深0.32米。正壁壁面上部左、右各一个小龛；左、右壁面各有六个小龛。小龛均为圆拱形浅龛，均高0.24米、宽0.17米。左、右二壁前各砌有一个半圆形台座，高0.14米、直径0.32米。洞窟保存完整，壁面存大量壁画。

造 像

窟内正壁塑一身坐佛，左、右壁各塑一身胁侍菩萨。小龛内各影塑一身共11身坐佛，原在正壁台座两侧各有一身供养人，现右侧供养人已不存；左、右壁菩萨两侧靠下各有供养人，其中左壁左右各一身，右壁靠内侧一身、外侧两身，现存六身供养人。右壁外侧供养人一身头部残损、一身头部和下半身残损，左壁外侧供养人头部残损。共计20身。

正壁佛，高0.80米。磨光高肉髻，脸形长方，细目直鼻，双唇微抿，嘴角微翘，大耳下垂，颈长肩宽，身着通肩袈裟，衣角于胸前绕搭于左肩，双手施禅定印，结跏趺坐。袈裟下摆呈三片弧形搭落在台座上，表面为阴刻衣纹。身后浮塑莲瓣形背光，背光外圈层主要以蓝、绿、深棕色相间彩绘火焰纹，内侧绘条带纹和同心圆。

佛上方左右侧小龛坐佛，高0.20米。内着僧祇支，外着通肩袈裟，双手于腹前结禅定印，结跏趺坐于小龛内。

正壁左侧影塑男供养人，高0.26米。戴高帽，身穿交领宽袖长袍，下着长裙覆盖双足而立。左手自然置于腹前，右手半握拳置于胸腹间。右侧女供养人，高0.26米，头束花瓣形发髻，身着绿色长袍（此身造像现已不存，信息采自《中国美术全集·麦积山石窟·雕塑卷》）。

左壁胁侍菩萨，高0.80米。头戴三面花冠，正面兽纹，发披双肩，面形方圆，细颈宽肩，颈戴桃形宽项圈，身躯扁平修长，上身袒露，斜披络腋，披帛带绕双臂飘扬下垂。臂饰钏，手腕戴镯，左臂自然下垂、左手执帛带；右臂屈肘上举、右手置胸前轻握莲蕾。下着长裙，紧裹双腿，跣足立于半圆形台座上。身后浮塑莲瓣形背光，残留有绿、红色彩绘。

菩萨上方从左至右依次排开有四个小龛，另外靠近窟门有上下并列二个小龛。六个小龛中，靠外侧第一龛和靠近窟门上下小龛中的坐佛已残失，其余小龛内的影塑坐佛，均高0.20米。其中上方第二、四龛坐佛，均着通肩袈裟，手施禅定印，结跏趺坐于小龛内；由外至内第3龛坐佛，内着交领衣、外着双领下垂袈裟，左手握袈裟衣角置于膝上，右手从袈裟领伸出，结跏趺坐于龛内。

左壁左侧影塑供养人，头部已残，残高0.22米。表面衣饰磨蚀严重，大致可判断与右侧供养人衣饰装扮、姿势相同。右侧男供养人，高0.26米。戴高帽，身着交领宽袖长袍，双手拢袖于胸腹前。下穿长裙，裙长至脚踝，足穿鞋而立。

右壁胁侍菩萨，高0.80米。基本形象、装饰、背光等与左壁胁侍菩萨大致相同。左臂屈肘上举、左手于胸前持莲蕾，右臂靠壁面自然下垂，右手手腕微翘、掌心向外置于右胯外侧，跣足而立。

右壁胁侍菩萨上方从左到右依次排开有四个小龛，靠近窟门上下有二个小龛。六个小龛中影塑坐佛，均高0.20米。其中第一、三龛和靠近窟门两龛坐佛，均着圆领通肩袈裟，手施禅定印，结跏趺坐于小龛内；第二、四龛坐佛，均内着交领衣，外着垂领袈裟，其右手从袈裟衣领伸出，左手握袈裟衣角置于膝上，结跏趺坐于龛内。

右壁左侧影塑女供养人，身高0.26米。梳高垂髻，上着深色交领宽袖半身襦，肩披黄色披肩于胸前打结，双臂自然下垂置于身体两侧。下穿绿色长裙，盖双足而立。右侧两身供养人，第一身供养人（靠近胁侍菩萨），头已损毁，残高0.21米。上着深色交领宽袖半身襦，肩披黄色披肩于胸前打结，双手屈肘置于胸前，右手在上。下着长裙，盖双足而立。第二身供养人，仅存上半身，头已残，残高0.16米，衣饰同第一身供养人。

壁　画

窟内壁画保存较为完整。四壁及顶部泥皮存在不同程度剥落现象。

正、左、右三壁，均绘有千佛，可辨仅正、右两壁，绘有六身千佛，内着僧祇支，外着双领下垂袈裟，结跏趺坐于莲台上，后绘有圆形项光和莲瓣形背光。在左壁内侧空隙处还绘有数朵莲花。

右壁菩萨右侧绘四身供养比丘，五官清晰。其中两身着红色、两身着绿色袈裟，双手环抱莲花而立。

左壁菩萨左侧残留有一身供养比丘，袈裟颜色已脱落，拱手而立。旁有一身男性供养人，头戴深色小帽，执伞而立，颈部以下已损毁。

窟顶正中现存飞天7身围绕正中圆形图案飞舞，头束高髻，戴宝珠花冠，五官清晰，绘有胡须，上身袒露，颈戴项圈，肩披蓝色或绿色帛带飘扬，臂戴钏、腕戴环，手托供盘，下着长裙飞飘，跣足。窟顶中间的圆形图案正中绘莲，外由多重圆组成，飞天四周有蓝白二色莲花及流云衬托。其余壁画中亦有大小不等的莲朵点缀。

题　记

正壁台座前，表层白粉剥落后露出，仅两行墨书题记，字迹模糊不清，影约可辨，依据前人记录如下："南燕主安都侯……姬……白前……俊□造……"

左壁左侧上方榜书框墨书："比丘法能供养佛时。""比丘朗嵩供养佛时。"

右壁中部墨书："比丘□□供养佛时。""沙弥法□供养佛时。"右壁下部墨书："比丘法和供养佛时侄媳□□□□□□。"

第077窟

窟　号 第077窟

时　代 北魏

位　置 位于西崖中下部，左侧为第078窟，右邻第076窟。窟门下沿距栈道地面垂直高度0.47米。

形　制

平面马蹄形、敞口龛。坐北朝南，南偏西40°。窟门残损，窟高1.65米、宽1.55米、进深0.87米。洞窟内部壁面泥皮全部剥落无存。

造　像

窟内原塑一佛二菩萨，现仅存正壁一佛和左、右壁前部分莲台。

正壁佛，胸部以上全部残毁，残高0.97米。内着僧祇支，外着袒右袈裟，表面阴刻衣纹线细密并有勾联纹。两小臂已残，右足露袈裟外，结跏趺坐于方形台座上。

胁侍菩萨仅剩残块，左、右莲台上各残留一只脚，已磨蚀只剩轮廓，跣足。

左壁前散落有10块塑像残块，其中最大的为倚靠在窟门左侧长0.95米、宽0.46米的塑像残块，此残块应是左胁侍菩萨背光部分。残块底色白色，浮塑有蓝色帛带。

壁　画

无

题　记

无

第078窟

窟　号　第078窟

时　代　后秦（北魏重修）

位　置　位于西崖东段下部，左邻第080窟，右邻第075窟，窟内地面和栈道地面齐平。

形　制

平面长方形、穹隆顶、敞口窟。坐北朝南，南偏西15°。窟高4.35米、宽4.60米、残进深2.93米。正壁及左、右壁前凿筑一高0.91米的倒“凹”字形高坛基。正壁上方左、右两侧各开一圆拱形小龛，左龛高0.60米、宽0.64米、进深0.24米；右龛高0.61米、宽0.67米、进深0.20米。壁面泥皮全部剥落无存，岩壁外露。

造　像

窟内塑三佛，现左壁佛已残损。正壁佛两侧各有一身胁侍菩萨，右侧菩萨为后代移入。正壁左、右上方各凿一拱形龛，左龛塑一身思惟菩萨及二胁侍菩萨，右龛塑一身交脚菩萨及二胁侍菩萨。共计11身。

正壁佛，高3.09米。水波纹高肉髻，面形方圆，丰面宽颧，大眼，高鼻梁直通额际，唇薄棱角分明，下巴微翘，大耳下垂。宽肩阔胸敛腹，内着僧祇支，外着袒右袈裟，袈裟衣纹表面阴刻细密衣纹线并有勾联纹饰。衣摆落于坛基之上，呈“八”字形分开。左手损毁无存，右手施无畏印，结跏趺坐于坛基上。背项光基本剥落无存。

左侧胁侍菩萨，现仅存上半身，残高1.14米。头顶部已残毁，面形方圆，短颈端肩，上身袒露，颈戴项圈，臂饰钏，腕戴镯。斜披络腋，络腋上有密线纹理形成“S”形褶皱。帛带自左肩后紧贴左臂外侧向下搭于左肘下垂，左臂屈肘，手握莲花贴于左胸，下着长裙而立。

右侧隋代胁侍菩萨，高发髻和脚部残损，残高1.71米。束发分四股辫披于双肩，面部方圆饱满，脖颈有三道阴刻线。上身袒露，双肩披帛带，菩萨右臂自然下垂，右手贴于腿侧；左臂屈肘上举，左手掌心向外置于胸前，下着长裙而立。

左耳龛正中思惟菩萨，通高0.60米。头戴三珠宝冠，面形短圆，头略向右斜，上身袒露，颈戴项圈，肩披帛带穿肘贴墙下垂，右小臂已失。下着长裙，跣足，舒相坐于“工”字形覆帛座上。身后有舟形大背光，双层圆形项光。左胁侍菩萨，高0.48米。头部稍侧向左，目下视。上身袒露，斜披络腋。左臂自然下垂，手提净瓶，右手拈一束莲蕾于胸前。下着贴体长裙，跣足而立。右胁侍菩萨，高0.48米。形象装饰与左胁侍菩萨相同。不同是左臂屈肘，手拇指和食指于胸前轻拈一束莲蕾，右臂自然下垂，手已残毁。

右耳龛正中交脚菩萨，通高0.61米。形象同左耳龛思惟菩萨类似，双手于胸前施转法轮印，交脚坐于束帛座上，身后亦有舟形大背光和圆形项光。两侧胁侍菩萨与左侧耳龛中的胁侍菩萨的造型相同。

左壁佛大部分残毁，残高1.28米。现存左小臂及左膝部分，膝上覆盖的袈裟，阴刻线纹。

右壁佛，高3.07米。水波纹高肉髻，杏核眼，鼻梁高挺，上身内着僧祇支，外着袒右袈裟，袈裟上有密集的阴刻线，双手掌心向内结禅定印于腹前，结跏趺坐于坛基上。

壁　画

窟内壁面壁画严重脱离，仅存右壁佛身后右侧部分浮塑背项光，绘有火焰纹、卷草纹、云水纹及小坐佛；正壁右上部及龛顶残存绘千佛。1972年在高坛基壁面后代覆盖泥皮下剥出仇池镇供养人壁画，正壁右侧上方残存一身供养人头像；右壁坛基，高0.60米、宽1.50米。现壁画分上、下两排，绘18身男供养人，每身高0.23米，均头包软角幞头，上身着交领窄袖短袍，腰束带，下着宽腿束口裤，足穿尖头靴，双手持莲蕾，均侧身向左而立。每身供养人前都有一方竖条形榜书框，内容已模糊不清。

1978年在本窟内坛基上清理出土壁画残块三方，现藏文物库房，编号NS0182、NS0183以及一块未编号。

1.壁画残块编号NS0182

画面残高0.50米、宽0.58米。画面中心人物为“火头明王”，周边环绕以各种形象，人物均以线描定形，色彩填充。

火头明王头顶及双肩均绘红色火焰纹，嘴巴微张露出牙齿，唇上及下巴处均绘有胡须。上身袒露，裸露肌肤呈灰绿色，身体肌肉线条分明。戴双环项圈、腕钏，项圈腕钏均为白金套色。肩搭帔帛，两手握拳举于肩头，下着红色长裙，裙腰翻出呈白色。右上侧残存一身供养人上半身部分，为女性形象，披发戴巾，身穿绿衣，下着白裙。右下方两身弟子，均绘项光，项光底色微微泛蓝近乎透明，项光边缘为白色起稿线。一个仅存上半身，面部颈部呈肉粉色，身穿褐色圆领通肩袈裟；一个残存头部，弯眉，多不可辨。左下方残存供养人二身，均手执莲花。其中一身头戴蓝色莲花冠，嘴巴周围留有胡须及脸颊处有小须，身穿褐色上衣。另一供养人头戴蓝色小冠，残损较重。在两身供养人之间共有4支莲苞及莲蓬，其中所有莲花的花瓣底色均为白色，花瓣二分之一处以上部分为蓝色，莲蓬和莲茎为绿色。

2.壁画残块编号NS0183

画面残高0.5米、宽0.58米，原为一组伎乐天人，已不完整。画面上方一伎乐天人，面部及右臂损毁。左臂屈肘前伸，戴双环臂钏、腕钏。上身穿绿色短袖圆领衣衫，下着白色长裙，裙腰翻褶，裙及脚踝，双足裸露，两腿向后弯屈，蓝色飘带向后飘扬。下方一伎乐飞天，头顶束高发髻，长发披肩，面形轮廓清晰，细眉大眼，高鼻薄唇，有八字小须。上身袒露，戴项圈、臂钏、腕钏，怀抱阮咸，下着蓝色短裙，绿色飘带绕臂向后飘扬。伎乐面部及袒露的肌肤部分均施白色。

3.壁画残块（未编号）

画面残块近似椭圆状，底色为朱红色，长径0.22米，短径0.18米，此块壁画为天人的衣带部分。画面左边有一束莲苞，白色的花苞绿色的莲茎，莲苞顶端有蓝色晕染，整体莲苞墨色勾勒。莲苞下方为橘色飘带部分，旁侧有少许黑色发髻。画面右侧主体为蓝色套橘色飘带向斜上方飞扬，飘带采用墨色勾线，飘带中有部分莲苞莲茎。

题　记

供养人旁榜题框内题记多已模糊不清，据前人记录：

上排自左向右第8身男供养人前墨书："仇池镇□（经）生王□□供养十方诸佛时。"

下排自左向右第6身男供养人像前墨书："仇池镇杨□□□养□□□□□。"

第079窟

窟　号　第079窟

时　代　不详

位　置　位于西崖东下部，左邻第080窟，右邻第078窟，窟口下沿距栈道地面垂直高度1.46米。

形　制

20世纪80年代山体加固工程对本窟进行了完全喷护，从封护迹象和之前记录，原窟应为摩崖圆拱顶小浅龛。坐北朝南，南偏西30°。龛高1.90米、宽1.20米、进深0.80米（数据来自《麦积山石窟志》)。

造　像

无

壁　画

无

题　记

无

第080窟

窟　号　第080窟

时　代　北魏（北周重修）

位　置　位于西崖东下部，左侧为山体崖面，右邻第079窟，窟门下沿距栈道地面垂直高度0.07米。

形　制

平面方形、平顶窟。坐北朝南，南偏西25°。窟前部大部分坍塌。窟高2.55米、宽1.30米、残进深0.62米。正壁前砌一石胎泥塑“工”字形台座，高0.51米、宽1.30米、深0.73米。台座两侧左、右壁前各塑一半圆形覆莲台，高0.15米、半径0.21米。正壁主佛左、右侧上下各开一小龛，上层小龛，高0.37米、宽0.27米、进深0.11米；下层小龛，高0.44米、宽0.38米、进深0.12米。左壁由残迹推测原开一龛，龛高1.78米、残宽0.19米、进深0.50米。右壁龛仅存左侧部分。

造　像

正壁塑一身坐佛，正壁上层左、右侧龛内各塑一身坐佛，下层左、右龛内各塑释迦多宝二佛并坐，靠近地面位置左、右侧各塑三身供养人；左、右壁内侧各塑一身胁侍菩萨；右壁龛内左侧壁面上层贴一身小坐佛，下层贴二身小坐佛。共计18身。

正壁佛，高1.40米。现存躯干部分为北周重修，头部为明代修补，造像背部离开壁面。磨光高肉髻，有肉髻珠，前额宽平，眉棱下有阴刻线，有黑色瓷釉状眼珠，鼻窄唇厚，嘴角稍向下，下巴下有一道阴刻线，颈部有三道阴刻线。内着僧祇支，腰系带，外着双领下垂袈裟，袈裟衣纹为浅阴刻形式。左臂自然下垂于左膝上方，左手已失，右臂屈肘前伸，右手掌心向外施无畏印，五指已失，结跏趺坐于台座上。身后残存北魏早期背光火焰纹痕迹，其上的边缘有北周赭石色覆盖。身后残存有背光，背光有重层，下层为北魏早期火焰纹痕迹，其上层的边缘有北周赭色颜料覆盖。

左壁菩萨，高1.28米。头戴三圆轮花冠，发披两肩，颈戴双边桃形项圈，双臂戴钏，双腕戴镯，上身坦露，斜披络腋自左肩至右小腿后上绕，帛带自双肩搭下穿肘外扬浮塑于墙面。左臂自然下垂，左手提浮塑的净瓶贴于墙面，右臂屈肘上举，右手拈花蕾于胸前，下着长裙，跣足立于磨光覆莲上。身后有莲瓣形背光，背光隐约可见底层的火焰纹痕迹，外层北周所绘较厚的石青、石绿、赭石颜色。

右壁菩萨，高1.24米。面形、体态、背光等与左壁菩萨相似。左臂屈肘上举，左手拈花蕾于胸前，右臂自然下垂，右手浮塑的提净瓶贴于墙面。

小龛内影塑坐佛，高0.32米。着通肩袈裟，双手施禅定印于腹前，结跏趺坐于龛内。释迦多宝佛，着袒右袈裟，左手握袈裟衣角，右手大拇指、食指竖起，施说法印，结跏趺坐于龛内。正壁上层小龛内、右壁龛内坐佛后壁面上残存北魏早期的火焰纹、忍冬纹、联珠纹等。正壁下层小龛内坐佛后有石绿、赭石、暗红色所绘的背光，可见火焰纹、联珠纹等。

影塑供养人，均高0.48米。均头戴冠，内着圆领衣，外着双层交领窄袖长袍，双手交叠于腹前而立。其中靠近右壁的一身供养人露耳，手握供品。头戴冠式有两种样式，露耳者为四瓣状，冠后有披风状物；不露耳者为两层台笼冠。

壁　画

窟内残存部分壁画。正壁下层小龛外绘制出莲瓣形龛楣，上有石绿、赭红色火焰纹、荷叶等。

正壁台座左、右侧尚存北魏早期较浅的色彩。台座前现存为北周作品。上部为莲花瓣图案，现有白色和赭红色，下部为二狮相向，狮子竖耳，圆眼大嘴、尾部翘起。二狮子之间似有一竖形物，具体形象模糊不清，颜色为赭石、白色等。

此窟内的赭红色和较暗的赭石色可能为北周时期色彩，台座前莲花图案稍有覆盖狮子图。莲花图案下底层的白色、浅红色，有可能为北魏早期颜色。

题　记

正壁左、右侧二佛并坐龛内正中上方，均各有二榜书框，现已无字迹。

第081窟

窟　号　第081窟
时　代　北魏
位　置　位于西崖西上区，左邻第082窟，右侧为崖壁，窟门下沿距栈道地面垂直高度0.82米。

形　制

平面方形、覆斗顶窟。坐北朝南，南偏西28°。窟高1.43米、宽1.22米、进深1.77米。前有方形甬道，高0.89米、宽0.62米、进深1.01米。窟内正、左、右三壁各开一圆拱形敞口浅龛，浮塑尖拱形龛楣，其中正壁龛楣两侧下端浮塑出长方形坛台，左、右壁龛楣两侧下方浮塑莲蕾。

造 像

窟内正、左、右三壁龛内各塑一身坐佛，正壁与左、右壁夹角处各塑一身胁侍菩萨，左、右壁与前壁夹角处各塑一身弟子像。共计7身。

正壁佛，高0.74米。磨光高肉髻，面形清秀，双目下视，眼角细长，嘴小唇薄、嘴角上翘，双耳平贴，细颈削肩，内着僧祇支，外着双领下垂袈裟，袈裟下摆呈“八”字形垂于龛前，作多层重叠，袈裟质地厚重，表面阴刻衣纹。双手已残毁，结跏趺坐于龛内。身后壁面绘圆形项光及莲瓣形背光，边缘绘饰火焰纹，多已模糊不清。

左侧菩萨，高0.78米。头梳双丫式前翻发髻，面容清秀，双肩上有圆形饰物，下有垂带搭肩。内着圆领衫，外着交领长袍，衣带腹前打结，帛带搭肩绕臂后下垂，左臂微屈于腹前，左手纳入袖中，右臂屈至胸前，右手作说法状。下着长裙，足穿云头高履，立于半圆形莲台上。身后壁面绘圆形项光。

右侧菩萨，高0.78米。头束前翻式发髻，面容清秀，双肩上圆形饰物残失，上身袒露，颈戴桃形项圈，帛带搭肩贴胸腹两侧绕臂下垂。左臂屈肘置于腹前，左手执桃形玉环，右臂屈至胸前，右手作说法状。下着长裙，跣足立于半圆形莲台上。

左壁佛，高0.70米。神态与正壁佛相似，内着僧祇支，外着双领下垂袈裟，下摆呈三片式垂于龛前。左臂微屈，左手在袈裟内抚左膝，右臂屈至腹前，右手掌心向内抚胸，结跏趺坐于龛内。身后壁面绘有背项光。

右壁佛，高0.70米。神态、装束与左壁佛相似，内着僧祇支，外着双领下垂袈裟，下摆呈三片式垂于龛前，双手于腹前施禅定印，结跏趺坐于龛内，身后壁面绘背项光，多已模糊不清。

前壁左侧弟子，头已失，残高0.60米。内着僧祇支，外着双领下垂袈裟，左臂微屈，左手置于腹前，右臂屈肘上举，右手持荷叶于胸前，足穿云头履，立于半圆形莲台上。

前壁左侧弟子，高0.75米。体姿、装束与左侧弟子基本相同，足穿云头履，右足已失，立于半圆形莲台上。

壁 画

窟内四壁及顶部均残存原绘壁画。

正壁龛外左侧上方，绘一身立佛，头部模糊，内着僧祇支，外着袈裟，有背项光。左、右侧各绘一身弟子，其中左侧一身相对清晰，可辨内着僧祇支，外着袈裟。

左壁龛外右侧上方，绘一佛二弟子，头部已模糊不清，佛身着通肩袈裟，双手合握于腹前，结跏趺坐，身后绘背项光。弟子内着僧祇支，外着袈裟。

右壁龛外左侧上方泥皮大部分剥落，从残存痕迹大致可知原绘一佛二弟子，现仅存佛下半身，结跏趺坐。两身弟子多已残损，模糊不清。该壁面中部尚可辨两身弟子形象，较为残损模糊。

窟内顶部泥皮大部分脱落，依稀可辨顶部四角各彩绘一朵圆莲。正壁、左壁顶部边缘依稀可辨残存绘有飞天飘带、花卉等痕迹。

题　记

无

第082窟

窟　号　第082窟

时　代　北周

位　置　位于西崖西上区，左邻第083窟，右邻第081窟，窟门下沿距栈道地面垂直高度0.88米。

形　制

平面近横长方形、圆拱顶、敞口浅龛。坐北朝南，南偏西35°。龛高1.00米、宽0.95米、进深0.36米。龛内砌正方形台座，高0.29米、宽0.42米、深0.23米，左、右两侧有低坛基，高0.04米、宽0.20米。

造　像

龛内塑一佛二菩萨，共计3身。

佛，高0.80米。磨光低平肉髻，面形方圆，细长弯眉，双眼下视，鼻直，嘴小唇薄，嘴角略上翘，两耳平贴。短颈宽肩，内着僧祇支，外着低领通肩袈裟，袈裟下摆于座前两边八字展开，两层重叠，自然下垂，覆于台座之上，佛装表面施彩绘。佛双手于腹前施禅定印，结跏趺坐于方形台座上。身后壁面绘圆形头光及莲瓣形背光，背光最外层饰白色联珠纹，边缘饰火焰纹。

左菩萨，高0.72米。头梳双丫式高发髻，戴莲花宝珠，长发披肩，宝缯浮塑贴于壁面，自然垂于双肩两侧。颈戴项圈，肩头有圆形饰物，下有垂带，上身袒露，帛带搭肩下垂于膝前交叉后上绕双肘部自然下垂。左臂自然下垂，左手贴于腿侧，右臂屈肘平置，右手掌心向内抚于腹前。下着裙，足穿圆头履立于坛基上。菩萨身后壁面绘圆形项光。

右菩萨，高0.73米，形象与左侧菩萨相似。头冠残损，左臂屈肘平置，左手执莲蕾于腹前，右臂自然下垂，右手贴于腿侧，足穿圆头履立于坛基上。

壁　画

现存约1.5平方米。

龛内正壁佛背光上方两侧各绘一身飞天，均上身袒露，下着裙，双足外露。龛内左、右壁绘有数身小佛，着通肩袈裟，手施禅定印，结跏趺坐于圆形台座上，身后绘圆形背光。龛边缘彩绘龛楣，束莲龛梁，尖拱形龛楣，多已模糊不清。龛楣外上方并列绘坐佛七身，均着通肩袈裟，施禅定印，结跏趺坐，个别形象已模糊不清。

题 记

无

第083窟

窟 号 第083窟
时 代 北魏
位 置 位于西崖中部靠西侧，左邻第084窟，右邻第082窟，窟门下沿距栈道地面垂直高度1.60米。

形 制

平面方形、重层覆斗顶。坐北朝南，南偏西3°。窟高2.20米、宽2.16米、进深1.92米。前壁有长方形甬道，高0.93米、宽0.77米、进深0.60米。甬道内侧左、右均雕凿有安装门框的凹槽。窟内正、左、右三壁各开一平拱形半壁龛，距地0.45米：正壁龛，高1.37米、宽1.06米、进深0.43米；左、右壁龛高1.18米、宽0.89米、进深0.30米。三龛均浮塑有浮塑的莲瓣形龛楣，其中正壁龛楣左、右两侧下方塑作丝帛状垂结。三壁左、右两侧地面各有一半圆形莲台，高0.06米、半径0.29米；窟内四壁在与龛楣齐平高度处有一周小坛台，宽0.02米。

造 像

窟内正、左、右三龛内各塑一身坐佛；正壁龛外左、右两侧各塑一身胁侍菩萨；左壁龛外左侧塑一身胁侍菩萨，右侧塑像已失，仅余固定造像的桩孔；右壁龛外左侧造像已失，仅余双足与莲台，右侧塑一身弟子。前壁左侧塑一身力士，右侧已失。四壁坛台上原贴上、下两排影塑，现已无存。共计8身。

正壁佛，高1.20米。磨光高肉髻，面形长方，额头方棱形，眉棱修长，眼为宋代重修时嵌入的瓷质眼珠。鼻梁挺直，嘴角上翘，长颈削肩。内着僧祇支，腹前系带，外着双领下垂袈裟。左臂屈肘前伸，左手掌心向外，五指朝下作与愿印；右臂屈肘前伸，右手掌心向外，五指朝上施无畏印，右手五指残损。右脚显露在外，结跏趺坐于台座上。身后有莲瓣形背光，为色彩不一的条带纹，外缘为火焰纹；正中彩绘圆形项光，由色彩不一的同心圆组成。

左侧菩萨，高1.08米。面形与主佛相似，束扇形发髻，细颈削肩，颈戴桃形项圈，双肩有圆形佩饰。身体修长，内着僧祇支，帛带搭肩覆盖两侧上臂，并于身体两侧自然下垂。左臂屈肘平置，手托方形贡品于腹前；右臂屈肘前伸，手残失。下着长裙，腰系带并下垂，腰带左侧下垂一长带，长带中部串玉璧自然下垂，跣足立于莲台上。

右侧菩萨，高1.15米。面形、体态等与左侧菩萨相似，上身袒露，左臂残毁，右臂屈肘上举，右手向上半握拳于腹前，下着长裙而立。

左壁佛，高1.00米。面形、体态、背光等与正壁佛相似。

右侧菩萨，高1.08米。面形与正壁菩萨相似，颈戴桃形项圈，上身袒露，外披贴体帛带。左臂已失，右臂微屈下垂，右手提桃形法器于腹侧，下着长裙而立。

右壁佛，高1.10米。面形、体态、背光等与正壁佛相似。

右侧弟子，肩部以上残失，残高0.74米。内着交领衣，外着双领下垂袈裟，左臂屈肘，小臂已失，右臂屈肘前伸，手呈半握拳状置于腹前，双足残毁。

前壁左侧力士，高1.05米。结小髻，攒眉瞪目，歪嘴切齿，络腮短胡须，颈部鼓涨，上身袒露，帛带搭肩于体外侧下垂，右侧帛带自膝部向左飘扬，双小臂残失，下着长裙，腰系带，腰带左侧下垂一长带，长带中部串玉璧自然下垂，露出右小腿，跣足而立。

另一身菩萨现存第105窟。菩萨无头，脚部残损，残高0.84米。菩萨着交领衣并于腰间系带，披帛带下垂至小腿处呈交叉上绕至肘部下垂。左臂微屈肘下垂，有臂屈肘上举，左右手均残损。

壁　画

因壁面烟熏严重，多模糊不清，难以辨认。可辨正壁龛内佛左、右两侧各绘一身菩萨，依稀有蓝色帛带痕迹。龛内左侧隐约有三身比丘形象，右侧有2～3身比丘形象，比丘后依稀有项光，身穿红色和蓝色袈裟。龛外左上方有着红色袈裟的比丘，龛外左、右下方有供养人，身着红色或蓝色儒衣。

右壁龛外左上侧，绘一比丘，身着红色袈裟。

顶部隐约可见圆莲、花草和花茎的痕迹。

题　记

左壁龛内刻划：“庆元三年□（十）□（一）月初八日王□锋□军步□□□□。”

窟顶偏右刻划：“长进□□□二回□山，张伯一、姚念三同行，三人到此记耳，嘉（泰）三年三月初六日。”

第084窟

窟　号　第084窟

时　代　北周

位　置　位于西崖中部，左邻第085窟，右邻第083窟，窟门下沿距栈道地面垂直高度0.70米。

形　制

平面方形、四角攒尖顶。坐北朝南，南偏西27°。窟高1.61米、宽1.51米、进深1.50米。前壁有圆拱形甬道，高1.05米、宽0.74米、进深0.63米。窟内三壁分别凿一个莲瓣形半壁龛，均距地0.23米。正壁龛，龛高1.07米、宽0.82米、进深0.38米；龛内正中台座，仅存石胎，高0.07米、宽0.42米、深0.22米。左壁龛，龛高0.83米、宽0.61米、进深0.18米；右壁龛高0.88米、宽0.64米、进深0.16米。

造　像

窟内正、左、右龛内各塑一身坐佛，正壁龛外左、右各塑一身胁侍菩萨，前壁右侧塑一身菩萨，从壁面现存桩眼和3身菩萨艺术风格为北魏时期造像来判断，皆非本窟所有，是早期从其他窟搬入安放。共计6身。

正壁佛，高0.67米。磨光高肉髻，面形圆润，双目下视，两耳平贴；内着僧祇支，外着袒右袈裟，袈裟贴体。左臂屈肘前伸，手已失；右臂残失。右脚显露在外，结跏趺坐于台座上，

左侧菩萨，发髻残毁，残高1.08米。两耳平贴，肩部有圆形佩饰；颈戴桃形项圈，上身袒露，平胸鼓腹，帛带搭肩下垂至脚踝上绕至小臂后自然下垂于地。双臂屈肘于胸前，双手残失，下着高腰长裙，腰系带，双足残失而立。

右侧菩萨，发髻残毁，残高1.04米。面形方圆，双目下视，颈戴桃形项圈，肩部有圆形佩饰（右肩已毁）。腹部微隆，内着僧祇支，帛带搭肩顺身体自然下垂。左臂微屈肘，手提圆形玉璧于腹侧；右小臂已失。下系长裙，腰系带，腰带左侧下垂一长带，长带中部串玉璧自然下垂，双足残失。

左壁佛，高0.55米。低平肉髻，面形圆润，略下视，短颈削肩，挺胸，外着紧身贴体通肩袈裟。双手前后交叠，施禅定印于腹前，右脚显露在外，结跏趺坐于台座上。身后隐约可辨绘莲瓣形背光，由色彩不一的条带纹组成，外缘绘石青色火焰纹，正中绘圆形项光，由色彩不一的同心圆组成。

右壁佛，高0.56米。面形、体态、背光等与左壁佛相似。背光左侧尚可辨绘一身比丘，面部模糊

不清，内着石青色僧祇支，外着赭色双领下垂袈裟，双手拢于袖中，有圆形项光。

前壁右侧菩萨，高0.96米。面形长圆，嘴角内敛，两耳薄且平贴，细颈削肩，肩部有圆形佩饰，颈戴桃形项圈，袒胸，帛带搭肩绕臂后下垂。双臂屈肘、双手合十置于胸前，下着长裙。

另一身菩萨现存第105窟，菩萨双足残损，残高0.96米。高螺发髻，面形长圆，肩部可见圆形饰物，身着双领下垂袈裟，双手于袖内交叠于腹前。

壁　画

无

题　记

无

第085窟

窟　号　第085窟
时　代　北魏
位　置　位于西崖中层，左邻第170窟，右邻第084窟，窟门下沿距栈道地面垂直高度0.71米。

形　制

平面方形、平顶窟。坐北朝南，南偏西30°。窟高1.70米、宽1.70米、进深1.70。前壁有长方形甬道，高1.00米、宽0.80米、进深0.80米。正、左、右三壁前有低坛基，高0.08米、宽0.20米。三壁前各有一台座。正壁台座，高0.65米、宽0.90米、深0.60米；左壁台座，高0.40米、宽0.63米、深0.35米；右壁台座，高0.40米、宽0.63米、深0.35米。窟内四壁上方塑二层阶梯式小坛台，宽约0.02米。

造　像

正、左、右三壁台座上各塑一身坐佛，正壁佛左、右侧各塑一身胁侍菩萨；左壁佛左侧塑一身菩萨，右侧塑一身弟子；右壁佛左侧塑一身弟子，右侧现仅残存造像项光。壁面小坛台上原贴有影塑，现已无存。共计8身。

正壁佛，高1.15米。磨光高肉髻，方圆脸，双目下视，长颈削肩。内着交领衣，着对襟中衣并系带，外着双领下垂袈裟。左臂屈肘前伸，手部残毁；右臂屈肘前伸，右手手心向外施无畏印，五指已毁。右脚显露在外，结跏趺坐于台座上，袈裟下摆垂于台座前，上为阴刻线衣纹。身后有浮塑的莲瓣形背光，外缘为火焰纹，正中绘圆形项光，由色彩不一的同心圆组成。背光两侧隐约可见各绘二身菩萨状人物，其中两边外侧一身大致形体可辨，靠内侧一身隐约可见项光。

左侧菩萨，高1.00米。束高发髻，戴花冠，面容清瘦，细颈削肩，颈戴项圈并下坠有桃形饰物。内着僧祇支，外披帛带，帛带搭肩绕臂弯顺腿两侧向外飘扬，胸前佩谷穗、花饰交替相接的长璎珞，于腹前十字穿环后分垂于两腿处经身后上绕。左臂屈肘平置，手心向内抚于胸前；右臂屈肘平置，手持莲蕾于腹前。下着长裙，跣足立于坛基上，头后有浮塑的莲瓣形项光。

右侧菩萨，高0.70米。面形、体态、头光等与左侧菩萨相似，左臂屈肘平置，手持桃形玉璧于腹前；右臂屈肘前伸，手掌心向外，握莲蕾于体侧。

左壁佛，高0.85米。高肉髻，瘦长脸，体躯扁平，内着交领衣，中着对襟衣，外着双领下垂袈裟，双手前后交叠作禅定印于腹前，右脚显露在外，结跏趺坐于台座上。袈裟下摆分三瓣垂于台座前。身后有浮塑的莲瓣形背光，外缘为火焰纹，正中绘圆形项光，由色彩不一的同心圆组成。

左侧菩萨，自腹下均已残毁，残高0.70米。束扇形髻，头微侧向右上方，嘴部张开，细颈削肩，内着僧祇支，中着对襟衣并结带下垂，外着袈裟，双手合十于胸前，头后有浮塑的莲瓣形项光。

右侧弟子，高0.96米。身材修长，瘦长脸，双目下视，内着僧祇支，外着双领下垂袈裟。左臂屈肘贴于腹部，手已失；右臂屈肘平置，手握莲蕾于胸前。足着履，双足左右分开站立，头后有浮塑的莲瓣形项光。

右壁佛，高0.85米。面形、体态、背光等与左壁佛相似。

左侧弟子，高0.96米。面目凹凸明显，双目深凹，颧骨突出，下颌内收，身材修长。内着僧祇支，外着双领下垂袈裟。左臂微屈下垂，手提净瓶于腹下；右臂屈肘上举，手贴于胸前。足穿靴而立，头后有浮塑的莲瓣形项光。

右侧菩萨已失，仅存部分浮塑的莲瓣形头光。

壁　画

窟内壁面烟熏严重，只能隐约辨认。

正壁左下侧残留有一支石绿色荷叶。正壁二菩萨与左、右壁二弟子两侧绘有项光的千佛，但烟熏严重，只能隐约辨认大致轮廓。

题　记

左壁比丘像头光上刻划：“熙宁元年三月十七日，一行四哥乙仇三。”

右壁第一身菩萨头光内刻划：“天福四□（年）四月八日。”

第086窟

窟　号　第086窟

时　代　北魏

位　置　位于西崖中层，左邻第087窟，右邻第170窟，窟门下沿距栈道地面垂直高度0.42米。

形　制

平面方形、平顶窟。坐北朝南，南偏西25°。窟高1.41米、宽1.48米、残进深0.87米。该窟前有部分坍毁。正壁前方形台座为现代修复，高0.31米、宽0.41米、深0.38米。正壁两侧各开上、下两个圆拱形小龛，均浮塑尖拱形龛楣。其中上部小龛高0.28米、宽0.22米、进深0.10米；下部小龛高0.33米、宽0.30米、进深0.10米。左壁上方近顶部并排残存3个圆拱小龛；右壁上方近顶部并排残存2个圆拱小龛，其中外侧的小龛右侧已残毁，每龛高0.24米、宽0.18米、进深0.09米，尖拱形龛楣均有彩绘。正、左、右三壁下方有低窄条形坛基，高0.02米、宽0.04米，多残损。

造　像

正壁塑一身坐佛，身后背光两侧上部各贴一身影塑飞天；两侧壁面上部的小龛内各贴一身影塑坐佛；左壁下部小龛内正中影塑（思惟）菩萨现已无存，左、右两侧各贴一身影塑胁侍菩萨；右壁下部小龛内正中贴一身影塑交脚菩萨，左、右两侧各贴一身影塑胁侍菩萨。台座左下侧的坛基上残存三身影塑供养人；右下侧有贴敷影塑供养人的残迹。左壁正中由残存的背光与莲台判断原为一身胁侍菩萨，现已无存；上方小龛内残存二身影塑坐佛；右侧壁面中部塑条形小坛台，上残存一身坐佛。右壁上方小龛内有影塑坐佛残迹，左侧壁面中部塑条形小坛台，上残存一身坐佛；壁面前地面上放置一身坐佛，从洞窟造像组合配置分析为他窟移入。左、右壁下侧低坛基上原有供养人影塑，现已剥落无存。共计18身。

正壁佛，高0.79米。磨光高肉髻，眉间白毫相，弯眉，双目下视，两耳短且平贴，颈、肩部位有残毁，经现代修复。内着僧祇支，外着袒右袈裟，衣纹为阴刻线有呈阶梯状，双手前后交叠于腹前施禅定印，结跏趺坐于台座上，双膝与袈裟下摆残毁。身后有浮塑的莲瓣形背光，由绿、蓝、褐、白、红色条带纹组成，外缘为石青色火焰纹，正中绘圆形项光，由绿、蓝、白色的同心圆组成。

左壁正中地面残存莲台，壁面残存部分浮塑的背光，有少许彩绘的莲瓣形火焰纹及同心圆项光痕迹。背光右下侧上可见小部分浮塑的菩萨衣纹、飘带。

右壁前坐佛，高肉髻残损，残高0.63米。弯眉深目，短颈削肩，内着僧祇支，外着双领下垂袈裟，阴刻线衣纹。左臂屈肘前伸，手掌心朝前，五指朝下，五指部分残损；右臂屈肘前伸，手掌向下，手心朝前，五指残损，右脚显露在外，结跏趺坐。

影塑造像中，正壁小龛内小坐佛，头部残失，残高0.17米。左侧壁小坐佛仅内侧小龛内一身有头，高0.19米。其余二身头部残失，残高0.15米。右侧壁一身坐佛头部残失，残高0.15米。左、右侧壁小坐佛的袈裟可以分为两种样式，分别为袒右和通肩袈裟。右壁交脚菩萨，高0.26米。束发髻，颈戴桃形项圈，内着僧祇支，外披帛带，交脚坐于束帛座上，背后浮塑圆形项光。左、右壁胁侍菩萨，均高0.26米。束高发髻，宝缯于耳后垂至双肩，眉目清秀，内着僧祇支，下着宽博长裙，跣足立于半圆形莲台上，背后均浮塑圆形项光。正壁佛背光上飞天，头部残失，残高0.18米，上身袒露，帛带搭肩绕臂向后飞扬，双手合十置于胸前，下着紧身长裙，紧裹双腿，裙裾后扬，两腿向后摆动呈飞行状。台座左侧坛基上的供养人均头部残失，残高0.18米，上穿交领宽袖大袍，双手合握于腹前，下着长裙，虔恭而立。

壁　画

窟顶残存有部分壁画，但烟熏严重，仅模糊可辨偏后正中绘一圆莲图案。

题　记

无

第087窟

窟　号　第087窟
时　代　北魏
位　置　位于西崖中部，左邻第188窟，右邻第086窟，窟门下沿距栈道地面垂直高度0.87米。

形　制

平面方形、三层覆斗顶窟。坐北朝南，南偏西25°。窟高2.25米、宽1.92米、进深1.97米。窟内三壁三龛，前壁正中开凿甬道，甬道靠内侧地面有残毁。甬道顶部外方内拱，拱形较宽，拱形部分高1.04米、宽1.42米、进深0.30米；方形部分高0.94米、宽0.83米、进深0.40米。正、左、右三壁各开一圆拱形半壁龛，距地0.33米，均浮塑莲瓣形龛楣：正壁龛，高1.36米、宽1.10米、进深0.50米；左壁龛，高1.27米、宽1.02米、进深0.35米；右壁龛，高1.32米、宽0.93米、进深0.40米。正壁与左、右壁相接的角落处各有一扇形莲台，高0.06米、半径0.40米。窟内四壁在与龛楣齐平高度有一周小坛台，宽0.02米。右壁前部下方有一裂隙。

造 像

窟内正、左、右三龛内各塑一身坐佛，正壁龛外左、右两侧各塑一身胁侍菩萨。左壁龛外左侧塑一身弟子（阿难），龛外右侧塑一身胁侍菩萨，与正壁左侧菩萨立于同一扇形莲台上。右壁左侧塑一身胁侍菩萨，与正壁龛外右侧菩萨立于同一扇形莲台上，右壁右侧塑一身弟子（迦叶）。四壁与顶部残存有浮塑圆莲，四壁通长的小坛台上与三个佛龛内背光两侧原贴有影塑，现已无存。共计8身。

正壁佛，高1.40米。高肉髻，眉间有白毫相，双目下视，细颈削肩，内着僧祇支，外着双领下垂袈裟，袈裟上有阴刻线衣纹，双臂屈肘前伸，双小臂已毁，右脚显露在外，结跏趺坐于台座上，袈裟下摆垂于台座前。身后有莲瓣形背光，为色彩不一的条带纹，外缘为石青色火焰纹，正中彩绘圆形项光，由色彩不一的同心圆组成。

左侧菩萨，高1.18米。束扇形髻，面形长方，颈佩戴宽边项圈，下坠饰物，肩头发带经臂外侧自然下垂于大腿处。内着蓝色的袒右胸连衣长裙，边缘为赭色，外披帛带贴体自然下垂，帛带较宽并覆盖两肩及上臂，端头处上翘；胸前佩谷穗、花饰交替相接的长璎珞，于腹前十字穿环后分垂于两膝处。左臂微屈下垂，手提桃形玉璧于左腿前；右臂屈肘上举，手掌心朝外，置于右胸外侧，右手拇指完整，余下四指残毁，露出内部原竹骨架。跣足立于莲台上。菩萨头后有同心圆项光，因壁面熏黑严重，色彩已漫漶不清。

右侧菩萨，高1.20米。面形、体态、头光等与左侧菩萨相似。上身袒露，左小臂已毁，露出原木桩骨架；右臂屈肘平置，手握拳于腹部。下着长裙，腰系带，跣足立于莲台上。

左壁佛，高1.33米。面形、体态、背光等与正壁佛相似，双手已残失。

左侧弟子（阿难），高1.10米。身材修长，长圆脸，细颈削肩，内着僧祇支，中着双领下垂衣，外着袒右袈裟。左臂微屈下垂，手提净瓶于腿前；右臂屈肘上举，手持莲叶于胸前，双足毁。弟子头后有白色、黑色的同心圆项光。

右侧菩萨，高1.13米。内着尖领衣，中着宽袖交领衣，腰系带，外披帛带贴体自然下垂，大臂处帛带自两肘向外翘起，肩头有垂带经臂外侧自然下垂于大腿处。左臂屈肘上举，手持莲蕾于胸前，右臂微屈下垂，手提玉璧于腿前，玉璧下系带垂至膝前，双足已失。菩萨头后残留有同心圆头光。

右壁佛，高1.26米。面形、体态、背光等与正壁佛相似，双手已残失，袈裟右下角有残损。

左侧菩萨，高1.33米。束扇形髻，内着尖领衣，中着交领宽袖衣，披帛带较宽并覆盖两肩及上臂，呈端头上翘，并从胸前下垂后在大腿前交叉穿环垂至双膝处后再经身后上绕。左臂微屈下垂，手提圆形玉璧置于腹侧；右臂屈肘上举，手掌心朝外，置于胸前。下着长裙，腰系带，外着贴体帛带，足穿云头履立于莲台上，左足云头履残损，右足已毁。菩萨头后残留有同心圆头光。

右壁弟子（迦叶），高0.95米。头微微下低，高鼻深目，长眉大耳，颧骨突出，两腮内陷，外着双领下垂袈裟。双手合掌举至胸前，下着长裙，躬身侍立，双足已失。20世纪90年代初因展览需要移出，现存放于文物库房。

壁　画

窟内壁面烟熏严重，只能隐约可见顶部藻井前方飞天裙裾，周围部分莲花及忍冬纹饰。

题　记

正壁龛内墨书："崇祯六年三月二十一日，宁远里滩歌川万寿寺僧人师傅李自□徒侄李道敏、李道玺、李道□到此。"正壁龛外左侧刻划："至和二年。"

左壁龛上刻划："庆历□年仙人崖僧儒亮□□。"左壁龛右侧刻划："大观元年四月□□□□。"

第088窟

窟　号　第088窟

时　代　北魏（北周重修）

位　置　位于西崖中部，左邻第184窟，右邻第187窟，窟门下沿距栈道地面垂直高度0.76米。

形　制

平面方形、平顶。坐北朝南，南偏西10°。窟高2.10米、宽2.25米、进深2.18米。前壁有方形甬道，高1.23米、宽0.80米、进深0.63米。正壁正中有"工"字形台座，高0.60米，宽0.80米、深0.60米。窟内四壁上部原凿有小龛，全部被后代重修时用泥填充，形成壁面，现窟内壁面表层泥皮大部分脱落，露出多个龛形外边轮廓，其中左壁上方露出两个完整的圆拱小龛，小龛高0.22米。四壁底部有低坛基，高0.13米、深0.21米。左、右壁各开一圆拱半壁浅龛，左壁龛，高0.90米、宽0.60米、进深0.27米；右壁龛，高0.74米、宽0.60米、进深0.25米。

造　像

现存正壁正中塑一身坐佛，左、右两侧原各塑一身胁侍菩萨，现右侧仅存双足。左、右壁龛内各塑一身坐佛，右壁龛外左侧塑一身胁侍菩萨。前壁两侧各塑一身弟子。共计7身。

正壁佛，高1.50米。低平肉髻，方圆脸，两耳下垂。内着僧祇支，腰系带，外着双领下垂袈裟，袈裟裹腿呈弧状垂于台座前，腿部有双阴刻线。双臂屈肘前伸，双手已失。右脚显露在外，结跏趺坐于台座上。身后有浮塑的莲瓣形背光，正中彩绘圆形头光，由色彩不一的同心圆组成，身光右侧隐约可辨有二身弟子的形象。

左侧菩萨，高1.26米。束扇形髻，瓜子脸，细颈削肩，颈戴宽边桃形项圈，下坠饰物。上身袒露，外披帛带自双肩于腹部十字穿环垂于腿面后上绕，肩头有圆形饰物，下垂带经臂外侧自然下垂于肘部。左臂下垂，手提净瓶置腿侧，净瓶已残，只余瓶颈；右臂屈肘上举，手端供物斜举肩前，下着翻边长裙，跣足立于坛台上。

左壁佛，高0.75米。低肉髻，瘦长脸，头微倾下视，面带微笑，细颈削肩。身着圆领下垂袈裟，双手作禅定印于腹前，右脚显露在外，结跏趺坐于台座上，身后残留少量石青色的背光。

右壁佛，高0.68米。面形、体态等与左壁佛相似，身着覆肩袒右袈裟，双臂裹于袈裟内，双手显露在外。左臂屈肘平置，手握袈裟一角于胸下；右臂屈肘上举，手抚于胸前。

左侧菩萨，头部已失，残高0.74米。内着交领衣，外着开襟宽袖衣，肩披宽帛，帛带自双肩贴体下垂直腿前。左臂屈肘下垂，手提玉璧于腿前；右臂屈肘前伸，手掌心向外，握莲蕾于胸侧。下穿腰系带长裙，双足已失。

前壁左侧弟子，高1.08米。面相清俊，细颈削肩，面露微笑，着双领下垂袈裟，双臂屈肘上举，双手拢于袖内置于胸前，双足已失。

右侧弟子，高1.18米。面形与左侧弟子相似，着袒右袈裟，左臂屈肘前伸，手托供物于腹前；右臂屈肘上举，手下垂贴于供物上。左小腿以下残失，右足五趾残失，跣足立于坛台上。

另有一身菩萨分为多个残件，或为同一身造像，现存第105窟。分别描述：

残件一：泥塑菩萨头部，通高0.42米，其中泥塑头部、颈部0.28米，木骨外露0.14米。菩萨束高发髻，面部略方正，有轻微磨损，双耳平贴，颈部较长。

残件二：泥塑菩萨身体，主要为泥塑腹部以下身体部分，及腹部以上内部的芦苇和木骨，通高0.93米，其中泥塑部分高0.73米。菩萨帛带自腹部两侧下垂在腿部交叉上绕，右臂自然下垂，右手提握帛带。下着系带长裙，足部残损。

残件三：菩萨左肩部泥塑一块。

残件四：菩萨右肩部泥塑一块。

残件五：菩萨手部泥塑一块。

壁　画

窟内烟熏严重，只能隐约辨认窟顶部正中有一小圆莲，外绘四条“×”斜十字装饰带，呈石青色，以白粉作底。

题　记

左壁刻划：“秦州第伍堡里黄塔寺僧人□镇，万历七年七月十五日道之。”

窟顶后部刻划：“……万历三十七年□（三）□（月）十九日到此山。风翔府画师三月十九日同魏到此山。”

第089窟

窟 号 第089窟
时 代 北魏
位 置 位于西崖中部，左邻第138窟，右邻第088窟。窟门下沿距栈道地面垂直高度0.71米。

形 制

平面方形、平顶窟。坐北朝南，南偏西24°。窟高1.50米、宽1.50米、进深1.62米。前壁开凿圆拱顶甬道，高0.92米、宽0.85米、进深0.25米。正壁前有方形台座，高0.30米、宽0.70米、深0.40米。正、左、右三壁面均开有圆拱形小龛，均高0.30米、宽0.26米、进深0.09米。其中正壁佛背光两侧各开上下二个小龛；左、右壁后部各开上、中、下三个圆拱形小龛，前部各开上、下二个圆拱形小龛。所有小龛大小基本一致。前壁窟门上方泥塑一通长小坛台，宽度0.05米。

造 像

窟内现存正壁台座上塑一身坐佛，佛背光左右侧中部龛内各影塑一身小坐佛。左右壁的胁侍仅存背光和莲台残迹。左壁前部下龛内影塑一坐佛，后部中龛内影塑一身坐佛；右壁前部上龛内影塑一身坐佛；前壁坛台上影塑六身小坐佛。其中塑佛1身，影塑佛11身（7身无头）。共计12身。

正壁佛，高1.22米。磨光高肉髻，长圆脸，眉间白毫相，弯眉长眼平视，眼珠以黑瓷镶嵌，高鼻薄唇，大耳下垂，长颈，上身较为扁平，内着僧祇支，外着袒右袈裟，双手于腹前结禅定印，结跏趺坐于台座上。

影塑小坐佛，其中四身完整，高0.24米。七身无头，残高0.16米。整体类同，但袈裟局部略有变化，大体可分三种：一、身着袒右袈裟，手施禅定印或说法印，结跏趺坐于长方形高台座上，袈裟垂于座下；二、着通肩袈裟，双手结禅定印，结跏趺坐于低台座上，袈裟下摆不下垂；三、着袒右袈裟，双手结禅定印，结跏趺坐于低台座上，袈裟下摆不下垂。

壁 画

窟顶和正壁的泥皮大多保存完好，左、右壁泥皮个别保存，但窟内烟熏严重，细节无法辨识。隐约可见左右壁前方小龛和菩萨背光之间有1～2身的千佛形象；窟顶绘制帐杆、飞天、莲花等形象。

题 记

无

第090窟

窟　号　第090窟

时　代　后秦（北魏、宋重修）

位　置　位于西崖中部，左邻第091窟、右邻第138窟，窟门下沿距离栈道地面垂直高度0.63米。

形　制

平面方形、敞口平拱顶。坐北朝南，南偏西25°。窟高3.30米、宽3.68米、残进深3.10米。窟前缘部分略残毁，窟内沿正、左、右三壁凿高坛基，整体相连呈“凹”字形，高0.86米、宽3.64米、深2.54米。正、左、右壁坛基上正中各一“工”字形台座，正壁台座，高0.55米、宽1.20米、深0.86米。左壁台座，高0.42米、宽1.06米、深0.7米。右壁台座，高0.62米、宽1.07米、深0.7米。

造　像

窟内现存为宋代重塑正、左、右三壁正中台座上各一坐佛，正壁坐佛两侧各一弟子。共计5身。

正壁佛，高1.56米。低肉髻，额间有肉髻珠，脸部圆润，脖短有颈线，内着僧祇支，胸部袒露较多，腹部系带，外着双领下垂袈裟。左臂自然前伸，手置于左膝上；右臂屈肘向上，手于肩前施说法印，食指、中指残失。双足掩于袈裟内，结跏趺坐于台座上。在台座前方靠下部可见早期造像的袈裟残迹。佛身后绘圆形项光及莲辨形背光，圆形项光内绘呈环形排列的四身坐佛，着通肩袈裟，施禅定印、结跏趺坐于圆形莲台上，身后有圆形项光和莲辨形背光；莲台两侧各绘一忍冬叶，石绿底上墨绘旋涡形水波纹，并绘有三辨式莲花。

左侧弟子，高1.75米。面相苍老，内着二件交领衣，外着双领下垂袈裟，双臂屈肘上举，双手于胸前合握，足穿云头履立于双层仰覆莲台上。身后两侧可见早期菩萨残存的宝缯、帔帛等痕迹。

右侧弟子，高1.78米。青年面相，内着僧祇支，外着双领下垂袈裟，双臂屈肘上举，双手合十置于胸前，足穿云头履立于双层仰覆莲台上。身后两侧可见早期菩萨残存的宝缯、帔帛等痕迹。

两侧弟子浮塑项光上，均彩绘五层同心圆形，从里至外依次以石青、灰、白、褚红色勾绘。其中最外圈绘连续波状双叶忍冬纹。

左壁佛，高1.45米。保存基本完整。低肉髻，额间有肉髻珠，脸部圆润，脖短有颈线，胸部袒露，内穿僧祇支，腹部系带，外着双领下垂袈裟。双臂自然下垂置于腹前，双手掩于袈裟内。双足掩于袈裟内，结跏趺坐于台座上。

右壁佛，高1.34米。保存基本完整。低肉髻，额间有肉髻珠，脸部圆润，脖短有颈线，胸部袒露，内着僧祇支，腹部系带，外着双领下垂袈裟。双臂自然下垂置于腹部，双手施禅定印。双足掩于袈裟内，结跏趺坐于台座上。

壁　画

窟内顶部及左、右壁前侧泥皮基本剥落，坛基表面及前侧残损严重，表层泥皮大部分脱落。窟内壁画残毁仅可见正、左、右三壁造像背光等处底层北魏彩绘痕迹。

正壁右侧弟子项光四周及早期菩萨帔帛空隙等处绘有数身男供养人，头部模糊不清，身着交领窄袖袍，足蹬尖头靴，双手拢于胸腹之处持一莲蕾，虔恭而立。

题　记

正壁左侧弟子项光左侧空隙处刻划："凤翔金匠时平到此四度，丁亥武政记志。"

右侧上方墨书："雄武军厅吏瑯□□。"右侧弟子项光右侧上部上方墨书："伏□外渭洲都□道□中散大夫□（安）法相。"上墨书下又墨书："□□□□玉□□□/□□□□略□□□首高/□□□世□□□□菩萨。"

第091窟

窟　号　第091窟

时　代　北魏（宋重修）

位　置　位于西崖东下部，左上邻第097窟，左下邻第092窟；右邻第090窟，窟门下沿距栈道地面垂直高度0.78米。

形　制

平面方形、圆拱顶。坐北朝南，南偏西27°。窟前部因地震塌毁，窟高2.10米、宽2.30米、残进深2.30米。各壁面作弧形相接。正壁前地面正中凿一方形低坛台，高0.26米、宽1.21米、深0.84米。坛台上砌一方形台座，高0.60米、宽1.20米、深0.85米。左、右壁前各砌一半圆形莲台，左壁莲台高0.30米、宽0.50米、深0.30米；右壁莲台高0.28米、宽0.50米、深0.30米。左、右壁前部上方有小坛台，已毁露出原凿方形小桩眼，后部左、右二侧角上方存筑小坛台、右壁下方尚存部分小坛台。

造　像

现存正壁塑一身坐佛，左、右两壁正中各塑一身胁侍菩萨，均为宋代改塑。正壁两侧壁面及左右壁面拐角坛台上残存九身影塑，其中三身头部缺失。右壁左侧塑两身供养人，其中左供养人仅存脚下长方形小台座，右供养人头部缺失。窟顶部有原高浮雕飞天一身，头已失。共计15身。

正壁佛，高1.47米。经宋代重修。螺发髻，正中有肉髻珠，脸部圆润，脖短有颈线，胸部袒露，内着僧祇支，腹部系带，外着双领下垂袈裟。双臂自然下垂置于腹部，手施禅定印。右足显露在外，结跏趺坐于方形台座上。袈裟下摆垂于台座前，在台座正面下端可见北魏时期原作袈裟下摆。身后浮塑背光大部分被熏黑，从外到内依次绘有蓝、绿相间的火焰纹、忍冬纹、六身飞天、联珠纹及中心绘圆形项光。飞天，双臂屈肘上举，双手向上抬起，帛带绕臂向上飘扬。

左壁胁侍菩萨，高1.40米，为宋代重塑。束高发髻，面部丰腴，唇上部绘绿色八字胡髭，唇下绘绿色蝌蚪状小胡须，脖短有颈线，颈戴珠串项链，内着僧祇支，胸部袒露较多，外披袈裟，双臂屈肘上举，双手合掌于胸前，下着长裙，跣足站于半圆形莲台上。身后有浮塑莲瓣形背光，部分残损，右下侧背光处可见北魏时期原作菩萨的帔帛。

右壁胁侍菩萨，高1.40米，为宋代重塑。束高发髻，脸长而圆，唇上部绘绿色八字胡髭，唇下部绘绿色蝌蚪状小胡须，脖短有颈线，颈戴项链，内着僧祇支，腹部系带，胸部袒露较多，外着袈裟，双臂屈肘上举，双手缺失，下着长裙，跣足站于半圆形莲台上。身后有莲瓣形背光，宋重绘有蓝色火焰纹与红色、白色、橘色相间的条状纹。背光左、右两下侧可见原作菩萨的帔帛。

左侧供养人，为北魏原作，其中左供养人缺失，只余长方形小台座。右供养人，头部缺失，残高0.40米。腹部微微隆起，身着圆领宽袖长外衣，胸下系带。左臂屈肘外展，手心朝上，托举供品；右臂屈肘平置，手心朝内置于腹部。下着长裙，立于长方形小台座上。

影塑小坐佛，高0.23米。均为高肉髻，身着通肩袈裟，双手于腹前施禅定印，双足掩于袈裟内，结跏趺坐于坛台上。身后各绘华盖、莲瓣形背光。

窟顶部右侧高浮雕飞天，头已失，残长0.32米。身着对襟宽袖上衣，披帛带绕臂向上飘扬，双手置于胸前捧供品，下着贴身长裙飞行。飞天左侧残留有另一身飞天的飘带。

壁　画

无

题　记

无

第092窟

窟　号　第092窟

时　代　北魏

位　置　位于西崖中下部，左邻第093窟，右邻第091窟，窟门下沿距栈道地面垂直高度0.78米。

形　制

平面方形、平顶窟。坐北朝南，南偏西26°。窟高1.40米、宽1.40米、进深1.40米。前壁有方形甬道，高1.00米、宽0.85米、进深0.27米。正壁正中凿“工”字形台座，高0.37米、宽0.65米、深0.44米。正、左、右三壁前有低坛基，高0.07米、深0.22米，正壁佛背光两侧各有两个小坛台，将壁面分为上、中、下三层，坛台宽0.02米。右壁前方不知何年代凿有一不规则长方形洞，里面堆砌有砖头及泥块，前壁右侧塌毁。

造　像

正壁正中塑一身坐佛，左、右两侧壁分上、中二层原贴有影塑坐佛，现仅余左侧壁中层一身，右侧壁上、中层各一身。左壁左、右两侧原各塑一身胁侍菩萨，现左侧一身已失，仅余同心圆头光和固定造像的桩孔。右壁左、右两侧原各塑一身弟子，现右侧一身已失，残存同心圆项光。共计6身。

正壁佛，高0.96米。磨光高肉髻，面部清瘦，细颈削肩，内着僧祇支，胸下阴线刻系带，外着双领下垂袈裟，双臂屈肘前伸，双手已失，右脚显露在外，结跏趺坐于“工”字形台座上，袈裟下摆分两瓣垂于座前。身后有浮塑的莲瓣形背光，外缘为石绿色火焰纹，再内为石青、褐色相间的条带纹，正中彩绘圆形项光，由石青、赭红等色的同心圆组成。

左壁菩萨，发髻已毁，残高0.74米。面相清瘦，细颈削肩，内着立领衣，中着尖领衣，外着对襟宽袖袍，腰系带打结自然下垂，披帛带自肩头经臂外侧自然下垂于腿侧。左臂微屈下垂，手掩于袖内至于腿侧；右臂屈肘平置，手托供物于胸前。足穿云头履立于坛基上，左足残失。头后残留有项光，由赭红、石青、白色等的同心圆组成。

右壁弟子，高0.78米。细颈削肩，内着僧祇支，外着双领下垂袈裟。左臂屈肘平置，手托供物于胸前；右臂微屈下垂，手掩于袖内垂于腿侧。立于坛基上，双足已失。头后残留有项光，由赭红、石青、白色等的同心圆组成。

影塑坐佛，均无头，残高0.15米。内着僧祇支，外着双领下垂袈裟，衣着轻柔裹腿。左臂屈肘平置，手提袈裟衣角于胸下；右臂屈肘上举，手掌心朝外置于胸前。结跏趺坐于莲座上。

壁　画

窟内壁画烟熏严重，但残存部分模糊可辨。

正壁左侧上、中层影塑之间绘点缀水草，上方各绘有一长枝莲蕾，中层影塑之间绘一身弟子。弟子内着褐色僧祇支，外着白色双领下垂袈裟，双手拢于袖内拱手，足穿云头履而立，头后有圆形项光。下层从左至右绘三身女供养人和二身比丘尼，每身右上方均有榜书框。比丘尼内着浅绿色僧祇支，外着白色双领下垂袈裟，最右侧比丘尼双手捧供品。女供养人均束高髻，最左侧一身着绿色交领宽袖短袍，下系白色长裙，其余身穿白色交领宽袖短袍，下系白色长裙，均双手拢于袖内，拱手向佛而立。

正壁右侧中层上有后人重绘的一佛，结跏趺坐于圆莲上，后有莲瓣形背光，下层与左侧下层对称似绘供养人。

左壁上部，绘一排八身小坐佛，均施禅定印，结跏趺坐于莲座上，后有莲瓣形背光，背光之间空白点缀莲蕾。中部造像项光间绘有三身弟子，右上方均有条形榜书框。胁侍菩萨右侧绘一身弟子，内着褐色僧祇支，外着白色双领下垂袈裟，双手拢于袖内拱手，足穿云头履而立。

右壁上部所绘与左壁相似，中部绘弟子及榜书均残存痕迹。残失的弟子项光右侧绘弟子，现仅存头部与圆形项光。

前壁左侧上方，绘一身小坐佛，结跏趺坐于圆莲上，后有莲瓣形背光，左、右侧绘有水、草装饰。下方绘弟子，上身袒露，外着白色双领下垂袈裟，拱手立于莲台上，后有圆形项光。项光左侧绘一身小弟子，着赭红色圆领袈裟，双手拢于袖内拱手，足穿黑色履而立。

顶部泥皮大部分脱落，后部左侧残存前、后二身弟子，空中飞舞状，由左向右斜飞向佛。前者头转向后看，着赭红色圆领袈裟，后者着墨蓝色圆领袈裟，均双手拢于袖中，披帛带绕肩向后飘扬，周围有火焰宝珠，水、草装饰。右侧残存一身弟子，空中飞舞状，由左向右斜飞，弟子头部泥皮脱落，仅存赭红色交领袈裟。

题　记

无

第093窟

窟　号　第093

时　代　北魏（宋代重修）

位　置　位于西崖中部，左邻第096窟，右邻第165窟，窟门下沿距栈道地面垂直高度0.88米。

形　制

平面方形、平顶窟。坐北朝南，南偏西30°。窟高1.64米、宽1.55米、进深1.44米。正壁前砌一长方形台座，高0.42米、宽0.72米、深0.48米。台座前两侧边缘有3厘米的凸出边框。壁左右两侧各挑出5层小坛台，多有破损。左、右壁前各有圆形莲台，高0.07米、宽0.28米。两壁上方各有一条通长的小坛台，左壁仅存小坛台原作痕迹。

造　像

现存正壁一坐佛，左右壁各一身立弟子。正、左、右三壁小坛台上均贴有影塑佛、菩萨、供养人三十六身。共计39身。宋代对正、左、右三壁前的塑像进行了重塑。从痕迹判断，左、右壁原作为菩萨，宋代重塑时改成弟子。

主佛，保存基本完好，高0.99米。低平肉髻，有肉髻珠，面部圆润，眉间圆凹形白毫相，唇分四瓣，以石绿色绘出胡髭，双耳垂稍外张，颈上刻有三道纹。内着僧祇支，外着双领下垂袈裟，袈裟衣角经右肩下垂至右小臂下方上绕搭于右膝。双手于腹前结禅定印，双脚掩于袈裟内，结跏趺坐于台座上。后背光大部分残失，仅可见部分褐色、白色等条带纹。

左壁弟子，头部残失，残高0.86米。内着两层交领僧衣，外着袒右袈裟，手部微残，双手做抱拳状置于胸前，双足穿靴立于莲台上。身后莲瓣形背光为20世纪90年代补全修复。

右壁弟子，头顶微残，高0.91米。面部圆润、颈部刻有两道阴刻线，内着僧祇支，外着双领下垂袈裟。下系长裙。双臂屈肘上举置于胸前，双手残失。双足穿靴，右脚向前、左脚靠后立于莲台上。身后有莲瓣形背光，上部边缘可见深红、深蓝、白色条带形纹。弟子身体左侧残存原作菩萨飘带。

小坛台影塑，正壁左侧从上自下：

第二层现存二身影塑菩萨。其中右侧为立姿菩萨，左侧为思惟菩萨。右侧菩萨束高发髻，面部磨蚀，五官不辨，发辫自耳后垂于两肩，身体表面磨蚀，上身衣着模糊不清，帛带在腹前做“×”形交叉，下着长裙，赤足立于莲台之上。左侧思惟菩萨，头戴高冠，面部残。衣着不清，帛带于腹前做“×”交叉，右手托腮，左手抚左膝上，右小腿抬起置于左腿之上，坐于束帛座上。

第三层现存二身立佛，头部均残、仅残存躯体。身体向左侧做微曲状、身着袒右袈裟。左臂屈肘微下垂，手置于下腹处，五指并拢掌心向上手中似托有一物。右臂屈肘上举置于腹部，手五指并拢掌心向。

第五层现存三身供养人，左侧一身仅存衣裙下摆，中间及右侧二身头部已残仅存躯体。供养人表皮泥层有风化脱落现象，具体衣饰不清，从整体判断上身着宽大袍服，双手拢于袖中于胸前做恭敬状，下着长裙，双足掩于裙内立于坛台上。

正壁右侧从上自下：

第三层现存三身影塑。左侧为一身立佛，面部已残，神态、姿势同左侧第三层立佛。中间供养人，束高发髻，面部风化仅可辨识，身着黑色宽袖袍，左臂屈肘略微下垂，手五指并拢掌心向内置于腹部，右臂屈肘上举，手半握拳状置于左手上，双足掩于袍服内立于坛台上。右侧供养人，圆形高发髻，有束发带，面部微残。内着圆领小衫，外着斜交领广袖衣衫，双臂屈肘略微上举，双手交握置于腹部，下着长裙，双足外露立于坛台上。

第四层现存三身供养人。左侧一身面部已残，头戴高帽，身着袍服，双臂屈肘略微上举，双手交握置于腹部。中间和右侧二身头部残失，从衣饰上判断为女性供养人，内着三角尖领衣，外着宽袖上衣，外披覆搭双肩的披巾于胸前打结，双手掩于宽袖衣内，下着长裙，双足掩于长裙内。

第五层坛台现存三身供养人。左侧和中间二身戴高帽，面部已风化模糊不辨，身着斜交领宽袖衣，双手掩于衣内，下着长裙，双足均掩于衣内。右侧一身头部残失，仅可辨识上身衣饰，外着交领宽袖衣，左臂屈肘微下垂置于腹部，右臂屈肘上举抚于胸前，双手残失，下着长裙已风化仅可大略辨识。

左壁右侧从上自下：

第二层坛台上现存二身影塑。右侧为一立侍菩萨，高发髻，高鼻，内着僧祇支，披帛带。左臂屈肘微下垂，手提净瓶置于腹部；右臂屈肘上举，手握一环状物置于胸前。下着长裙，双足外露立于莲台上。左侧一坐佛头部已失，内着僧祇支，外着通肩袈裟。左臂自然下垂置于左膝上，手已残失。右臂屈肘上举，手施与愿印置于胸前。双足掩于袈裟内，结跏趺坐于台座上；

第三层坛台上现存二身影塑。右侧为一身立佛，头部残失，仅存躯体部分。神态、姿势同左侧第三层立佛。左侧供养人头部残失，仅存躯体部分从衣饰上判断为女性供养人。内着三角尖领衣，外着宽袖衣，外披覆肩披帛。左臂略微屈肘上举，手掌心向内置于腿部。右臂屈肘上举，手置于胸前。下着敞口裙，双足掩于长裙立于坛台上。

第四层坛台上现存一身供养人影塑。头部残失，仅存躯体部分，身着宽袖袍服，双臂自然下垂双手交叠置于腹部。

第五层坛台上现存一身供养人影塑。头部残失，仅存躯体部分风化严重，已辨识不清。

右壁左侧从上自下：

第一层坛台上现存一身影塑坐佛，磨光高肉髻，面部微残，内着僧祇支，外着袒右袈裟。双手施禅定印置于腹部，右足外露，结跏趺坐于坛台上。

第二层坛台上现存一身影塑供养人，戴高帽，面部依稀可辨，内着圆领衣，外着宽袖交领衣，双臂屈肘微下垂，双手交握拢于腹部。下着长裙，双足外露立于坛台上。

第三层坛台上现存二身影塑供养人，头部均已残失，从衣饰上判断为女性供养人。内着三角尖领衣，外着宽袖上衣，外披覆搭双肩的披巾，双手掩于宽袖衣内，下着长裙，双足掩于裙内。

右壁弟子上方一通长小坛台，表层泥质破损，可见其内部木质结构。现存八身影塑坐佛。其中自右侧起第一身、第五身、第六身头部残失；其余五身保存较为完整。高肉髻，面形圆润，五官依稀可辨，内着僧祇支，外着通肩袈裟。双手于腹前结禅定印，双足掩于袈裟内，结跏趺坐于坛台上；影塑佛项光绘有同心圆。

壁　画

窟顶部右侧残存壁画泥皮上可辨识原淡墨绘的圆莲和飞天痕迹。中部隐约可见有戴臂钏的飞天托一杯形器，右侧有云气的图案。

题　记

无

第093窟附龛：

窟　号 第093-1龛

时　代 北魏

位　置 位于西崖中部，左邻第093窟，右邻第092窟。龛门距离栈道地面垂直高度2.36米。

形　制

平面方形、圆拱顶。坐北朝南，南偏西30°。龛高0.44米、宽0.40米、进深0.23米。正壁凿一长方形低坛基。

造　像

现存低坛基上影塑，左侧为思惟菩萨，右侧为交脚菩萨。左右壁各影塑一身立胁侍菩萨。共计4身。

左侧思惟菩萨，束高发髻，面部微残，披帛于腹前呈“×”形交叉，右手托腮，左手抚于左膝上。左脚外露坐于帛座上。右侧交脚菩萨，束高发髻，面部微残，右脚搭于左脚前交叉坐于帛座上。

左壁胁侍菩萨高发髻，脑后宝缯垂肩，颈部有项圈，肩部披帛带并于腹前做十字形交叉，上身斜披络腋，下着长裙，右手持一圆形物于腋前，左手失。跣足立于仰覆莲台上。右壁菩萨与左壁菩萨相似。右手立于胸前，左臂横于腰间。

壁　画

顶部可见绘圆莲、联珠纹、以及云气纹，正壁可见绘绿茎青莲。

题　记

无

窟　号　第093-2龛
时　代　北魏
位　置　位于西崖中部，左邻第093窟右侧中部，右邻第092窟，龛门距离栈道地面垂直高度1.40米。

形　制

平面方形、圆拱顶。坐北朝南，南偏西30°。龛高0.48米、宽0.44米、进深0.23米。正壁前凿一长方形座。

造　像

龛内现存正壁一身佛，左壁一身影塑菩萨。共计2身。

正壁佛，旋涡纹高肉髻，面部圆润。内着僧祇支，外着袒右袈裟。双手于腹前结禅定印。双足掩于袈裟内，结跏趺坐于长方形座上，绘项光。

左壁残存一影塑菩萨，泥层已风化依稀可辨部分衣饰。

壁　画

无

题　记

无

窟　号　第093-3龛
时　代　北魏
位　置　位于西崖中部，左邻第165窟，右邻第093窟，龛门距离栈道地面垂直高度2.20米。

形　制

平面方形、圆拱顶。坐北朝南，南偏西30°。龛高0.52米、宽0.47米、进深0.26米。

造　像

无

壁　画

无

题 记

无

窟 号 第93-4龛
时 代 北
位 置 位于西崖中部，左邻第165窟，右邻第093窟，龛门距离栈道地面垂直高度1.55米。

形 制

平面方形、圆拱顶。坐北朝南，南偏西30°。龛高0.42米、宽0.72米、进深0.48米。

造 像

无

壁 画

无

题 记

无

第094窟

窟 号 第094窟
时 代 北周
位 置 位于西崖，左邻第060窟，右邻第191窟，窟门下沿距栈道地面垂直高度0.60米。

形 制

平面马蹄形、敞口、穹隆顶窟。坐北朝南，南偏西40°。窟高1.25米、宽1.20米、进深0.94米；正壁正中砌一方形台座，高0.33米、宽0.54米、深0.29米。台座两侧、沿壁面有低坛基，高0.15米、宽0.11米、深0.18米。

造 像

正壁一坐佛，左壁一弟子一菩萨，右壁一弟子一菩萨。共计5身。其中右壁弟子、菩萨因洞窟潮湿于1995年搬迁至第105窟暂时保存。

正壁佛，保存基本完好，高0.66米。低平肉髻，面形圆润，头略下低，双目下视，鼻梁挺直，唇部有明显唇线，下唇较厚，下巴有一道阴刻线。脖颈挺直，宽肩挺胸，内着僧祇支，外着通肩袈裟垂至胸腹之间，质地单薄并紧窄裹体。双手于腹前施禅定印，左足显露在外，结跏趺坐于台座上。袈裟下摆分两片呈圆弧状下垂。身后绘背项光，仅存左侧部分，项光为九重同心圆形式，可见有白、石蓝、黑、灰等色，从外至内第二圈较宽，白底上绘制忍冬纹图案，最外为赭色底上绘制黑色联珠纹；背光为条带纹和较宽的火焰纹。

左壁弟子，高0.70米。面部长中带圆，头略下视，内着僧祇支并于腹间系带，外着通肩袈裟，左臂微屈肘，手掌心朝内置于左腹前，右臂屈肘上举，手心朝内、五指微屈置于右胸前，跣足立于覆莲之上。头部后有项光，形式为多层同心圆形式，最外缘为火焰纹。

左壁菩萨，高0.82米。头戴三瓣式花冠，发辫自耳后垂至肩部并有圆形的佩饰和较宽的垂带，面形圆润，头略低，双眼下视，颈部戴较宽的项圈，上身袒露，右肩左胁佩戴粗大的璎珞，披帛带自肩部垂下在大腿和膝部形成两道平行的半圆状上绕至肘部垂下。左臂自然下垂，手提握帛带；右臂微屈肘，手置于下腹处。下着翻边长裙，跣足立于覆莲台上。项光仅存头部右侧部分，形式为多层同心圆形式，最外缘为火焰纹。

右壁弟子，通高0.68米，下部另有0.03米外露木桩。面部长圆，前额较高，双目微闭，双耳平贴。上身内着僧祇支并于右肩系带，外着袒右袈裟，衣角搭于左肘下垂，左臂屈肘、左手手心朝内置于胸腹之间，右臂微屈肘自然下垂、右手提净瓶。足穿履而立，右足残损。

右壁菩萨，高0.82米，花冠部分略残损，面部长圆，前额有泥皮剥落，双眼微闭，双耳平贴，余发从耳后分披双肩，肩部有圆形饰物，颈戴半圆形项圈。上身袒露，披帛带从双肩下垂于双膝处上绕至两侧肘部下垂。左臂屈肘上举，左手手心向内、五指自然弯屈置于左肩前，手腕可见手镯；右臂微屈下垂，右手五指自然弯屈置于腿侧。下着翻边长裙，跣足而立，左足残损。

壁 画

无

题 记

无

第095窟

窟　号 第095窟
时　代 北魏
位　置 位于西崖东上部，左邻第165窟，右邻第096窟，窟门下沿距栈道地面垂直高度3.55米。

形　制

平面长方形、平顶窟。坐北朝南，南偏西30°。窟高2.05米、宽2.03米、进深2.02米，窟门高0.94米、0.99米、深0.73米。

造　像

无

壁　画

无

题　记

无

第096窟

窟　号 第096窟
时　代 北魏（宋重修）
位　置 位于西崖中下层，左邻第093窟，右邻第097窟，窟门下沿距栈道地面垂直高度3.95米。

形　制

平面长方形、圆拱顶。坐北朝南，南偏西24°。龛高1.50米、宽1.45米、残进深0.56米。窟龛前部有塌毁，正壁前有长方形台座，高0.34米、宽0.76米、深0.36米。

造　像

窟内现存宋代重塑一身坐佛。

佛，高1.00米。旋涡纹低肉髻，中有肉髻珠，脸部圆润，眼内嵌釉珠，脖短有颈线，内着僧祇支，胸下系带，外着袈裟。双手于腹前结禅定印，左脚显露在外，结跏趺坐于长方形台座上。身后有背项光，部分已脱落，现两侧残存绘有云纹、花卉纹。

壁　画

无

题　记

无

第097窟

窟　号　第097窟
时　代　北魏
位　置　位于西崖中下部，左邻第096窟，右邻第091窟，窟门下沿距栈道地面垂直高度1.94米。

形　制

平面半圆形、圆拱顶、敞口龛。坐北朝南，南偏西26°。龛高1.10米、宽1.03米、进深0.54米。龛前部略有塌毁，正壁前有方形台座，高0.27米、宽0.48米、深0.20米。

造　像

窟内现存一身坐佛。

佛，高0.52米。高肉髻、弯眉，嘴角轮廓分明，内着僧祇支，胸下系带，外着双领下垂袈裟。左臂屈肘平举，左手掌心向下施与愿印，右臂屈肘上举，掌心向外施无畏印。双手五指均已残失。右脚外露，结跏趺坐于方形台座上，袈裟下摆垂于座前。

壁 画

无

题 记

无

第098窟

窟 号 第098窟（俗称西崖大佛）

时 代 北魏（宋重修）

位 置 位于西崖中部，左侧为西上区窟群，紧邻的有第099、118、119、123等窟；右侧为第128、132、133、193、134等窟。造像下沿距栈道地面垂直高度1.70米。

形 制

摩崖造像，坐北朝南，南偏西35°。窟高14.00米、宽10.00米、进深1.00米。造像周边有对称布置的大量桩孔。在主佛两侧仍保存有挑出的木梁。

造 像

摩崖石胎泥塑一佛二菩萨。共计3身。根据周边洞窟关系判断，造像系北魏早期开凿，外部泥层宋代重塑。

主佛，高12.00米。螺发髻，正中有肉髻珠，面形丰腴，双眼平视前方，眉间白毫相，颌下绘小胡须。短颈宽肩，颈部有四道阴刻弦纹。内着垂至腹部的僧祇支并于腰间系带，胸腹袒露较多，外着通肩袈裟，袈裟两侧下摆处经现代修复。左臂屈肘前伸，手已残，露出内部的木骨架，手式不明；右肘微屈、小臂自然下垂，手提握袈裟。跣足立于云朵之上。

左胁侍菩萨，高7.70米。外部的塑泥部分大部分已经脱落，仅存右侧小腿部分的塑泥，其他位置原凿的石胎显露在外，可见有大量大小不一的桩孔，内部的木骨架等也暴露在外。

右胁侍菩萨，高8.00米。造像完整，头戴宝珠火焰冠，长发披肩，方圆脸，颈戴项圈，内着僧祇支并于腰间系带，双肩披帛带。胸前垂挂以双排联珠为主的长璎珞，最下端为花饰，璎珞下端垂至双膝处。左臂自然下垂，手提挑形法器于身体外侧，右臂屈肘上举，手掌心朝外、五指内屈持莲蕾置右肩前。下系长裙，跣足立于悬空云朵上。头微微左偏，侧身向佛。绘项光为多层同心圆形式，最外侧为联珠纹，其次向内为一圈稍宽的花卉带，再内为四圈单色纹带，最内为莲瓣纹样。

壁　画

现右胁侍菩萨残存的项光内有部分缠枝忍冬纹饰及供养菩萨痕迹。

题　记

无

备注：20世纪80年代，麦积山山体加固工程修复大佛时，在佛胸部曾取出了佩戴佛胸前的幡状长璎珞，由292枚钱币用棉线串联组成，长约1.23米。钱币多为唐、宋、元铸造，宋钱币较多。现收藏于文物库房。

第099窟

窟　号　第099窟
时　代　北魏
位　置　位于西崖西上区，左邻第100窟，右邻第098窟（西崖大佛），窟下沿距栈道地面垂直高度2.20米。

形　制

平面略呈梯形、圆拱顶、敞口龛。坐北朝南，北偏东33°。龛高1.07米、宽0.95米、进深0.48米。

造　像

窟内现存正壁塑一身佛。

正壁佛，通高0.76米，佛高0.51米。佛头系补塑而成，磨光高肉髻，面形方正，弯眉杏眼，鼻直唇薄，双耳下垂，细颈端肩，着通肩袈裟，阴刻衣纹线。双手覆于袈裟之下，施禅定印，结跏趺坐于“工”字形台座上。袈裟下摆衣裾呈三片状垂覆于座前。

壁　画

无

题　记

无

第100窟

窟　号　第100窟

时　代　北魏

位　置　位于西崖西上区，左邻第101窟，右邻第099窟，窟门下沿距栈道地面垂直高度1.34米。

形　制

平面方形、平顶窟。坐北朝南，南偏东15°。窟高2.80米、宽3.07米、进深2.92米。前壁凿甬道呈长方形，正壁凿出低坛基，高0.36米、深1.03米。坛基上一“工”字形台座，高0.48米、宽1.46米、深0.72米，左、右壁各开一半壁平拱龛，距地0.36米。龛柱和龛梁为半圆形浮塑，龛高1.90米、宽1.33米、进深0.49米，四壁及左、右壁龛内开有圆拱形小龛，阴刻龛梁、龛柱和尖楣的形状。

造　像

窟内正、左、右三壁各塑一身坐佛，左、右壁内侧坛基上各塑一胁侍菩萨。

正壁佛上方左、右圆拱龛内分别塑思惟、交脚菩萨及二胁侍菩萨，两龛内左胁侍菩萨皆已失。佛左、右两侧壁上下各开二个圆拱形龛，每龛内均塑二佛并坐，其中左侧下龛二佛头残毁。龛下部上下贴影塑供养菩萨及供养人各一排，其中左侧下层残存一身供养人无头；右侧上层存二身供养菩萨，下层残存一身供养人无头。

左壁龛内佛两侧上、下各开二个圆拱形小龛，每龛内各塑一坐佛，龛内顶部左、右两侧贴影塑飞天（现存一身无头）及莲花等，龛外上方横列六个圆拱小龛，每龛内各塑一坐佛及二胁侍菩萨，左壁龛外内侧残留一身影塑供养人。

右壁龛内外造像形式，据现状分析与左壁相同。其中左壁下龛坐佛已失。右壁上部小龛内塑一佛二胁侍菩萨，其中胁侍菩萨现残存二身，一身无头。另立菩萨与大龛中部残存一身无头影塑佛。

前壁门顶上方横列圆拱形小龛二排，上排六个龛，每龛内塑一坐佛二胁侍菩萨，其影塑小胁侍菩萨均失；下排五个龛，其中正中龛形较大，内塑二佛并坐，其余每龛内塑一坐佛及二胁侍菩萨，其影塑小胁侍菩萨均失。另窟门内侧由痕迹可知原塑二身立像早已毁，很难判断其题材。

窟内现存塑像共计50身，其中三尊主佛为宋代重修，正壁右侧下龛二并坐佛及右壁上排龛最内一龛内小坐佛有宋代补修痕迹。

正壁佛，高1.75米。低平肉髻，面形方圆，眉间白毫相，双目微闭，镶嵌眼珠，上下眼睑突出，四瓣形唇，下颔丰满，身着双领下垂袈裟，双手在胸前结智拳印，结跏趺坐于“工”字形台座上。

左壁龛内佛，高1.23米。形象和神态与正壁主佛似同，施禅定印，结跏趺坐于龛内。

左壁胁侍菩萨，高1.50米。高发髻，戴三株冠，发髻从额部中分，面相方圆，双眼镶嵌眼珠略下视，身材修长，长颈戴尖形宽项圈。上身袒露，斜披络腋，披巾从脑后自双肩穿肘弯曲飘下。臂带钏，手戴镯，右臂屈于胸前，手握莲花，左臂贴臂下垂，手提净瓶。下着羊肠大裙紧裹腿部，跣足立于半圆形复莲台上。莲台高0.18米、半径0.38米。

右壁龛内佛，高1.09米，神态与主尊佛似同，施禅定印，结跏趺坐。右壁胁侍菩萨，高1.40米。形象和神态与左壁胁侍菩萨相同，姿势相反。

正壁上方小龛内塑思惟、交脚菩萨及胁侍菩萨，思惟、交脚菩萨均高0.48米，胁侍菩萨均高0.39米。造像风格与特征与左、右壁立菩萨大致相同，均坐于束帛座上。

窟内小龛内小坐佛，高0.33米，无头残高0.24米，磨光高肉髻，形体健壮，身着通肩或袒右袈裟，衣纹阴刻稠密流畅，均施禅定印，结跏趺坐。小胁侍菩萨高0.22米，无头残高0.18米，造像风格与特征与左、右壁立菩萨大致相同。影塑供养菩萨，无头，残高0.20米，身着宽袖衣、下系长裙。影塑供养人，无头，残高0.17米，身内着交领衫，外穿宽袖对襟短上衣，下系裙。壁面影塑小佛，无头，残高0.13米，着袒右袈裟，结跏趺坐。影塑飞天，无头，残高0.13米，着天衣，衣裾飘动，斜飞向佛。

壁　画

窟内壁画大都已脱落，左、右壁大龛内顶部隐约可辨绘有飞天及比丘。左龛六身飞天；右龛四身飞天、三身比丘。两龛佛背项光及小龛龛楣处残留有忍冬及火焰纹痕迹，色彩为石青、石绿、赭石、白色等。其余均被烟熏难辨。

题　记

右壁佛项光内刻划：“同谷银作张十二/六月廿日同藏念二郎到此记耳/乾道六年。”“乾道九年四月初八日藏念二郎同王十五□（长）吉□□□。”龛楣下部的竖向刻划：“天圣……月廿八日。”

正、左、右三台座正面均有竖行墨书发愿文，今已模糊难辨。仅左壁台座前依稀可辨认一个“故”字。

第101窟

窟　号　第101窟

时　代　北魏

位　置　位于西崖西上区，左邻第102窟，右邻第100窟，窟门下沿距栈道地面垂直高度0.83米。

形 制

平面方形、平顶。坐北朝南，南偏西25°。窟高2.20米、宽2.50米、进深2.20米。甬道方形，高1.80米、宽0.74米、进深0.82米。窟内正、左、右三壁正中砌方形台座，正壁台座高0.63米、宽1.05米、深0.65米；左壁台座，高0.44米、宽0.79米、深0.56米；右壁台座，高0.42米、宽0.68米、深0.44米。正壁及左、右壁内侧地面有低坛基，坛基高0.11米、宽0.22米。四壁贴壁面筑多层窄条形低坛台。窟内顶部内侧泥皮剥落。

造 像

窟内正壁正中塑一坐佛，两侧各塑一弟子。左壁正中塑一交脚菩萨，右壁正中塑一坐佛。左、右壁内侧各塑一胁侍菩萨，左侧一尊已毁。前壁两侧各塑一胁侍像，现已毁。四壁坛台上贴影塑佛、菩萨、供养人像，均已残毁无存。共计6身。

正壁佛，高1.24米。旋涡纹高肉髻，面形圆润，双眼残毁，直鼻小口，双耳平贴，细颈削肩，内着僧祇支，衣带胸前打结下垂，外着双领下垂袈裟，衣角搭左肘后垂覆左膝，双手毁，结跏趺坐于“工”字形台座上，袈裟下摆呈三片式垂覆于座前。身后浮塑莲瓣形背光，表面彩绘背项光。其两侧各横向砌一坛台，其上原各对称贴四身影塑造像，现仅存痕迹，从背项光可辨原为佛及胁侍菩萨。

左侧弟子，高1.31米；螺形高髻，面部五官紧凑；内着僧祇支，外着双领下垂袈裟，双手合十于胸前，手均已毁；下着长裙，脚蹬方头高履，侧身向佛而立于低坛基上。右侧弟子，高1.20米；光头，装束、体姿、神态大致同左侧弟子，双手合十，脚蹬半圆形云头高履，向佛而立；身后均浮塑莲瓣形背光。

左壁交脚菩萨，高1.16米。束半翻式发髻，面容圆润，弯眉，直鼻小口，细颈、削肩，颈戴宽边桃形项圈。内着交领贴身长衫，衣带腹前打结后分两缕下垂；双肩披帛带垂至腹前十字交叉后再上绕搭双肘后下垂，现已残毁。两臂平伸于胸前，双手已毁，下着贴体长裙，垂覆于方形座上，交脚立于座前半圆形莲台上，现已毁。身后浮塑莲瓣形背光，表面彩绘圆形项光及莲瓣形背光，色彩多已模糊不清。

交脚菩萨右侧造像已毁，仅存浮塑的莲辨形背光。左侧上至下通壁砌五层坛台，最上方一层坛台通壁砌筑，与正壁和前壁坛台相连。坛台上原均贴影塑佛、菩萨、供养人像，现仅存痕迹。

右壁佛，高0.90米。形象、神态、装束与正壁佛相似，左手毁，原应施与愿印，右手仅存手掌，施无畏印，结跏趺坐于方形台座之上，袈裟下摆呈“八”字形，分三层垂覆于方形台座前。身后浮塑莲瓣形背光，表面彩绘背项光。

左侧坛基上塑一立菩萨，高1.21米。束发高髻，面容圆润，细颈削肩，内着交领衫，外着宽袖长袍，帛带于膝前十字交叉搭臂下垂。左臂平伸略上举，右臂微屈于腹前，双手、双脚均毁，下着长裙。右侧上至下通壁砌五层坛台，最上方一层坛台通壁砌筑，与正壁和前壁坛台相连。坛台上原均贴影塑佛、菩萨、供养人，现仅存痕迹。

前壁甬门两侧各存一个浮塑莲瓣形背光，表面彩绘圆形头光和莲瓣形背光，原造像已毁，仅存中间桩眼痕迹。甬门上方横向砌上、下两层坛台，原粘有影塑佛、菩萨像，现均已无存。

壁 画

顶部正中绘一朵大圆莲，四角各绘一朵小圆莲，其间穿插绘有数身飞天，由于烟熏严重，绝大部分内容已无法辨识。

题 记

正壁右侧角刻划：“西康选步二将史时夏十三年四月初二日□□恭顺□□□□□□□□到此。”

左壁右侧背光上刻划：“嘉泰元年三月二十九日。”左壁佛背光上刻划：“天福二年。”

第102窟

窟 号 第102窟

时 代 西魏

位 置 位于西崖西上区，左邻第101窟，右邻第103窟，窟门下沿距栈道地面垂直高度0.68米。

形 制

平面方形、四角攒尖顶。坐北朝南，南偏西23°。窟高2.90米、宽2.88米、进深2.75米。圆拱形窟门，高1.20米、宽0.77米、进深0.64米。正壁和左壁前有台座，正壁前“工”字形台座，高0.58米、宽1.09米、深0.55米；左壁方形座，高0.42米、宽0.93米、深0.59米。窟内地面正中下凿0.10米形成各壁面前的低坛基，坛基各壁面前宽度不一致，正壁前坛基宽0.98米，左壁前坛基宽0.85米，右壁前坛基宽0.66米，前壁前坛基宽0.55米。除正壁残留三处不规则的泥皮外，窟顶、四壁及门道内泥皮已脱落。右壁原有一洞与第103窟存在打破关系，洞高0.85米、宽0.50米。20世纪80年代进行山体加固时，对右壁洞口进行填补。

造 像

窟内现存正壁塑一佛及左右二胁侍菩萨、左壁维摩诘居士及右侧弟子，右壁文殊菩萨，现已搬入库房保存。共计5身。

正壁佛，高1.20米。旋涡纹高肉髻，面相丰圆，脸部有贴金痕迹，眉目细长，鼻直口小，颈长耳大。内着僧祇支，腰间系带，外着双领下垂袈裟，双手屈肘前伸，手指残损，分别施无畏印和与愿印，结跏趺坐于台座，衣摆分左右两片覆盖座前。

左侧菩萨，裙摆以下部分已毁，残高0.95米。中分式发髻，头戴花冠，阴刻线发丝可见，额宽脸圆，长发披肩，颈部戴项圈，内着交领衫，胸前系带，肩部有圆形发饰，披帛带于肩部下垂于腹前穿环交叉上绕后穿肘下垂。左手下垂提玉环，右臂屈肘横于胸前，手垂腕置于胸前衣带处，下着裙。

右侧菩萨，双足断裂无存，残高1.21米。靠墙而立，中分式高发髻，头戴花冠，圆脸，高鼻细眉，双眼微眯，抿嘴含笑。肩部有圆形发饰，内着尖领衣，外着交领宽袖长袍，肩披宽帛带，帛带右侧于肩部下垂腹前穿环交叉后自然下垂。左臂屈肘于腹前，右臂紧贴身躯下垂，右手提桃形玉璧，玉璧下垂带向上穿环交叉扣于右手后自然下垂于腿前。帛带及衣摆处均有阴刻线装饰。

左壁维摩诘，高0.96米。头戴卷荷帽，宽额高鼻，长圆脸，目视前方，脸颊处原有用毛发插栽的胡须，现可见许多细毛孔。内着圆领衫，中层垂领衣于胸前系带打结，外着宽博外衣，左手抚膝，袖口反卷至上臂，右臂屈举于胸前，手已毁。结跏趺坐于台座上，衣摆分两片，卷云状垂于台座前。

右侧弟子像，头部已残，残高0.75米。内着僧祇支，外着袒右袈裟，袈裟下摆自右侧上翻搭于左臂后下垂，左手掩于衣袖中，右手提净瓶。足已失。

此窟除正壁释迦佛、左壁维摩像还基本依原来位置存放外，其余胁侍菩萨及弟子，因被毁或扰乱，都不是原来的位置。

壁　画

无

题　记

无

第103窟

窟　号　第103窟
时　代　北魏
位　置　位于西崖西上区，左侧为崖壁，右邻第102窟，窟门下沿距栈道地面垂直高度0.52米。

形　制

平面方形、覆斗顶。坐北朝南，南偏西20°。窟高1.50米、宽1.30米、进深1.30米。甬道长方形，高0.84米、宽0.65～0.80米、进深0.82米。窟内正、左、右三壁各开一个方拱形敞口浅龛。正壁龛，高0.80米、宽0.67米、进深0.23米；右壁龛，高0.86米、宽0.62米、进深0.22米；左壁浅龛打破通毗邻的第102窟，20世纪80年代被水泥封堵抹平。

造 像

窟内正、左、右三壁龛内原各塑一身坐佛，从痕迹判断正壁与左、右壁夹角原各一身胁侍造像，左、右壁外侧原各塑一身胁侍造像。现仅存正壁龛内一身坐佛。

正壁佛，高0.87米。佛头非原作，系他窟移入补塑而成。磨光高髻，弯眉细长目，直鼻小口，双唇紧闭，双耳平贴，下颌圆润，细颈端肩，内着僧祇支，束带，外着双领下垂袈裟，下摆呈“八”字形垂覆于龛前，双手均毁，跏趺坐于龛内。服饰质感厚重，表面阴刻衣纹线。佛背后壁面残存一块泥皮，仅存白粉底背光残迹。

窟内除正壁主尊外的所有造像均已毁，痕迹无存。在正壁和左、右壁平角中间各凿一桩眼，左、右壁佛龛外侧壁面中间各凿一桩眼，故推测原塑有胁侍菩萨和弟子像。

壁 画

正壁龛内残存一块背项光，仅存粉白底色。右壁龛内右侧亦残存一小块壁画，内容不详，仅存白、石青、赭红三种色彩。前壁左侧残存一小块壁画，粉白底，其上绘细墨线。形象不清晰，颜色可辨以白为主。

题 记

无

第104窟

窟 号 第104窟

时 代 北周

位 置 位于西崖西上区，左侧为崖面，右邻第105窟，窟门下沿距栈道地面垂直高度0.82米。

形 制

平面方形、四角攒尖顶。坐北朝南，南偏西45°。窟高1.80米、宽2.10米、进深1.92米。长方形甬道，高1.09米、宽1.14米、进深1.03米。门道后部有一木门框。该窟窟形基本完好，窟内泥皮大部分脱落。

造　像

无

壁　画

窟内四壁及顶部原满绘千佛，现仅存左壁、前壁及顶部少许，其色彩多已模糊，形象依稀可辨，均着通肩袈裟，圆形项光，结跏趺坐。

题　记

无

第105窟

窟　号 第105窟
时　代 西魏（宋重修）
位　置 位于西崖西上区，左邻第104窟，右邻第107窟，窟门下沿距栈道地面垂直高度0.49米。

形　制

平面方形、平顶。坐北朝南，南偏西40°。窟高2.13米、宽2.20米、进深2.14米。前有甬道，高1.08米、宽0.92米、进深1.00米。甬道内现存长方形木门框。窟内正、左、右三壁各凿一个圆拱形浅龛，正壁龛高1.11米、宽0.90米、进深0.28米，台座高0.46米、宽0.49米、深0.28米。左壁龛高1.09米、宽0.80米、进深0.28米，台座高0.39米、宽0.83米、深0.26米。右壁龛高1.09米、宽0.84米、进深0.31米，台座高0.45米、宽0.79米、深0.31米。

造　像

窟内正壁主佛已失，左、右两侧各塑一身弟子，左、右壁正中各塑一身坐佛。左、右壁坐佛两侧均各塑一身立菩萨。共计8身。

正壁左侧弟子，高1.00米。光头圆脸，细颈削肩，嘴唇微闭，双目下视。内着僧祇支，外着袒右袈裟，胸前打结系带。双手置于胸前托一个圆形钵，足蹬云头履立于圆形莲台之上。

右侧弟子，高1.00米。头侧向正壁主尊，高鼻，浓眉、额上有几道较深的皱纹，胸骨暴露，内着僧祇支，外着袒右袈裟，腰间斜挂小包，跣足立于圆形莲台之上，脚、莲台为现代补塑。

左壁佛，宋代重修，高1.00米。低圆肉髻，面形方圆，结跏趺坐。内着僧祇支，外着双领下垂袈裟，结跏趺坐于台坐上。袈裟下摆于台座前分两边展开自然下垂。

左壁左侧菩萨，高1.23米。束扇形发髻，面形方圆，双眼微启，颈部带桃形项圈。上着僧祇支，双肩饰垂带，披帛搭肩绕臂下垂。左手持玉环自然下垂，右臂微屈、右手置于胸前，下着长裙，衣带腹前打结下垂，足蹬云头履立于圆形莲台之上。小腿以下为现代补塑，补塑高度为0.27米。

左壁右侧菩萨，高1.16米。身体略前倾，束发高髻，面形方圆。装束打扮大致与左侧菩萨相似，披帛胸前十字交叉。右手置于胸前，做执物状，立于圆形莲台上。

右壁佛，宋代重修，高1.10米。低肉髻，面部神态同左壁坐佛，短颈端肩，挺胸敛腹，内着僧祇支，腰际系带，打结下垂，外着双领下垂袈裟，结跏趺坐于台座上。袈裟下摆于台座前分两边展开自然下垂。

右壁佛左侧菩萨，高1.18米。束发髻，面形方圆，细颈削肩，挺胸敛腹，上着僧祇支，双肩饰垂带。左臂平置于腹前，左手残毁无存；右臂微屈于身侧，右手持一净瓶。下着长裙，衣带腹前打结下垂。足蹬云头履立于圆形莲台之上。

右侧菩萨，高1.16米。神态大致与左侧菩萨相似，上着交领衫，双肩饰垂带，帔帛搭肩绕臂下垂。左臂自然垂于身侧，右壁平置于腹前，手持一莲蕾，下着长裙，衣带腹前打结下垂，足残失。

壁　画

窟顶满绘千佛共十三排，形象基本可辨，均着通肩袈裟，结跏趺坐。其中前方两排头朝正壁，余排佛头均头朝前壁方向。

左右壁及门道内壁有彩绘千佛，大部分较模糊。

题　记

无

第106窟

窟　号　第106窟
时　代　宋
位　置　位于西崖西上区，左、右侧均为崖面，窟门下沿距栈道地面垂直高度2.32米。

形　制

平面半圆形、半穹隆顶敞口龛。坐北朝南，南偏西27°。龛高0.92米、宽0.81米、进深0.35

米。正壁前塑方形台座，高0.20米、宽0.72米、深0.26米。龛内仅残存正壁佛身后泥皮，其余皆残毁。

造 像

龛内正中现为宋代重塑一身坐佛。

佛，高0.43米。低平肉髻，面形方圆，脖颈较粗。内着宽边僧祇支，腹前系带，外着双领下垂袈裟，袈裟下摆残损。双手于腹前施禅定印，结跏趺坐于长方形台座上。

壁 画

无

题 记

无

第107窟

窟 号 第107窟
时 代 北魏
位 置 位于西崖西上区，左邻第105窟，右邻第108窟，窟门下沿距栈道地面垂直高度0.88米。

形 制

平面半圆形、圆拱顶敞口龛。坐北朝南，南偏西25°。龛高1.06米、宽0.85米、进深0.50米。龛内正、左、右三壁作低坛基，高0.09米、深0.11米。龛形前部有残损，龛内泥皮大都已脱落。

造 像

现仅存右壁坛基上一身影塑立菩萨。

菩萨头已失，残高0.24米。内着交领衫，身着双领下垂的宽袖天衣，肩饰物残，束带垂下，外披帛带于腹前十字交叉，垂于腹下，再上绕臂弯处自然飘下，左手拢于袖中，右手持供品置于胸前，下着长裙，跣足立于半圆形莲台上。

壁 画

龛内正壁上半部泥皮斑驳剥落处尚能看到绘制的佛背项光火焰纹。右壁上部隐约可辨有飞天向佛飞动，飘带痕迹。下部绘有莲花、莲叶，水草等，壁面空间绘莲蕾，壁画残损严重。

题 记

无

第108窟

窟 号 第108窟

时 代 北魏（宋重修）

位 置 位于西崖西上区，左邻第107窟，右邻第109窟，窟门下沿距栈道地面垂直高度1.21米。

形 制

平面方形、平顶。坐北朝南，南偏西30°。窟高2.00米、宽2.23米、进深2.18米。尖拱形甬道，高1.30米、宽0.83米、进深0.96米。正、右壁正中各有一现代补修台座，正壁台座高0.41米、宽0.61米、深0.35米；右壁台座，高0.27米、宽0.50米、深0.21米。20世纪80年代山体加固时，对窟内左壁原通往第109窟的通道进行填补。

造 像

现窟内正壁塑一佛，正壁左侧塑一菩萨、右侧一力士。右壁正中塑一佛，窟门内右侧塑一力士，门道内左侧塑一菩萨。共计6身。

正壁佛，北魏原作，宋代对眼睛部位进行了嵌黑瓷修补，高0.64米。磨光高肉髻，面形长方，细颈削肩。内着僧祇支，外着双领下垂袈裟，结跏趺坐于现代修复的“工”字方形台座上。

左侧菩萨，头已残毁无存，残高0.61米。上身袒露，肩搭帛带沿两臂下垂于膝侧后绕臂弯自然下垂，帛带在两肘外起翘，双手于胸前合十，下穿长裙，腰间束带，跣足立于圆形莲台上。

右侧力士，上身残毁无存，仅存腹部以下，残高0.70米。帛带在腹部交叉下垂，左腿屈膝抬起，右脚立于圆形莲台上。

右壁佛，北周作品，为早期散置于此窟，经修复后置于右壁，双小臂及双手经宋代重修。头已残毁无存，残高0.43米。内穿僧祇支，外着双领下垂袈裟，袈裟质感单薄，双手结禅定印，结跏趺坐于现代修复的方形台座上。

窟门内右侧力士，高1.21米。蹙眉怒目，张口作呵斥状，上身袒露，身体前倾，肩搭帛带，左手握拳屈于胸前，右臂已残毁，腰系战裙，跣足立于圆形莲台上。

门道内左侧菩萨，高0.74米。束高发髻，面形方圆，双眼微启。内着交领小衫，外着宽袖衣，肩披宽博帛带于腹前十字交叉，垂于腹下，帛带绕臂自然飘下，左手于袖中，右手屈于胸前，下着长裙，足蹬云头履立于圆形莲台之上。

壁　画

窟顶及四壁原绘壁画，后宋人又刷白粉在上面重绘。窟内壁画多被烟熏，已呈黑色形象已模糊难辨。

正壁底层露出原绘的千佛像，均着通肩袈裟，结跏趺坐于圆莲上，圆形项光，中部可见宋人重绘的背项光，形象较为模糊。

背项光左侧绘一身胁侍菩萨像，束高髻头戴发冠，面形丰满。发冠、项圈和手环均用沥粉堆金的方式描绘。

左、右两壁均绘有供养人形象，左壁四身右壁三身，形象均模糊不清。

窟顶下层原绘圆莲，圆莲周围绘飞天，花朵，流云等，已模糊不清。其上有一朵宋人重绘的团花线条粗放，周围绘繁茂的枝叶，向四面展伸。

题　记

前壁右上角刻划："光化三年二月七日/先□上到此□记之耳。"

窟门顶部刻划："嘉泰□年。"

附录：窟内的造像，除二身力士为本窟原作外，其余均系由外窟搬迁而来，原乱堆于窟内地面，1998年对造像进行加固复位，复位时错将门内右侧的力士残像，误认为是菩萨像，而复位于正壁佛右侧菩萨的位置。加固复位的同时，对力士的足部及正、右两壁的台座及菩萨、力士，足下的莲台进行了复原。

第109窟

窟　号　第109窟

时　代　北周

位　置　位于西崖西上区，左邻第110窟，右邻第108窟，窟门下沿距栈道地面垂直高度1.6米。

形　制

平面方形、覆斗式顶。坐北朝南，南偏西20°。窟高2.17米、宽1.98米、进深2.32米。圆拱顶甬道，高1.00米、宽0.76米、进深0.82米。四壁前有低坛基，高0.10米、深0.10米。甬道平面高出坛基平面0.16米。覆斗顶正中塑浮塑一个覆莲。窟顶及四壁角有半圆形石胎泥塑的帐杆、帐柱等。正壁中间开圆拱尖楣龛，高1.07米、宽0.82米、进深0.36米。右壁左下侧有高0.80米、宽0.70米的洞口与第108窟打破。1983年加固工程时被水泥填充。窟内壁面烟熏较重，部分泥层均有不同程度的脱落。

造　像

现正壁龛内佛像残毁仅存台座石胎，左壁塑二身坐佛，右壁塑一身坐佛，台座均残损。左壁左侧和右壁右侧各一身弟子，前壁内两侧各一身力士。共计7身。造像均有不同程度的残状。

左壁中间佛，高0.52米。低平肉髻，脸形长圆，双目微启，鼻高且直，嘴角内敛，内着僧祇支，外着袒右袈裟，阴刻线衣纹，左臂微屈搭于左腿上，左手已失，右臂屈肘上举，右手掌心向外施说法印，结跏趺坐。

左壁左侧佛，高0.60米。低平肉髻，脸形长圆，内着僧祇支，外着双领下垂袈裟，阴刻线衣纹。双手拢于袖内置于胸前，结跏趺坐。左壁左侧弟子，高0.90米。光头、圆脸、面带笑容，双目微启，内着僧祇支，外着双领下垂袈裟，双手持莲花状饰物于胸前，足穿履站立。僧祇支下摆处有石绿色彩绘。

右壁右侧佛，高0.60米。低平肉髻，脸形长圆，双目微启，着通肩袈裟，双手拢于袖内置于胸前。右侧弟子，高0.90米。光头、圆脸、面带笑容，双目微启，内着僧祇支，外着袒右袈裟，双手左下右上，托钵于胸前，足部有残损。

前壁左力士，高0.90米。束发髻，高鼻且直，怒目圆睁，颈部肌肉隆起。袒上身，戴桃形项圈，肩部有圆形饰物。飘带自双肩绕双臂自然垂下，双手握金刚杵于胸前，下着长裙，赤足而立。右力士，高0.95米。形象与服饰与左力士一致，区别在于右臂横于胸前，右手下扣，左手背于身后，紧贴前壁面。

另外，第109窟有两身坐佛和一个佛头放置在105窟，记录如下：

坐佛一，高0.65米。低平磨光发髻，面形庞圆，大眼，双耳平贴，下颌处有一弧形阴刻线，内着僧祇支，外着双领下垂袈裟，双手左下右上交叠于腹前，右膝部分残损，结跏趺坐。

坐佛二，无头，残高0.42米。内着僧祇支，外着覆肩袒右袈裟；右臂屈肘上举，右手置于右肩前施无畏印，左臂微屈肘，左手手心向内置于左腹前，右脚显露在外，结跏趺坐。

佛头部，通高0.40米，其中塑泥头和颈部高0.18米，另有木骨外露0.22米。低平磨光发髻，头面形象和坐佛一基本一致，只是略小。

壁　画

正壁龛内及龛楣上残存背项光火焰纹，左、右上部残存千佛，形象漫漶不清。左壁坐佛残存二个多重同心圆形项光，壁面残存千佛。右壁残存两个多重同心圆项光，壁面残存千佛。四壁上下共十排千佛。顶部四面坡上残存千佛，前后两坡内各五排千佛，左、右两坡内各四排千佛。千佛均绘圆形项光，着通肩袈裟，施禅定印，结跏趺坐于仰莲座上。窟顶部可辨有条状和莲花瓣状纹饰。

题　记

前壁窟门上方刻划："元祐三年四月三日勾氏□。"窟门左侧刻划："天祐元年。"

窟顶左下椽上左部刻划："开运四年正月十九日，法福记法集集禅□□四一八。"窟顶前下椽上中部刻划："□□二年九月□□日同行□□圣□□□再□□以记。"窟顶右坡下边刻划："长兴二年三月来也□□□同行二人到此□记之，岳寺温。"窟顶右下椽上左侧："申月廿一日同来书。""□□年辛右山。""佛像年深／无修入残／圣像虚定／□□然／□□经明代重修补……""白花□。""出寺□／之□□□来／行二□到此□记／来此□□山留□／长兴二年三月／程三。"

第110窟

窟　号　第110窟

时　代　北魏

位　置　位于西崖西上区，左邻第111窟，右邻第109窟，窟门下沿距栈道地面垂直高度1.43米。

形　制

平面方形、平顶。坐北朝南，南偏西18°。窟高1.62米、宽1.82米、进深1.58米。前壁开方形甬道，其内侧凿方形内凹浅槽，门高0.80米、宽0.64米、进深0.37米。前壁下方凿一个条形低坛基，高0.15米、深0.25米。窟形基本完整，窟内泥皮残损较严重。

造　像

窟内原造像题材及布局不详，现左壁放置塑一身坐佛。右壁保存二身影塑供养人。共计3身。

左壁坐佛，佛头无存，残高0.55米。圆肩平胸，内着僧祇支，衣带腹前打结分两缕下垂，外着双领下垂袈裟，衣角搭左肘垂覆，左臂屈肘前伸于膝前，左手施与愿印，右臂屈肘上举于胸前，右手掌心向外施无畏印，结跏趺坐。下摆呈三片式垂覆于座前，服饰表面阴刻稀疏刚劲的衣纹线。

窟内正、左、右壁泥皮基本剥落无存，仅右壁中部残存泥皮上尚存可见保存有两层坛台，坛台上保存有影塑造像粘贴痕迹，保存完整者仅二身供养人，均无头。右壁下层坛台最外侧一身为女供养人，帛带搭右臂垂覆至腹前，绕左臂弯下垂后向右侧飞扬，下着长裙。上层最外侧另一身亦为女供养人，身着褒衣博带襦衣，侧身而立。

壁　画

窟内四壁及顶部壁画残毁严重，现仅存前壁甬门上方及两侧、左壁近地表处和右壁中部、顶部前半部，面积约1.8平方米。

顶部彩绘团莲、莲花、流云、忍冬、化生童子等图案。门壁上方绘《观世音经·普门品》，正中宝盖之下绘无量寿佛，左侧绘观世音菩萨，右侧绘无尽意菩萨，其身后各并列绘数身菩萨和弟子，上方各绘一身飞天和一身化生童子，动感十足，对称相向而飞，空隙处绘莲花、宝珠、流云等装饰性图案。

左壁外侧下方及门壁右侧下方横向绘两排供养人，左侧为男性，右侧为女性。右壁中部残存的影塑粘痕旁有彩绘的莲花、供养人题记等内容。

窟内壁画褪色、风化、剥落现象较为严重。

题　记

左壁左下角上排墨书："□□□□养佛时/□□女徽供养佛时。"下排墨书："□□男光供养佛时/承宗阿乞供养佛时。"

右壁中部影塑残迹旁依次墨书："比丘尼□□供养佛时/谈妻王胜供养佛时/侨妻远供养佛时/夏侯妻皇供养佛时/杨五□春花供养佛时/伏生画工郑旬女供养佛时/白石妻□□□□/益生妻□□□□/玄宝妻□□□。"

门壁左下方内到外第一排墨书："贯伏生亡父供养佛时/□宗兄敬中供养佛时/□□□供养佛时/仵玄宝亡父供养佛时/□□□□供□佛时/陈益生亡父供养佛时。"

门壁上方壁画正中佛身旁墨书："此是无量寿佛。"左侧菩萨身旁墨书："此是观世音菩萨。"右侧菩萨身旁墨书："此是无尽意菩萨。"

第111窟

窟　号　第111窟
时　代　北魏（宋代重修）
位　置　位于西崖西上区，左邻112窟，右邻110窟，窟门下沿距栈道地面垂直高度1.52米。

形　制

平面方形、平顶龛。坐北朝南，南偏西20°。高0.88米、宽0.77米、进深0.40米。壁面泥皮均已脱落，左、右壁各留存一桩眼孔洞。

造　像

窟内现存宋代重塑一身坐佛。

正中宋代坐佛，高0.75米。低平肉髻，发髻有阴线花纹。面形方圆，两胛丰腴。眉间白毫相，眉毛阴刻宽长，双目半睁，上下眼睑较凸，镶嵌黑色釉瓷眼珠。鼻梁较宽且挺直，唇分四瓣形，下颌较丰满。颈部较粗，露胸，内着僧衹支，腰间束带，外着双领下垂袈裟，衣纹写实，双手结禅定印，结跏趺坐于长方形台座上。袈裟下摆呈圆弧状垂于座前。

壁　画

无

题　记

主佛僧衹支右侧墨书“乜”字。

第112窟

窟　号　第112窟
时　代　北魏
位　置　位于西崖西上区，左邻第111窟，右邻第116窟，窟门下沿距栈道地面垂直高度1.55米。

形　制

平面方形、平顶。坐北朝南，南偏西25°。窟高1.50米、宽1.72米、进深1.60米。窟门有残损，门道呈纵长方形，高0.84米、宽0.71米、进深0.62米。窟内正、左、右三壁开浅圆拱形龛，正壁龛，高1.22米、宽0.90米、进深0.37米；左壁龛，高1.14米、宽0.84米、进深0.34米；右壁龛，高1.15米、宽0.90米、进深0.40米。龛内塑长方形台座。左壁台座，高0.28米、宽0.64米、深0.29米；右壁台座，高0.26米、宽0.70米，深0.30米。前壁与左、右壁转角地面塑莲台。前壁左莲台已残毁，右莲台，高0.05米、半径0.30米。

造　像

正壁龛内佛及座残毁无存，现存浮塑龛楣。左、右壁龛内各一身坐佛。左壁龛内影塑三身，右壁龛内影塑一身，前壁上方影塑一身。左、右壁与前壁拐角处各塑一身力士。左、右壁龛柱上各贴影塑一身坐佛，正壁左上部近窟顶处现存一身带背光影塑坐佛。总计12身。

左壁龛内佛，高0.60米。磨光高肉髻，面形长方，微微俯视，细颈削肩，体躯扁平。内着僧祇支，腰间束带，外着双领下垂袈裟，双手交叉相叠置于腹部，施禅定印。结跏趺坐于长方形台座上，袈裟下摆层叠垂于台座前。龛内左、右壁原有影塑数身，呈对称分布，自上而下可见四排，现仅存左壁第二排二身影塑坐佛，正中影塑，残存背项光，均施说法印。第四排据题记可知为影塑供养人。龛外壁面近窟顶处，原有影塑造像两排，现仅存壁面左侧第二排一身供养菩萨，头部残损，双手托物，置于胸前。

右壁龛内佛，高0.62米。造像体量大小、体态、面容、装束等与左壁龛内佛相同，龛内影塑排列与左壁龛内相同，自上至下原有四排影塑，现仅存右壁第三排一身立像。龛外左侧龛楣近窟顶处残存一朵影塑莲花，原有影塑造像现均已脱落无存。

左壁与前壁拐角处力士身，高0.98米。依靠墙壁，头脑后束小圆髻，怒目圆睁，眼窝深陷，鼻孔外翻，嘴唇微张，下颌棱角分明。颈部筋肉锁骨凸起，面容凶悍。肩搭帛带，绕于左右臂后自然下垂于身体两侧。上身袒露，腰系长裙，束带打结垂于裙前，腹左侧束带上佩圆形玉璧，并有垂带打结装饰。小臂、手部、足部均已残缺，作跨步状立于莲台上。

右壁与前壁拐角处力士，双足残失，残高0.85米。头脑后束小圆髻，双目圆睁，眼窝深陷，嘴唇紧闭，面部表情凶悍，额前有较深的皱纹，颈部筋肉凸起。肩搭帛带，从腋下垂至身体两侧。上身袒露，腰系长裙束带打结系于腹前，垂于裙前。腹右侧佩圆形玉璧，并有垂带打结装饰。双手屈肘握拳，一上一下，动势回头扭腰，足下作跨步状立于莲台上。

前壁原影塑造像数身，门道上方有影塑造像一排，现仅存门道左侧塑一身影塑坐佛，头部缺失，施说法印，结跏趺坐。

壁　画

窟顶正中及四角绘圆莲，在中心圆莲周边，有数身飞天形象及莲蕾装饰，四周边残留彩绘痕迹，烟熏严重。左、右壁龛内坐佛残存莲瓣形背光及同心圆项光；龛楣残存彩绘，龛外壁面力士绘项光。

题　记

左壁龛内左侧有墨书："弟子郎阿萨□□□□。""弟子□□□□□□□。""弟子□□□供养□□。"

正佛背光上右方刻划："至正十四年三月二十六日。"背光左方刻划："至正十四年三月。"

第113窟

窟　号 第113窟

时　代 北周（宋重修）

位　置 位于西崖西上区，左邻第121窟，右邻第179窟，窟门下沿距栈道地面垂直高度0.74米。

形　制

平面方形、四角攒尖顶。坐北朝南，南偏西15°。窟高1.45米、宽1.53米、进深1.28米。窟形基本完好，正壁砌一长方形台座，高0.25米、宽0.59米、深0.25米。左右转角及两壁前砌四个半圆形莲台，正壁左侧莲台，高0.02米。右侧转角莲台残损，桩眼外露。左壁莲台高0.03米，右壁莲台高0.02米。

造　像

窟内正壁塑一身坐佛，左侧转角塑一弟子，右侧转角塑像残毁无存，仅存一残损莲台，左右两壁各塑一立菩萨。共计4身塑像。坐佛为宋代重塑，弟子和菩萨均为北周原作。

正壁宋代重塑坐佛，高0.85米。低平发髻，额际中分后拢，发纹缕缕清晰可见，双眉细长，眼微启眼角上挑，目光略下视，内着僧祇支，胸前衣带打结后下垂，外着双领下垂袈裟，左手抚膝，右手已失，结跏趺坐于长方形台座上，袈裟下摆座前呈一片下垂。绘背项光，有火焰、忍冬、蔓草等。

左侧弟子，高0.72米。眉眼细长，双目下视，双耳平贴面颊，内着僧祇支，外着袈裟，左臂屈肘上举，左手拇指、中指指尖相接置于胸前，右臂屈肘平置、右手持钵置于腹部，立于莲台上。

左壁菩萨，高0.88米。高发髻，戴花冠，发辫分数缕搭于双肩，带项圈，内着僧祇支，肩披帛带绕臂下垂，左手持环状法器自然下垂，右手持莲蕾搭于右肩，下着长裙，跣足立于莲台上。

右壁菩萨，高0.85米。造像原倒于地面，2001年将其按原背桩位置固定于壁面，双足及莲台台基为当时修复时重塑。发髻残损，面部长圆，颈戴宽边桃形项圈，内着僧祇支，肩披帛带绕于小臂下垂，左臂略微上举，左手持圆形玉环飘带自然下垂于身前部，右臂屈肘上举，右手持莲蕾莲叶平置于胸前，下着长裙，裙带打结后分两缕下垂，跣足立于莲台上。

壁　画

正壁佛背项光为莲瓣形，背光多数已被素泥皮敷盖，外露部分可辨为火焰纹。项光呈同心圆，中间部分呈齿轮放射状，最外层绘忍冬、宝珠。

正壁右上方依稀可辨宝盖下一坐佛，其头部及胸部均已烟熏呈黑色，形象模糊。

题　记

正壁右侧刻划："至正十四年三月廿四日到此记。"

左侧近佛肩部竖向刻划："至正十四年十二月□□□□。"该题记左侧刻划："清水□□……□□。"其外侧竖向刻划："猪桥镇大云寺僧修广一行。"

右壁刻划："至元四年□□。"

第114窟

窟　号　第114窟

时　代　北魏

位　置　位于西崖西上区，左邻第115窟，右邻第179窟，窟门下沿距栈道地面垂直高度0.26米。

形　制

平面方形、平顶窟。坐北朝南，南偏西30°。前壁坍塌，窟高1.64米、宽1.68米、残进深1.65米。正壁前砌长方形座，高0.36米、宽0.60米、深0.35米。左、右两壁凿浅方拱龛，左壁龛，高1.00米、宽0.60米、进深0.27米，龛内台座，高0.12米、宽0.44米、深0.20米。右壁龛，高1.00米、宽0.69米、进深0.30米；龛内台座，高0.21米、宽0.46米、深0.23米。窟内正、左、右三壁壁面上部有外凸的泥塑坛台。

造　像

窟内正壁台座上塑一身坐佛，身后浮塑莲瓣形背光，背光上方残存两身影塑飞天。背光两侧壁面留存两层坛台，呈对称排列，上贴塑十身坐佛。左、右壁龛内台座上各塑一身坐佛，壁面各浮塑一身菩萨，立于窟内地面低坛台上。左、右壁上部近正壁砌一层坛台，分别与正壁第一层坛台相接，左壁坛台上存四身坐佛，右壁坛台上存三身坐佛。左壁龛楣上方残存两身对称分布的影塑飞天，右壁龛楣左上部残存一身影塑飞天。共计27身。

正壁佛，高0.84米。磨光高肉髻，长方面形，前额较宽，面颊略瘦，鼻隆且直，与眉相接。内着交领衣，外着通肩袈裟，衣角搭左臂下。双臂屈伸，左手握袈裟衣角置于左膝上，右手上举置于胸前，双手现残损。结跏趺坐于长方形台座上，袈裟下摆覆于台座之上，服饰表面以阴刻线装饰。佛身后浮塑背光，表面残存彩绘痕迹。

正壁主佛两侧壁面，均浮塑两层坛台，上有影塑造像，保存较为完整。壁面左侧上至下第一层坛台上贴三身造像，正中为思惟菩萨，两侧为立胁侍菩萨。第二层坛台上贴二身坐佛，左侧第一身施说法印，第二身施禅定印。壁面右侧上至下第一层坛台上贴三身造像，正中为交脚菩萨，两侧为立胁侍菩萨。第二层坛台上贴二身坐佛，均施禅定印，第一身佛头部缺失。

左壁龛内坐佛，高0.63米。磨光高肉髻，面形长方，双耳垂肩，神态与正壁主佛相似，着通肩袈裟，于胸前翻转环绕，搭于左肩上，施禅定印，结跏趺坐于台座上，座高0.14米。龛楣上方残存二身影塑飞天，呈对称分布，现头部均缺失。

龛外右侧菩萨，高0.86米。面形长圆，双目平视，抿嘴微笑。头戴三珠宝冠，宝缯自双耳后下垂，披于肩上。颈饰宽项圈，袒胸露臂。斜披络腋，双肩披帛带绕臂飘扬，左手拈飘带，右手执莲蕾，下着长裙，跣足立于莲台上。身后浮塑莲瓣形背光。背光上部留存一层坛台，与正壁第一层坛台相连。上贴四身影塑坐佛，第一身佛施说法印，其余皆施禅定印。

右壁龛内坐佛，高0.64米。磨光高肉髻，面形长方，双耳垂肩，神态与正壁主佛相似，内着僧祇支，外着袒右袈裟，表面以阴刻线装饰，手施禅定印，结跏趺坐于台座上。龛楣上方残存一身影塑飞天，现头部缺失。

龛外左侧菩萨，高0.86米。面容神态、装束与左壁菩萨相似，左手拈莲蕾贴塑于腹部，右手执飘带浮塑于壁面上，腿部残破，右脚缺失，跣足立于半圆形坛台上。身后浮塑莲瓣形背光。背光左上部有一层坛台，与正壁第一层坛台相接。上贴三身影塑坐佛，第一身佛施说法印，其余皆施禅定印。

壁　画

窟内原四壁及窟顶均有彩绘壁画，现仅存左、右后侧及顶部后侧，余则脱落无存，烟熏现象严重。

窟顶正中绘有圆莲图案，左侧有一身飞天形象，四周残留彩绘痕迹。窟顶近正壁角落处绘一圆莲图案。

正壁主佛身后项光残留莲花瓣同心圆，背光表面残留装饰性彩绘。正壁两层坛台均烟熏严重，影塑佛绘有背光，且背光之间有花卉装饰性图案。正壁左侧第二层坛台下部，留存两层彩绘，底层绘有供养人形象，表层涂有一长方形榜题框，内有墨书文字。右侧第二层坛台下部，绘有二身供养形象，相对而立，烟熏严重模糊。

左壁烟熏严重，正中方拱龛内绘莲花瓣项光及背光。龛内右侧壁面自上至下，上部绘一身飞天形象，下部似彩绘一身供养人，脚踩莲台。龛外可辨识菩萨身后背项光残留颜料层，影塑佛身后背光及装饰图案。

右壁模糊难辨，现留存龛内主佛身后莲花瓣项光，龛内左壁上部绘一身飞天图样，下部似绘1身脚踩莲台的供养人。龛外可辨识菩萨身后背光彩绘痕迹及影塑佛身后彩绘颜料。

题　记

窟内正壁佛背光左侧下方墨书：“嘉定十四年六月十九日承节郎□□□前游步四队时武章到此□记

游。”“正月桃花浪王□。”“正月桃花浪李。”“天水郡天水县/□□王昌瑞□□李镇生……”正龛背光上刻划：“□正十年四月慕二记西京佥人慕二记。”

左壁龛楣刻划：“光天丙申六月十三日到此。”同龛侧内刻划：“雍熙三年秦州王觉禅院僧□□□三人同至礼圣境记□”“□兴元年□□□。”左壁右侧刻划：“熙宁元年三月十六日壹行马二哥。”

右壁龛内左上方刻划：“熙宁三年吉安陇州□□□。”右上方刻划：“光化四年□□□。”菩萨背光上刻划：“治平二年四月上山□□□□。”

第115窟

窟　号　第115窟
时　代　北魏
位　置　位于西崖西上区，左邻第119龛，右邻第114窟，窟门下沿距栈道地面垂直高度0.56米。

形　制

平面方形、平顶。坐北朝南，南偏西55°。窟高1.07米、宽1.06米、残进深1.30米。窟内地面正、左、右三壁均塑有低坛台，高0.05米、正壁前深0.47米，左、右壁深0.22米。正壁前砌长方形台座，高0.24米、宽0.50米、深0.33米。左、右两壁前各有一圆形莲台，高0.05米、直径0.19米。

造　像

正壁塑一身坐佛，左、右壁各塑一身菩萨，且在左、右壁面近窟顶处浮塑影塑六身坐佛。共计9身。

正壁佛，高0.62米。阴刻旋涡状发纹高肉髻，面形方圆，前额较宽，面颊略瘦，双耳下垂。内着僧祇支，外着覆肩袒右袈裟，袈裟边缘刻圆弧状折叠纹，表面以阴刻线装饰。左手置于左膝上施与愿印，右臂屈肘上举、右手于胸前施无畏印，手指微残。结跏趺坐于长方“工”字形台座上。身后浮塑莲瓣形背光，彩绘残存莲花纹图案。上部绘香炉，香炉的左、右下侧绘持乐器的伎乐飞天，左、右各四身。台座正面束腰部分面墨书“景明三年”开窟发愿文一方。

左侧菩萨，高0.71米。面形长方，双目平视，高鼻无孔。头戴三珠宝冠，发纹以阴刻线表现。宝缯自双耳后下垂于两侧，发辫分三绺披于肩头。颈饰宽项圈，袒胸露臂，斜披络腋，肩搭披帛，左手下垂提净瓶，右手置胸前执莲蕾。下着长裙，双腿分开，跣足立于莲台上。菩萨背光中彩绘莲花纹和忍冬纹。

右侧菩萨，高0.71米。面容神态、装束与左壁菩萨相似，右手拈莲蕾于胸前，左手执飘带浮塑于壁面上，跣足立于半圆形坛台上。

六身影塑坐佛，均高约0.20米。贴塑于左右壁菩萨背光两侧影塑坛台上，现左壁存四身，右壁存二身，皆施禅定印。

壁　画

原窟内四壁及窟顶均有彩绘壁画，现仅存正壁背光两侧和左、右壁后侧及顶部，余则脱落无存。

正壁左、右侧壁面以白色线条分上、中、下三格，各绘三方壁画，其内容为《弥勒经》所说菩萨“六度”。左侧上格绘一比丘坐于圆庐帐中修禅，周围为山林，右上侧有墨书痕迹，模糊难辨。中格绘两身婆罗门，老者形象，瘦身变腰，手持树枝状手杖，均面向佛。靠内一身肤色为红色，上身袒露，下着及膝半裙，帛带搭肩下垂，帛带与半裙均为白色；靠外一身肢色为肉色，上身袒露，下着绿色及膝半裙。两身婆罗门均跣足，左手牵在一起，相互搀扶。靠内一身与背光间有白色榜题框；下格绘一鸟和莲蓬莲叶图案。右侧上方绘一比丘坐于山中圆庐账内，双手捧经阅读，旁有墨书文字；中格绘一人坐于楼阁中；下方绘一方形楼阁，内坐一左手持拂尘的俗装人物。

左壁菩萨右侧被白色线条分为上、下两格，上格上部连接影塑台绘忍冬图案，下部绘一身佛，着通肩袈裟，结跏趺坐于树旁，左侧两身呈胡跪菩萨，右侧存白色榜题框；下格绘托举夜叉一身。菩萨左侧前壁亦分上、下两格，上格上部连接影塑台，下部绘二身胡跪供养弟子，一身弟子身后有白色榜题框，一身弟子墨书题记；下格画面残存不清。

右壁菩萨左侧，同分上、下两部分，上部连接影塑坛台，绘有忍冬纹，及一身菩萨装的双翅天女；下部绘托举药叉。菩萨右侧背光上部可见一身鹿形象，其余壁面残损。

窟顶正中绘摩尼宝珠，一条龙围珠盘旋，四周数身伎乐天环绕，弹奏乐器有拍板、横笛、阮咸等，其中间隙绘莲叶、云气纹等。

题　记

正壁佛右侧比丘身旁墨书：“比丘僧慧□□。”

左壁菩萨左侧两身供养弟子像旁墨书：“弟子□□。”

正壁台座前墨书张元伯开窟造像发愿文，竖排13列，记190余字，是麦积山石窟所见最早有开窟纪年的题记：“唯大代景明三年九月十五日□□遣上□（邽）镇□（司）/张元伯稽首白常住三宝今在此麦积□□□/□□□为菩萨造石室一躯愿三宝兴/□（隆）法轮常转，众僧□□，无所□身，右愿国/祚永昌，万代不绝，八方偻负，天人庆僟，右愿弟/子所有诸师父母命之者神生兜率□面圣/尊□□（餐），教悟无生忍□右现在之右，愿使四大/康像，六府□烦寿益二宜，命不中夭，右愿/弟子夫妻儿媳现世之中众灾消灭，百□□吉/常为国之良辅学者，聪明□篋内列/诸典记□年□历代不移，及一/切众生普同成佛/愿子孙养大愿是见佛。”

第116窟

窟　号　第116窟

时　代　北魏（宋重修）

位　置　位于西崖西上区，左邻第117窟，右邻第112窟，窟门下沿距栈道地面垂直高度1.15米。

形　制

平面方形、平顶、横长方形敞口龛。坐北朝南，南偏西35°。龛高1.24米、宽0.9米、残进深0.30米。正、左、右壁地面前有低坛基，两侧坛基有破损，残高0.18米、深0.15米。正壁坛基前上有台座，高0.38米、宽0.18米、深0.15米。

本窟结构损毁较为严重，整窟前半部分均已坍塌，仅存后半部，左、右壁面敷薄泥覆盖。

造　像

窟内原塑一佛二胁侍造像，窟顶及壁面原存影塑数身，现窟内仅存一身宋代重塑坐佛，余则脱落无存。

坐佛造像保存完整，高0.62米。圆塑。头顶中分发髻，以阴刻线装饰。面容饱满，眉间有白毫相，双目微启，耳垂饱满外张，棱角分明。内着僧祇支，腰间束带，外披袈裟，袈裟下摆呈圆弧状垂于台座前。双臂屈肘微向上举于胸前，左手缺失，右手手心向内，五指均半截残失。结跏趺坐于台座上。身后浮塑莲瓣形背光，上有彩绘火焰纹等装饰性图案。台座前高浮塑莲蕾、莲枝、山水等形象。窟顶有影塑粘贴痕迹，现影塑造像均脱落无存。

壁　画

正壁背光两侧上方近窟顶处各彩绘二身弟子，背光两侧残存装饰性图案；左壁上部残存装饰图案，下部残留头光彩绘痕迹；右壁残存装饰图案及淡墨色勾勒人物形象。

题　记

佛背项光左侧刻划："应□（天）□□□□。"

龛内右壁中部墨书："横行无□。"

第117窟

窟　号　第117窟

时　代　北魏，（宋重修）

位　置　位于西崖西上区，左邻第116窟，右邻第118窟，窟下沿距栈道地面垂直高度1.28米。

形　制

平面方形、平顶窟。坐北朝南，南偏西50°。窟高1.30米、宽1.30米、进深1.30米。甬道方形，高0.85米、宽0.70米、进深0.65米。左壁台座高0.28米、宽0.48米、深0.36米。右壁台座高0.32米、宽0.54米、深0.30米。

造　像

现窟内正壁有一身西魏石雕坐佛（因外展移置文物库房），左、右壁各有一尊宋代重塑坐佛。现存2身造像。

左壁坐佛头部已残毁，残高0.56米，双肩浑圆，内着僧祇支，袒胸露腹，衣带于腹前打结后，分两缕下垂。外着垂领袈裟，双手于胸前施智拳印，结跏趺坐于方形台座上，袈裟下摆呈半圆形垂覆于座前。台座内部已毁，现用数块红砖支撑。佛身后壁面尚保存有北魏浮塑的莲瓣形背光。

右壁坐佛头部已残毁，仅存颈部以下身体，残高0.52米，双肩浑圆，佛体姿、装束、手印大致同左壁佛，结跏趺坐于方形座上，佛座内部已毁，用数块红砖支撑。佛身后壁面尚保存有北魏浮塑的莲瓣形背光。

石雕坐佛，身后有背屏，但残损较多，现通高0.87米。涡旋纹高发髻，面部圆润饱满，细长眉，两眼略下视，短颈削肩，挺胸敛腹，内着僧祇支，衣带打结后分两缕下垂，外着双领下垂袈裟，衣角搭左肘后垂覆于右膝上。左手施与愿印，右手置于胸前，腕部以上已残毁无存，结跏趺坐于“工”字形叠涩台座上，袈裟下摆呈“八”字形垂覆于座前。佛装表面阴刻稀疏刚劲的衣纹并施彩绘，现多已剥落无存。佛身后原有莲瓣形背屏式背光，现仅存右侧中下部少许。可辨佛头部后侧浮雕圆形头光，正中浮雕圆莲。背光三层并施彩绘，最内侧浮雕莲瓣。佛右侧浮雕一身弟子，内着僧祇支，外着袈裟。左手微屈于腹前，持一细颈圆腹瓶。右臂屈至胸前，手持一圆形物，脚穿圆头履，侧身向左、抬头目视主尊坐佛，周身表面施彩绘。

壁 画

窟烟熏严重，多数壁画内容已无法辨识。窟内顶部依稀可辨正中绘一大朵圆莲，四周绘流云、忍冬、莲花，以及数身飞天；右壁右上侧绘数个条形榜书框，旁边依稀可辨各绘一身供养人痕迹，腰束宽带，均手持花蕾。

前壁甬道上方壁面并列绘五身坐佛，正中一身两侧各绘一身胁侍弟子。造像身后均绘有背项光。

窟内壁画因烟熏严重，仅可辨识各种图案的大致线条轮廓。

题 记

正壁前石雕台座上有刻划题记三处。

左侧刻划："至元二十年□□□□王得诏到。"

右侧刻划："太平兴国九年四月/程秀二人□□寺主□□。""光天元年五月三日晨时□来与隽石孙博士同游礼/圣像故记之。"

第118窟

窟 号 第118窟

时 代 北周（宋重修）

位 置 位于西崖西上区，左邻第098窟，右邻第117窟，窟门下沿距栈道地面垂直高度1.18米。

形 制

平面梯形、拱顶浅敞口龛。坐北朝南，南偏西55°。龛高0.90米、宽0.82米、进深0.58米。窟形基本完好，正壁砌一方形台座，高0.30米、宽0.47米、深0.27米。

造 像

现存正壁前宋代重塑一身坐佛。

坐佛，高0.73米。头顶作中分式低平发髻，阴刻线发丝，脸形长圆，眉间白毫相，两眼微启，眉眼棱角分明，悬胆鼻，大耳垂，四瓣嘴。袒胸鼓腹，内着僧祇支，胸间系带，外着双领下垂袈裟，双手于腹前左手在下、右手在上施禅定印，结跏趺坐于长方形台座上，袈裟下摆分三片于座前。

壁　画

左壁下侧的宋代泥皮下露出底层壁画的白粉色。顶部前侧残存横条形底层壁画，可见白粉底色和一个赭红色的莲蕾形象。

题　记

无

第119窟

窟　号　第119窟
时　代　北魏（宋重修）
位　置　位于西崖西上区，左邻第182窟，右邻第098窟（西崖大佛），窟下沿距栈道地面垂直高度1.60米。

形　制

平面横长方形、圆拱顶浅龛。坐北朝南，南偏西28°。窟高1.07米、宽0.95米、进深0.48米。正壁塑长方形台座，高0.22米、宽0.56米、深0.42米。

造　像

窟内现存正壁前一身宋塑高僧像。

高僧像，高0.67米。面形长圆，弧眉凤目，眼袋外突，鼻梁高直，鼻孔外翻，双唇紧闭。短颈丰肩，颈部阴刻三道蚕节纹，内着低平僧祇支，衣带胸前打结下垂。外着双领下垂袈裟，双手于腹前结禅定印，结跏趺坐长方形台座上。袈裟下摆呈增圆形垂覆于座前，两侧衣角搭覆于座两侧。

壁　画

仅高僧左侧下方泥皮上残存有少许北魏原绘壁画，可辨为彩绘背项光，其中内侧绘纵向排列的联珠纹，边缘饰小圆点。其外侧升腾的火焰纹，以赭红、石绿为主。

题　记

无

第120窟

窟　号 第120窟

时　代 西魏

位　置 位于西崖西上区，左邻第171窟，右邻第127窟，窟门下沿距栈道地面垂直高度0.21米。

形　制

平面方形、平顶。坐北朝南，南偏西15°。窟高1.52米、宽2.10米、进深1.70米。甬道呈纵长方形，高0.99米、宽0.91米、进深0.79米。窟内地面沿左、右壁凿低坛基，高约0.10米、宽0.37米，表面敷泥皮。正、左、右三壁各砌一长方形台座，正壁台座高0.38米、宽0.81米、深0.38米，左壁台座高0.35米、宽0.63米、深0.39米，右壁台座高0.42米、宽0.62米、深0.45米。

正壁右上近窟顶处与第127窟前壁有一个凿洞，现已经封闭，高0.50米、宽1.15米。

造　像

窟内造像组合为三佛二菩萨二弟子像，正壁、左壁、右壁正中各塑一身坐佛。正壁左、右角内侧坛基上各塑一胁侍菩萨，与左、右壁坐佛共享。前壁左侧塑一身迦叶，右侧塑一身阿难。共计7身。

正壁佛，高1.24米。磨光高肉髻，面形长圆，细颈削肩。内着僧祇支，衣带胸前打结下垂，外着双领下垂袈裟，衣角搭左小臂后垂覆至左膝，袈裟下摆垂贴于台座前，繁复重叠。双臂屈肘前伸，左手手指略残，施与愿印，右臂屈肘前伸，右手已残损。右足外露，结跏趺坐于方形台座上。身后壁面绘背项光，烟熏较重，可辨身上局部残留有色彩。

正壁左角胁侍菩萨，高1.01米。面部圆润，细颈削肩，颈饰项圈。内着交领衣，下着长裙，帛带搭双肩于腹前打结后下垂。左臂微屈肘，左手持莲花平置于腹前；右臂微屈，右手执桃形玉璧置于身前。双足蹬云头履立于圆形莲台上。身后泥皮脱落不存，仅留右侧一半项光，内彩绘同心圆形纹。

正壁右角胁侍菩萨，高1.05米。神态衣着同正壁左角胁持菩萨相似，无项圈装饰。左臂微屈，左手自然下垂置于身前；右臂屈肘平置，右手持莲花于胸前，花蕊向上。立于圆形莲台上。身后正壁仅存左侧一半头光。

左壁佛，高1.05米。磨光高肉髻，神态同正壁坐佛相似，内着僧祇支，外着通肩袈裟，袈裟经右肩下垂至腹部外翻，搭于左小臂后垂覆于左膝。袈裟下摆叠压垂至台座前，衣带于腹部打结自然下垂，服饰厚重繁复，表面以阴刻线勾勒。双手置于腹前施禅定印，右足外露，结跏趺坐于台座之上。

右壁佛，高1.15米。磨光高肉髻，其神态与左壁、正壁坐佛相似。内着僧祇支，外着通肩袈裟，腰际系带打结下垂，右足外露结跏趺坐于台座之上，袈裟下摆垂于座前。

前壁左侧迦叶，高0.95米。弓背前倾，额头刻三道皱纹，高鼻深目，长眉下垂，内着僧祇支，半露身躯，身着袒右袈裟，右肩有系带连接肩部及腹部袈裟，袒露右臂。左臂屈肘平置，左手拎布袋置于腹部；右臂自然下垂，右手拎净瓶于身前。足穿鞋立于低坛基上。

前壁右侧阿难，高0.95米。内着僧祇支，外着通肩袈裟，左臂搭袈裟衣角。双手于胸前合十，手指残缺，双足穿鞋立于坛基上。

壁 画

原窟内四壁、窟顶及甬道壁面应皆绘壁画，现窟内仅正壁有壁画内容。主佛绘背项光，左、右角胁侍菩萨绘项光，并绘有供养比丘、供养比丘尼和供养人。在供养人旁，有可依稀识读的墨书题记。

佛项光左侧上部近窟顶处，绘一杏红色长方形榜题框，内容难识别，疑为后世所绘。榜题框左侧，菩萨项光上方，绘有一褐色人物形象。黑色题记框内容较难识读。

佛背光中左侧绘胁侍菩萨，依稀可辨识头冠、身形，立于莲台之上。右侧绘一对称人物形象，可辨识身形着淡绿色服饰及莲台。其下部，依稀可辨识两身人物形象，似为供养人。

左、右壁面可识别四排内容不同壁画，左壁自上而下所绘四排内容：第一排内容很难认出，仅存颜料层痕迹；第二排绘四身供养比丘形象，分别着袈裟，色彩各不相同；第三排绘男供养人形象，其形象均难以辨认；第四排绘有四身供养人形象，形象均已无存。所有供养人物身旁墨书题记大多可识读。

右壁自上而下所绘四排内容：第一排内容很难认出，仅存颜料层痕迹；第二排绘三身比丘尼形象，仅第三身着褐色袈裟，余两身难以辨识；第三排绘三身女供养人形象，第一身立于台上，着蓝色服饰，第二身难辨识；第三身着石绿色服饰；第四排绘三身女供养人形象，形象均难以辨认。所有供养人物身旁墨书题记大多可识读。

题 记

佛之左侧自上至下，第三排第二身前墨书：“亡□比丘进虔供养佛时。”第三身前墨书：“比丘才嶷供养佛时。”第四身前墨书：“比丘颜集供养佛时。”第四排第一身前墨书：“武□镇将王胜供养佛时。”第二身前墨书：“督左□骁骧将军天水太守王宗供养佛时。”第五排第一身前墨书：“督假伏波将军□石□□□供养佛时。”第二、三身前墨书：“弟□□……”第四身前墨书：“亡弟天水郡□□真供养佛时。”

佛之右侧自上至下，第三排第二身前墨书：“比丘尼洪静供养佛时。”第三身前墨书：“比丘尼道□供养佛时。”第四身前墨书：“比丘尼□和供养佛时。”第四排第一身前墨书：“□□□□□供养佛时。”第二身前墨书：“□□□□供养佛时。”第三身前墨书：“亡祖母□供养佛时。”第五排第二身旁墨书:“比丘尼□隆供养佛时。”

正壁上刻划:“孙三郎同□□□□妆塑主佛。”

第121窟

窟　号　第121窟

时　代　北魏(宋重修)

位　置　位于西崖西上区,左邻第113窟,右邻第122窟,窟门下沿距栈道地面垂直高度1.42米。

形　制

平面方形、重层覆斗顶。坐北朝南,南偏西35°。窟高2.53米、宽2.36米、进深2.13米。前有方形甬道,高1.27米、宽0.81米、进深0.70米。窟内正、左、右三壁各开一落地圆拱龛,龛外有浮塑尖拱形龛楣,龛内各塑一台座。正壁龛高1.74米、宽1.44米、进深0.80米,台座高1.00米、宽1.09米、深0.51米;龛内左右壁各作长约0.8米小坛台,正壁龛楣已残,仅左上角留存。左壁龛高1.83米、宽1.15米、进深0.76米,台座高0.95米、宽0.91米、深0.36米;右侧龛内两侧有六层小坛台痕迹。右壁龛高1.81米、宽1.17米、进深0.77米,台坐高0.92米、宽0.90米、深0.40米;右侧龛内两侧有六层小坛台痕迹。窟内地面与甬道平齐,沿壁面作低坛基,高0.12米、深0.21米。

正壁龛右上方曾与上层第127窟前壁西侧下部打通,1985年修补封堵。

造　像

正壁龛内塑一佛二弟子,两侧坛台上每侧悬塑五身弟子(现存八身),龛外左右侧各塑一弟子。左壁龛内塑一身菩萨,龛外右侧塑一身菩萨。右壁龛内塑一身菩萨,龛外左侧塑一身菩萨。前壁左右两侧各塑一身力士。其中正壁主佛及前壁左右二力士,头部为宋代重塑,左右二壁菩萨原为坐佛,宋代改塑为菩萨,其余为原作。共计19身。

正壁龛内佛,高1.47米。头部以及上身部分为宋代重修,袈裟下摆部分为原作。佛低平肉髻,阴刻线发迹。面形方圆,两耳垂肩,额间白毫相,双眼俯视,悬胆鼻,眼角、嘴唇棱角分明。内着僧祇支,外着双领下垂袈裟,阴刻线衣纹,袈裟下摆呈前后两层三瓣状垂于台座前,服饰表面有彩绘,上身彩绘无存,下摆彩绘处可见石绿色格子状“田相”纹。右臂屈肘前伸,左手拢袖拽衣摆搭于左膝上;右臂屈肘上举,右手手指已残。结跏趺坐于台座上。身后绘背项光,依稀可见多层同心圆形项光,内层为多层光环,最外层为波状双叶忍冬纹,椭圆形多层光环、莲瓣形三瓣火焰纹背光。

台座左侧弟子,高0.75米;右侧弟子,高0.74米。左侧弟子,左臂屈肘平置,左手拢袖于腰部;

右臂屈肘前伸，右手立掌做施礼状。右侧弟子，双手已残。皆内着僧祇支，腰系长裙，外着袈裟，阴刻线衣纹，足蹬云头履，躬身侍立，皆绘七层同心圆形项光，颜料以石青、赭红色为主。

正壁龛内左壁上部小坛台上悬塑十大弟子，现存八身，左五右三，另有一身现在藏文物库房。弟子，高0.33米。左侧五身弟子，其中最外一身无头，余容貌相似，面相苍老，颧骨隆起，高鼻深目，下颏突出，嘴角内敛；除靠内侧一身弟子，双手合十，其余四身弟子，皆一手至于腹前，一手立掌前伸做施礼状。服饰皆内着僧祇支，外着袈裟，袈裟下摆下垂覆于座前，阴刻线柔和流畅，结跏趺坐。右侧应有五身弟子，现存三身弟子，其中最外一身无头，余面相年轻，五官端正，服饰、手印与左侧弟子一致。

正壁龛外左侧塑螺髻梵王，高1.25米。顶束螺形高髻，额前有阴刻线发瓣，双眼微眯。内着僧祇支，下着坠地长裙，外着开襟大衣，服饰表面用阴刻线衣纹装饰。双手合十，足蹬云头履（右足云头残），身躯略向前倾，立于坛基上，与左壁右菩萨呈90°夹角。身后浮塑莲瓣形背光，彩绘多层同心圆项光。

正壁龛外右侧弟子，高1.20米。光头，头向右侧微倾，双目紧眯，面露微笑。内着长衫，外着袈裟，衣摆搭于左臂上，服饰表面用阴刻线衣纹装饰，双手微合，足蹬云头履（右足云头已毁），立于坛基上。身后浮塑莲瓣形背光，脑后彩绘同心圆形项光。

左壁龛内菩萨，高1.45米。头部及上身部分为宋代重修，部分位置可见原作泥层，袈裟下摆为原作。菩萨头顶作中分束发桃形高发髻，发丝可辨，戴冠（已毁），长圆脸，眉间白毫相，两耳耳郭、耳垂外翻，高鼻梁，眉眼线条棱角分明，嘴唇紧闭，颌下有横纹。颈部戴项链，内着交领长衫，腹部系带，带上花扣、铆钉可见，外衣自手肘处外翻，绕两臂下搭至膝部。左臂屈肘于腹前，左手已毁；右臂屈臂前伸，右手立掌于胸前，拇指、食指上举，其余手指已毁。右脚被外衣下摆包裹，结跏趺坐于台座上。

左壁龛外右菩萨，高1.25米。头顶束扇形高髻，前额有阴刻线发瓣。双目细长，面带微笑，上身略向右靠，身着交领长衫，腰间系带，衣带垂到膝前。帛带自肩部下垂于膝部交叉，再上卷搭于双臂。服饰表面用阴刻线衣纹装饰。左臂屈肘上举于胸侧，左手残；右臂微屈下垂，右手握莲蕾于腹侧。足蹬云头履（云头残）。身后浮塑莲瓣形背光，彩绘多层同心圆形项光。

右壁龛内菩萨，高1.44米。头部及上身部分为宋代重修，袈裟下摆为原作。菩萨顶作中分束发桃形高发髻，发丝可见，戴发冠，脑后左侧可见宝缯及发辫垂肩，长圆脸，两耳耳郭耳垂外翻，眉间白毫相，悬胆鼻，四瓣嘴，额下有横纹。颈戴两层项链，内着僧祇支，腰间系带，外着双领下垂袈裟，袈裟衣袖绕手臂下垂，左手衣袖下垂搭于左衣摆上，下摆分前后两层、左右两片垂于台座前，阴刻线衣纹。左臂屈肘前伸，手掌向上，除拇指外，四指已断；右臂屈肘上举，手掌上举，中指弯屈，食指、无名指向上，拇指扣向中指。左足外露，结跏趺坐。

右壁龛外左菩萨，高1.22米。顶束扇形高髻，前额有阴刻线发瓣，头向前微倾，闭目沉思，面带微笑，细颈削肩，内着中衣，下身着喇叭形长裙，外着交领长衫，腰间系带，衣带垂至膝前，帛带起翘，帛带自双肩下垂至膝前交叉上卷绕过手肘垂下。双臂屈肘向前，左低右高，左手持莲蕾，右手手指已残。足穿云头履而立。头后彩绘同心圆形项光。

前壁左侧力士，高1.26米。桃形高发髻，头戴冠，冠微残，额发中分，阴刻发线。浓眉紧皱，向右正视，上身穿垂领短衫，下着裙，胸前后外披两片铠甲，经肩部搭扣连结，腰间系带，阴刻线衣纹。双臂垂于两胯部，双手拢于长袖中。身后塑莲瓣形背光，彩绘多层同心圆形项光。

前壁右侧力士，高1.28米。高发髻，头戴冠，冠两侧残损，额前发髻中分，阴刻发线。浓眉高耸，瞠目张嘴。袒胸，帛带覆盖肩及上臂并下垂于腹部交叉分别上扬搭于双手小臂上。左臂前伸，手握金刚杵，右臂前伸，右手残。

壁　画

正壁佛左侧下方绘有三排供养比丘，现仅留七身，可辨识着双领下垂袈裟，拱手虔诚向佛而立，排列无序，右侧下方所绘已脱落。

窟顶中心原绘姿态各异的飞天，顶部四角彩绘圆莲及帐杆，所绘飞天大部分被烟熏，容貌已不能辨认，个别烟熏处脱落，显露形体轮廓及飘动的巾带。施色以石绿为主，因烟熏而变灰白。

题　记

无

第122窟

窟　号　第122窟
时　代　北魏（宋重修）
位　置　位于西崖西上区，左邻第121窟，右侧为崖壁，窟门下沿距栈道地面垂直高度1.42米。

形　制

平面方形、平顶。坐北朝南，南偏西30°。窟高2.15米、宽2.25米、进深2.18米。平顶甬道，高1.14米、宽1.07米、进深0.70米。近窟室位置残存门扇泥皮痕迹。窟内地面下凹作低坛基，高0.20米、深0.24米。正、左、右壁前砌有台座，正壁台座高0.58米、宽1.09米、深0.53米；左壁台座高0.58米、宽0.94米、深0.41米；右壁台座高0.58米、宽0.83米、深0.38米。窟形基本完整，左壁左侧及甬道内左侧坛基已毁。

1998年，本所工作人员对左、右两壁残损台座、背光等进行了加固和复原性修补。

造　像

窟内正、左、右三壁各塑一坐佛，正壁左侧塑一身菩萨，右侧塑一身弟子，壁面自上而下砌六层坛台贴十三身影塑坐佛。左壁右侧塑一身菩萨，壁面自上而下砌六坛台贴十六身影塑坐佛。右壁左侧塑一身菩萨，壁面自上而下砌七层坛台贴十五身影塑坐佛。前壁两侧原有造像已毁，现存于左侧的弟子非本窟原作。共计52身。左、右壁近顶部各贴有模制团莲，多呈褐红、灰黑二色，计左壁13朵，右壁12朵。

正壁佛，高1.50米。头为宋塑，中分式波折纹低肉髻，眉间白毫相，弯眉凤目，水泡眼袋，双眼略下视，悬胆鼻，四瓣形嘴，唇较厚，下颌前突，双耳平贴双颊，大耳垂。颈部以下为北魏原作，削肩平胸。内着僧袛支，中着对襟衫，衣带打结下垂，外着双领下垂袈裟，袈裟下摆呈三片垂于座前，服饰上有疏密相间的阴刻线。左臂微屈前伸，左手置于膝上，右臂微屈上举，右手掌心向外置于胸侧，五指残损，结跏趺坐于长方形台座上。身后浮塑莲瓣形背项光。

正壁左侧螺髻梵王，高1.22米。螺纹高发髻，额窄颐宽、面容清瘦，颈部戴宽项圈，内着僧袛支，外着双领下垂袈裟，深阴刻线衣纹。双手右前左后于胸前相握，左脚立地(已残)、右膝提起，臀部微扭，体形呈徐缓曲线。下着长裙。身后浮塑莲瓣形火焰纹背光。

正壁右侧弟子，高1.14米。光头，面容秀润，细颈削肩，躯干向右微扭，内着僧袛支，外着双领下垂袈裟，下摆下垂外扬，折褶式衣纹，阴刻曲线衣纹。左臂屈肘上举，左手于胸前持宝瓶，右臂自然下垂，右手拢于袖内，双足已毁。身后浮塑莲瓣形火焰纹背光。

影塑：正壁上方现存十三身影塑佛，其中五身无头，自上而下，佛左侧第一层现存二身佛；第二层存一身佛；第三层存一身佛，四、五、六层无存。佛右侧第一层现存七身佛，第二层无存；第三层存一身佛；第四层存一身佛，五六层无存。影塑佛，均磨光高肉髻，面容清瘦，着双领下垂袈裟或覆肩袒右袈裟，左臂屈肘平置，左手握衣角自然下垂于腹部，右臂微屈上举，右手掌心向外置于胸前，结跏趺坐。

左壁佛，高1.25米。头部为宋代重塑，中分式波折纹低肉髻，眉间白毫相，弯眉水泡眼，双眼微启下视，悬胆鼻，四瓣形嘴，厚嘴唇，下颌前突，双耳平贴双颊，削肩平胸。内着僧袛支，中着对襟衫，衣带打结下垂，外着双领下垂袈裟。左臂屈肘前伸，搭于左膝上，左手拇指残损；右臂屈肘上举，右手已断毁。结跏趺坐于长方形台座上。下摆呈三片垂于座前，服饰上有疏密相间的阴刻线。身后浮塑莲瓣形背项光。

左壁右侧胁侍菩萨，高1.21米。高髻已毁，戴项圈，内着僧袛支，披帛带于胸前十字交叉后绕臂下垂，上饰有莲朵及尖头鼓形璎珞，左臂屈肘前伸，左手残损，右臂上举，右手持宝珠状器物，下着长裙，跣足立于坛基上。身后浮塑莲瓣形火焰纹背光。

左壁上方现存十六身影塑佛，其中五身无头，自上而下，第一层背光上方现存四身佛，佛左侧现存四身佛，右侧存五身佛；第二层佛右侧现存三身佛，其余各层无存。形象与正壁影塑一致。各影塑坐佛之间还贴有模制团莲，共计13朵。

右壁佛，高1.25米。头部为宋代重塑，中分式低肉髻，发丝可见，长圆脸，眉间白毫相，弯眉水泡眼，双眼微启下视，悬胆鼻，四瓣形嘴，下颌前突，双耳平贴双颊，削肩平胸。内着僧袛支，中着对襟衫，衣带打结垂于胸前衣摆上，外着双领下垂袈裟，左臂前伸，左手搭于膝上，右臂上举，右手手指已毁，结跏趺坐于长方形台座上。下摆呈三片垂于座前，服饰上有疏密相间的阴刻线。身后浮塑莲瓣形背项光。

右壁左胁侍菩萨，高1.16米。高髻已毁，戴项圈，内着僧袛支，披帛带于胸前十字交叉后绕臂下垂，佩有莲朵及尖头鼓形相结合的璎珞，左臂屈肘，左手持净瓶垂于髋间，右臂前伸上举，右手持莲蕾，下着长裙，跣足立于坛基上。身后浮塑莲瓣形火焰纹背光。

右壁上方现存十五身影塑佛，其中四身无头，自上而下，第一层佛左侧现存七身佛，右侧现存六身佛；第二层右侧现存二身佛。形象与正壁影塑一致。与左壁对应，右壁影塑坐佛之间贴有模制团莲12朵。

前壁左侧弟子，高0.79米。光头，高鼻深目，高颧骨，身躯消瘦。内着僧袛支，外着袒右袈裟，衣角横搭于左手臂上，阴刻线衣纹。左臂屈肘平置于腹前，左手垂腕拎一带状物，右臂微屈下垂，右手提净瓶于腿侧，双足已毁。

壁　画

正壁佛、菩萨、弟子背项光均为浮塑莲瓣形，表层为宋代重绘，项光由墨绘卷云，团花构成。背光内以较粗墨线勾勒成四层莲瓣形，最外边为墨绘缠枝牡丹、菊花图案，依次填涂黑，白、褐红等色，因烟熏严重而显得较为杂乱，依稀可辨有北魏彩绘火焰纹、飞天等图案，菩萨、弟子背项光处可见绘有火焰纹。

左壁表层彩绘与正壁基本相似，但残损较为严重。左壁佛左上侧表层彩绘脱落，露出底层北魏彩绘一身供养菩萨，高髻上有束带，长圆脸，戴项圈，内着褐红僧袛支，外着石青色外衣，色彩艳丽。佛右侧同一高度亦可辨识出二身相似菩萨形象。

窟顶部表层彩绘莲叶，莲花图案，因烟熏已严重炭化，仅内左侧部分尚可辨识。底层局部细节可辨为北魏彩绘。

题　记

无

第123窟

窟　号　第123窟

时　代　西魏

位　置　位于西崖西上区，左邻第098窟，右邻第124窟，窟门下沿距栈道地面垂直距离0.88米。

形　制

平面方形、平顶窟，坐北朝南，南偏西28°。窟高2.47米、宽2.45米、进深2.35米。甬道方形，高

1.15米、宽0.85米、进深0.85米。正、左、右壁各开一圆拱形浅龛，龛高约1.15米、宽1.00米、进深0.40米，龛距地面0.43米。左、右壁龛前坛基上各砌一长方形台座，正壁台座高1.15米、宽1.08米、深0.38米；左壁台座高0.98米、宽0.93米、深0.59米；右壁台座高1.00米、宽0.89米、深0.54米。壁面泥皮基本剥落殆尽，崖壁外露，现有凹槽、桩眼、凿痕遗迹存留。窟内由窟口内侧下沉0.33米是为前壁坛基，再下沉0.30米为窟内地面（地面较窟口低0.63米），坛基高、宽各为0.30米。

造　像

窟内正壁龛内塑释迦牟尼佛，龛外两侧各塑一胁侍菩萨。左壁龛内塑维摩诘，龛外左侧塑一童男，右侧塑一立弟子。右壁龛内塑文殊菩萨，龛外左侧塑一弟子，右侧塑一童女。共计9身。

正壁释迦牟尼佛，高1.21米。磨光高肉髻，方圆脸，细颈削肩，双目微启俯视，内着僧祇支，衣带自胸前打结下垂，外着双领下垂袈裟，下摆自手臂处垂于膝上，左臂屈肘前伸，左手施与愿印，右臂屈肘上举于胸侧，右手施无畏印，结跏趺坐于方形台座上。袈裟下摆分两片，多层垂覆于座前，阴刻线衣纹饰于表面。佛背后残留白色项光与背光痕迹。

正壁左侧菩萨，高1.16米。束发戴冠，面形长圆，眉眼清秀，双目微启，嘴角内陷，身着交领裙衫，腰间系带作结下垂，外披帛带，帛带自双肩垂下，肩部有圆形饰物，左臂自然下垂，左手掩于衣袖之内，右臂屈肘平置，右手垂腕置于腹部。双足已毁，立于低坛基上。

正壁右侧菩萨，高1.2米。顶束扇形双发髻，发根处有发簪，面相方圆，双目微睁，嘴角内陷，身着交领裙衫，腰间系带作结下垂，外披帛带，多层折叠自双肩逐次垂下，肩部有圆形饰物，左臂屈肘平置，左手垂腕置于腹部，右臂自然下垂，右手掩于衣袖之内。双足已残，立于低坛基上。

左壁维摩诘，高1.01米。顶束高髻，双目微启俯视，嘴角内陷，细颈削肩，身着对襟外衣，左臂屈肘前伸，左手于衣袖内遮掩自然抚于膝上，右臂屈肘上举，右手伸五指举于胸际，结跏趺坐于方形座上。衣下摆垂于座前。

左壁左侧童男，高1.14米。面相浑圆，头戴露顶毡帽，脑后发辫歪向一边，前额饱满，两眼微眯，两颊略瘦，高鼻梁，嘴角内陷微翘。身穿圆领窄袖长袍，双手拢袖置于腹前，足蹬毡靴而立。

左壁右侧弟子（阿难）高0.94米，头光宽额，双目微眯，内着僧祇支，外着垂领袈裟，双手拢袖于胸前，足穿履站于圆形台座上。

右壁文殊菩萨，高1.19米。束发戴冠，长方形脸，五官端庄，低头俯视。细颈削肩，身着交领衣，下摆搭于座上，腰间束带作结下垂，衣纹以水波纹褶皱和疏朗的阴刻线条为主。肩搭宽博的帛带，肩头有圆形饰物，左臂屈肘前伸，左手掩袖置于膝上，右臂屈肘上举，右手置于胸前。结跏趺坐于方形台座上。龛内绘有多层同心圆式项光，最外侧第二圈项光内有忍冬纹样遗迹。

右壁左侧弟子（迦叶），高0.94米。光头，高鼻深目，细颈削肩，眯目低首，嘴角含笑，内着僧祇支，外着袈裟，双手拢袖于胸前，足穿履站于圆形台座上。

右壁右侧童女，高1.14米。头梳双环丫髻，偏向两边，双眼微闭，鼻直有棱，嘴角内收，双唇半启，内穿圆领长袖衣，外裹及胸喇叭裙，衣物质感厚重。

壁　画

四壁面基本脱落无存，仅龛内及窟顶存留部分，约8.5平方米。窟顶隐约可见以中心圆，环绕有飞天、飘带，忍冬、莲花、化生童子等图案形象。

题　记

窟内正壁左侧刻划："熙宁八年四月吴□哥□在前林□□□□□□。"正壁右上角刻划："乾德四年□月二十日。"

右壁左侧上方刻划："天圣□□六年四月十八日。"左侧刻划："开宝九年四月七日到此/赵……""□定国僧缘走一行三人天□四年七月游薛重贵到此。"上部刻划："长兴元年六月七日王堂□□□。"左侧下方："开宝九年四月五日到此游。"

前壁门上部："太平兴国玖年□□□王浩等□□□。"左下方刻划："政和三年二月七日天水李桂成□清甘二人到此留念。""□德□年五月十三日□□□。"

第124窟

窟　号　第124窟
时　代　西魏（宋重修）
位　置　位于西崖西上区，左邻第126窟，右邻第123窟，窟门下沿距栈道地面垂直高度1.32米。

形　制

平面横长方形、斜敞口方拱形浅龛。坐北朝南，南偏西23°。窟高1.30米、宽1.08米、进深0.80米，外立面呈竖长方形。窟内正壁下方通壁凿一长方台座，高0.26米、深0.29米。左、右壁前各凿低坛基，高0.10米、深0.21米。

造　像

窟内正壁坛台上塑一身坐佛，左、右壁各塑一身胁侍菩萨。共计3身。

正壁坐佛，高0.66米，宋代对上半身进行了重塑，佛双膝以下部分表层泥皮剥落，露出西魏原塑的佛装下摆。头中分式束发低平肉髻，有肉髻珠。面形长圆，弯眉凤目，水泡形眼袋，两眼下视，鼻梁高直，四瓣形嘴，下颌丰满。短颈丰肩，颈部阴刻三道蚕节纹，挺胸袒腹，内着僧衹支，腰部系带，打结后分两缕下垂，外着垂领式袈裟，衣一角搭覆左肘下垂。左手掌心向上，掌背置于右脚掌上，左手拇指压在并拢前伸的食指和中指间，无名指与小拇指内屈；右手于右胸外侧施说法印，五指均已残损。结跏趺坐于坛台之上。袈裟下摆呈“八”字形垂覆于台座前，衣纹线条舒展而流畅。佛背后壁面彩绘背项光，项光内至外共六层同心圆，依次填涂红、白、黑、石青、赭红、黑色，背光由条带纹组成的舟形，其外缘彩绘由石青、赭红两色组成的升腾状火焰纹。

左壁胁侍菩萨，内部泥层为原作，但表层泥质几乎完全脱落，宋代对表层进行重塑，但只有个别位置保留重修泥层。发髻无存，残高0.76米，表面有多处残损剥落现象。头部大部分残毁，面部仅存左眼及嘴以下部分，下颌圆润。颈以下右肩至右臂处宋代重塑尚存，左肩及以下部分西魏原塑外露，可辨菩萨穿宽袖袍服，下着长裙，双脚以下部分已模糊不清，残损较多。

右壁胁侍菩萨，内部泥层为原作，但表层泥质几乎完全脱落，宋代对表层进行重塑，但只有个别位置保留重修泥层。头部仅存大形，残损严重，残高0.74米。塑像内胎外露，颈及双肩残存宋塑泥皮，胸部表层泥皮无存，以下部分虽然风化严重，但依然大致可见菩萨身着大袖袍服，平置于胸前，右臂微屈，手纳入袖中，贴膝下垂。下着长裙，足蹬圆头履，立于坛台之上，风化剥落较为严重。

壁　画

窟内壁画保存较少，约0.50平方米，残破模糊，细节无法辨识。

题　记

佛左侧项光第三层竖向刻划，仅可辨“开元寺”三字。

第125窟

窟　号　第125窟

时　代　北魏

位　置　位于西崖西上区，左侧为崖面，右邻第171窟，窟门下沿距栈道地面垂直高度1.68米。

形　制

圆拱形龛。坐北朝南，南偏西30°。龛高0.75米、宽0.74米、残进深0.55米。正壁正中留存一直径0.05米的桩眼，桩眼正上方有雕凿凹陷痕迹，左壁正中留存一直径0.04米的桩眼。洞窟结构保存不完整，大部分坍塌损毁。现整龛为空龛。

造　像

原存塑一身坐佛，现藏麦积山石窟艺术研究所文物库房。

壁　画

无

题　记

无

第126窟

窟　号　第126窟
时　代　北魏
位　置　位于西崖西上区，左邻第125窟，右邻第124窟，窟门下沿距栈道地面垂直高度0.97米。

形　制

平面方形、平顶窟。坐北朝南，南偏西23°。窟高1.75米、宽1.77米、进深1.65米。前有方形甬道，高1.10米、宽1.08米、进深1.06米。窟内地面沿四壁凿凹形低坛台，高0.05米、深0.05米。正壁前砌有方形台座，高0.44米、宽0.83米、深0.48米。正壁左、右两侧及左、右两壁前部共有四个二重半圆形台座，高0.06米、半径0.21米。

造　像

窟内正壁塑一坐佛，左侧塑菩萨，右侧塑弟子阿难，左右两壁各塑一力士，窟内四壁贴影塑佛、供养人、飞天、菩萨等。计塑像5身，影塑34身，共39身。

正壁佛，高1.10米。高肉髻，面形方圆，鼻梁高耸直通额际，眉骨高隆，眼角细长，嘴小唇薄，两肩窄瘦，身体微微向前，内着僧祇支，胸前有两带打结后下垂，中着双领下垂衣，外着袒右袈裟，袈裟下摆在台座前呈三片半圆式下垂。双手残损。佛身后浮塑莲瓣形背光，内为圆环形，外绘忍冬，边沿绘火焰纹，施色多以石青、石绿等色为主，有的色泽已变为黑色。

左侧菩萨，高1.14米。束扇形高发髻，额前厚重齐刘海，两鬓较薄，鼻高唇薄，面相方正，双肩有帛带，双手合十，下着长裙而立，双足残损。菩萨身后浮塑圆形项光。

右侧弟子，高1.02米。面形清秀，弯眉细眼，嘴小唇薄，内着僧祇，外着双领下垂袈裟。左臂屈肘上举，左手掌心向外置于肩前；右臂微屈下垂，右手拢于袖内置于跨侧。足穿鞋而立。身后浮塑圆形项光。

左壁力士，高1.05米。怒目圆睁，眉毛眼角上扬，嘴微张呈吐舌状，颈部喉结及经骨凸起，内穿双领宽袖长袍，外穿铠甲，上身及头部微向左倾斜，左臂微屈下垂，左手拢于袖内置于跨侧，右臂屈肘平置，右手置于腹前，跣足而立。

右壁力士，高1.02米。怒目眼圆睁，眼球凸出，颧骨高耸，嘴微张露出上齿，两颊上阴刻皱纹，颈部喉结凸起，内着僧祇支，下着长裙，外着宽肩帛带，帛带顺双肩下垂于腹前交叉上绕于臂弯后自然下垂。左臂屈肘置于腹侧，左手已失，右臂屈肘上举，右手握拳置于胸部。左脚平踩，右脚呈垫脚状脚面胫骨凸起，跣足而立。身后浮塑尖桃形项光。

四壁现存贴影塑佛、供养人、飞天、菩萨等三十四身，其中二十二身佛头部残失，着袒右袈裟，右手掌心向外上举，左手于腹部握衣角，结跏趺坐。

正壁及顶部现存三身飞天，其中顶部一身飞天，头残失，其余两身飞天保存完整。内着僧祇支，外着天衣，左手置于腹前，右手掌心向外举于胸部。

左、右壁及前壁现存八身菩萨，头均残失，上着僧祇支，下着长裙，身体微侧向旁边坐佛。

右壁现存一身供养人，头已残失，内着交领衫，右手置于胸前，左手自然下垂，下着长裙。

壁画

窟内壁画部分保存，均较模糊，正壁两侧绘供养人、菩萨。四壁隐约可见花卉图案。窟顶残存圆莲图案及一身飞天。

题记

窟内前壁墨书：“仰天地麦□□□□。”“府兰昙在此住人□□□。”

右壁右侧墨书：“秦州……至治三年四月初八日一行人□□□。”

第127窟

窟　号　第127窟

时　代　北魏（宋、元重修）

位　置　位于西崖西上区，左邻第158窟，右邻第120窟，窟门下沿距栈道地面垂直高度1.20米。

形 制

平面横长方形、四面坡式盝形顶。坐北朝南，南偏西20°。窟高3.94米、宽8.56米、进深4.65米。纵长方形甬道，高2.18米、宽2.12米、进深2.88米，甬道壁面泥皮全部脱落无存。窟内正、左、右三壁正中各开一圆拱形敞口大龛，其中正壁龛，高2.40米、宽1.90米、进深0.76米；左壁龛高2.64米、宽1.92米、进深0.60米；右壁龛，高2.67米、宽2.00米、进深0.60米。左壁龛内台座高0.50米、宽1.08米、深0.59米；右壁龛内台座，高0.49米、宽0.95米、深0.48米；窟中间塑一高台座，高1.06米、宽1.42米、深1.38米。窟内顶部各壁转角均凿出雕仿木构的帐杆，表面均敷泥皮并彩绘各种花卉图案，在顶部藻井四角及四壁转角各浮塑一朵圆莲。

窟形基本完好，甬门内前侧顶部略有坍塌，前壁左侧下方有一处破损处的壁洞通往第120窟。20世纪80年代加固工程已修补。

造 像

窟内正壁龛内置石雕一坐佛二胁侍菩萨，左、右壁龛内各塑一坐佛二胁侍菩萨，窟内正中置宋或元塑一坐佛二胁侍菩萨。共计12身。

正壁龛内正中为石雕莲瓣形背屏式坐佛，通高2.05米、佛高1.40米。面形长圆，涡旋纹高肉髻，额际方正，眉间白毫相，短颈端肩，挺胸敛腹，内着僧祇支，中着双领下垂衣，衣带胸前打结后分两缕外露下垂，外着双领下垂袈裟，衣角搭左小臂后自然下垂覆左膝，左手与愿印，右手无畏印，结跏趺坐于方形台座之上。袈裟下摆呈三片式垂于座前，其间袈裟下摆外露，呈燕尾形展开，服饰表面阴刻衣纹线。佛后有背项光，项光为高浮雕圆形，内为圆莲，周边饰莲瓣，上方正中高浮雕一身化佛，两侧各浮雕一组变体莲花和莲叶。覆莲台下方左、右各生出一组缠枝莲茎，将主佛莲瓣形项光圆绕其中，每组莲茎转折处均浮雕有莲蕾、莲花、忍冬、化生童子等。外侧圆形装饰纹带较宽，以上方正中化佛为中心，两侧半圆形共浮雕十二身伎乐飞天，左右对称排列，每侧六身。均束发高髻，眉清目秀，上身袒露，帛带搭肩绕臂，向后飘扬，双手演奏各种乐器，可辨者有埙、胡角、排箫、阮咸、筚篥、长笛、钹、腰鼓、箜篌、古筝等。下着裹足长裙空中飞行。背光呈莲瓣形，尖顶部分浮雕莲花宝珠，两侧对称浮雕忍冬纹。伎乐天空隙之间浮雕有圆莲、流云及莲花等图案。两侧各对称浮雕一身弟子，均为半隐式，身穿袈裟，双手拢于胸前，头向外视。左侧弟子神态苍老，右侧弟子面容稚嫩。弟子外侧各对称纵向雕四身飞天，体姿多样，均手持各种供养物。

正壁龛内左侧石雕菩萨，通高1.51米，身高1.09米。头戴高冠，饰摩尼宝珠。发髻笼于冠内，外露部分上等距饰宝相花，宝缯于耳后垂至双肩，上垂饰一圆形饰物，垂带自肩前贴身下垂至双肘外侧。面形长圆，弯眉细长目，直鼻小口，短颈端肩，挺胸鼓腹。颈饰项圈，戴手镯。内着僧祇支，帛带胸前十字交叉后，上绕再搭肘下垂至裙裾两侧，帛带表面装饰有玉米穗状瓔珞。左臂屈至腹前，手持一桃形玉璧，右臂上举齐胸，右手掌心向外，五指并拢，下着束胸长裙，衣带自胸前分两缕下垂至双膝之间，跣足立于圆形覆莲台上。头部后有项光，中心为圆莲，外为桃形。

正壁龛内右侧菩萨，通高1.50米、身高1.10米。体姿、神态、服饰、装束等基本左侧菩萨，但手姿相反。

左壁龛佛，高1.63米。头部和上身部分经宋代重塑，袈裟下摆可见原作。宋代泥层厚重，残破处可见原作泥层。佛短颈端肩，袒胸鼓腹，内着僧祇支，衣带打结下垂，外着双领下垂袈裟，左手施与愿印，右手施无畏印，结跏趺坐于长方形台座上。袈裟下摆呈"八"字形垂覆于座前。

左壁龛内左侧菩萨，高1.37米。双叉式高发髻，面形清秀，弯眉细目，直鼻小口，细颈削肩。上身袒露，帛带至膝前十字交叉后上绕分别搭双肘后下垂，颈部两侧各一圆形饰物，其下缀饰三缕飘带，贴双肩下垂至肘部。颈戴桃形宽边项圈，其末端缀一忍冬形花饰，腕佩手环。身体略呈弓形，左手扬至胸前，五提并拢，掌心向内；右手平置前伸，掌心向上，托一方形果盘。下着长裙，束带腹际打结之下分两缕下垂，跣足立于坛台之上。

左壁龛内右侧菩萨，高1.36米。头戴方形冠，帽檐前端饰莲瓣宝珠，发辫自耳后披至双肩。面容、神态、装束基本同左侧菩萨，头略前倾，身姿挺拔，左手前伸齐肩，掌心平直向上，五指略分，作恭请状；右臂微屈至膝前，手持帛带一角，跣足而立。

右壁龛佛，头部和上身部分经宋代重塑，袈裟下摆可见原作。宋代泥层厚重，残破处可见原作泥层。高1.70米。装束、神态大致左壁佛，手印略有不同，双手分别平屈于腹前两侧，五指残毁无存。

右壁龛内左侧菩萨，高1.51米。双叉中分式高发髻，发辫自耳后垂至双肩，面容清秀，长肩细目，直鼻小口，细颈削肩，上身袒露，帛带至膝前十字交叉后上绕分别搭双肘后下垂，颈部两侧各一圆形饰物，其下缀饰三缕飘带，贴双肩下垂至肘部。颈戴桃形宽边项圈，其末端缀一忍冬形花饰，腕佩宽边手环。左臂基本残毁，右臂屈肘前伸，掌心平直向上，托一方形果盘（部分残损），下着长裙，衣带腹际打结之下分两缕下垂，跣足立于坛台之上。

右壁龛内右侧菩萨，高1.46米。发髻、体态、装束基本同左侧菩萨，左手置于胸前，手持一支带柄莲花，右手自然下垂，在膝前微屈，手握帛带。

窟中间宋代重塑佛，高2.50米。低平螺纹发髻，顶有肉髻珠。面形长圆，弓形眉，水泡眼，双目下视，鼻梁高直，双唇紧闭，下颌丰满，两耳紧贴且略外撇。短颈、端肩、挺胸、袒腹，内着僧祇支，外着双领下垂宽博袈裟，左手抚左膝，右臂平伸于右膝前，手毁，结跏趺坐于"工"字方形台座之上。袈裟下摆呈半圆形悬垂于座前。服饰表面有沥粉堆贴的彩凤、卷云等图案。

窟中间左侧菩萨，高2.23米。侧身姿，头戴尖帷式披帽，发髻齐额，两端有束带垂饰。面形上宽下窄，弯眉细长目，直鼻小口，短颈削肩，上身袒露，帛带搭肩绕臂后，贴膝下垂。左手斜举置于胸前，右手平置于腹际，下着三叠式长裙，跣足立于圆形重层莲瓣莲台上。莲台高0.22米、直径0.89米。

窟中间右侧菩萨，高2.27米。束尖椎状发髻，外罩风帽，宝缯自耳后垂及双肩，神态、装束同左侧菩萨，双臂屈肘平置，左手朝下，右手朝上，五指展开，结施法印，跣足立于圆形重层仰莲台上，莲台高0.20米、直径0.89米。

壁 画

该窟是麦积山北朝时期壁画保存最为丰富和完整的窟龛。窟内正壁上方绘涅槃经变，下方对称绘礼佛图。左壁上方绘维摩诘经变，下方绘听法信众。右壁上方绘西方净土变，下方不明。前壁上方通壁绘七佛图，下方甬门左侧绘地狱变，右侧绘十善十恶图。窟内顶部正中绘诸天赴会图，正、左、右披连续绘萨埵那太子本生故事，前披绘睒子本生故事。

正壁龛外上方通壁绘涅槃经变，正中绘一坐佛二胁侍菩萨，均褒衣博带装束，佛上方绘宝盖，菩萨身后各绘一株树。画面左侧绘众生结集和临终说法。其中下半部分残毁，上半部分左侧树林之中，一条河流蜿蜒前行，其间侍立有成排站立的比丘、天龙八部、世俗信众等，右侧佛仰卧于棺椁之内，其外侧佛倚坐于宝盖之下，正在说法。画面右侧绘毗荼场景和八王争舍利图，毗荼场绘于左上方，八只舍利瓶并列放置于条案之上，四周绘围栏，等距插有旌幡，右下方以山石、树木做分割，绘多组横向行进的队伍，或乘骆驼，或坐轿舆，士卒手中分别持长矛、刀、剑、盾牌等兵器，彼此做厮杀状；龛外两侧壁面彩绘剥落、刻画十分严重，内容大部分已模糊不清，依稀可辨原绘内容为礼佛图。

左壁龛外上方通壁绘维摩诘经变，正中为吉祥天女，手持花篮，面对左侧文殊菩萨众一侧而立，文殊菩萨头戴宝冠，倚坐于束帛座上，上方悬浮华盖，宝座前卧一尊青狮。两侧绘数排虔恭聆听辨法的诸菩萨、弟子、比丘、比丘尼等众。下方绘数排世俗信众，最前侧为国王夫妇，周边环绕执席、筵席、盂等器皿的侍女。吉祥天女身后下方绘一方形饰山花蕉叶的帷帐，依稀可辨右侧维摩诘跽坐于床榻之上，四周绘前来听法的弟子、比丘等信众。帷帐下方内容多已模糊不清。

右壁龛上方通壁绘西方净土变，正中殿堂内绘阿弥陀佛，两侧分别绘观世音、大势至菩萨，殿前正中绘一建鼓，两侧各绘两名舞伎，前面一人击打建鼓，后面一人翩翩起舞。其两侧各绘四名乐伎，并排斜向跽坐于筵席上，演奏箜篌、扁鼓、排箫、横笛等各种乐器。下方绘七宝莲池、八功德水。乐队外侧两边各对称绘一对方阙，外侧上方各对称绘两身飞天，飘带迎风飞舞。龛两侧彩绘内容剥落、残损严重，无法辨识，内容不详。

前壁上方通壁并列绘七佛图，均面容圆润，眉目含笑，穿褒衣博带袈裟，服饰色彩鲜艳。均施说法印，结跏趺坐于“工”字形方台座之上。每身佛上方均饰装饰华丽的宝盖，两侧飘带、垂幡等下垂及地面。两侧均绘有胁侍菩萨和弟子。

前壁下方甬道左侧绘地狱变之十恶图，由于烟熏及刻画严重，绝大多数内容已模糊不清，难以辨识，仅存少许题记和画面内容，可辨识者有“此人生时好□□□□□刀山地狱”“此人生时好□□□□□令入截臂地狱”等题记；甬道右侧壁绘十善图，画面分为两个部分，前部绘阎王殿，可辨殿堂之内台基上，阎罗王居中，两侧侍立判官，下方庭院内小鬼正在拘押亡灵。两侧山墙之下，各并列站立有五身手持长矛的武士。后部绘十善图，中间绘一组庭院，正中为一座二层式楼阁，楼顶站立一人，手持亡者衣服，正在招魂。身旁榜题曰“此人行十善得参道时”，他脚下房屋内床榻之上，仰卧一名死者。庭院右前方绘有数组迎面飞来的罗汉和菩萨，以示迎接生前行善之人。旁有榜题曰“此人生前行善诸天罗汉来迎时”。庭院下方门楼前，数名披甲骑马的武士正在飞驰，以示迎接既将入地狱的生前行恶之人。

窟顶正中藻井呈横长方形，绘诸天赴会图，画面分前、后两部分。前部绘一菩萨装，足踩莲花，扭身回首，似作导引状，急速行进于天际之中，众飞天前呼后拥伴其左右。导引菩萨及众飞天之后，绘一装饰华丽、旌旗翻飞、四龙牵引的宝舆紧随其后，车厢内双重宝盖之下，一人端坐其中，旁有人非人等随车而奔，宝舆左右及其后侧有众多乘龙骑行的护卫紧随。

窟顶正、左、右三披通壁绘萨埵那太子舍身饲虎本生故事。画面以连续多情节从左到右按顺序展开。左披内三太子出游、回宫报信等内容。正披壁画内由于泥皮剥落仅存三块互不相连的壁画，仅存车马人物行进图像，当为表现国王闻后率众前往三太子舍身饲虎之地的情景。右披绘萨埵那太子舍身饲虎内容。

窟顶前披绘睒子本生故事。画面从左至右展开，左侧绘伽夷国王和群臣、士卒做狩猎前的各种准备工作。中间绘国王狩猎、误伤睒子的情景。右侧绘国王及侍从探视睒子亡父母以及帝释天施救等情景。

窟内壁画整体保存较好，但四壁下半部分画面内容风化剥落严重，绝大多数已模糊不清，无法辨识。前壁烟熏严重。

题 记

正壁龛内佛像右侧刻划：“山西平定州高罕/至正二年四月初八日上香/正统四年□月初一日。”左侧菩萨头光上刻划：“康熙三年二月/凤翔押衙贾省木，赵仁蕴、雷司马七时于□宝五年五月十三日记之/李敬能游此天成四年。”右侧菩萨项光上刻划：“龙纪元年。”

正壁龛外右侧壁面刻划：“薛兴/刘岐二人建□四年/北京顺天府大兴县郝谏□嘉定二年三月二十日/宝正三年三月二十一日/西和□军□张伯兀同□□此山□□□□□/秦州弟子□迪见佛了生死，世世行菩萨道愿来三丈诸凡愿得□□心地开通□□愿共一日□□□□/乾宁元年二月二十三日，凉州山客人□□□/天复□年正月□□□。”

左壁龛内左侧刻划：“赵□□天复八年十月□日到□□/绍熙八年□□□。”右侧刻划：“咸通三年□□。”

中间坐佛须弥座左下侧墨书：“宣德七年十二月□□□住持。”

备注：窟内原存“北魏法生造像碑”（残），现藏文物库房。碑文：“大魏□（夫）□（洪）□/复□言四照而/□□（定）若水月物感/□□缘□（而）教获利尘/七息范□罗真容虽替/化又沙弥法生俗姓刘洛阳□（人）/也自慨进不值释迦初晖退□/蒙慈氏三会两宜中间逢兹季/运忝荷□□冥报贫闇然出苦/有由非善不济故肆力加功于/麦积崖造龛一所屈请良匠积/□（稔）□（始）□（就）□（藉）□（此）□□（所）/愿帝祚□。”

第128窟

窟　号　第128窟
时　代　北魏（宋代重修）
位　置　位于西崖中部，左邻第129窟，右邻第098窟，窟门下沿距栈道地面垂直高度1.31米。

形　制

平面方形、平顶窟。坐北朝南，南偏西20°。窟高2.74米、宽2.74米、进深2.64米；前有方形甬道，高1.44米、宽1.04米、进深0.50米。窟内正、左、右三壁凿低坛基，高0.30米、深1.04米。正壁正中凿“工”字形台座，高0.46米、宽1.60米、深0.80米；正壁左、右各凿上、中、下三个小龛，最大龛高0.57米、宽0.53米、进深0.15米，最小龛高0.41米、宽0.40米、进深0.09米。左、右壁各凿一个圆拱形大龛，高1.60米、宽1.10米、进深0.40米。龛内正中各有一“工”字形台座，高0.40米、宽0.94米、深0.50米；每龛内左、右壁各凿上、下两个圆拱形小龛。左壁上方凿两个小龛，一个长条形龛；右壁上方凿六个圆拱形小龛。前壁上方凿两排圆拱形小龛，每排各七个小龛，最大龛高0.56米、宽0.50米、进深0.16米，最小龛高0.37米、宽0.30米、进深0.08米。左壁右侧、右壁左侧和前壁两侧各有一半圆形莲台，高0.15米、半径0.35米。

造　像

窟内正壁正中塑一身坐佛，左侧上部小龛内塑一身思惟菩萨；右侧上部小龛内原塑一身交脚菩萨，现已无存；中、下部小龛内原各塑释迦多宝佛并坐，现仅右侧下层龛内残存一身，头已无存。左壁大龛内塑一身坐佛，左、右侧上部小龛内均塑一身坐佛，左侧头已失，右侧残存腿部及以下；下部小龛内均塑释迦多宝佛二佛并坐；龛外右侧塑一身胁侍菩萨，壁面上方小龛内原均塑坐佛，现仅内侧小龛内存一身坐佛，长条形龛正中残存坐佛腿部及以下。右壁大龛内塑一身坐佛，左、右侧上部小龛内均塑一身坐佛，右侧坐佛头已失；下部小龛内原均塑释迦多宝佛二佛并坐，现各存一身坐佛，均头已失；龛外左侧塑胁侍菩萨一身，壁面上方小龛内原均塑坐佛，现仅外侧两小龛内各存一身坐佛。前壁左、右两侧各塑一身菩萨，壁面上方下层正中小龛内塑一身坐佛，左、右侧各塑一身胁侍菩萨，其余两层小龛内原均塑坐佛，现上层中间三龛内与下层右侧两龛内各存一身坐佛。共计31身。

正壁佛，宋代重修，高1.42米。高肉髻，长方脸，眉间有白毫相，弯眉挺鼻，双目下视，大耳下垂，嘴角内陷，有八字胡。内着僧祇支，上绘小格纹，外着袒右袈裟，双手前后重叠作禅定印于腹前，结跏趺坐于“工”字形台座上。

正壁左侧上部思惟菩萨，高0.50米。上身袒露，帛带自双肩下垂穿肘外扬。左臂屈肘前置，左手搭于左膝；右臂屈肘上举，右手托腮作思惟状。左腿屈膝自然下垂，右腿屈膝上抬，右脚搭于左膝上，下着长裙，坐于束帛座上。

左壁佛，宋代重修，高1.05米。面形、体态等与正壁佛相似。身后有莲瓣形背光，外缘为火焰纹，正中彩绘圆形项光，由色彩不一的同心圆组成，背光为色彩不一的条带纹，宋重绘云纹背光，因壁面熏黑严重，色彩已漫漶不清。

右侧菩萨，高1.42米。头戴宝冠，宝冠上有三个圆弧形装饰，面形方圆，高鼻薄唇，绘八字胡须，下巴有蝌蚪状胡须。颈戴桃形项圈，双腕带镯，上臂带臂钏。上身袒露，披帛带搭双肩下绕臂弯浮塑于墙面，络腋自左肩斜披至右小腿后上绕。左臂自然下垂，左手抚于墙面；右臂屈肘上举，右手持莲蕾于胸前。下着长裙，裙薄贴体，跣足立于半圆形台上，身后有浮塑的莲瓣形背光。

右壁佛，宋代重修，高1.03宽米。面形、体态、背光等与左壁佛相似。

左侧菩萨，高1.44米。面形、体态等与正壁菩萨相似，左臂屈肘上举，左手持莲蕾于胸前，右臂自然下垂，右手提净瓶，跣足立于半圆形台上。

前壁左侧菩萨，高1.32米。面形、体态等与左壁菩萨相似，左臂屈肘上举，左手持莲蕾于胸前，右臂自然下垂，右手抚于墙面，跣足立于半圆形台上。

前壁右侧菩萨，高1.20米。面形、体态等与右壁菩萨相似，左臂自然下垂，左手抚于墙面，右臂屈肘上举，右手持莲蕾于胸前，跣足立于半圆形台上。

小龛内坐佛，高0.21～0.30米。着通肩袈裟或袒右袈裟，均面似主佛，施禅定印，结跏趺坐。身后有圆形项光。前壁下层正中小龛内菩萨似右壁菩萨，左臂自然下垂，左手提净瓶；右臂屈肘上举，右手持莲蕾于胸前。

壁　画

现存壁面先后二次彩绘，自然风化剥蚀、烟熏等原因，大多难以详辨。可辨有：

左、右壁大龛龛楣有绘火焰纹、花卉，龛内佛台座前壁绘云纹、花卉装饰图案。右壁龛内龛顶左右绘飞天，束高髻，胸前挂交叉形璎珞，双臂平伸，上身袒露，下着长裙；左、右侧小龛绘火焰联珠纹龛楣。左壁龛内壁画与右壁龛内相同，不同是佛项光内层可见绘数身小坐佛的痕迹，具体形象模糊难辨。

题　记

右壁龛左侧刻划：“盐官□□□兴州□（年）四月初八日到此。”右侧刻划：“榷马一段一官□（人）王□□□王保□（父）到此。”

第129窟

窟　号 第129窟

时　代 北魏

位　置 位于西崖中部，左邻第130窟，右上邻第128窟，窟门下沿距栈道地面垂直高度0.59米。

形　制

平面近方形、圆拱顶龛。坐北朝南，南偏西25°。龛高0.90米、宽0.60米、进深0.63米。窟前沿部位有塌毁，左、右壁中部均有一方形桩眼，小桩孔距离地面高度0.3米。龛内正壁有通长台座，高0.17米、深0.18米。

造　像

现存一佛一菩萨。共计2身。

正壁佛，高0.73米。高肉髻，面形方圆，低首下视，瘦颈削肩，内着僧祇支，外着双领下垂袈裟，阴刻衣纹稀疏简洁，双手隐于袖内施禅定印，上身微前倾，结跏趺坐于台座之上，袈裟下摆于座前自然垂下。佛身后绘椭圆形背光及圆形项光，项光内为赭红，石青、石绿、白粉等组成的光环，边沿为忍冬纹。

左壁菩萨，仅存下半身、双足残损，残高0.38米。从残存痕迹看，菩萨披帛带，下系长裙，跣足立于半圆形莲台上。菩萨残存项光由赭红、白色及石青等色组成的光环。

壁　画

无

题　记

无

第130窟

窟　号　第130窟
时　代　北魏
位　置　位于西崖中部，左邻第131窟，右邻第129窟，窟门下沿距栈道地面垂直高度0.32米。

形　制

平面近方形、圆拱顶。坐北朝南，南偏西20°。龛高1.12米、宽0.80米、进深0.62米。正壁前有方形台座，高0.20米、宽0.43米、深0.22米。

造　像

窟内正壁残存一身坐佛，头部已失，残高0.55米。颈、胸已残毁，风化严重。身着双领下垂袈裟，袈裟质感厚重。右脚显露在外，结跏趺坐于长方形台座上。

壁　画

无

题　记

无

第131窟

窟　号　第131窟
时　代　北魏
位　置　位于西崖中部，左侧为崖面，右上邻第132窟，右下邻第130窟。窟门下沿距栈道地面垂直高度0.48米。

形　制

平面方形、平顶。坐北朝南，南偏西12°。窟高2.22米、宽2.40米、进深3.00米。前壁正中开方形甬道，高0.97米、宽0.81米、进深0.74米。甬道地面高于窟内地面0.50米；正壁前有“工”字形台座，高0.62米、宽1.14米、深0.70米。左右壁前台座残毁。正、左、右三壁前有通长低坛基，现仅存正壁左侧和左壁内侧，高0.10米、宽0.23米。四壁上有多层出挑的泥塑小坛台，现在左壁可见五层，前壁可见一层。

造　像

窟内正、左、右三壁前各塑一身坐佛，左侧壁面上现存二十七身小影塑，前壁上现存八身影塑。共计38身。

正壁坐佛，高1.75米。磨光高肉髻，面相长方，眉间白毫相，眼角细长，下眼线较平，嘴角上翘，颈长肩宽，上身内着僧祇支，中着对襟衣带相系，外着双领下垂袈裟。右臂屈肘上举，右手掌心向前施无畏印，五指部分均残损；左臂屈肘前伸，左手掌心向前施与愿印，五指残损。右足外露，结跏趺坐于“工”字形台座上。袈裟下摆呈三片下垂。

左壁坐佛，腿部部分残损，残高1.05米。高肉髻，面形方正，双肩较宽，上身内着僧祇支，中着对襟衣并系带，外着双领下垂袈裟。右臂屈肘上举、左臂屈肘略下垂，双手均残毁不存。从现存左膝下垂情况看应该为倚坐。原有台座已经完全残毁，佛像现坐于临时性台座上，现地面位置有高0.15米石凿台座。佛像身后壁面有浮塑的背光，但完全被熏黑，不可辨识色彩。

右壁坐佛，双腿和袈裟残失，残高1.00米。磨光高肉髻，面形方正，头略低，双肩较宽。上身内着僧祇支，中着双领下垂衣，外着双领下垂袈裟。右臂屈肘前伸，左臂屈肘微下垂，双手均残。结跏趺坐于临时性台座上。

左壁和前壁残存的影塑像，头部均已残失。其中左壁下三排影塑为供养人，上部为坐佛，可见一身弟子。影塑坐佛，残高0.21米。着袒右或双领下垂袈裟，左手掌心向内置于腹前，右臂屈肘上举、右手手心朝外置于右肩前。结跏趺坐。身后有莲瓣形背光。影塑弟子，残高0.21米。身着袈裟，右臂微下垂、右手置于腹前，左臂屈肘上举、右手掌心向外置于肩前。影塑供养人，残高0.20米。着宽袖袍服，整体大致相同，但根据双臂和手的不同姿势可以分为四种不同样式：左壁前侧靠下位置内侧第一身高度略小，双手拱于胸前，衣袖遮盖双手并下垂，似侍女形象；中间一身右臂微屈自然下垂，右手隐于袖内，左手置于胸前，同样是隐于袖内；最外一身双臂均自然下垂，双手隐于袖内。上层的供养人，右手上举置于右肩前，左手掌心向内置于腹前。

壁　画

无

题　记

无

第132窟

窟　号　第132窟

时　代　北魏

位　置　位于西崖中部，左侧为崖面，右下邻第128窟，窟门下沿距栈道地面垂直高度0.90米。

形　制

平面近马蹄形、穹隆顶。坐北朝南，南偏西30°。窟高1.56米、宽1.78米、进深1.30米。正壁前有方形台座，高0.43米、宽0.77米、深0.36米。左右侧各一半圆形莲台，高0.15米。在佛与菩萨的背项光两侧，各做三层出挑0.02米的小坛台。

造　像

窟内正中一身坐佛，左、右各立一身胁侍菩萨。共计3身。

正壁坐佛，高1.15米。磨光高肉髻，面形清瘦，细颈削肩、平胸，上身略微前倾，内着僧祇支，外着双领下垂袈裟，右臂屈肘前伸、右手掌心向前五指施无畏印，手指部分均残。左臂屈肘微下垂、左手掌心向前五指略内屈置于腹前。右脚显露在外，结跏趺坐于台座上。袈裟下摆分左、右两瓣垂于座前，衣纹阴刻稀疏流畅，衣着质感厚重。身后壁面浮塑有莲瓣形背光，项光绘多重同心圆形式，可见有联珠纹和忍冬纹，有土红、淡蓝、赭红、黑、绿等色彩，背光最外为较宽的火焰纹，向内为联珠纹、忍冬纹、条带纹。

左胁侍菩萨，高1.02米。头束扇形发髻，发辫从两肩垂下并有系带，身材修长，细颈削肩，身着交领衣衫，披帛带自双肩顺身体两侧下垂至膝部上绕，再经肘部顺身体两侧下垂。右臂屈肘平置、右手平端贡品于胸腹前；左臂微屈下垂，左手掩于袖内置于腹前。下着长裙，腹下系带打结，足穿云头履，立于扇形台莲上。

右胁侍菩萨，高1.05米。体态服饰基本和左侧菩萨相同，不同处在于帛带在两腿中间作“×”形交叉上绕，右臂微屈肘、右手提桃形法器于腹前，左臂屈肘上举、左手持一莲苞于胸前，莲苞残损。

二菩萨身后浮塑圆形火焰纹项光，最外缘为较宽的火焰纹，内侧为同心圆，可见淡蓝、土黄、赭红等色彩。

壁面小坛台上原有影塑造像，现全部脱落，仅见痕迹。

壁　画

正壁佛背光上方左侧残留有一圆莲，右侧残留有一飞天痕迹。

题　记

正壁上刻划："乾隆五年五月初六日。"

第133窟

窟　号 第133窟（俗称万佛洞）

时　代 北魏（五代、宋、元重修）

位　置 位于西崖中部，左邻第154窟，右邻第192窟、193窟，窟门下沿距栈道地面垂直高度0.42米。

形　制

窟内平面和窟顶极不规则，前有甬道，窟内平面大致为横前室、双后室的形态，并列两后室之间有一隔墙，整体呈"业"字形；窟顶也不规则，基本为平顶，但高低不一致，在前室西侧顶部有一覆斗藻井。坐北朝南，南偏西26°。窟内顶高5.8米、面阔12.20米、进深10.83米；甬道高2.40米、外宽1.38米、内宽1.8米、进深2米。

在窟内的各个壁面上，上下错落、毫无规律地开凿了众多的佛龛，按照从右至左、先下后上的基本顺序，目前共计编号15个龛。

造　像

窟内前室正中塑大小立佛各一尊，前壁窟门左、右侧各塑一身菩萨。窟内各佛龛内各有一佛或一佛二菩萨等造像，在洞窟内各个位置的壁面上，贴满了影塑千佛，大部分已经脱落，但痕迹犹在。现存的千佛形象大致相同，内着僧祇支，外着袒右或通肩袈裟，结跏趺坐。绝大部分为北魏时期作品，个别位置为元代作品。共计1039身，另有碑刻18件。

前室正中宋代塑大、小立佛各一身，大佛，高3.50米。螺纹发髻，中有肉髻珠，方圆脸，细长眉，眉间有白毫相，双眼微启下视，上身内着僧祇支，腰间束带，外着双领下垂袈裟，左肩处有系带和钮钩。身体微微前倾，左臂屈肘前伸，手心向前，中、无名二指向上弯屈，其余三指自然伸展；右臂屈肘前伸，右手置于右前方站立的小立佛头顶上方，掌心向下，大指伸直，其余四指自然向下弯屈。跣足立于圆形仰莲台上。台高0.38米。小佛，位于大佛右前方，高1.60米。旋涡纹发髻，发髻前有肉髻珠，方圆脸，细长眉，眉间有白毫相，双眼微启下视，上着袒右袈裟，头略低，双手合十，跣足立于圆形仰莲台上，台高0.16米。二身佛袈裟边沿有“沥粉堆积”工艺制作的莲花、团云纹及莲叶等装饰性图案。

前壁窟门两侧各有一身宋元时期塑作的菩萨。左侧菩萨，高1.08米。头顶束高发髻，面形圆实，上身着至肚脐处紧身窄袖小衫，在胸腹之间有绳带围绕两周，上臂部位亦有绳带，另在肩部有云肩。结跏趺坐于“工”字形高莲台座上。座下的莲台最下为多边形，中间束腰部分如高腰鼓般的微鼓腹圆形，前方卧一狮子。在束腰部分上方一较平的圆形托盘，其上为较大的仰莲台。莲台高0.74米。右侧菩萨，高1.82米。束桃形高发髻，阴刻发纹，面部方圆，眉间有白毫相，颈部有三道阴刻线。上身袒露，络腋从左肩绕后背经右胁上绕，在腹前向绕打结垂下，右臂戴臂钏，下着贴身长裙，腰间束带。双手合十，跣足立于覆莲台上。台高0.10米。

窟内造像龛按照编号，记述如下：

1号龛，位于前室右壁靠前位置（右壁仅有1、2号两个佛龛），左邻2号龛。龛形为落地平顶深龛，高1.85米、宽1.30米、进深1.45米。龛内方形台座上一坐佛，两侧壁各侍立一菩萨，其他壁面上布满小型的影塑千佛和供养人。

佛，高1.40米，保存基本完整。高肉髻，面形略显长方。肩略宽，内着僧祇支，胸前结带，外着双领下垂袈裟，右手于右肩前施无畏印，左手持袈裟衣角在胸腹处，衣边折叠成“之”形水波纹式，衣纹为阴刻线，上疏下密，裙摆、衣纹较为密集，结跏趺坐于长方形台座上。台座高0.51米、宽1.00米、深0.44米。

左、右侧菩萨以高浮雕形式半壁而立，距离地面0.40米。左侧菩萨，高0.93米，保存基本完整。高发髻有残损，细颈削肩，肩饰垂带，内着僧祇支，帛带自肩垂下于腹前交叉上绕肘部又顺体飘下，左手提桃形法器于腹侧，右手握一莲子于胸前，下系长裙。右侧菩萨，高0.93米，保存基本完整。发髻有残损，体态形象等与左菩萨相似，左手持一饰物于胸前，右手握一莲子于腹部。壁面上影塑千佛和供养人，高0.18米左右，但大多数都已经脱落或损坏。

2号龛，位于前室右壁靠后位置，右邻1号龛，左侧转角邻3号龛。龛形为落地平顶深龛，高1.89米、宽1.62米，左壁龛进深1.32米、右壁进深1.50米。

龛正中方形坛台一坐佛，左右两壁原各塑一胁侍菩萨，但左壁已经完全脱落无存，右侧仅存菩萨的桃形背光。龛内壁面多贴影塑造像，但仅存贴敷的痕迹，另外在龛内还放置一身从他处移入的小坐佛，还有大小不等造像碑残块六件。上面均刻有小千佛及佛说法图像。

龛内坐佛，高1.10米。磨光肉髻，眉间有白毫相，长方脸，内着僧祇支，腰系带于胸前打结，外着双领下垂袈裟，衣角搭至左臂，表面衣纹以阴刻水波纹线处理，细密流畅，结跏趺坐。台座高0.50米、宽0.91米、深0.46米。

龛内散放一身小坐佛，为北周时期作品，残高0.50米。低平肉髻，方圆脸，内着僧祇支，双手施禅定印，外着双领下垂袈裟，阴刻衣纹，衣着轻薄贴身。

龛内的造像碑残件最大的高0.74米，最小的高0.36米，均为雕刻千佛，内容单一。

3号龛，位于前室右侧、右后室前，右侧转角邻2号龛，龛形为半壁平顶深龛，龛底距离地面0.30米，龛高1.53米、宽1.16米、进深0.51米。

龛内正壁坛台上一坐佛，左、右壁各立一胁侍菩萨，龛外上方壁面贴有元代影塑千佛四身，均有残损。龛内佛，高1.20米。高肉髻，眉间有白毫相，长方脸，两眼微呈三角形，内着僧祇支，外着双领下垂袈裟，袈裟衣纹较为密集，结跏趺坐。下摆分三瓣垂于座前，衣边折叠成“之”字形水波纹式，衣纹为阴刻线。台座高0.43米、宽0.76米、深0.37米。

右侧菩萨，高0.94米，保存基本完整。头戴三角形饰物，束扇形发髻，脸形清瘦，内着僧祇支，外披宽博帛带，腹部微凸，帛带绕臂弯垂至膝下。左手勾提一布囊，掌心内握一莲蕾于腹侧，右手举于右肩前，掌心朝上塑一莲蕾，下系裙，跣足立莲台上。台高0.09米。左侧菩萨，残高0.94米，保存基本完整。体态、服饰等与右菩萨相似，披帛带自双肩垂下在下腹前交叉上绕至肘部自然下垂；左臂屈肘平置，左手前伸持帛带，右臂屈肘上举，右手掌心向外持莲蕾举于胸前。足下莲台高0.09米。

备注：从造像体量、风格等判断，1、2、3号龛似为一组三佛组合。

4号龛，位于右后室右壁前端，平面方形平顶深龛，龛底距离地面0.37米，龛高2.27米、宽1.50米、进深1.15米。龛内正壁前方形台座上一坐佛，龛外侧壁面上有数身元代影塑坐佛。

佛，肉髻残毁，其他部位保存基本完整，残高1.78米。方圆脸，眉间白毫相，弯眉，下颌轮廓分明，两耳垂肩，短颈，肩略宽，内着僧祇支，外着双领下垂袈裟，袈裟下摆有阴刻线衣纹，细密规整，边沿折叠成“之”字形边缘；左手施与愿印，右手已毁，结跏趺坐于长方形台座上。台座高0.70米、宽1.32米、深0.56米。

5号龛，位于西侧后室正壁，现存放置在西侧后室的一组砂岩质石刻造像。正中一坐佛，两侧各一尊胁侍菩萨。

正壁坐佛，因潮湿已风化严重，外形模糊，仅可见大概体型，细节已经不可辨识，高2.22米。发髻、面部、耳等部分残破，双肩上可见下垂的发辫；其他部分仅可见右手置于右肩前，左手在左腹前。左侧立菩萨，高2.03米。有圆形头光，足下有莲台，但身体风化严重，仅存大型。右侧立菩萨断裂为三段，大略与左侧菩萨同高，残损风化严重，无法辨识细节。

另外在西侧后室左壁前存石雕千佛残碑一块和及二个石雕项光（因洞窟内潮湿，石雕项光和千佛碑残块被挪动到第136窟保存）。石雕项光保存比较完整，记录如下：

石雕桃形项光一，砂岩质，高0.88米、宽0.77米。中央靠下处开凿有方孔，高0.10米、宽0.08米，为当时套接在佛头背后的榫卯上，围绕方孔是一圈莲瓣，向外则是一周化生童子、弟子、飞天。上方中间的覆莲花瓣中有一身化生童子，并有飘带向两侧飘飞；化生童子两侧各有一身双手合十的弟子，在空中做飘飞状；再向两侧各有一身飞天，最下处各有一身虚空中飞舞的弟子。在项光的边缘则是雕刻的火焰纹。

石雕桃形项光二，砂岩质，高1.08米、宽0.78米。靠下位置开凿边长0.10米的方孔，基本布局和项光一相同，不同的是在莲瓣外围是化生童子和六身飞天的组合，飞天各有持物或乐器，但残损难以辨识。

6号龛：位于东侧后室右前壁，平面长方形、圆拱龛，龛内正壁有台座，高0.58米、宽1.22米、进深0.34米。龛外右侧有一浮塑莲花龛楣，龛高2.03米、宽1.33米、进深0.77米。

龛内现存塑一身坐佛，一身菩萨，在龛内外的壁面上，贴敷有影塑千佛。龛内正壁台座上坐佛，高1.21米。磨光高肉髻，长方脸，宽额、弯眉，双目平视前方。上眼睑明显呈三角形，端肩平胸，内着僧祇支，衣带胸前打结下垂，外着双领下垂式宽博袈裟，结跏趺坐于台座之上，下摆呈三片弧形垂于座前。

右侧菩萨，高1.16米。内着僧祇支，披帛腹前十字交叉后绕臂下垂，右臂屈肘上举，右手于右肩外侧托举一带底座的莲瓣形物，左手置于腹前持莲蕾。下系长裙，跣足立于圆形莲台上。

7号龛，位于东侧后室正壁，此处存塑一身宋元时期圆塑坐佛，后壁处存两身北朝时期的石刻菩萨造像。

正中坐佛，头顶作麦穗状阴刻纹发髻，前有圆形肉髻珠。圆脸，眉间白毫相。肩胸宽厚，内着僧祇支，腰间束带打结，外着袒右袈裟，双手上下相叠、掌心向上施禅定印，结跏趺坐于仰莲须弥座上。座高1.10米、宽1.34米、深1.05米。

两身靠正壁而立的石雕菩萨，表面风化严重，左菩萨断为两段，其中头部残高0.44米，身体部分残高1.38米；右菩萨，残高1.75米。菩萨高髻戴花冠，束发两侧披肩。长形方圆脸，颈部戴宽扁桃形项圈，肩披巾，其他细节部分因风化已经不可辨识。

8号龛，位于东侧后室左壁靠前，平面方形、平顶、半壁深龛，高2.30米、宽1.52米、进深1.23米。下沿距窟内地面约0.45米。

龛内一交脚弥勒，左壁元代重贴残存一身影塑坐佛，龛外上方残存十五身影塑坐佛。

弥勒菩萨，高1.81米。扇形双叉式发髻，束发带，前三角形状饰物，宝缯于耳后两侧下垂至双肩，宝缯于肩打结后分两缕下垂。面形方圆，短颈、宽肩，颈饰项圈，上有扇形及饰鱼状物。上身袒露，披帛搭肩贴胸而下于腹前十字交叉后上卷绕臂下垂，服饰上有细密的阴刻线。左手平直于腹前，掌心向下外翻，下系长裙，交脚坐于方形台座上，台座高0.83米、宽0.89米、深0.71米；菩萨脚下半圆形覆莲台，高0.20米、直径0.72米。

9号龛，位于前室左侧正壁，平面方形、平顶、半壁深龛，高2.29米、宽1.38米、进深0.94米，下沿距窟内地面0.46米。

龛内正壁塑一身坐佛，右壁外侧一身弟子（俗称小沙弥）。佛，高1.22米。磨光高肉髻，长方脸，双目细长，微下视，两耳平贴。内着僧祇支，中层袈裟衣带于胸前打结下垂，外着双领下垂袈裟。右臂屈肘上举，右手置于右胸前施无畏印，大拇指微残，其余四指残毁；左臂屈肘向下，左手全部残失。结跏趺坐长方形台座上，下摆分三片弧形状垂于座前。座高0.76米、宽1.25米、深0.59米。

右前侧弟子，高0.89米。头微偏向右侧，脸形椭圆，面带微笑，细颈削肩，挺胸鼓腹而立，左臂略屈肘下垂，左手于腹侧持一莲包（资料图片，现莲包无存），右手上扬、手心向外置于肩前，手部残失，内着僧祇支，外着袈裟，身体略前倾而立。

10号龛，位于前室左壁后侧，平面方形、平顶、落地龛，高2.81米、宽1.65米、进深1.65米。龛内现存北魏塑一身坐佛，北周泥塑残块一身坐佛。

佛，高1.34米。磨光高肉髻，长方面形，头略下低，两耳平贴。细颈端肩、平胸鼓腹，内着僧祇支，中着对襟衣系带胸前打结后下垂，外着双领下垂袈裟。右臂屈肘向前平置，右手手心向前、五指朝下，五指部分全部残损；左臂屈肘向前平置，手部残失。结跏趺坐于长方形台座上。下摆分三片弧形状垂于座前。台座高0.86米、宽1.36米、深1.13米。

北周残块坐佛，仅存躯体部分，头部及腿部均残失，残高0.26米。躯体圆润，内着僧祇支，外着单薄通肩袈裟，双手于腹前结禅定印。

11号龛，位于前室左壁前侧，平面方形、平顶、落地龛，高2.85米、宽1.45米、进深1.48米。龛内一身坐佛，龛外上方为浮塑的说法图，有影塑的佛、弟子、飞天、供养人、山峦等形象，另外在龛外左侧也有影塑佛、弟子、供养人形象。

佛，高1.34米。磨光高肉髻，长方面形，眉间白毫相。内着僧祇支，中着对襟衣系带下垂，外着双领下垂袈裟。右臂屈肘略向前向上，右手手心朝外、五指朝上施无畏印，五指部分全部残失；左臂屈肘略向下，左手手心向前、五指向下施与愿印，五指部分均残，可见内部木板骨架。右脚显露在外，结跏趺坐"工"字形台座上。袈裟下摆分三片垂于座前。台座高0.89米、宽1.24米、深0.61米。

龛外上部有一幅采用浮塑和模塑相结合手法塑作的一组说法图。正中为一佛二菩萨二供养弟子。佛，头部残失，着通肩袈裟，右手于右肩前施说法印，左手手心朝内置于腹前，结跏趺坐于莲台上。左、右两侧的菩萨，头部均残失，身体姿态对称一致，上身着天衣，较宽的帛带在腹前作"×"形交叉。右侧一身右臂略屈肘下垂，手心朝内置于腹前，左臂屈肘上举，左手手心朝内置于胸前，下着长裙。左侧一身手势基本相同。佛左、右下侧，各有一身跪姿的弟子，现仅存右下侧一身。面朝佛呈跪姿，着通肩袈裟，双手合十供佛。

再外两侧各有一组浮塑的山峦形象，大致可分为前、中、后三层，其中左侧一组保存相对完好，在山峦之上浮塑有树，在最前端的山峦里，有一简单的圆拱龛，内有一身禅定佛，龛外右侧另有一身禅定佛，此两尊佛头部均残。在此组山峦的上方靠佛的方向，有一身飞天飞舞。

再外侧，各有一身飞天向佛飞舞，衣带向后飞扬，整体基本保持完整。在左侧山峦的左侧，保存一组三身女供养人形象，头部均残失无存，一身体量略大、穿宽大服饰的女供养人，前后各有一身略小的侍女扶持。

备注：从现场情况看，9、10、11三龛似为一组三佛布局。

12号龛，位于前室左壁（东侧）上方，平面横长方形、平顶龛。高1.70米、宽3.08米、进深1.40米。前方有和前室左右壁相连有一个倒"凹"字形的凸出平台，各位置宽带不一，最宽的位置约0.40米，最窄的位置不足0.10米。

龛内造像已经完全破坏，龛外两侧壁面贴有大量的影塑千佛，其中右侧有11排，左侧有14排。左侧的千佛保存相对完整，右侧壁面的千佛多有脱落。每身小佛高0.16米，多为北魏时期原作，有几身元代作品。

13号龛，位于前室右壁靠前侧上方，是根据壁面情况开凿，平面长方形、平拱顶，四壁转角略呈弧形，龛内壁面有九层泥塑的出挑坛台。龛高1.64米、宽1.61米、进深1.10米。龛内正中一坐佛，左、右壁转角各一胁侍菩萨，壁面原满贴影塑千佛现大部分脱落。佛，高0.75米。肉髻部分略残损，长方面形，细颈削肩，内着僧祇支，衣带胸前打结下垂，外穿双领下垂袈裟，下摆呈“八”字形垂于座前，服饰上阴刻衣纹线。菩萨，头顶发髻部分略残，残高0.71米。细颈削肩，内着僧祇支，披帛搭肩于腹前十字交叉后再搭臂下垂，双臂屈肘、双手置于胸前，左手持莲蕾，右手掌心向外，下系长裙，跣足立于半圆形莲台上。影塑佛，袈裟式样有所不同，有通肩、袒右两种样式，均结跏趺坐，浮塑莲瓣背光，其排列方式基本为交替式排列。

14号龛，位于前室右壁上方靠后侧，根据壁面具体情况随意开凿，平面呈曲尺形，平面尺寸不一致，龛右壁进深较宽，左壁进深较窄。龛高1.25米、宽1.97米、进深0.12～0.71米。

正壁右侧一坐佛，正、左、右三壁壁面上至下贴九层影塑千佛，大部分为北魏时期作品，个别为元代作品。佛，削肩平胸，着交领袈裟，服饰表面基本风化，结跏趺坐。北魏影塑小佛，磨光高髻，长圆脸，袈裟有通肩、袒右两种样式，结跏趺坐。元代影塑小佛，尖螺纹高髻，端肩挺胸，身着袒右袈裟，结禅定印，结跏趺坐于“工”字形莲台上，佛有密宗造像的风格。

15号龛，位于东侧后室右壁前上方（5号龛上方），平面长方形、圆拱顶尖楣龛，两侧有宽边龛柱。正壁有半圆形台座，左、右壁均凿有长方形低坛台。龛高0.92米、宽0.68米、进深0.43米。龛内正壁一佛，左壁一菩萨一弟子，右壁一菩萨，龛楣柱右侧一身影塑坐佛，龛外柱下方左侧三身影塑弟子，右侧下方一身影塑弟子，龛右侧边缘有两身影塑佛，龛外左壁现残存元代多身影塑佛。

龛内佛，高0.74米。磨光高肉髻，长方脸，眉间白毫相，双眼微下视，内着僧祇支，外着双领下垂袈裟，左臂屈肘略下垂，左手施与愿印，右臂屈肘上举，右手于肩前施无畏印，结跏趺坐于台座上，袈裟下摆呈三片垂下。

左壁胁侍菩萨，高0.42米；右壁胁侍菩萨高0.44米。形体基本一致，束高发髻，长方脸，上着双领下垂长衫，帛带绕于双肘，在身体两侧垂下，一手臂自然斜下至腹前，一手臂抬起置于肩前，下着长裙而立。左壁的弟子位于菩萨内侧，头部残失，内着僧祇支，外着袈裟，左臂自然下垂，右臂屈肘平置，右手置于胸腹之间。

龛外侧的影塑弟子头部均残失，身着袈裟，左臂微屈下垂置于腹侧，右臂屈肘平置，右手置于左胸前。

造像碑：第133窟内保存有18通北朝时期的造像碑，除10号造像碑外，其他的造像碑多以千佛雕刻为主，记述如下：

1号造像碑（俗称千佛碑）：位于西后室前口处，花岗岩质，碑高1.83米、宽0.59米、厚0.15米。整碑可以分为碑头和碑身两部分，碑头部分圆雕，前后两面均在正中雕凿有龛梁和较宽的莲瓣形龛楣的小龛，造像题材基本相同，龛内雕一坐佛二菩萨。佛高肉髻，面形长圆，身着双领下垂袈裟，右手手心向外置于右肩前施无畏印，左手手心向外、拇指、食指、中指伸直，余两指向上内屈，置于左膝前结跏趺坐，后有圆形项光。两侧菩萨，戴高花冠，面部简洁，体态衣着等相同，着帛带和天衣，靠外侧的手持一桃形法器，靠内侧的手食指和中指并拢伸直、余三指内屈置于肩前，身后有涂深绿色的莲瓣形背光。龛两侧各有一身弟子，雕凿较为简洁，身着袈裟，侧身向佛而立。龛梁之上，有一身化佛，高肉髻、禅定印、结跏趺坐于台座之上。在龛楣之外，有连续的半圆形雕刻，应该是象征树冠，因色彩脱落形成现状。在碑头两侧面，雕刻成起伏的山峦形象，并向前后两面延伸，将两面连接在一起。

碑身部分，前后左右四面均雕刻千佛，共记29行1301身。其中第二行千佛略高（第一行实际为半行，雕凿在佛龛两侧），其他各行高低相同，千佛为高肉髻，面形方圆，着双领下垂袈裟，施禅定印，结跏趺坐。

2号造像碑：位于4号龛右侧，此碑为细沙岩，高1.83米、宽0.86米、厚0.14米。碑正面浮雕10层，每层7身式样基本相同，大小基本一致的禅定千佛共70身。佛高0.13米，各层均着通肩袈裟，具体样式略有不同。

3号造像碑：位于4号龛外左侧，碑高1.46米、宽0.87米、厚0.12米。在碑略靠上中部，雕凿一龛，通高约0.50米、宽约0.40米。龛内残存二佛并坐，均着双领下垂袈裟，身后有莲瓣形背光。龛外两侧各有一身力士，头部均扭向外侧，袒露上身，披帛带，下着长裙，丁字步站立。佛龛上方有一排千佛，龛左右各有两排千佛，均为磨光高肉髻，着袈裟，结禅定印于腹前。佛龛下方风化严重，造像具体形象已经无法辨识。

4号造像碑：位于西侧后室左侧壁。碑高1.70米、宽0.87米、厚0.15米。碑身上下9排，每排8身坐佛，因窟内潮湿，靠下的千佛风化严重，最下一排仅存造像轮廓，上部也有风化现象。佛均磨光高肉髻，面形长方，着通肩袈裟，双手隐于袈裟之下，结禅定印，结跏趺坐。身后有莲瓣形背光。

5号造像碑：位于西侧后室左壁，砂岩质，碑高1.81米。上下有收分，下部宽0.90米、上部宽0.64米、厚0.15米。碑身有风化现象，靠下部位相对严重。碑身雕满千佛，共10排。第1、2排每排雕6身千佛，第3～10排每排雕7身千佛。佛均为磨光高肉髻，长方脸，面部风化严重，着袈裟，双手覆盖于袈裟内，结禅定印，结跏趺坐，身背后有莲瓣形背光。

6号造像碑：位于1～2号龛前部中间，细沙岩质，高1.60米、宽0.90米、厚0.15米。碑身上下共11排坛台、每排坛台上并排雕出十身小佛，横竖均排列整齐，佛均结禅定印，身后有莲瓣形背光及圆形项光。

7号造像碑：位于1号龛外右侧，细沙岩质，高1.97米、宽0.92米、厚0.12米。碑身凿出15层小坛台，每层坛台上并排雕出11身千佛，横竖排列整齐，均高肉髻，身着袈裟，袈裟下摆分两瓣垂于膝下，结禅定印，结跏趺坐，背后阴线刻出莲瓣形背光。

8号造像碑：位于前堂正中大佛背后壁面，砂岩质，碑高2.03米、宽0.88米、厚0.12米。碑身正中凿一大两小龛，其他位置及碑身侧面共雕刻36排千佛，每排20身，其中1～2排因造像碑左上角处残损为19身。

正中佛龛，龛楣正中雕兽头，龛楣刻火焰纹，龛柱六边形，上下雕覆莲，龛楣两端雕凤首回顾形象。内雕一坐佛，磨光高肉髻，长方形脸，五官清晰，内着僧祇支，外着双领下垂袈裟，结跏趺坐，袈裟下摆分三片垂于台座前。龛楣上方雕十身弟子，龛柱下方各刻一身托柱力士，上身裸露，下穿短裤，双臂抬起托柱。佛龛两侧各有一小龛，并各雕一身菩萨，束高发髻，长方脸，披巾从双肩垂至腹前交叉上绕于小臂垂下，下着长裙，双手合十，虔诚向佛而立。碑身的其他部位均雕刻千佛。着袈裟有双领下垂、通肩、袒右等样式，袈裟雕刻简洁。均双手置于腹前作禅定印，结跏趺坐，浮雕莲瓣形背光和圆形项光，在各背项光之间雕凿有莲蕾。

9号造像碑：位于西侧后室左壁前侧，细砂岩质。高1.80米、宽0.87米、厚0.12米。上下共11排、每排8身禅定佛，着袈裟，衣纹雕刻简洁。左侧面中上部开凿上下一列7身造像，其中第一身和第六身为思惟菩萨，其余几身为坐佛。

10号造像碑（俗称佛传故事造像碑）：位于东侧后室前中央，花岗岩质，碑通高1.38米、宽0.78米、厚0.12米。长方形碑，圆拱碑头，通碑从上到下、从左到右，均采用了三段构图的方式，在各个分格内雕刻佛传故事或经变。碑身上段正中雕“释迦多宝并坐说法”，左侧上、下两个分栏，上部雕“阿育王施土”“菩萨树下思惟”，下部雕“释迦佛涅槃”。右侧雕“深山剃度”；中段正中雕“交脚弥勒说法”，左、右两侧上、下各两个分栏，左侧上部雕“乘象入胎”、下部雕“降魔”，右侧上部雕“腋下诞生”“九龙灌顶”，下部雕“燃灯授记”“借花献佛”。下段正中雕“释迦说法”，左、右两侧上、下各两个分栏，左侧上部雕“文殊和维摩诘对坐说法”，下部一建筑内两身金刚力士。右侧上部雕“鹿野苑说法”，下部一建筑内两身金刚力士。

上段正中圆楣尖拱形龛，圆形龛柱上、下两端均雕覆莲，龛楣为二龙回首状。龛楣上方正中一身坐佛，左、右各三身供养菩萨。龛内释迦多宝佛并坐说法，佛作磨光高肉髻，右侧一身佛头部残损，均着袒右袈裟，下摆左右分为两瓣垂于座前。右侧佛伸出左手，左侧佛伸出右手，作相互交谈状。二佛身后浮雕莲瓣形背光和圆形莲花项光，背光之间刻一朵圆莲花。台座前正中刻物已毁，左右刻一身供养菩萨，左右两侧各刻一身力士。

上段左侧上、下分为二格，上格内右侧为“阿育王施土”，宝盖下刻一身立佛，着袒右袈裟，左侧三名孩童相互叠摞，最上一孩童双手做捧物状向佛献供；左侧为思惟菩萨，菩提树下一身束高发髻、上身袒露、下着长裙的坐姿菩萨，右腿翘起，右脚放在左侧大腿之上，右臂屈肘上举，右手做托腮状。下格内为释迦佛涅槃，平躺在长方形塌床上，身后站立四身披发、戴项圈、上身袒裸，肩披巾，下着束腰长裙、悲叹痛苦之状的眷属；足下为一身跪弟子，双手握佛足。此弟子上方另刻一身立弟子，双手作合十状；佛头前部刻一身束高发髻、斜披巾、着短裤，身背包袱状物，做行走状的人物。

上段右侧格内刻“深山剃度出家”。右侧为起伏的山峦，有树木、动物、禅定僧人等形象。在一平台之上，有跪坐人物右手持剃刀，左手执长发做割发状，其前方有七身弟子，其中靠前两身结跏趺坐，后侧五身站立。上方有两身飞天凌空飞舞作散花状。

中段正中部分刻一盝形龛，有幔帐及飘带，龛上方刻六身伎乐飞天和圆莲。龛内一交脚弥勒菩萨，高髻宝冠，戴桃形项饰，内着僧祇支，帛带自双肩垂下至腹前交叉上绕搭双臂上左右自然飘落，肩部有圆形饰物。右手于右胸前施无畏印，下着束腰长裙，双脚相互交叉置于莲台之上。左、右两侧各刻一身胁侍菩萨，戴高冠，着双领下垂长衫，足穿云头履，拱手立于莲台上，其中右侧一身胁侍菩萨头部残损。

中段左侧分上、下两格，上格内刻“乘象入胎”，正中为四蹄张开做奔跑状的白象，背驮宝座，宝座后方有旗幡飞扬，宝座上坐着一菩萨，高发髻；前方象头处一驭者，分双腿骑在象头上，双手前伸扶于象头。菩萨上前方，云朵之上有一凤鸟形象，凤鸟之上有一人物，可见帛带飞扬，但头部残损，细节难辨；大象后方，有一裸身的力士人物作奔跑舞蹈状，头部残损。左侧下格为“降魔成道”，其右侧部分释迦佛着双领下垂袈裟，双手平托一物，结跏趺坐，座前面一动物形象，较模糊，佛身后有背项光。在佛周围，有九身形态丑陋、狰狞的鬼怪，用弓箭、刀锤、山石等武器对佛进行攻击。左侧下方分上、下各有三身女性形象，其中下面三身女性服装齐整，端庄而立，而上面三身则身形歪斜，手扶拐杖，相互搀扶向外行走。表现的是魔女引诱释迦、但被释迦点化的场面。

中段右侧也划分为上、下两格，上方格刻“树下诞生”，右侧靠边缘一棵无忧树，树冠如伞盖，树下为站立的摩耶夫人，束高发髻，着双领外衣，左手向上攀树枝，衣袖内露出一孩童头部，下方跪一身侍女，双手捧接状；左侧又刻一身侍女手捧供物。夫人右侧和身后各有一身侍女搀扶着夫人。左侧刻九龙盘绕在太子上方，其下方为站立的太子，有项光，两侧各一身侍女为赤身立于莲台之上的太子沐浴。

右侧下格为“燃灯佛授记”，格内右上方华盖，两侧伸出龙首和凤首，口衔装饰华丽的琉苏从佛两侧垂下，华盖下刻站立燃灯佛，背光浮雕为莲瓣形，圆形项光。佛内着僧祇支，外着双领下垂袈裟，右手施无畏印，左手施与愿印。左脚左侧为一人全身伏地状，左侧一身束高发髻，着双领束腰长衫站立的卖花女，左手拿一束鲜花。左上角刻一圆形，圆形中一全身伏地的人物形象。

下段中间凿圆拱尖楣龛，龛两侧各一只凤凰，展翅欲飞，尖拱形龛楣中缠枝忍冬，其间莲花化生童子三身。龛楣上方左、右各三身弟子，龛楣多边形龛柱上下浮雕莲花，柱顶端莲上各一身供养菩萨，柱之下方各一身力士脚踏口衔莲花，双手托举柱的小鬼。龛正中一佛，旋涡纹高肉髻，内着僧祇支，束腰带，外着双领下垂袈裟，右手施无畏印，左手施与愿印。结跏趺坐于方形台座上，袈裟下摆左右呈“八”字形展开。佛左、右两侧各侧一身胁侍菩萨，戴花冠，帛带从双肩垂至胸前交叉上绕搭双肘两侧垂下外飘，下着长裙，有圆形项光。

下段左侧上格为“文殊维摩诘对坐说法”。正中一建筑，屋檐和建筑两侧都有垂帐，帐内左侧维摩诘戴小冠帽，着长衫，右手持扇，跪坐在床榻之上，榻下方一只似狗的动物形象。右侧文殊戴花冠，帛带自双肩垂下至胸下交叉上绕搭肘上垂下外飘，下着长裙，结跏趺坐于方形坛坐之上，台座前刻物，似香炉。屋顶上三身双手捧供物的菩萨，右侧屋角处在一朵莲花中有两身化生童子。

左侧下格一建筑内两身金刚力士，左侧一身高发髻，上身着交领衣，帛带从两肩垂下至胸下交叉上绕搭肘外侧垂飘，下着长裙，左手握金刚杵立地，右手小臂平放胸前。右侧一身力士双手合十。身前雕一只蹲狮。

下段右侧上格为“鹿野苑说法”，佛磨光高肉髻，内着僧祇支，外着双领下垂袈裟，结跏趺坐于方形台座上，袈裟下摆分为三瓣垂于座前。座前左右各一身回首相望跪卧的鹿，其中右侧一身鹿有较大的鹿角，左侧一身鹿没有明显的鹿角。左侧鹿前跪一侍者。龛左上角四身手捧供品、空中飞翔的飞天。

右侧下格为金刚力士护法，龛形造像均与左侧下格内基本形态。其不同是左侧金刚左手上举，右手在胸前托吐出的长舌。

11号造像碑：位于窟内前壁右侧，花岗岩质，高1.87米、宽0.91米、厚0.14米。碑整体构图可以分为三部分，正中部分一说法图，说法图之上有三排千佛、之下有四排千佛。其中上部三排每排7身佛，下部四排千佛靠上三排每排9身佛，最下一排19身佛。

中部的说法图左、右分为三栏，中间部分为平拱尖楣龛，正中佛说法，两侧为飞天。龛楣内7身，仅雕出头部从莲花内涌出的莲花化生童子，龛两侧有莲花和流苏等作为装饰，下侧有蹲狮；另外在龛楣于上边缘分栏的狭窄处，雕出多身听法弟子头像。

龛内坐佛，高0.28米。磨光高肉髻，削肩挺胸。内着僧祇支，外着双领下垂袈裟，右臂屈肘、右手掌心向外，五指向上施无畏印，置于右肩前，左臂屈肘平置，左手掌心向外、五指向下作与愿印置于左膝前。结跏趺坐于“工”字形须弥座上，下摆呈“八”字形垂于座前，身后莲瓣形背光。“工”字形须弥座，中间束腰，上、下各做三层叠涩，下端正中一由莲蕾和忍冬组合而成的浮雕装饰图案。佛左、右各一胁侍菩萨，高0.17米。头戴三瓣式花冠，束宝缯，飘带于耳后下垂，发辫分三缕垂于双肩，颈戴桃形项圈，挺胸鼓腹，一手置于腹前，一手托莲包置于胸前，内穿着交领衣，披帛搭肩绕臂下垂，下系长裙，赤足立于覆莲台之上。莲下各一莲茎伸至台座。龛底端并列9身坐佛，均着通肩袈裟，施禅定印，结跏趺坐，浮刻莲瓣形背光。

佛龛外侧分栏内两边上部各雕两身飞天，下部为一尖瓣形龛，龛内各一坐佛。飞天束发带，面容清秀带笑，上着交领衣，下系长裙，飘带缠臂裹腹绕膝向后飞扬，手捧经函或持莲蕾等物，回首翘望，空隙空间点缀祥云、莲蕾等。

碑上方三排千佛，内着僧祇支，外着双领下垂袈裟，袈裟衣纹简单，结禅定印，结跏趺坐。其中上面两排千佛面部均为正视，第三排千佛中间一身正视、左右两侧千佛均两两对视。均有莲瓣形背光，背光之间有莲蕾作为点缀。

碑下方四排千佛，均着通肩袈裟，结跏趺坐，形态面相基本相同，但其中又各有差异，分别记录如下：第一排，千佛均双手隐于袈裟之下结禅定印，身后有莲瓣形背光；第二排，千佛正中一身和两侧的一身双手隐于袈裟之下结禅定印，其余六身均双手隐于袈裟之下置于胸前，均有莲瓣形背光；第三排，正中一身和两侧最外一身为莲瓣形背光，其中中间一身形体略大，其他六身除背光外，头顶处各雕一华盖；第四排千佛双手于腹前结禅定印，有莲瓣形背光。

12号造像碑：位于前室左壁10与12号龛外中间，花岗岩质，高1.72米、上宽0.81米、下宽0.95米、厚0.12米。横向14排，其中1～13排每排13身小佛，第14排10身小佛。磨光高肉髻，短颈削肩挺胸，施禅定印，结跏趺坐，造像袈裟样式略有差异，袈裟上阴刻细衣纹线。身后刻莲瓣形背光。背光之间刻莲蕾。

13号造像碑：位于东侧后室左壁左侧8号龛外左侧，砂岩质，高1.82米、宽0.83米、厚0.13米。碑横向17排、每排12身千佛。磨光高肉髻，长方形脸，着通肩袈裟，双手叠压于腹前施禅定印，结跏趺坐。袈裟衣裾略作下垂，衣纹阴刻。身后刻莲瓣形背光。

14号造像碑：位于6号龛外左侧，砂岩质，高1.86米、宽0.85米、厚0.14米。碑上下10排、每排6身千佛。磨光高肉髻，方圆形脸，着通肩袈裟。双手拢于袖中，结跏趺坐于长条形坛台上，袈裟下摆呈“八”字形两边下垂。

15号造像碑：位于9号龛龛外右侧，砂岩质，高2.01米、宽0.86米、厚0.16米。碑横向13排、每排9身千佛，磨光高肉髻，面形圆润，身着通肩袈裟，施禅定印，结跏趺坐，袈裟表面阴刻稀疏衣纹线。身后阴刻莲瓣形背光。

16号造像碑：位于窟前壁右侧、细砂岩质，高1.83米、宽0.90米、厚0.12米。碑整体自上至下构图可以划分为四个部分，最上处划分为若干小格，分别雕佛说法、释迦多宝、弟子出行等。其下为两排千佛，每排7身佛；再下为方帐内佛说法，飞天、力士、双狮等；最下为两排千佛，每排7身佛。

第一部分构图上下左右分栏为六个画面，中间部分两个画面并没有明显分栏，中上部一佛，磨光高肉髻，着双领下垂袈裟，双手上下相叠、掌心相对置于腹前，坐于莲花座上，袈裟下摆左右分为两瓣下垂。身后有莲瓣形背光和圆形的项光。左、右两侧各有一身体量略小的禅定坐佛，有桃形背光和圆形项光。中央靠下处雕一坐佛，头部残损，着通肩袈裟，右手施无畏印于右肩前，左手施与愿印在腹前，坐于“工”字形须弥座上。袈裟下摆分为左右两瓣，层层分明。身后有莲瓣形背光和圆形的项光，佛左、右两侧各有两身坐佛，袈裟样式有通肩袈裟和双领下垂袈裟，雕刻相对简单。坐在莲花座上。

上部两侧部分上下各两个分栏。左侧上方一帐内并坐二佛，形象基本一致，均高肉髻、着双领下垂袈裟，施禅定印，微侧身而坐，袈裟下摆垂于通长的台座前。下方方格内为一佛二弟子的出行图，中间佛向左侧侧身跣足而立，右臂微屈肘、小臂微下垂，右手手心向内置于大腿处，左臂屈肘上举，左手外展做招呼状，身后有较大的桃形项光；左侧弟子身姿向左侧作出行状，但是头部和双肩却是返身回顾状，回望佛陀，左手于胸前持一钵，右手置于腹前。佛右侧弟子双手拢于袈裟之内静立。

上部右侧上部一帐内并坐二佛，下边缘有花瓣装饰。二佛相对而坐，肉髻略低，着双领下垂袈裟，双手隐于袈裟之下，袈裟衣角从小臂处由内至外翻出垂于身前。下部分栏内为一佛二菩萨，佛磨光肉髻，方圆面形，着双领下垂袈裟，双手隐于袈裟之下，袈裟衣角从小臂处由内至外翻出垂于身前，袈裟下摆处可见较多的石绿色彩，坐于方形台座上。身后有莲瓣形身光和圆形头光。两侧的菩萨体态基本一致，戴高冠，着天衣，双手合十，跣足而立。

第二部分构图为两排千佛，每排7身。上一排佛均着通肩袈裟，坐在莲花座上；下排佛均为通肩袈裟，座下没有莲花。身后各有莲瓣形背光，背光之间雕刻有莲蕾等装饰图像。

第三部分构图内容最为丰富，中间部分为一拱楣帐形大龛，内部一通长“工”字形须弥座上并坐三佛。拱楣上方有火焰宝珠、两侧有龙头口衔流苏等装饰。龛内三佛正中的一佛，头部残损，着双领下垂袈裟，右手施无畏印，左手抚于左膝上，双腿下垂坐在通长须弥座之上“工”字半圆形台座上。身后有莲瓣形背光。两侧的佛形象基本相同，微侧身对向而坐，磨光肉髻，面部圆润，头略低，其中左侧佛内层着双领下垂衣，外着袒右袈裟，右手手心向内置于左胸前，左手提握袈裟衣角于腹前；右侧佛着双领下垂袈裟，右手于右肩前施无畏印，左手提握袈裟衣角于腹前。两身佛坐在通长的“工”字形须弥座上。袈裟下摆层层叠叠，装饰性极强。

在帐形龛两侧，为飞天、力士、蹲狮等。飞天凌空飞舞，帛带向后飞扬；力士头向外扭，上身袒露、有帛带，下着长裙站在蹲狮身体之上，有桃形项光。

第四部分构图为两排千佛，每排七身，其中上一排佛着双领下垂袈裟，下排佛着通肩袈裟。

17号造像碑：位于前堂正中大佛背后壁面前右侧，砂岩质，长方形碑，上部分残断，残高1.12

米、宽0.81米、厚0.10米。碑残存11排半（最上一排为半身），每排11身佛。

在第3、4、5、6排的中间正中凿一龛，上方为尖瓣龛楣，有龙首回顾的龛梁，龛内雕一佛二菩萨，龛下方雕二身弟子、二身供养菩萨。

龛内坐佛，头部残损，内着僧祇支，外着双领下垂袈裟，右手于右肩前施无畏印，左臂自然下垂、左手放于左膝手握袈裟衣角。结跏趺坐于“工”字长方形台座之上，袈裟下摆分为三片摆布于台座前，其中中间一片略小。左、右两侧各刻一身胁侍菩萨，戴宝冠，五官清秀，帛带从双肩下至腹前交叉上绕，搭于小臂从身体两侧垂下，下着长裙，立于圆形台上。左侧菩萨，左手持物举于胸前，右手置于腹前。右侧菩萨，两手势与左侧菩萨左右相反。龛下方一长方形格内，正中凿一高足香熏，左、右两侧各刻一身胡跪供养菩萨，头侧向外侧，手扶持香炉。二供养菩萨外侧又各刻一身站立弟子。

碑中其他的小佛，磨光高肉髻，着双领下垂袈裟，施禅定印，结跏趺坐，身后有莲瓣形背光。

18号造像碑：位于窟内前壁，花岗岩石质，高1.82米、宽0.86米、厚0.13米。

碑正面雕千佛，每身佛高约0.10米。从上至下共计11排，每排之间有3厘米的间隔，其中第1～2、5～11排每排并列8身坐佛；第3、4排靠右侧第三、四身处，似乎是因为岩石平面问题，雕刻工匠做了随机处理，打破了这个位置的间隔，把第3排的第三身和第4排的第三、四身雕刻在一起，第3排的第三身雕刻为化生形象，下方对位于第4排的第三、四身佛靠上和化生形象连在一起，故第4排一共9身坐佛。

诸佛形态大致相同，磨光高肉髻，面容较丰满，着通肩袈裟，施禅定印，结跏趺坐。袈裟下摆呈“八”字形向两侧展开，上有阴刻稀疏刚劲的衣纹线，体形敦厚。身后阴刻莲瓣背光，圆形项光。化生童子，中分式低平顶，面形大致同佛，颈部以下雕三瓣覆莲，有桃形项光。

壁　画

窟内在窟顶和各个小龛内，现保留壁画约38平方米，均为北魏时期原作，未见有重绘现象。

在前室西侧顶部有一覆斗形藻井，残存有部分壁画，藻井四周边缘上现存三角垂帐纹、忍冬纹等。下部边缘绘有坐佛、弟子和飞天等形象。

前室东侧顶部保存面积相对较大的壁画，但极不规整。壁画明显是以土红色勾线、色彩平涂，但多处仅有勾线，没有涂色，似乎是一个未完工的状态。大致内容为人物，仙众、瑞兽等从东侧向西侧飘飞或走动，从西至东，描述如下：最前部为两名飞行状的人物共同把持一个“门”形的幡架，幡架横杆上长条形幡向后飞扬，周边有数身飞天围绕向前飞舞。再向东侧，为数身并排奔走的焰肩神兽，可见三身，其中中间一身涂色较多，两侧的仅仅勾画出线条。中间一身似猴面，头顶有细角向后，肩部有蓝色的焰发向上、向后飘飞，袒露上身，下穿黑色短裤，双腿分开做奔走状。再向后，有数身奔走的龙，可见三身，龙身为蓝色，龙身上骑乘一仅勾画外形的人物。再向后，为数身骑虎人物，可见五身，人物部分填涂有色彩，虎身仅勾画线条；再向东侧，为骑鱼仙人形象，可见三身，其中鱼身上着色较多，青色鱼背，白色鱼腹，黑色鱼尾和鱼鳍，鱼身上的仙人线条浅淡，极难辨识；再后为骑鸟仙人形象，可见似鹤的鸟腿和人物的飘带。再后微奔跑的焰肩兽，可见一身。在各个人物、瑞兽之间，有花瓣、花蕾等点缀其间。另外在骑虎仙人壁画的内侧（靠窟内方向）绘制有树木、山形等场景。

在11号龛外龛楣处，壁画受过烟熏，隐约可见人物形象，有学者认为以弥勒菩萨为主尊的维摩诘经变。在龛楣中间，有一尊菩萨装人物交脚而坐，后有华盖，左右弟子侍立。右侧弟子左手外伸向佛，站在圆形莲台之上。再向右侧，一身人物侍立；再向右侧，两身弟子并排站立在一起，面面相对；再向右侧，一身菩萨装人物立于圆形莲台之上，此身菩萨四周有多身人物拥簇。中间交脚菩萨左侧的壁画人物相对较为模糊，细节部分无法辨识，在最左侧（和右侧的立菩萨相对处）隐约可见一帐形建筑形象，中坐一人物。

11号龛内正壁，主尊背光和右壁之间的空档处，绘有两身弟子，仅绘出上半身，双手均拢于胸前，位于下侧的弟子抬头仰望上侧的弟子。在龛顶处绘有壁画，但烟熏严重，靠右侧烟熏相对较轻，人物形象略清晰。可见在龛顶中间一大圆莲花，因烟熏细节不辨。右侧有两身焰肩神兽做奔跑状，推测在莲花左侧也有两身焰肩神兽。神兽张开夸张的大口，焰发后飘，袒上身，下着短裤，双臂张开，双腿做奔跑状，四肢粗壮，极有力度感。

题　记

窟内各个时期的题记较多，但一些文字漫漶难以辨识，依据早期记录和现场观察记录：

（一）造像碑题记

1号碑：

在碑身上多有妆彩题记，内容多漫漶，多数为“某某□尊”等字样，可见姓氏有张氏、赵氏等。如有五身小佛项光上题“三千往□尊”。另有“某某□尊”“某某妆此”等。正面下部素面上有墨书题记。其右侧有“水泉满平□□□□日□中”。正面碑头上右立菩萨头光左侧“保才一二庄”。右菩萨头光右侧“佛一尊”。

2号碑：

碑面第7排千佛墨书题记：“席天禄妆佛一十五尊。”

碑面第8排千佛墨书题记：“陈世安銮佛一尊。”

碑面第9排千佛墨书题记：“王文秀、姚大都銮佛一尊韩君鸥銮佛一尊□□弟妆佛□□尊。”

造像碑下部右侧墨书：“至正十三年(1353)四月初□日徐□长。”

右壁墨书：“特□□□妆□□（立）养育舍财□释迦佛一尊菩萨一尊保佑□□。”

以上题记在前人基础上辨认，现大部分已难辨认。

4号碑：

第4、5、6排千佛造像中间有墨书题记：“僧如□徐□氏，天启四年四月初八日□□氏。”

5号碑：

第2排千佛左侧墨书题记：“□明□□□□。右侧有：□明□□三月□□。”

第4排左侧第2、3身千佛间墨书题记：

清水僧人释真□□□□□。右侧第2、3身千佛之间有："清水□□□□僧人释子真□□□□正□。"第6排正中佛背光上残存："知□□，知□，知□。"第七排依稀可辨从左向右："万历十年四月□道人□□到此（少下）平凉府静宁州佑本□水落城右□居住山人李向春俊易□李化□□万历拾年四月初捌日朝□麦积山佛到少下（此）；秦安县信士张一明，胡牟大经陈克礼于万历□年□月到（此）。"第8排有墨笔但不辨字形，第9排左侧有："□□子高□□。"

9号碑：

正面第1排左第2身墨迹不清。第2排左侧第1身墨迹多不辨，仅右侧可辨："□佛□□□尊。"左侧第2身墨迹不辨。左第4身："□□□孙□一尊。"第3排墨迹不辨，第6排左侧第3、4身之间有："秦□家（或众）僧□□□□三尊□□。"中间2佛之间墨迹不辨。右侧第2身："□庄佛一尊□□□四月□□。"第7排左第2身佛后有："□□□□一尊。"第3、4身之间有："□□庄銮佛二尊□□□。"第8排左第2身千佛后背光上："□宅夏氏；□□□□□□□□。"中间2佛之间有："□□□人夏惟思□□氏。"其余墨迹不清。左侧从上至下第1身思惟菩萨左右侧底白色有依稀的墨迹不辨。第2身背光上左侧："姨姐舍财妆佛一尊。"右侧："保一家吉祥如意。"第3身右侧有："妆佛一尊。"

第9号造像碑背面朱书："大宋熙宁八年三月二十六日赵瞻书石。"碑阴自右至左竖排刻石："本寺童行戴留哥同赵小□因困到此，嘉泰三年六月初七日。"

10号碑：

碑面上有较多刻划题记。上段中龛释迦多宝佛背光上刻："姚希"；"纪文。"中龛左侧龛柱上刻："天顺四五月二十日有本作头王文智到。"侧龛柱上刻："同日本局作头高敬贯牛儿。"左侧碑边框上刻："盐官韦展"；"大旅国。"中段中龛左侧龛柱下段刻：苟祖熊室人赵氏祖□□；龛楣右侧刻："董仲□。"右侧上下格分格中栏上刻："秦州住人待诏王待诏兄弟等舍□在□一堂佛。"右侧碑边框上刻："至正元年亥丑五月廿四日正克让；""至正二十一年四月初八日；""演智。"左侧碑边框上刻："秦亭工段□□同……登此万佛堂未三月廿八日永记。"中下段中间分栏上刻："魏登；""秦亭最化杨善叔仝盖彦泽高昌长直夫魏登仙□；""福禄李□正……"下段左侧碑边框上刻：清水甘棠姚微公美累来此堂。

十六号碑：

第一部分中部右侧隔段上尚能隐约辨认："嘉靖三十九年十一月初九日舍人张四维，室人高氏。"侧面墨书："洪武十一年五月十五日到□□□。"（此内容为前人所记，已看不清）。

17号碑：佛背项光上墨书题记："王六福。"

（二）窟内其他位置题记

门甬道左壁墨书："大德六年四月。"

窟门壁上墨书："贴金僧智虎会众信士会首惠进惠□惠□惠□惠红崖地会首王门□□□□万历二十八年九月初九日惠磴书。"

另有："本山住持僧智祐、惠□，比丘僧智林、惠□……"

左壁龛外墙角下三个供养人画上墨书："□□成佛张□张□□□刘□□之像。"

前堂正中立佛背面墨书："崇真（祯）元年四月，秦州卫礼店前所人樊悦妻马氏伯父樊□□父樊□广母杨氏，秦州人王守仲一家发心朝爷明（名）山。""秦州吏姚汲金榜以公务同到。""□□仲王氏，万历三十五年奉水陆会到此。""清水县各里不同进香姓名于后□领香客僧人智清方仁崇祯元年上□任漆魁王得能成大智李大头王门雍长果李来贡严门童长客李门王氏孙门曹九李门刘长观刘门李长登千佛堂中好圣境面礼弥勒在空中头顶礼敬似捧水撒手归家证其空僧人智清题。""万历二十八年四月七日魏□□赵□□王廷江赵应全□□府学生员汪莹雷宏峻汝安男雷丙辰雷三光雷任戌汝乐汝凤。""崇祯元年，松树王进成、王邦进、罗□。"

第3龛正壁右上方墨书："巩昌府宝□□□……生陈□□□……释迦佛一尊，菩萨一尊，保□□□……□□□□□财□大园岁在丙戌四月。""巩昌府□至元二□□……"

第5龛左侧立菩萨头光上墨书："季夏□□月二日政和甲午□□□□。""清水邑巡金□西□时。""河东□汾人□□□。""□□□□□八到此、□□□□□□□□寺正，□□□□□同来□□。"

第7号龛台座前壁上墨书："延祐三年九月初六日记。""至正二年四月八日奉元侯人□在秦州东□……""秦州□□□皆得诏穆□□……""政和元年六月十三日巩昌古渭游□僧人/万寿寺屈吉祥/宝庆寺行绍行剑□□/□福寺□□/兴国寺□□一行廿人。""正德三年九月初六日□。""宝迁□俗□□明一行七人/佛堂□□□□谨记。"

同上墨书："万历拾年三月十三日朝此。"

台座上部刻划："嘉靖拾年秋□□僧人道安□□。"

（三）匾额

在门口悬挂一方斗形匾，通长1.32米、通高0.65米，其中匾心长0.89米、高0.33米。正中篆书"极乐堂"。左侧靠上阳刻楷书："晋\万历四十一年岁次癸丑夏四月吉旦\秦安邑\众会\李汝正 牟臣成九凤成思睿\成九旒 高俊成光显成思敬\周谏 牟爱牟养正刘承禄。"左侧阳刻楷书："献\巨应禛马化龙成思仁张鸿家\张拱何士昇张鸿祉成思恭\贺万年李有胡拨少成育彩\张鸿功□应江成光彩成君佐\成思应李希贤\成光裕\同叩。"

第134窟

窟　号　第134窟

时　代　北周

位　置　位于第098窟（西崖大佛）头部东侧，左邻第157窟，右邻第098窟。窟门下沿距栈道地面垂直高度0.45米。

形 制

平面横长方形、圆拱顶浅龛。坐北朝南，南偏西34°。窟高0.86米、宽0.78米、进深0.48米。正壁正中凿方形台座，正、左、右三壁凿低坛基。方形台座，残高0.18米、宽0.28米、深0.09米。低坛基，高0.07米、正壁前深0.09米、左右壁前宽0.18米。

造 像

正壁一身交脚菩萨，地面平置一身胁侍菩萨。共计2身。

正壁交脚菩萨，腿部以下均残损，残高0.60米。发冠微残，面部表层泥质和内部泥质多有剥落。形体修长，头戴三叶宝冠，面部圆润，细眉下视，发辫自耳后从双肩垂下，有耳珰，颈部佩戴有较宽的项圈；双肩丰润，有臂钏和手环，双臂屈肘上举，双手手心朝内分别置于左右胸前，左手残损严重；上身内着僧祇支，披帛带于身体两侧绕肘弯内侧外飘垂下，下着束腰翻边裙。

胁侍菩萨，头部花冠残损，左臂全部残损、右臂仅存上臂，小腿以下残损，身体各部位表层泥皮剥落严重，残高0.50米。面部圆润，胸肩部宽厚丰润，细腰，袒上身，斜披络腋，下着单薄贴体长裙，跣足而立。

壁 画

无

题 记

无

第135窟

窟 号 第135窟（俗称天堂洞）
时 代 北魏（北周、宋重修）
位 置 位于西崖东上部，左侧为崖壁，右邻第136窟，窟门下沿距栈道地面垂直高度0.37米。

形 制

平面横长方形、平顶。坐北朝南，南偏西15°。窟高4.65米、宽8.84米、进深4.71米。前壁正中开方形甬道，高2.22米、宽2.03米、进深1.01米。窟内正、左、右三壁正中原各开一个圆拱形浅龛，龛高1.97～2.03米、龛宽1.68～1.90米、进深0.40～0.43米。北周时期在正壁龛两侧各增开一个圆拱形深龛，龛高2.11米、宽1.90米、进深0.88米。前壁甬道顶上方凿三个呈“品”字形排列的长方形明窗，明窗高1.10～1.48米、宽1.18～1.20米、深1.40～2.35米。窟顶和门对应处有一半圆形凹槽，高0.90米、直径2.45米、深1.40米。

造 像

窟内现存正壁三龛，中龛内塑一佛二菩萨，左侧龛内塑二坐佛，右侧龛内塑一佛一菩萨；左壁龛内塑一佛二菩萨；右壁龛内塑一佛一菩萨。窟内正中左侧地面置放石雕一佛二菩萨立像。共计15身。

正壁中龛佛，高1.23米。磨光高肉髻，长圆面形，细颈削肩，身躯前倾。上身内着僧祇支，腰间束带并作结，外着双领下垂袈裟，衣角搭于左臂。左臂屈肘置于腹前，左手施与愿印，右臂屈肘前伸于胸前，右手施无畏印。双足掩于袈裟之下，结跏趺坐于长方形台座之上。袈裟下摆呈八字重叠覆于台座前。座高0.33米、宽0.88米、深0.40米。身后绘有莲瓣形背光及项光，背光外侧作火焰纹，项光为多重同心圆，壁画色彩脱落、漫漶，细节无法辨识。

左、右侧菩萨，均高1.38米。面形消瘦，顶束扇形高髻，余发束辫分披双肩，在肩部有圆形饰物，脖颈细长，削肩。身着三层交领衣，腰间束带，披帛带自双肩下垂，左侧帛带上绕至左小臂后自然下垂，右侧帛带上绕经右手提握后自然下垂。衣摆落地呈喇叭形，足穿云头履，身体微侧，头部略前倾向佛而立。其中左侧菩萨左臂自然下垂，左手屈垂提桃形玉璧，右手携帛带抚于胸前。右侧菩萨左臂屈肘，左手拈花抚胸，花已残，右臂自然下垂，右手提帛带。菩萨绘项光为多重同心圆。

正壁左侧龛北周佛，高1.25米。磨光低平肉髻，面形方圆，双眼平视，挺身，内着僧祇支，外着通肩袈裟，袈裟衣角搭于左肩后自然垂下，袈裟质感单薄并紧贴身躯，双手在腹前上下交叠，施禅定印，双足掩于袈裟之下，结跏趺坐于方形台座之上，袈裟分三瓣垂于台座上。座高0.51米、宽0.91米、深0.51米。

左、右两侧原各有一身北周小坐佛，高0.86米。从体量、位置等判断是后期放置于此，现右侧小坐佛藏文物库房，仅存左侧小坐佛，磨光低平髻，面形圆润，两肩丰厚，内着僧祇支，外着双领下垂袈裟。双手掩于袈裟之下施禅定印，结跏趺坐于台座之上。

正壁右侧龛宋代佛，高1.20米。螺旋发髻，有肉髻珠，面形方圆，眉眼上挑，眉间有白毫相，内着僧祇支，腰间系带并作结下垂，外着双领下垂袈裟，双手于腹前结禅定印（大拇指已失），结跏趺坐于长方形台座之上。座高0.51米、宽0.91米、深0.51米。

正壁右侧龛左侧宋代菩萨，高1.45米。顶束高髻，颈戴项圈，腕戴环，内着僧祇支，披帛带自双肩自然下垂，经两侧肘部顺身体两侧下垂至脚部，双手于胸前上下交叠，下着长裙，跣足而立。

左壁龛佛，高1.10米。造像风格与正壁正中佛造像风格大致相同，结跏趺坐于方形台座上。座高0.27米、宽0.88米、深0.43米。

左、右二胁侍菩萨，头顶发髻均已残，残高1.16米。面容清瘦、体躯扁平，身躯前倾侧向主佛。颈戴宽项圈。左侧菩萨左臂屈肘下垂于腹前，左手提桃形法器，右手举于胸前。身着交领长衫，披帛带自双肩下垂至腿部交叉后上绕搭至肘部自然垂下，足穿云头履。右侧菩萨与左侧菩萨大致相同。

右壁龛宋代佛，高1.02米。螺旋发髻，有肉髻珠，面形方圆，眉眼上挑，眉间白毫相。内着僧祇支，腰间系带并作结下垂，外着双领下垂袈裟，左臂屈肘左手抚膝，右臂屈肘上举，手心朝外（指残毁），推断为无畏印，结跏趺坐于长方形座上。座高0.32米、宽0.88米、深0.43米。

左侧胁侍菩萨，头顶发髻已残，残高1.16米。面容清瘦、体躯扁平，余发束辫分披双肩，在肩部有圆形饰物。脖颈细长，两肩削肩，身着三层交领衣，腰间束带，披帛带自双肩下垂，左侧帛带上绕至左小臂后自然下垂，右侧帛带上绕经右手自然下垂，左臂屈肘上举，左手置于胸前（手指残毁），右臂自然下垂于身体微侧，手指残毁，头部略前倾向佛而立。

窟内中间北朝石雕佛，通高2.40米。旋涡纹高肉髻，面形长圆，肩宽且浑圆，内着僧祇支，中层袈裟于胸前系带并作结下垂，外着双领下垂袈裟；左臂微屈下垂、左手手心朝前、五指朝下施与愿印，大拇指于中指中间捻一莲子，从袖内伸一莲花支撑左手背部，右臂屈肘向前，手已残，从残迹判断应为无畏印；跣足立于圆形覆莲台之上。莲台高0.48米。

石雕佛左右侧北朝石雕胁侍菩萨，原头均残失，宋代补塑的泥质头部在20世纪80年代被移置文物库房。现左侧菩萨，残高0.96米。颈饰花式宽项圈，腕戴环，上身坦露，帛带与璎珞自双肩下垂至腹前呈“×”形穿环交叉后上绕穿肘自然垂下，左臂屈肘前伸，左手提桃形法器于腹侧，右手拈花上举贴于胸前。下系长裙，跣足立于圆形莲台之上。莲台高0.3米。右侧菩萨，残高0.92米。颈饰花式宽项圈，腕戴环，上身坦露，外搭帛带，帛带与璎珞自双肩下垂至腹前呈“×”形穿环交叉后上绕穿肘自然垂下，左臂屈肘前伸，左手提圆形玉璧于腹侧，玉璧下系带。下系长裙，跣足立于圆形莲台之上。莲台高0.3米。

壁　画

洞窟内保存壁画较多，但画面斑驳、脱落、烟熏等病害严重，很多细节无法辨识。

窟内正壁上方现存涅槃变壁画，整体可分为中、左、右三个部分，中间为一佛二菩萨的说法图，右侧为八王争舍利，左侧部分画面主题因画面残破暂无法确定。

中间说法图上部壁画脱落，佛和菩萨头部已不可见。佛，着通肩袈裟，双手似在腹前结禅定印，坐于“工”字形的台座上，袈裟下摆呈左、右两瓣垂于座前，身后有背光。其左侧菩萨，头面部斑驳不可辨识，颈戴半圆形项圈，天蓝色帛带于双肩垂下在腹前作“×”形交叉，再上绕搭至肘部后自然下垂。左臂屈肘上举，左手手心朝内置于左肩前，腕部有环，右臂姿态不清。下着长裙，跣足立于覆莲台之上。右侧的菩萨和左侧菩萨服饰姿态等基本一致。

壁面右侧壁画为八王争舍利场景，画面相对较大，但斑驳脱色严重。其中间为征战场面，可见步兵、骑兵等形象，布局相对疏朗；在征战画面左右两侧，各有一组骑马人物拥簇在一起，各有八九身左右，均面向战场，人物大致为戴高冠、着交领衣，手中无兵器，其略靠前有一两身武士装扮人物，这个场景应该是观战的人物；在右侧略靠上，也可见一组骑马人物，两身骑马人物略清晰，其他无可辨识。在征战场面上方位置是分舍利场景，清晰可见一蓝色方形低台，前方有斜坡慢道，台上呈一字排开放置八个细颈瓶，在台子左前侧，可见多身人物簇拥在一起，画面斑驳，人物大致形象为着圆领袍服，下穿长裤，双手合十于胸前。

壁面左侧的画面由于残损、脱落、斑驳等，其主题无法确定，大致可以分为上、下两个部分，中间有大面积的疏朗空白空间。在上方为一群骑马人物形象，马匹人物等均处于静立状态，似乎是在观看或等待。在下方为山川河流和一辆长檐车的形象。其中山川为深绿色，山脚下有排列的树木。在下方有一四脚朝上的动物在一个深绿色的背景中，动物头部残损不可见。在此左侧一长檐车，可见车轮、车厢、车盖等，顶部的长檐和车厢板部分为蓝色，车厢中午人物形象，车前也不见马匹。在车后侧可见两身人物背向车并肩而立，穿宽袖袍服。在此组人物的左侧，仍可见人物、树木图像，但斑驳严重，无法细致辨识。

在正壁中龛和西侧龛之间的壁面上，可见七身骑马武士人物形象，细节不可辨。

左壁龛上方壁画整体保存完整，但斑驳脱色严重，很多细节无法辨识。其内容为并坐三佛，各自坐于“工”字形的台座上，两侧各有弟子或菩萨侍立。佛，着通肩袈裟，右脚显露在外，结跏趺坐，身后有背光。龛右侧的壁面壁画基本脱落，仅靠上处可见模糊的树木和飞天形象；龛左侧保存有壁画，可见一方形帐形象，有三角形垂幔、飘带以及其他装饰，下方有方形的坐台，其中的人物形象已经不可辨识，在此前方有一大树形象，树上方靠龛边缘，有一飞天形象，从龛边缘回身向帐的方向飞舞。

右壁龛上方壁画靠上脱落严重，人物形象的上半身已经不可见。内容和左壁对称，应也是三佛，坐在“工”字形台座上，两侧一身弟子或菩萨侍立。画面极度斑驳，细节无从辨识。佛，着通肩袈裟，右脚显露在外，结跏趺坐，袈裟呈左右两瓣覆盖在台座前。台座两侧均可见装饰性的花卉图案。三佛中间佛两侧为胁侍菩萨，左、右侧佛两侧为胁侍弟子。其中右侧坐佛右手在右肩前施与愿印，左手置于腹前。菩萨上身着僧祇支，帛带在腹前作“×”形交叉，下着长裙，立于覆莲台之上。

右壁龛外左右两侧壁面各有一佛二菩萨，壁画斑驳严重，大致可辨基本内容。其中右侧壁画略保存完好。佛，头、面部残毁，外着双领下垂袈裟，右手置于右肩前施与愿印，左手手心向内置于腹前，结跏趺坐坐于“工”字形台座上，袈裟下摆分左右两片覆盖于座前，身后有背光、头顶上有华盖。左侧菩萨侧身向佛，头略低，颈部有项圈，着天衣立于圆形莲台上，有项光，其他细节不清。在佛华盖与龛之间有两身朝佛的飞天，衣带向后飘扬飞舞。

前壁壁面烟熏十分严重，壁画几乎不辨，仅可模糊辨认，隐约可见四处一佛二胁侍的说法图等形象。

窟顶壁画大多已经脱落，现存靠左侧可见两块飞天飘带、花卉等图案。靠中间明窗有一土红底圆形图案，四周有花卉。

题 记

窟内正中石雕佛像莲座上刻划：“嘉靖三年四月初八日朝山贾廷贵，付□山、张思九、张永智、苗得雨刊。”佛胸部刻划：“上邽纪文到此。”背部方孔下刻划：“崇祯三年四月。”

正壁左侧佛龛右壁上方墨书："岁崇祯岁次□□□□张自振□□。"刻划："太平兴国六年□月八日徐叩。"右侧佛光北壁刻划："开宝六年四月六日□□□□记。"

正壁上方刻划："大明国陕西巩昌府秦州永川里。""嘉靖三十一年三月十五□□□□。"正壁左侧刻划："绍兴二十三年。"同上刻划："张之福□□嘉靖二十六年四月初八日到此。"

正壁西龛台座上刻划："天启元年二月□□□□□。"中龛右侧菩萨头光上刻划："□炎二年三月□□□。"台座刻划："天启元年二月□□□□□。"

右壁龛内右侧刻划："天顺二年闰二月二十八日到万佛堂，东金李生见佛，世世无到，中中法相，安相□（题）。""北京顺天□□□□。"左侧刻划："嘉靖三十四年三月十五□□□□。"右壁刻划："至正□□□□。"南侧佛像腰部墨书："秦亭哩氏王君□妻刘氏孩男王□□上侍父母王珣陈氏三十五年四月初八日。"

左壁左侧刻划："同光四年四月□□□此丘□□□。""至正□□□□。"

窟门顶部左侧刻划："乾元元年四月八日史山刘□□□记。"

窟洞内壁上刻划："天和六年。"同上壁刻划："何□府杜□□""徐□□""郭□□""天和贰年□□""张□□"。

甬道顶上东侧刻划："乾元元年四月八日史山刘□□□记。"

第136窟

窟　号　第136窟

位　置　位于西崖，左邻第135窟，右侧为崖面，窟门下沿距栈道地面垂直高度0.48米。

时　代　北周（宋重修）

形　制

平面方形、四角攒尖顶。坐北朝南，南偏西17°。窟高3.05米、宽2.95米、进深3.05米。前有方形甬道，高1.55米、宽0.95米、进深0.80米。窟内三壁前各有"工"字形高莲花座，正壁前莲花座高1.15米、直径1.18米；左侧莲花座高1.00米、直径0.93米；右侧莲花座高0.95米、直径0.95米。莲花座下方为"工"字形，中间部分有壶门，台座上边缘有浮塑的花卉，台座上方作丰厚的圆形仰莲，花瓣三层，下层较小，上层花瓣大而宽厚。

造　像

现存宋塑正壁一身坐佛，左、右壁各一身坐姿菩萨。共计3身。

正壁坐佛，高1.10米。螺纹发髻，前有圆形肉髻珠，方圆脸，眉间有凹圆白毫相，细眉、双眼微启，三瓣形嘴，双耳紧贴面颊。胸部肌肉丰腴略下垂，内着僧祇支，腰部束带打结，中着双领下垂中衣，外着双领下垂袈裟，自右肩下垂后，至右肘处绕至小臂下方后再上绕。双手在腹前掌心向上、食指内屈并对触在一起，施往生印，双手多个手指有残损。结跏趺坐于“工”字形高莲花座上，袈裟下摆平放在莲花台上面。后绘有圆形头光，由内外两圈同心圆组成，外圈为白色，内圈为橘黄色。

左、右壁菩萨，均高1.10米。姿态基本相同，菩萨束高发髻，披观音巾，方圆脸，四瓣小嘴。胸部肌肉略丰腴，项戴三四道串珠项饰，着袈裟，穿着方式与佛基本相同。其中左壁菩萨双手掌心向上，左手平伸、右手五指弯屈叠于左手上，施禅定印；右壁菩萨双手右下左上，虎口相对而握，掌心向内置于腹前，结跏趺坐于莲花座上。身后壁面有椭圆形背光和圆形项光。其中左壁菩萨背光已不可见，项光仅见白色外环，内侧烟熏严重。右壁菩萨项光可见三层同心圆，外两层色彩不辨，第三层白色，背光仅见白色条带纹。

壁　画

现存壁画，因窟顶四披烟熏严重，其中前披、左右披更为严重，壁画细节无法辨识，多处可见穿插绘制的流云图案，前披和右披隐约可见飞天痕迹，左披后侧可见一下垂的团花，正披线条模糊，无法辨识形象。

正壁两侧壁面各隐约可见一身比丘形象的袈裟衣纹线条痕迹，其中左侧一身从身姿判断头面部似乎是向左侧。在佛项光两侧，各有一橘黄色的题记框，未见字迹。其他部位有粗率的云纹等。左、右壁也多见粗率的云纹图案。前壁门上方有一块方形框，似手书榜题，无字痕迹。

题　记

正壁左侧边缘刻划：“凉州卫二僧道明□□。”

第137窟

窟　号　第137窟

时　代　北周

位　置　位于西崖中下部，左邻第090窟，右邻第098窟，窟门下沿距栈道地面垂直高度2.45米。

形　制

平面半圆形、圆拱顶敞口龛。坐北朝南，南偏西30°。龛高0.74米、宽0.70米、进深0.33米。正壁前有方形台座，高0.16米、宽0.32米、深0.16米。沿壁面有低坛基，高0.06米、宽0.15米。

造　像

现存正壁一佛，右壁一胁侍菩萨。共计2身。

佛，头部残失，残高0.25米。身着通肩袈裟，右臂屈肘上举、右手在胸前手心朝左前，施无畏印，左臂屈肘微下垂、左手手心朝右前置于腹前，结跏趺坐于长方形座上。双阴刻线衣纹较细密而流畅，袈裟单薄贴体。

菩萨，头部残失，残高0.30米。上身袒，斜披络腋，右臂微屈肘下垂，右手置于大腿外侧；左臂屈肘上举，左手手心向内置于胸前。下系贴体长裙立于低坛基上。

壁　画

无

题　记

无

第138窟

窟　号　第138窟
时　代　北魏
位　置　位于西崖中下部，左邻第090窟，右邻第089窟，窟门下沿距栈道地面垂直高度1.53米。

形　制

平面长方形、圆拱顶龛。坐北朝南，南偏西10°。龛高0.90米、宽0.85米、进深0.38米；正壁前一“工”字形台座，高0.25米、宽0.42米、深0.16米。沿壁面凿有低坛基，高0.07米、宽0.09米。

造　像

龛内正壁一坐佛，高0.68米。磨光高肉髻，面形清瘦，细眉小嘴，细颈削肩，上身微微前倾，内着僧祇支，中着对襟衣带相系，外着双领下垂袈裟，右臂屈肘上举、左臂屈肘微下垂，双手均残损不存。右脚显露在外，结跏趺坐台“工”字形台座上。袈裟下摆分三瓣垂于座前，身后有绘背项光痕迹，但色彩多已脱离，仅可见部分火焰纹。

壁　画

无

题　记

无

第139窟

窟　号　第139窟
时　代　北魏
位　置　位于西崖东上部，左邻第140窟，右侧为崖面，窟门下沿距栈道地面垂直高度0.65米。

形　制

平面方形、平顶。坐北朝南，南偏西15°。窟高1.67米、宽1.65米、进深1.63米。前壁有方形甬道，高1.15米、宽0.80米、进深0.58米。窟内四壁前凿低坛基，高0.12米、宽0.28米。在正壁低坛基之上，紧靠壁面另有一层通长的低坛基，高0.18米、宽0.18米。正壁正中砌长方形台座，高0.47米、宽0.86米、深0.50米。

造　像

窟内现存正壁正中一坐佛，右侧一身弟子。左壁一菩萨、一身力士。右壁一力士。共计5身。

正壁佛，高1.10米。磨光高肉髻，面形方圆，眉间白毫相，内着斜交领衣，外着厚重双领下垂袈裟，左手抚左膝，右臂屈肘上举，右手置于胸前，手已残，右脚脚心朝上外露，结跏趺坐于长方形台座上，袈裟下摆分左右两片呈弧形覆盖于座前。

右侧弟子，高0.80米。高鼻细目，嘴角上扬，双耳紧贴后颈，内着僧祇支，外着双领下垂袈裟，双手合十置于胸前，双足穿靴立于低坛台上。

左壁菩萨，高1.13米。头顶束半圆高发髻，额前头发分两边，余发自耳后束辫分披双肩，在肩部饰有圆形佩饰，面形方圆，眉间有白毫相，颈戴圆形项圈并缀有花饰，佩饰璎珞。上身袒，肩披帛带与璎珞自双肩下垂于腹前作“×”形交叉后上绕搭双肘自然垂下，璎珞上有串珠、珊瑚、玉璧等饰物。腰间系带悬佩玉璧。左臂屈肘上举，左手掌心向外贴左肩前，右臂屈肘微下垂置于右腹部，右手持莲状，莲茎残毁，存莲叶于胸前。下着长裙，跣足立于坛基上。

左壁力士，高1.05米。脑后束小圆形发髻，额头有深深的皱纹，粗眉隆起倒竖，凸目圆睁，鼻孔大张，鼻头上翘，面颊凹陷，满脸络腮胡，嘴唇斜歪，颈部筋骨凸起。双臂残失，外搭帛带，袒胸，下着长裙并腰间系带作结，身体略左斜，双腿叉开立于低坛台上，双足残失。

右壁力士，高1.05米。束扇形高发髻，粗眉略弯，双眼珠凸出，鼻梁最上端有突出的肌肉，鼻孔向上，面颊突出，双耳斜竖，嘴大张，下颌前翘，喉结呈尖状，面部侧向右侧，望向窟外。身体向右斜倾，袒胸，外搭帛带，帛带自右肩头从腹前垂下后上绕搭左臂上，顺身体外侧自然下垂，左小臂残失，右臂弯屈右手握拳至右胸下。下着长裙并腰间系带作结，长裙下摆呈扇面形，双足残失，立于低坛台上。

壁　画

无

题　记

无

第140窟

窟　号　第140窟
时　代　北魏
位　置　位于西崖东上部，左邻第141窟、右邻第139窟，窟门下沿距栈道地面垂直高度0.75米。

形　制

平面方形、平顶。坐北朝南，南偏西15°。窟高2.14米、宽2.17米、进深2.01米。前有长方形圆拱顶甬道，高1.48米、宽1.23米、进深0.48米。甬道地面高于窟内地面0.27米。窟内四壁前凿低坛基，宽0.27米、高0.10米。前壁低坛基于门道处中断，且略向左、右壁方向收缩。三壁前各砌“工”字形长方形台座，正壁座高0.60米、宽1.10米、深0.54米，左壁座高0.50米、宽0.80米、深0.44米。右壁座与左壁略同。在正、右壁之间地面角落有一接近于圆形的孔洞通此窟下方的第154窟，直径约0.66米。左壁内侧有一长方形圆拱顶的孔洞，通此窟左侧的第141窟，高0.80米、宽0.52米、壁厚（洞进深）0.43米。

造　像

现窟内正、左、右壁各塑一坐佛，正壁佛两侧各一立胁侍菩萨，左壁佛外侧一胁侍菩萨，右壁佛左、右两侧各一胁侍菩萨。共计8身。

正壁佛，高1.41米。磨光高肉髻，长方面形，双耳紧贴后颈，双眉弯曲，高鼻小嘴，肩宽背直。内着僧祇支，中着对襟衣相系并结带下垂，外着双领下垂袈裟。双臂屈肘前伸，双手已失，右脚外露脚心朝上，结跏趺坐于台座之上。袈裟下摆分三片呈圆弧状垂于台座前，造像保存完整。身后浮塑莲瓣形背项光，背光外侧作火焰纹，项光从外往内分别为忍冬纹、多重同心圆、放射状条纹等。背项光整体保持完整，但是壁画色彩脱落漫漶，很多细节无法辨识。项光左、右下方各有一供养弟子，面向佛胡跪在莲花座上。左侧弟子，身姿微倾向佛，内着交领僧衣，外着赭黄色袒右袈裟，双臂屈肘前伸，左手于胸前持一长柄香熏，右手扶长柄的另一端。右侧弟子，双腿不清，难以辨识具体跪姿，侧身向佛，内着赭石色僧祇支，外着黑色通肩袈裟，左手上托一物向佛，所托之物模糊不清。

左侧菩萨，高1.17米。束高髻，余发于耳后垂于双肩束辫并系带。颈部戴项圈，佩璎珞。上身袒露，披帛带自双肩下垂至腹前交叉上绕穿肘自然下垂，胸前长璎珞于腹下交叉上绕，有串珠、玉璧、珊瑚等饰物，右臂屈肘紧贴腹前，右手提桃形法器，左臂残失。下系长裙并系带，腰间悬玉璧，立于低坛基上，身后有多重同心圆项光。

右侧菩萨，头已失，残高0.92米。造型风格于略同于左侧菩萨，上身着僧祇支，披帛带自双肩下垂至膝上部交叉上绕穿肘后自然下垂。帛带下端贴附于腿前。璎珞于膝上部交叉上绕，上有串珠、珊瑚、玉环等，交叉处兽头相连。下系长裙并作结，腰间悬佩外缘为莲花瓣式玉璧，双足残失。身后有石绿色、赭红色等多重同心圆项光。

左壁佛，头已失，残高0.64米。造型风格与正壁佛大致相同，内着交领衣，中着对襟衣系带，外着双领下垂袈裟。袈裟衣角搭于左肘，胸前有“卐”字图案，双臂屈肘前伸，双手已失。右脚外露脚心朝上，结跏趺坐于台座上。身后浮塑莲瓣形背项光，画面斑驳，局部壁画残毁，背光为宽火焰纹，项光从外往内忍冬纹、多重同心圆、放射状条纹，背项光以石绿、石青、赭红等为主。

左侧菩萨，高1.16米。束高髻，额前发纹明显，双手捧供品于胸前，内着僧祇支，外着双领下垂袈裟，左脚着地，微屈右膝，翘右足。

右壁佛，高1.08米。造像风格基本同正壁佛，左臂微下垂，左手下提袈裟衣角，右臂屈肘上举，右手掌心向外贴于右肩前，施无畏印，右脚外露脚心朝上，结跏趺坐于台座上。身后浮塑莲瓣形背项光，背光作火焰纹，项光为多重同心圆，有忍冬纹、放射状条纹，色泽有石绿、石青、赭红等。

左侧菩萨，头已失，残高0.87米。造像风格基本同正壁右侧菩萨，左臂屈肘垂置于左腹前，左手提桃形法器。右臂及右手残，双足残失。

右侧菩萨，高1.12米。束高发髻，额前发纹明显，双手合十置于胸前，内着僧祇支，中着对襟结带衫，外着厚重双领下垂袈裟。屈左膝，翘左足。

壁　画

窟内现保存顶部、正壁中部及左、右壁部分壁画，烟熏现象严重，已漫漶不清，较为难辨。

窟顶正中绘有（石绿色）圆莲图案，四周残留彩绘痕迹。周围环绕飞天，飞天周围有云气纹。顶部四角均有莲花图案，现残存三个，形象较为模糊。

正壁壁面左侧上有红色衣领人物和带垂饰的伞盖，伞盖下的人物有的身披圆领长袍，右侧上部可辨绘供养人数身，着圆领长袍。

左壁壁面外侧上部绘几棵绿树、赭红色弯曲的树干和石块等；内侧绘两排男女供养人礼佛，后跟胡服人物，另有花盆、花草等作为画面装饰。

右壁壁面内侧上方绘男女供养人二排，其中有着圆领、窄袖、下着长裤、毡靴的胡人，有伞盖和花盆花草形象；外侧可见在茂密树木的掩映下的院落，院墙上有瓦，院内有前后两座歇山顶建筑形象，饰以悬鱼和鸱吻，院前有一门楼，外有二盆花草，门前有一桥，可见栏杆。

题　记

正壁左侧刻划："万历二年十月初五日。"

右壁内侧上部刻划："至元四年四月初八日记。"左侧刻划："正德六年正月。"右侧刻划："嘉靖葵丑年正月十五日。"同上刻划："至元四年二月初八日。"

左壁右侧上部墨书："至元四年四月初八日花价元到此。"左侧刻划："正统六年二月廿四日兰县和尚到此□□太德。"左壁背光上部外侧刻题："道人□□到。"

门内壁左侧刻划："正统十年二月三日凉州□僧人□□□。"

窟顶右后角刻划："僧□□泾州龙兴寺。"左侧刻划："到此二十度张思锐。"

第141窟

窟　号　第141窟

时　代　北周

位　置　位于西崖东上部，左邻第142窟，右邻第140窟，窟门下沿距栈道地面垂直高度0.55米。

形　制

平面方形、覆斗顶。坐北朝南，南偏西60°。窟高2.67米、宽3.03米、进深2.93米。窟前壁有方形甬道，高2.03米、宽1.63米、进深0.40米。窟内各个壁面相接处均石胎泥塑雕刻出半圆形帐杆、帐柱等。窟顶正中凿方形藻井，内雕一凸起的圆莲。窟内正壁开一圆拱尖楣半壁大龛，两侧有半圆形龛柱，柱头为摩尼宝珠，龛高1.33米、宽1.20米、进深0.46米。龛距地面0.74米，龛底与低坛基间凿有叠涩"工"字形台座；正壁左、右两侧地面各有一莲台，莲台高0.05米。左、右两壁并排各开三个距地面均0.50米的莲瓣形半壁浅龛，大小基本一致，龛高1.10米、宽0.80米、进深0.30

米。窟内地面凿低坛基，高0.14米、左右壁前宽0.20米、正壁前宽0.40米。其中右壁中龛已凿透与第140窟相通。

造　像

窟内原为七佛布局，正壁龛内一坐佛，龛外左右两侧各一胁侍菩萨，左、右壁各三坐佛，现左、右壁中龛内的坐佛均缺失。共计7身。

正壁佛，高1.34米。磨光低平肉髻，脸形圆润。内着僧祇支，胸下系带，外着双领下垂袈裟，袈裟自右肩下垂于腹前上绕搭于左肩，袈裟质感单薄并紧裹身体，双臂屈肘前伸，双手已失，右脚外露脚心朝上，结跏趺坐台座上。下摆分左右两片覆盖在座前。身后有莲瓣形背项光，背光从外向内分别为宽火焰纹、莲花组合，可见水波中有覆莲花和莲蓬，莲蓬上生长出莲苞、莲叶、忍冬纹等；项光从外往内为忍冬纹、多重同心圆，中心为石绿色的莲蓬。项光左右下方各绘有一弟子，画面斑驳，细节部分不清。

左侧弟子，内着蓝色僧祇支，外着赭红色袒右袈裟，左臂掩于袈裟内；右臂下垂前伸，手掌向外，手部漫漶不清，跪于莲花台上。右侧弟子，内着土黄色僧祇支，外着赭红色袒右袈裟，双臂屈肘上举，双手合持一莲包状供物，跪于莲台上、体躯微前倾向佛。

左侧菩萨，高1.25米。束高髻，戴花蔓冠，余发于耳后垂于双肩，束辫并佩饰圆形物，长圆脸，五官清秀，身材修长，颈戴项圈，袒胸，肩披帛带于胸前呈圆领状搭向双肩，自肩后经腋下顺身体两侧垂于膝际上绕，衣着轻柔并紧裹身体。左臂屈肘上举置于肩前，掌心朝外手持圆形供品，右臂残毁。下系翻边长裙，跣足立于莲台上。

右侧菩萨，高1.20米。与左侧菩萨大体相似，外披帛带自双肩垂至腹下十字穿环垂于膝际后又上绕臂弯顺体飘下，下系翻边长裙，腰系带并下垂佩环，上身微微向右倾斜，跣足立于莲台上。

左、右壁龛内佛比正壁佛略小，均高0.68～0.80米。低平肉髻，椭圆脸，五官清俊，两耳垂肩，颈肩适中，微凸腹。

左壁左侧龛内佛，肉髻处泥皮可见有重层，着袒右袈裟，袈裟自肘下经腹前上绕搭于左肩，双手结禅定印，结跏趺坐。左壁右侧龛佛，内着通肩袈裟，袈裟自右肩下垂于胸前上绕搭于左肩，双手掩于袈裟内施禅定印，结跏趺坐。

右壁左右侧龛内佛均着通肩袈裟，手施禅定印，结跏趺坐。

左壁右侧龛、右壁左右侧龛佛后绘背项光，背光为火焰纹，项光为忍冬纹、多重同心圆。以白、石绿、赭红、石青为主。

壁　画

现窟内泥皮大部分脱落，仅存窟顶正中部分，正中绘藻井有卷云纹图案。壁画色彩多以石绿、石青、赭红色为主。

题 记

正壁左侧上方墨书："秦安县朝山佳香孙浩张□吉田得种张养得□□□□□张养忠张□家□养得李□□□□山西张□□□李承□。""伏羌县僧明汉拜/佛。"

右壁左龛左壁上刻写（刻又涂墨）："秦州西关住人马军□汞乐室十一月□□□。"右壁内侧龛坐佛左侧背光上刻划："永乐二十一年十二月至山。"

第142窟

窟 号 第142窟
时 代 北魏
位 置 位于西崖中上部，左侧为崖面，右邻第141窟，窟门下沿距栈道地面垂直高度1.45米。

形 制

平面方形、平顶。坐北朝南，南偏西22°。窟高2.15米、宽2.03米、进深2.54米。窟门残损，甬道呈纵长方形，高2.00米、残宽0.77米、进深0.49米。窟内地面沿四壁凿倒"凹"字形低坛基，高0.26～0.29米、宽0.25～0.49米，表面敷泥皮。正、左、右三壁各砌一长方形台座，正壁台座高0.53米、宽1.08米、深0.55米；左壁台座高0.42米、宽0.90米、深0.40米；右壁台座高0.61米、宽0.95米、深0.39米。正、左、右三壁壁面各砌小坛台，大小不等，宽0.20～0.60米。正壁佛两侧壁面对称砌小坛台，现存四层；左壁右侧壁面横向等距砌小坛台，现存六层；右壁两侧壁面对称砌小坛台，现存四层。壁面泥皮全部剥落无存。

造 像

窟内正、左壁正中各塑一身坐佛，右壁正中塑一交脚菩萨。其中正壁坐佛两侧坛基上各塑一立胁侍菩萨，其上方壁面对称塑佛本生故事。佛两侧壁面小坛台上贴影塑佛、菩萨、弟子、女供养人等；左壁坐佛右侧坛基上塑一身立弟子，身后壁面小坛台上贴佛、菩萨、弟子及女供养人，外侧泥皮剥落无存。右壁交脚菩萨左侧坛基上塑一身立胁侍菩萨，两侧壁面上贴影塑佛、菩萨、供养人等。前壁右侧坛基上塑一身护法力士。共计63身。

正壁佛，高1.56米。磨光高肉髻，面形方圆，细颈端肩。挺胸敛腹，内着僧祇支，衣带胸前打结下垂，外着双领下垂袈裟，衣角搭左小臂后垂覆至左膝，服饰表面阴刻衣纹线。左手施与愿印，右手施无畏印，结跏趺坐于"工"字方形台座上。袈裟下摆呈四片弧形，重层垂覆于座前。身后浮塑莲瓣形背光，表面彩绘全部剥落无存。

正壁左侧胁侍菩萨，残高1.02米。束发髻，面形长圆，细颈削肩。挺胸敛腹，上身着僧祇支，双肩饰垂带，胸前缀饰节状璎珞，帛带搭肩绕臂下垂，并于膝前摆向一侧。左臂平置于腹前，左手持一净瓶，右臂微屈于胸前，右手残毁无存。下着长裙，衣带腹前打结下垂，跣足立于圆形莲台之上。身后浮塑尖桃形头光，内彩绘同心圆形莲纹。

正壁右侧菩萨，高1.16米。身体略前倾，束发高髻，面形长圆，装束大致与左侧菩萨相似，帛带胸前十字交叉。左臂屈肘上举齐肩，左手掌心向上，托一尊饰莲瓣形背光的影塑坐佛于左肩前，右手置于胸前，作执物状，跣足立于圆形莲台上。身后浮塑尖桃形头光，内彩绘同心圆和莲叶纹。

正壁佛两侧壁面原均浮塑多层小坛台，现仅存佛背光以下部分。其中左侧上方夹角处泥塑一身带冠的猴首形象，其右侧外展的忍冬纹饰上方立一只大鸟，上方贴一身影塑坐佛。对称的右侧上方夹角处泥塑大部分残损，仅可辨下方塑一身大象头部，冠饰略有残存，左侧贴一身影塑坐佛。这组泥塑表现的是大象、猕猴和缀鸟互争长幼的佛戒律本生故事。左侧壁面下方自上至下第一层小坛台上贴一身影塑立佛，一身胁侍菩萨。第二层小坛台上影塑无存，仅剩痕迹。第三层小坛台上贴一身影塑坐佛，作说法状，其右侧贴一身立弟子，作听法状。第四层小坛台上贴一身男供养人，头毁；右侧壁面上至下第一层小坛台上大象鼻子下方，贴一身影塑立佛和一身影塑跪拜弟子。第二层小坛台上贴一组影塑母子供养人像，母亲一手执瓶状物于胸部，一手托身穿裲裆衫的男孩。第三层小坛台上贴一身影塑坐佛，作说法状，旁边贴一身立胁侍菩萨。第四层小坛台上贴一身影塑坐佛，作说法状。

左壁佛，高1.42米。磨光高肉髻，面部神态同正壁坐佛，短颈端肩，挺胸敛腹。内着僧祇支，腰际系带，打结下垂，外着双领下垂袈裟，衣角搭左小臂下垂，服饰表面阴刻衣纹线。左臂前伸，左手置于膝前，执袈裟一角，右臂平置于右膝前，右手仅存手掌，法印不明。结跏趺坐于“工”字方形台座上。袈裟下摆呈“八”字形垂覆于座前。

左壁右侧弟子，高0.92米。侧身姿面向佛，身着宽博交领袈裟，左臂屈于胸前，左手五指作捻花状，右臂自然下垂，微屈于膝前，右手纳于袖中，跣足立于坛基之上的圆形莲台之上。后有浮塑尖桃形项光，中间彩绘同心圆形莲花，外缘绘一圈忍冬纹，边缘饰火焰纹。弟子身后壁面砌七层小坛台，近顶部分基本残毁无存。自上至下第一层近正壁处残存一身影塑坐弟子，第二层残存两身影塑跪坐姿弟子，均面向正壁猴首。第三层残存一身影塑菩萨，一身跪拜姿弟子。第四层弟子项光内侧影塑无存，外侧并列贴两身带莲瓣形背光的影塑坐佛。第五层弟子内侧残存影塑一身坐佛，一身菩萨。外侧残存一组影塑佛说法图，正中为坐佛，左侧贴一身弟子，右侧贴一身菩萨。第六层泥塑弟子内侧残存影塑一身立菩萨，外侧横向贴一组影塑佛说法图，正中为一身坐佛，两侧各一身立菩萨，其中左侧菩萨头毁，其外侧一身立弟子。第七层原影塑造像全毁，仅存痕迹。

右壁正中交脚菩萨，高1.51米。高发髻，束发带，额际中分后拢，面形方正，两耳平贴，宝缯至耳后垂及双肩，细颈端肩，挺胸敛腹，颈饰尖桃形项圈，胸前缀饰节状璎珞，膝前十字交叉后搭臂下垂，腕戴镯。内着偏衫，下着贴体长裙，裙带打结后下垂，帛带搭肩绕臂后贴膝下垂至地面。左臂平伸至胸前，手毁，右臂斜上举齐胸，仅存少许手掌。交脚坐于“工”字形方座上。身后浮塑莲瓣形背光，内绘同心圆形项光，背光边缘绘由石绿、石青、赭红等色构成的火焰纹。

右壁左侧菩萨，高0.98米。侧身姿面向交脚菩萨。束高发髻，面形方中带圆，弯眉细目，直鼻小口。内着偏衫，下着长裙，外着双领下垂袈裟，双手合握于胸前，托举一鼓腹瓶。跣足立于低坛基之上圆形莲台上。身后浮塑尖桃形背光，内彩绘同心圆形项光。

右壁左侧壁面上至下第一层小坛台仅存少许，并列贴两身影塑立菩萨。第二层小坛台上内侧贴一身影塑立菩萨，外侧贴带背光一身影塑坐佛。第三层内侧贴一身影塑跪拜供养菩萨，外侧并列贴带背光影塑两身坐佛。第四层小坛台上内侧贴一身影塑立菩萨，外侧贴一身影塑坐佛。第五层内侧贴一身影塑立弟子，外侧并列贴两身影塑坐佛，身着袒右或双领下垂袈裟，均施说法印。第六层仅存少许影塑痕迹。右侧壁面上至下第一层小坛台仅存少许痕迹，影塑全毁。第二层并列贴两身带背光的影塑坐佛。第三层并列贴两身影塑坐佛，均着褒衣博带袈裟，其中一身后残存圆形项光。第四层残存两身影塑坐佛，均着褒衣博带袈裟，手施说法印。第五层并列贴两身影塑女供养人，其中两身完整，头戴笼冠，身穿袍服。一手齐肩，一手微屈，纳于袖中，身姿微扭，体态优美。第六层影塑全毁，仅存痕迹。

前壁左侧护法力士，高0.64米。头顶束发髻，面形方正，孔武有力，突目凝眉，狮鼻阔口，粗颈端肩，上身袒露，下着长裙，帛带搭肩绕臂，胸前十字交叉后，打结下垂至脚面，身姿略呈反“C”形，跣足立于圆形莲台之上。

壁　画

影塑佛、菩萨、弟子、供养人身旁多彩绘各种花卉、宝相花及流云。

顶部由于泥皮大部分剥落，仅存左半部分少许壁画。有飞天、流云、忍冬、花卉等。并粘贴三身影塑飞天和数朵宝相花，立体效果十分突出。

题　记

无

第143窟

窟　号　第143窟

时　代　北魏

位　置　位于西崖东上部，左下邻第148窟，右邻第144窟，窟门下沿距栈道地面垂直高度1.30米。

形　制

窟前部因地震坍塌，仅保存正壁及右壁后侧、窟顶右侧，推测原形制为平面方形、平顶。坐北朝南，南偏东15°。窟高1.85米、残宽1.85米、残进深0.70米。正壁凿方形台座，高0.56米、宽0.80米、残深0.35米，台座底部略宽，向上略收；石胎之上平铺一层厚度为0.09米的土坯，再横铺一层厚度0.02米的木板，木板宽0.90米。石胎左下部有局部破坏，部分土坯呈局部悬空状态。

造 像

窟内现正壁塑一身坐佛，右侧塑一身立菩萨，右壁后侧下部近壁角处立一身影塑供养人，共计3身。

正壁佛，高1.08米。磨光高肉髻，脸形长方，面容清秀，颈较长，嘴唇较薄，大耳下垂；挺胸，内着僧祇支，外着质感轻薄的袒右袈裟，袈裟自右肩下垂至肘部外侧，经腹部上绕至左肩自然垂下；右脚显露在外，结跏趺坐于方形台座上。

右侧菩萨，头顶花冠残失，残高0.53米。束发戴冠，余发披肩，肩有圆形饰物，因风化残损较为模糊，五官风化模糊。颈佩圆形宽项圈，腕佩镯，上身袒露，帛带垂于腹下呈双道半圆形。左臂自然下垂，左手握帛带，右臂屈肘上举，右手斜抚于右胸前。下身着低腰翻边长裙，挺直而立。

影塑供养人头部脱落，单独置于地上，头部高0.07米，身躯部分残高0.17米，戴高冠，着双领交叠长衫，双手置腹前立于地面，表层风化严重。

壁 画

无

题 记

无

第144窟

窟 号 第144窟

时 代 北魏

位 置 位于西崖东上部，左邻第143窟，右邻第177窟，窟门与栈道地面平齐。

形 制

窟前部坍塌，仅存正壁大部分及右壁后部。据残存现状推测原形制为平面方形，平顶。坐北朝南，南偏西16°。窟高1.99米、残宽2.61米、残进深0.89米。正壁正中凿台座，残高0.36米、宽1.11米、深0.71米。正壁左、右两侧各竖向开三小龛，高0.43～0.62米、宽0.40～0.56米、进深0.15～0.20米。

造　像

窟内正壁塑一身坐佛，左侧三小龛内仅存下层左侧一影塑坐佛；右侧上层龛为交脚菩萨及二胁侍菩萨，中层龛为二佛并坐，下层龛二佛并坐风化严重。右侧下部贴近地面塑两身影塑供养人，风化严重。共计11身。

正壁正中坐佛，为石胎泥塑，表面泥皮大部分脱落，仅存右臂局部泥皮，石胎外露，残高1.31米。外着袒右袈裟，坐于台座上。

正壁右侧上层方形浅龛内交脚菩萨，高0.50米。束高髻，戴三珠宝冠，头发从宝珠中穿过，发束带于两侧打结，额际前头发分两边，余发分左右各一绺披双肩前，发丝分明。耳垂佩有耳铛，面形方圆，眉清目秀。颈戴桃形项圈，上身袒露，下着贴身羊肠大裙，帛带自双肩前绕，搭于肘部后自然下垂。臂戴钏，手戴镯，双手手心向内，于胸前前后交叠，结转法轮印，交脚坐于束帛座上。左、右两侧的胁侍菩萨，均高0.43米。表面斑驳严重，颈戴桃形项圈，手各持莲蕾或净瓶跣足而立。

正壁左、右中层与下层圆拱龛内原均为二佛并坐，其中正壁左侧仅存下层小龛内一身坐佛，坐佛头已失，残损严重（残块），外穿袒右袈裟，双手已失，结跏趺坐。

正壁右侧中层坐佛，均高0.30米。磨光高肉髻，面形方圆、高鼻、眼角细长，龛内靠左侧佛，外着通肩袈裟，靠右侧佛，外着袒右袈裟，双手均结禅定印，身后绘有多重同心圆项光；正壁右侧下层小龛内靠右侧坐佛头已失。两身坐佛表面残损严重，残存少量项光，为多重同心圆，以石绿、石青色为主。

另外，第144窟有一身泥塑菩萨现存第105窟，记录如下：菩萨，小腿以下残损，可见内部木桩，膝部以下泥层严重脱落，腹部以下膝部以上表层泥质脱落，下部另有0.14米外露木桩。菩萨残高1.10米（泥塑部分），戴高花冠，花冠正、侧面各有圆形冠饰，面部泥层剥落严重，耳部佩有较长的耳珰，颈部有桃形项圈，上身袒露，斜披络腋，左臂屈肘外张、左手持花蕾置于胸前；右臂残损，有帛带但残损严重。

壁　画

无

题　记

无

第145窟

窟　号　第145窟

时　代　北魏

位　置　位于西崖东上部，靠近地震坍塌区。左侧为坍塌崖面，右邻第149窟，窟门下沿距栈道地面垂直高度3.00米。

形　制

窟形被地震破坏，据现存状况推测原有窟形为平面方形、平顶。坐北朝南，南偏西11°。洞窟大部分已残损，仅存窟正壁及右壁圆拱浅龛。窟高1.96米、残宽1.04米、残进深1.31米。正壁龛，高1.20米、宽1.04米、进深0.51米；右壁圆拱龛外侧残毁，残高1.22米、残宽0.51米、进深0.53米。

造　像

正壁及右壁龛内各塑一坐佛，正壁龛外右侧塑一身菩萨、右壁龛外左侧塑一身弟子。共计4身。

正壁龛内主佛，高1.05米。磨光高肉髻，面形长圆，内着僧祇支，外着双领下垂袈裟，左臂屈肘平举，掌心向前，施与愿印，右臂屈肘上举，右手掌心向外，施无畏印，双足掩于袈裟内，结跏趺坐于台座上，袈裟下摆呈“八”字形垂于座前。在正壁龛内造像四周残存背项光残迹，仅见少许石绿痕迹。

右侧菩萨，高0.92米。全身表面风化严重。颈部断裂，后背残损，右足毁。菩萨束发髻，头冠为三瓣式花冠，细颈削肩挺胸，颈戴项圈，内着僧祇支，外着宽袖外衣，帛带依肩而下，双手合十置于胸前，下着长裙，足穿高头履立于圆形莲台上。

右壁龛内坐佛已残损，仅存部分残块，表层已风化。

左侧弟子，高0.87米。内着僧祇支，外着双领下垂袈裟，全身表面风化严重。隆眉深目，高鼻，面形清瘦，双手合持一方形物于胸前。右足完好，左足轻微残损，足蹬云头履，立于圆形莲台上。

壁　画

龛内泥皮多已脱落，仅存正壁的彩绘，内容已模糊不辨。

题　记

无

第146窟

窟　号 第146窟

时　代 西魏

位　置 位于西崖东上部，左侧为坍塌崖面，右邻第147窟，窟门下沿距栈道地面垂直高度0.33米。

形　制

洞窟大部分残损，仅存窟正壁及右壁部分。根据残存窟形推测其原形制应为平面方形、平顶。坐北朝南，南偏西20°。窟高2.40米、宽2.79米、残进深0.75米。正壁开一半壁龛。龛高1.75米、宽1.47米、残进深0.49米，距离地面0.46米。正壁前通长低坛基，高0.03米、宽0.22米。

造　像

窟内现存正壁一坐佛，龛外右侧一菩萨。共计2身。

佛，高1.24米。磨光高肉髻，面形瘦长，细颈削肩。上身内着僧祇支，外着双领下垂袈裟。右臂屈肘上举、右手置于胸前，指尖向上掌心向外，施无畏印；左臂平置，指尖向下掌心向外，施与愿印。右足外露，结跏趺坐于台座上。袈裟下摆分三片覆盖于台座之前。身后隐约可见绘有圆形项光及背光，有火焰纹。

右侧菩萨，高0.93米。头顶束高发髻，余发自耳后分披双肩，肩部有圆形配饰，面形清瘦。上身内着圆领内衣，外着交领衣衫，腰间束带，帛带自两肩垂下在腹部作“×”形交叉后上绕至两臂再自然下垂。左臂自然下垂，左手掩于袖中；右臂屈肘上抬，右手于右肩前掌心向外持莲蕾。跣足立于低坛基上。身后可见项光及莲蕾纹饰。

壁　画

窟内泥皮已大部分脱落，仅正壁右侧、右壁及窟顶残存少量壁画。正壁龛内右侧上方隐约可见绘有二身坐佛，身着黑色袈裟，结跏趺坐。中部绘两排供养人，上排仅见五身供养人，下排绘有三身供养人。供养人头部模糊不清，可见身着黑色宽袍服。右壁上部绘一莲瓣形佛背光，具体形象不辨。中部隐约辨别绘有女供养人，残存四身。右壁下方残存一个赭红色奔跑人物腿部形象。窟顶残存壁画可见水草波浪纹植物形象，其色彩为黑、绿等色。

题　记

无

第147窟

窟　号 第147窟

时　代 北魏

位　置 位于西崖东上部，左邻第146窟，右邻第149窟，窟门下沿距栈道地面垂直高度0.50米。

形　制

洞窟大部分已坍塌。仅存窟正壁及右壁一小部分。据残存现存状况推测其原形制应为平面方形、平顶。坐北朝南，南偏西19°。窟高1.88米、宽1.86米、残进深0.73米。正壁开一半壁龛，龛高1.07米、宽0.86米、进深0.38米，距地面高0.40米。

造　像 窟内仅存正壁龛内一佛及龛外右侧一菩萨足部残块。共计1身。

佛，高1.17米。高肉髻上粘接有小螺髻，小螺髻大部分脱落。面相清瘦，低头微下视，双目细长，细颈削肩。内着僧祇支，腰际系带并分两缕下垂，外着双领下垂袈裟，衣角上绕搭左臂垂至左膝。右臂屈肘上举右手掌心向外施无畏印，左臂屈肘平举掌心向前施与愿印，双手五指指尖均残毁，可见内部铁条。右足显露在外，结跏趺坐于台座上。袈裟下摆呈“八”字形垂于座前，袈裟上有稀疏的阴刻衣纹线。绘有火焰纹背光，残损严重，隐约可见蓝色部分彩绘。

右侧菩萨，残高0.17米，风化严重，仅存莲台及双脚。

壁　画

龛内泥皮多已脱落，仅存正壁左、右两侧部分泥皮，龛外两侧依稀可辨绘有上、下两组莲花图案及覆莲瓣形圆形莲台，其上绘数枝莲叶、莲蕾、莲花等。

题　记

无

第148窟

窟　号　第148窟

时　代　北魏

位　置　位于西崖东上部，左邻第177窟，右上邻第159窟、右下邻第160窟。窟门下沿距栈道地面垂直高度0.21米。

形　制

窟前部坍塌，现保存正壁、左右壁部分。据残存部分推测原窟应为平面方形、平顶窟。坐北朝南，南偏西16°。窟高2.40米、残宽2.42米，左壁残进深1.70米、右壁残进深2.15米。正壁前凿通长低坛基，高0.22米、深0.87米；坛基上凿方形石胎台座，其上有方形木框架支撑，座高0.42米、宽1.17米、深0.75米。正壁上侧左、右角部各开凿一个小龛，下部各开凿两个小龛，左右壁各开一圆拱大龛，靠外侧部分均残，左龛残损严重，右龛保存相对完好，残高1.50米、残宽1.07米、进深0.46米。左、右壁上方及大龛侧壁均开凿若干小龛。

造　像

窟内正壁正中台座上一坐佛，正壁上部左小龛为思惟菩萨及二胁侍菩萨，右小龛为交脚菩萨及二胁侍菩萨。正壁两侧上、下两个小龛均为二佛并坐。右壁面上部现存四个小龛，其中三个小龛中各现存二佛并坐。右壁大龛内左侧上、下各开一小龛，下龛中现存二佛并坐。共计23身。

正壁佛，高1.40米。磨光高肉髻，面形方正，大眼高鼻，大耳垂肩，宽肩，挺身而坐。内着方格纹及花瓣图案僧衹支，外着袒右袈裟，袈裟紧裹身体，边缘部分平铺于台座上。双手于腹前手心朝内、前后交叠施禅定印，双足掩于袈裟之下，结跏趺坐于方形木质台座上。身后有浮塑莲瓣背光，背光彩绘有重层现象，有火焰纹、联珠纹、小坐佛、忍冬纹，主要色彩有石青、石绿、赭石等。

正壁上部左小龛思惟菩萨，高0.47米。束发戴冠，余发披肩，面形方圆，双目下视，上身袒露，挂饰璎珞，下系贴体大裙，右脚搭于左腿上，右肘支于右膝上，右手呈托腮状，已残，左手抚右脚腕坐于束帛座上。身后浮塑莲瓣形背光，背光以火焰纹为主。左、右两胁侍菩萨，均高0.36米，跣足立于半圆形莲台上。其中左胁侍菩萨，头部及全身风化、斑驳脱落严重，左手提净瓶，右手持莲花于胸前。右侧胁侍菩萨，斑驳脱落严重，左手与胸前持莲花，右手提飘带垂下。两胁侍菩萨项光处残损，可见内部的作为骨架的薄木板。

正壁上部右小龛交脚菩萨，高0.47米。束发戴冠，余发披肩，上身袒露，披帛带自双肩前绕，搭于肘部后自然下垂。双手手心向内前后交叠于胸前，施转法轮印，下着贴体大裙，双脚下垂相交，跣足坐于束帛座上。身后浮塑莲瓣形背光，背光以火焰纹为主。左、右的胁侍菩萨，均高0.36米，跣足立于半圆形莲台上。其中左胁侍菩萨，左手提净瓶，右臂屈肘上举，右手抚于胸前；右侧胁侍菩萨，左手于胸前持莲花，右手提飘带垂下，形体表面风化斑驳严重。两胁侍菩萨头光处残损，可见内部作为骨架的薄木板。

影塑二佛并坐，均高0.23米。高圆肉髻，面形方圆，结跏趺坐。

正壁左侧上、下小龛内佛，手势均为禅定印，小龛内左侧佛，着袒右袈裟；右侧佛，着通肩袈裟。正壁右侧中层龛内佛手印均施禅定印。小龛内左侧佛，着袒右袈裟；右侧佛，着通肩袈裟。正壁右侧下层龛内佛，均着袒右袈裟，龛内左侧佛，左手小拇指伸出，其余四指握拳朝上置于膝上，右臂屈肘上举，大拇指食指伸出，其余三指握拳；龛内右侧佛，左手小拇指伸出，其余四指握拳朝上置于膝上，右手抚胸前。右壁上部小龛内佛，均施禅定印，其中左侧佛，着袒右袈裟；右侧佛着通肩袈裟。二佛项光均为多重同心圆。

壁　画

在正壁背光两侧与交脚、思惟菩萨的交接处隐约可见各绘一棵树，树冠上绘白色与赭红色叶子，树下各一身坐佛，作禅定状。

题　记

无

第149窟

窟　号　第149窟

时　代　北魏

位　置　位于西崖中部，左邻第147窟，右邻第163窟，窟门下沿距栈道地面垂直高度2.30米。

形　制

窟前半部因地震塌毁。据残存现有状况推测原形制为平面方形、平顶。坐北朝南，南偏西17°。窟高2.02米、宽1.86米、残进深0.68米。正壁前一台座，仅存石胎，高0.42米、宽0.88米、深0.50米。

正壁左、右两侧自上而下开上、中、下三个耳龛。上耳龛，残高0.31米、宽0.35米、进深0.08米。中、下耳龛，残高0.31米、宽0.26米、进深0.10米。

造　像

窟内现存正壁一坐佛，整体残损较为严重。共计1身。

佛，高1.23米。磨光高肉髻，面形圆润，细颈削肩，内着僧祇支，外着双领下垂袈裟。左臂屈肘上举，右臂仅存上臂，双手均残失，右臂下方已空洞可见内部芦苇木支架等。双膝以下基本无存，仅残存部分泥胎，结跏趺坐于台座上。

壁　画

无

题　记

无

第150窟

窟　号　第150窟
时　代　不明
位　置　位于西崖最高处、天桥西侧，左侧为自然崖面，右邻第151窟，窟门下沿距栈道地面垂直高度1.66米。

形　制

平面梯形、敞口平顶。坐北朝南，南偏西30°。龛高0.76米、宽0.65米、进深0.50米。

造　像

无

壁　画

无

题　记

无

第151窟

窟　号 第151窟
时　代 不明
位　置 位于西崖顶部，左邻第150窟，右侧为崖面，窟下沿距栈道地面垂直高度1.84米。

形　制

平面梯形、敞口平顶。坐北朝南，南偏西8°。龛高0.90米、宽0.70米、进深0.92米。正壁呈二层阶梯状。

造　像

无

壁　画

无

题　记

无

第152窟

窟　号 第152窟
时　代 北魏
位　置 位于西崖下部，左、右侧皆为崖面，窟下沿距栈道地面垂直高度0.38米。

形　制

龛内顶部及右壁前部已塌毁，圆拱形浅龛。坐北朝南，南偏西20°。龛残高2.00米、残宽2.00米、残进深0.70米。龛内正中凿方形台座，台座泥皮脱落，仅余石胎，残高0.35米、残宽1.30米、残深0.50米。

造　像

龛内残存石胎泥塑一身佛，头部为隋代补塑，高1.35米。磨光低圆肉髻，面形长方，弯眉大耳，双目下视，嘴角微微上扬，面带微笑，颈部有三道阴刻线。塑像表面的泥质破坏严重，肩以下至腹部石胎外露，泥皮无存，下腹及腿部仅存部分内胎泥层，肩部以上无石胎痕迹，连接头部的木质骨架裸露在外。右侧残存木桩，推测为胁侍弟子或菩萨。

壁　画

无

题　记

无

第153窟

窟　号　第153窟
时　代　北魏
位　置　位于西崖西上区，左邻第158窟，右侧为崖壁，窟门下沿距栈道垂直高度1.64米。

形　制

平面梯形、敞口圆拱顶。坐北朝南，南偏西50°。龛高1.25米、宽1.04～0.95米、进深1.02米。龛形基本保存完好，龛内泥皮全部剥蚀掉落。

造　像

无

壁　画

无

题　记

无

第154窟

窟　号　第154窟

时　代　北魏

位　置　位于西崖东上部，左邻第161窟，右侧稍远处邻第133窟，窟门下沿距栈道地面垂直高度1.40米。

形　制

平面方形、平顶。坐北朝南，南偏西33°。窟高2.39米、宽2.78米、进深2.85米。前壁正中开方形甬道，甬道高1.07米、宽0.86米、进深0.71米。窟内四壁前凿低坛基，高0.12～0.24米、宽0.24～0.30米。正、左、右壁前砌方形台座，正壁台座高0.68米、宽1.00米、深0.68米；左壁台座高0.55米、宽0.88米、深0.47米；右壁台座高0.57米、宽0.93米、深0.55米。窟顶左后侧有一圆洞直接通上方的第140窟，直径约0.80米。

造　像

窟内正、左、右三壁正中各一坐佛，正壁佛两侧的胁侍无存，仅见塑像桩孔。右壁佛右侧一身胁侍立菩萨，左侧的胁侍无存，仅见背光。左侧坐佛两侧的胁侍均无存，左侧可见胁侍背光。前壁左、右两侧各一力士；窟内左、右壁和前壁靠顶部作三层坛台，上贴敷的影塑佛、菩萨等均无存，仅可见残迹。共计6身。

正壁佛，高1.27米。磨光高肉髻，宽额方脸，双目平视前方，两耳平贴。长颈削肩，平胸鼓腹，内着僧祇支，外着双领下垂袈裟，双臂均屈肘平置于腹前，双手均残损，手印不辨。右脚显露在外，结跏趺坐于台座之上。

右壁佛，高1.05米。磨光高肉髻，宽额方脸，上身内着僧祇支并于腰间系带，外着双领下垂袈裟，双手在腹前结禅定印，双脚掩于袈裟之下，结跏趺坐于台座之上，袈裟下摆呈三片摆布在台座前。身后有浮塑背光，绘同心圆形项光及莲瓣形背光，色彩模糊，背光最外层为较宽的火焰纹，内侧有五条色带，色彩多已不辨，可见白色、黑色等。

右壁右侧菩萨，高1.42米。高螺髻，略有残损，面颊较瘦，低眉下视，内着僧祇支，外着双领下垂袈裟，双手合十于胸前，足穿宽口鞋站立于低坛基之上。身后有浮塑的背光，可见白色同心圆项光和黑色火焰纹，斑驳脱色严重。左侧胁侍仅见背光上半部分，且色彩模糊，细节不辨。

左壁佛，高1.07米。形态同右壁佛，在胸前墨绘一“卍”符号。结跏趺坐于台座之上。身后有浮塑的背光，花纹、图案等同左壁佛背光。

门壁左侧力士，腹部以上残损，仅存下半身，残高0.84米。下着长裙，腰系带并下垂，长裙下摆向左侧摆动较大，双足分跨而立于低坛基上。

右侧力士，高1.31米。头顶束小发髻，额头有皱纹，面部表情狰狞夸张，上下牙错开，下颌极力向左侧扭动，络腮胡，面部骨骼肌肉凹凸不平，颈部数条青筋凸起，袒露上身，披帛带搭双肩绕臂下垂。右臂横张、小臂屈肘，右手握拳置于右胸前，左臂自然下垂，小臂部分残失。下着长裙并于腰间系带，长裙下摆向右侧摆动较大。双足无存。

此外，在洞窟内有六身的散置泥塑造像（分别为两弟子、两菩萨、两力士）和一件力士头部，但无法确定其在洞窟中的具体位置或是否属于该洞窟，记录如下：

力士一，小腿以下部分残损，露出内部的木骨架，残高1.13米（含内部木骨）。束小发髻，头额有皱纹，面部威严，颈部喉结凸起明显，上身着僧祇支，双肩披宽大的帛带，帛带自肩部下垂后在腹部上绕至两侧肘部自然贴体下垂，左臂屈肘上举，左拳置于左肩前，右臂下垂，小臂部分残失，无法确定手式，下着长裙。

力士二，双足部分残损，发髻残损，残高1.04米。基本形象同力士一，略微不同的是左拳置于右肩前。

菩萨一，腿部以下残失，发髻部分残损，头部木骨松动，残高0.80米。面相长圆，上身着两层交领衫，披帛带于双肩下垂并在腹前作“×”形交叉后上绕至肘部下垂。左臂微屈肘下垂，左手置于腹前，手部已经残损；右臂屈肘上举，右手置于右肩处，右手已经残损。下着长裙，并于腰间系带。

菩萨二，仅存胸部以下部分，残高0.83米。身佩串珠状璎珞，在腹前有圆形装饰作“×”形连接，披帛带在身体两侧下垂并上绕然后贴体下垂，下着长裙。

弟子一，头部和双脚残失，立姿态，残高0.88米。内着僧祇支，外着通肩袈裟，体躯圆润。左臂微屈肘下垂，左手置于腹前，拇指、食指伸展，余三并拢指内屈；右臂屈肘上举，右手残损。

弟子二，肩胸以上部分和双脚残损，残高0.81米。内着僧祇支，外着通肩袈裟，双手合十于胸前。

力士头部，仅存力士带颈部的头部（包括内部安插的木骨），通长（含木骨）0.88米，其中泥塑部分高0.33米。力士头，束小发髻，长方面形，额头是三道波折皱纹，双眼圆睁，颧骨凸起，双唇上撅呈月牙形，络腮胡须。

壁　画

窟内壁画现存顶部及左、右壁背项光少许彩绘、约10平方米，且多已漫漶，且烟熏较模糊，难以辨识。

右壁佛背光和左侧胁侍浮塑背光间，可辨绘一立比丘，俯首向佛的方向，面容苍老，上着僧祇支，右胸、右肩部分袒露，下着绘有“田相”格的长裙，余则不辨。佛右侧胁侍菩萨背光右侧和前壁相接处，亦可辨绘一比丘，面向佛的方向，头面部分残损，手持一长柄香熏，内着僧祇支，外着双领下垂袈裟，模糊不清。

顶部彩绘多烟熏或残毁，仅正中部分保存较完整。正中绘一菩萨，面向前方（窟门方向），有圆形项光，束高发髻，前端饰宝珠，面容清秀，戴项圈，右手前伸捧一方盘，盘中有供物，左手似乎是放置于左腹前，身姿微曲作飞舞状，但细节部分模糊不清，仅可见衣带向后飞扬，足下踏一覆莲台作虚空飞行状。其前方一比丘，圆形项光，回首相视大菩萨，身着双领下垂袈裟，双手于胸前持一长柄香熏，足蹬圆头履立于莲台上。大菩萨后侧，绘二比丘，前侧一身有圆形项光，眉目清秀，内着僧祇支，外着袈裟，身体前倾，双手合掌于胸前；后侧一名比丘大部分残毁，仅见少部分的身姿，同前侧比丘。菩萨及比丘空隙间绘动感极强的流云、莲花宝珠、忍冬等内容。菩萨上方绘二身飞天，头束高发髻，身着交领衫，披帛搭肩绕臂向后飞扬，下系长裙。前方一身双手于腹前持一长箫吹奏，后方一身回首弹奏阮琴。飞天上方两只仙鹤引颈展翅，奋力飞翔。大菩萨下方残存一飞天上半身，束高发髻，着交领天衣，正回头吹奏排箫，后方可见衣带飞扬。这身飞天的后方隐约可辨绘一飞天吹奏长笛，外侧绘一对绶带鸟，振翅飞翔。

此外，顶部右前角尚残存一小块彩绘，有忍冬、流云等纹饰。

题　记

前壁左上角墨书：“比丘僧果供养时。”

第155窟

窟　号　第155窟

时　代　北魏

位　置　位于西崖中部，左侧为崖面，右邻第164窟，窟门下沿距栈道地面垂直高度0.82米。

形　制

平面方形、平顶。坐北朝南，南偏西30°。窟高2.11米、宽2.51米、进深2.12米。前壁正中开有方形甬道，高1.28米、宽0.96米、进深0.43米。正壁正中及左、右壁前侧各开一半壁尖楣圆拱龛，浮塑有龛楣及龛柱。其中正壁龛楣下沿及龛柱泥塑为圆柱形，龛楣两侧各塑一龙头作回首口衔状，立于“工”字形莲台上，龛楣下沿正中浮塑束腰柱础作覆莲形，下有托柱力士托举。正壁龛，高1.39米、宽1.11米、进深0.50米，距地面高0.32米；龛内“工”字台座方形，高0.33米、宽0.65米、深0.41米。左壁龛，高1.09米、宽0.75米、进深0.34米，距地面高0.23米；龛内“工”字方形台座，高0.26米、宽0.56米、深0.30米。右壁龛，高1.08米、宽0.76米、进深0.28米，距地面高0.25米；龛内“工”字方形台座，高0.27米、宽0.53米、厚0.27米。窟内正、左、右壁三壁前有低坛基，坛基高0.02米、宽0.15米。正壁龛内左右两侧各塑有上、下两层小坛台，龛外左右两侧各开凿上、中、下三层小龛，龛高0.37米、宽0.36米、进深0.12米。左壁龛上方开六小龛；右壁龛上方开八小龛；窟内前门壁上方开九小龛。前壁门内左右两侧各塑有三层小坛台。

造 像

窟内正、左、右三壁龛内的台座上各一佛。正壁龛外左侧一身塑胁侍菩萨。左壁龛外右侧一身立弟子。右壁龛外佛左侧一身立弟子。正壁龛内左、右两侧上层坛台贴三身坐佛，下层坛台左贴四身，右贴三身交脚菩萨。正壁龛楣上部正中贴一佛二菩萨，龛楣外两侧自上至下共贴七身飞天，柱基下各有一身托柱力士。左上方耳龛内分别贴思惟及二胁侍菩萨；左壁上方现存六个小龛、五身坐佛，右壁上方现存八个小龛、两身坐佛；前壁上层现存九个小龛，龛内各一身坐佛，前壁左、右三层泥质坛台上计贴十四身坐佛。共计64身。

正壁佛，高0.79米。磨光高肉髻，面部五官轻微残损。内着僧祇支，外着袒右袈裟，右臂敷搭袈裟衣角绕过腹部搭于左臂握于左手中。右臂屈肘前伸，小臂和右手已残失。双足均掩于袈裟下，结跏趺坐于“工”字形台座上。龛内绘圆形项光及莲瓣形背光，其中背光最外缘绘火焰纹，多已模糊不清，仅能辨识石绿、石青、灰黑等色，项光为红、白、绿等色组成的多重同心圆；背光外两侧上方各绘二圆莲，莲心为石绿色。两侧壁上绘一朵莲花，龛楣内绘有石绿、石青、黑等色组成的装饰图案，内容已模糊不辨。

左侧菩萨，发髻残损，残高1.07米。造像身体表面风化严重。头戴高花冠，发辫自耳后分披双肩，上身袒露，披帛带搭肩绕壁浮塑于墙面。左臂自然下垂、左手握帛带，右臂屈肘上举、右手持莲蕾置于胸前。下系贴身长裙，跣足立于半圆形莲台之上。身后浮塑莲瓣形背项光，上绘圆形项光及莲瓣形背光，多已剥落模糊不清。

正壁龛柱下左右对称各一身托柱力士。面部风化无法辨识，上身赤裸，下穿短裤，双臂屈肘上举双手托举柱础。一腿弯屈、一腿直立站于小平台上。

左壁佛，高0.71米。磨光高肉髻，面形圆润，身着通肩袈裟，双手置于腹前施禅定印，双足掩于袈裟下，结跏趺坐于“工”字形台座上。身后绘有背项光，背光色彩从外至内依次为白色、灰黑色、蓝色、石绿色等色彩，项光为多重同心圆形，依次为石绿色、蓝色、黑色、白色、灰色。两侧壁上方各绘一飞天及流云，飞天略下方隐约可辨绘莲叶及莲花等内容；龛楣绘火焰纹，多已模糊。

左壁龛外右侧弟子，高1.02米。面形瘦削，高鼻深目，胸部肋骨凸显，外着袒右袈裟，袈裟衣角自右肩下垂经腹部绕至左小臂后下垂，左臂屈肘左手握衣角置于腹部，右臂屈肘上举右手持莲蕾置于胸前，脚穿圆头履立于莲台上，左足保存基本完好，右足残失。身后浮塑莲辨形背光，色彩已基本脱落，仅可见衣饰边缘部分绿彩痕迹。

右壁佛，高0.67米。保存基本完好，磨光高肉髻，面形方圆，鼻翼微残，身着通肩袈裟，双手置于腹前施禅定印，双足掩于袈裟下，结跏趺坐于“工”字形台座上。佛身后绘有背项光，背光从外至内依次可见白色、灰黑色、蓝色、石绿色等条带纹；圆形项光依次为石绿色、蓝色、黑色、白色、灰色多重同心圆形。龛楣绘火焰纹，多已模糊。龛外左侧泥皮残毁，右侧彩绘模糊，龛壁右上方绘流云，下方隐约可辨绘莲叶及莲花等内容。

右壁左侧弟子，双足残，残高1.00米。面部轻微风化，躯体风化严重，着袒右袈裟。左臂屈肘左手握衣角置于腹部，右臂屈肘上举右手持莲蕾置于胸前。

正壁龛楣上方贴有一佛二菩萨。佛，磨光高肉髻，面部已风化脱落无法辨识，身着通肩袈裟，双臂自然下垂双手置于腹前施禅定印，双足掩于袈裟下，结跏趺坐于台座上。左侧菩萨，面部已风化脱落无法辨识，上身袒露，左臂自然下垂左手握有帛带，右臂屈肘上举右手置于胸前，帛带自肩部分开垂下绕肘垂于身体两侧，下着裙。右侧菩萨，面部已风化脱落无法辨识，上身袒露，左臂屈肘上举左手置于胸前，右臂自然下垂右手握有帛带，帛带自肩部分开垂下绕肘垂于身体两侧，下着裙。

正壁龛内左右两壁各有二层泥质通长坛台。左壁第一层贴有三身坐佛。磨光高肉髻，面部已风化脱落无法辨识。身着通肩袈裟，双手置于腹前施禅定印，双足掩于袈裟下，结跏趺坐于台座上。左壁第二层贴有四身交脚菩萨，头部均已残失，衣饰风化严重模糊不辨，左臂微屈下垂、左手置于左膝上，右臂屈肘上举、右手置于胸前，两足相交坐于台座上。右壁第一层贴有三身影塑坐佛，磨光高肉髻，面部已风化无法辨识，身着通肩袈裟，双手置于腹前施禅定印，双足掩于袈裟下，结跏趺坐于台座上。右壁第二层贴有三身交脚菩萨，其中第一、二身头部已残失，衣饰风化严重模糊不辨，左臂微屈下垂、左手置于左膝上，右臂屈肘上举右手置于胸前，两足相交坐于台座上；第三身保存基本完整，面部风化无法辨识，衣饰风化严重模糊不辨，右臂微屈下垂右手置于右膝上，左臂屈肘上举、左手置于胸前，两足相交坐于台座上。

正壁龛楣外侧左右贴有七身影塑飞天。左侧上方第一身飞天，风化仅存大致形态；第二身飞天面部风化无法辨识，身着圆领衣，双臂屈肘上举、双手合十置于胸前，双腿屈膝向上、身体呈略微“V”字形，帛带向后飞扬，流畅自如；第三身飞天，已残失仅存部分帛带痕迹；第四、五身面部风化无法辨识，上身袒露，双臂屈肘上举双手合十置于胸前，下着紧身裙，屈膝呈跪姿。正壁左侧耳龛内现存一身思惟菩萨和二身胁侍菩萨。思惟菩萨，高0.29米，面形长圆，上身袒露，左臂自然下垂左手抚于横搭的右脚腕上，右臂屈肘上举右手抵于下颌，下穿紧身裙，右足上抬搭于左膝上。

左壁上方现存六个小龛。其中左侧第一龛内坐佛，已残失；第二、三、六龛内坐佛，头部已残失，身着通肩袈裟，双手置于腹前施禅定印，双足掩于袈裟下，结跏趺坐于台座上；第四、五坐佛，保存基本完好，身着通肩袈裟，双手置于腹前施禅定印，双足掩于袈裟下，结跏趺坐于台座上。

右壁上方现存八个小龛。其中右侧第二龛内坐佛，已残失；第一、三龛内坐佛，保存基本完好，身着通肩袈裟，双手置于腹前施禅定印，双足掩于袈裟下，结跏趺坐于台座上；其余四龛仅存龛形。

前壁上层现存九个小龛。其中从左至右第五、八龛内坐佛，头部已残失，其余龛内坐佛，保存基本完好，身着通肩袈裟，双手置于腹前施禅定印，双足掩于袈裟下，结跏趺坐于台座上，身后绘有多层条带纹背光及项光。左、右壁各有三层泥质通长坛台，左壁第一、二层贴三身影塑坐佛，头部均已残失，衣饰风化严重模糊不辨，双手置于腹前施禅定印，双足掩于袈裟下，结跏趺坐于坛台上；第三层影塑坐佛，已脱落无存。右壁第一、二层贴三身坐佛，第三层贴二身影塑坐佛，头部均已残失，衣饰风化严重模糊不辨，双手置于腹前施禅定印，双足掩于袈裟下，结跏趺坐于坛台上。

壁　画

窟内泥皮残损，剥落现象非常严重。窟内顶部正中及四角各绘一圆莲（右内角毁），其间绘十余身飞天，多已模糊不清，束发髻，上穿“V”形领宽袖天衣，披帛搭肩绕壁向后飞扬，下着长裙飘动。

题　记

无

第156窟

窟　号 第156窟
时　代 北魏
位　置 位于东崖中上部，左邻第025窟，右邻第022窟，窟门下沿距栈道地面垂直高度0.26米。

形　制

平面方形、平顶窟。坐北朝南，南偏西15°。窟高1.16米、宽1.16米、残进深0.70米。现洞窟前壁、左壁大部、右壁前侧、顶大部已坍毁。正壁塑一方形台座，高0.35米、宽0.45米、深0.29米。正壁佛左、右两侧与右壁菩萨左侧距地面0.75米处各塑一层平齐的小坛台，高0.02米、宽0.22～0.28米、深0.05米。

造　像

正壁塑一身坐佛，右壁一身立菩萨。正壁佛左侧小坛台下影塑一身坐佛；右侧小坛台上影塑一身交脚菩萨及一身胁侍菩萨，小坛台下影塑一身坐佛。近地面影塑一身女供养人。右壁菩萨左侧小坛台上影塑一身胁侍菩萨，小坛台下影塑一身坐佛。共计9身。

正壁坐佛，高0.70米。磨光高肉髻，宽额方脸，细眉突目，鼻直且挺，嘴角内敛，双耳平贴。内着僧祇支，外着袒右袈裟，袈裟上阴刻细密的衣纹线，袈裟下摆残毁。双手于腹前结禅定印，结跏趺坐于方形台座上。身后有浮塑的莲瓣形背光，正中绘同心圆项光，外缘绘火焰纹，以白、石绿、赭红、石青为主。

右壁立菩萨，高0.77米。表面风化严重，可辨戴高花冠，饰宝缯，斜披络腋，披帛带搭肩下垂后绕臂浮塑于墙面，右足残失，下着紧身长裙，跣足而立。身后有浮塑背光痕迹，多已模糊不清。

正壁左侧小坛台下影塑坐佛，高0.25米。面形与主佛相似，内着僧祇支，中着通肩衣，外着袒右袈裟。左手风化不可辨认，右手上举贴于胸前，结跏趺坐于台座上。身后有莲瓣形背光，可辨正中绘同心圆项光，以石绿、赭红、石青为主。

正壁右侧小坛台上影塑交脚菩萨，高0.27米。束高髻，戴宝缯，颈戴双边桃形项圈，内着僧祇支，披帛带搭肩下垂于膝部后绕臂浮塑于墙面。左手握玉璧置于腹前，右手上举于胸前，施说法印。下着长裙，双脚交叉坐于束帛坐上。胁侍菩萨面形、服饰与交脚菩萨相似，左手上举于胸前，右手提玉璧于腹前，跣足立于双层莲台上。二菩萨身后均有浮塑的圆形项光。正壁右侧小坛台下坐佛，高0.25米。与左侧小坛台下影塑坐佛相似，左手握袈裟衣角于左腿上，右手上举贴于胸前，右足显露在外，结跏趺坐于台座上。正壁右侧近地面影塑供养人，高0.25米。面形圆润，束高髻，头戴包巾，内着圆领衣，下着长裙，外着翻领短儒衣，双足已失。

右壁小坛台上影塑菩萨与正壁小坛台上影塑菩萨相似，左手握净瓶于腹侧，右手握帛带于胸前，跣足立于双层莲台上。小坛台下坐佛，头已残，残高0.19米，内着僧祇支，外着袒右袈裟，双手于腹前，施禅定印，结跏趺坐于台座上。身后有莲瓣形背光，可辨正中绘同心圆项光，以石绿、赭红、石青为主。

壁　画

正壁右侧小坛台下影塑佛头光的左侧，隐约可辨绘一持莲蕾的比丘形象。正壁右侧下层女供养人左侧，绘一比丘尼，比丘尼侧身向主佛而立，头部回转向女供养人，身后有一竖长条榜题框。

右壁立菩萨左侧上方彩绘，多已剥落。近背光顶部，绘一竖长条形榜题框，其左侧所绘内容已难辨。小坛台下影塑佛背项光两侧，绘忍冬花朵等纹饰。近地表处并列绘两身坐佛及莲辨形背项光，皆着通肩袈裟，施禅定印，结跏趺坐，色彩保存较好。

顶部仅存右侧近正壁处一小块泥皮，内容多已模糊，隐约可辨绘莲花、忍冬等图案。

题　记

无

第157窟

窟　号　第157窟

时　代　北周

位　置　位于西崖大佛头部左侧，左侧为崖面，右邻第134窟，窟门下沿距栈道地面垂直高度0.89米。

形　制

平面近方形、圆拱顶敞口龛。坐北朝南，南偏西25°。龛高1.40米、宽1.26米、进深0.82米。龛内正壁凿低坛基，高0.40米、宽0.60米、深0.30米。坛基上凿方形台座，高0.13米、宽0.17米、深0.23米。

造　像

龛内正壁正中塑一身坐佛，左、右侧各立一身弟子，龛内地面上放置一身菩萨。共计4身。

正中佛，高0.80米。磨光低肉髻，面形长方，双目下视，鼻梁高挺，着通肩袈裟，双手前后交叠作禅定印于腹前，右脚显露在外，结跏趺坐于方形台座上，下摆分两瓣垂于台座前，衣纹线条流畅，衣质感较薄。

左侧弟子，高0.74米。低眉垂目，内着僧祇支，左肩至腹有一细带，外着袒右袈裟，双手合十置于胸前，下着赭红色长裙，双足已残失，立于坛基上。头后残留有少量赭红、石绿、白色等的同心圆项光。

右侧弟子，高0.76米。面形与左侧弟子相似，着袒右袈裟。左臂屈肘前伸，左手托圆形物（似钵）于腹前；右臂屈肘上举，右手下垂贴于供物上。足穿云头履立于坛台上，左足前半部残损。

地面放置菩萨，双小腿以下残失，残高0.63米。表层泥皮剥落且残损严重，面部不可辨。颈部泥皮脱落，露出木质骨架，左臂自然下垂，左手已失；右臂屈肘上举于胸侧，右手已失。

壁　画

无

题　记

无

第158窟

窟　号　第158窟
时　代　北魏
位　置　位于西崖西上区。左邻第127窟，右邻第153窟，窟门下沿距栈道地面垂直高度1.60米。

形　制

平面方形、平顶窟。坐北朝南，南偏西30°。窟高1.48米、宽1.38米、进深1.32米。窟门残损，甬道呈纵长方形，残高1.49米、残宽0.69米、进深0.42米。窟内正、左、右三壁各开一半壁圆拱形浅龛，正壁龛高0.86米、宽0.72米、进深0.29米，距离地面0.39米；左壁龛高0.94米、宽0.69米、进深0.27米，距离地面0.30米；右壁龛高0.86米、宽0.70米、进深0.24米，距离地面0.40米。前壁内两侧有近方形石胎坛基，高0.09米、宽0.22米。

造　像

原题材不详，现窟内正、左、右壁龛内各塑一身坐佛。共计3身。

正壁佛，高0.65米。磨光高肉髻，面形方圆，细颈端肩，内着僧祇支，衣带胸前交叉打结，外着通肩袈裟，搭于左臂后垂覆于左膝，右臂屈肘略上举，左手残损。左臂屈肘前伸，左手残损。结跏趺坐于龛内。袈裟下摆呈三瓣式垂覆于龛前。身后绘莲瓣形背项光。

左壁佛，高0.55米。磨光高肉髻，面形消瘦，形式与正壁佛相同，此造像腹部以下残损，现平置于窟内地面左前部。

右壁佛，高0.80米。磨光高肉髻，神态、容貌、装束与正壁佛类似，结跏趺坐于龛内，袈裟下摆垂覆于龛前，已残损。

壁　画

窟内壁画现仅存正壁少许，约1.00平方米。

龛内彩绘莲瓣形背项光，其上方正中绘小坐佛，两侧有装饰纹饰；小坐佛下方对称绘数身飞天，形象较为模糊；背光外侧现存三排供养人形象，第一排绘二身比丘，着长衣而立，身后绘项光；第二排留存一身比丘，身内着僧祇支，外着通肩袈裟，双手置于身前，昂首望向龛内主佛，身后绘有项光。另一身仅项光部分可辨，其余模糊难辨；第三排绘三身供养人，立于龛内平面上，现已模糊难辨。

龛外右侧龛柱坛台上，现存泥皮上部可辨一身坐佛绘有项光、莲花座形象。相邻下方绘四瓣莲花装饰物，其下方可辨毛发状痕迹，其余部分模糊不可辨；龛外正壁右侧上方有一涂刷的方框，似后人所为，不见任何内容。

题　记

无

第159窟

窟　号　第159窟

时　代　北魏

位　置　位于西崖东上部，左邻第148窟，右邻第161窟，窟门下沿距栈道地面垂直高度1.82米。

形　制

平面方形、平顶。坐北朝南，南偏西30°。窟高1.13米、宽1.35米、进深1.14米；前有方形甬道，高0.89米、宽0.66米、进深0.45米。正壁有“工”字形台座，高0.29米、宽0.59米、厚0.26米。正、左、右三壁各塑三层坛台。

造　像

窟内正壁塑一坐佛，左、右壁各一胁侍菩萨。正壁佛两侧上层坛台影塑一佛两菩萨；中层左侧为思惟菩萨及二胁侍菩萨；右侧为交脚菩萨及二胁侍菩萨；下层左侧为女供养人，右侧为比丘及男供养人。左、右壁菩萨两侧上层与中层均为二坐佛，下层各为数身男女供养人。共计48身。

正壁佛，高0.64米。面形方圆，两耳平贴，端肩平胸，内着僧祇支，中着双领下垂衣，在胸部有系带，系带作“丫”字形相结后自然下垂，外着双领下垂袈裟，下摆与同期造像多有不同，两侧外摆呈尖角形，且多为顺畅的直边，边缘少有“S”形的波折，右脚显露在外，结跏趺坐于“工”字形台座上。身后有浮塑的背光，彩绘出背项光，背光为较宽的莲瓣形，最外边缘为以石青、石绿等色交替绘火焰纹，内侧为填涂有六层色带，从内至外依次填涂黑、白、石绿、灰、石青等色；项光为多层同心圆，层数约为四层，可辨有石绿、白、赭、灰等色，中间为绿色的莲心。

正壁上层坛台的影塑现存一佛二菩萨。佛头部残损无存，内着绿色僧祇支，外着双领下垂袈裟，袈裟上多有白色残存，左手手心朝内置于腹前，右手置于右肩前施无畏印。其两侧的菩萨以及正壁其他位置的胁侍菩萨，均为同一模制，仅色彩有所区别。菩萨头戴高冠，长圆面形，有胡须，为男性形象，颈部有配饰，袒上身，披帛带自双肩下垂并在腹前做“×”形交叉后上绕至两肘部自然下垂，下着长裙。中层右侧交脚菩萨，头束高发髻，长圆面形，颈部有尖瓣配饰，袒上身，披帛带自双肩下垂并在腹前做“×”形交叉后上绕至两肘部自然下垂，右臂屈肘上举，右手残损，左臂屈肘平置，左手手心向内置于腹前，下着长裙，交脚坐在束帛座上。中层左侧思惟菩萨，面部有磨损，衣饰同交脚菩萨，右臂屈肘上举，右手置于右肩前，左臂微屈肘下垂，左手抚于左膝，右脚抬起置于左膝之上。

左壁菩萨，发髻毁，残高0.81米。头面部分泥层剥蚀严重，宝缯于耳后折叠下垂，发瓣分三缕垂于双肩，两耳平贴，有耳珰。上身袒露，戴桃形项圈，披帛搭肩绕臂后浮塑于墙面，饰臂钏及手镯。左臂屈肘平置，手持桃形法器置于腹前；右臂屈肘上举，右手手心向内置于胸前。下系长裙，跣足立于半圆形莲台之上。

右壁菩萨，高0.86米。束发髻，戴三瓣式高花冠，身体形态、装饰、持物等和左侧菩萨相同。菩萨身后有莲瓣形背光，边缘有六层色带，依次填涂石绿、石青、红、白等色，最外侧由红、白相间的火焰纹组成。

壁　画

窟内壁画大部分或脱落或模糊不清，现保存约2平方米。

正壁两侧下方绘水波纹及莲花，壁面影塑空隙间绘莲叶、莲蕾、莲花等，多有残损及模糊现象。左壁近地面可见绘水波纹、莲花、莲叶、莲蕾、飞天、忍冬、宝珠等。

右壁影塑坐佛的背项光较为清晰，背光四层，最外层绘火焰纹，项光三层，多由石绿、石青、红、白、灰等色组成。

甬道左侧壁面绘水波纹、荷花等。其上绘两身竖向排列的坐佛，磨光高肉髻，施禅定印，结跏趺坐，圆形项光，填涂白及石绿色。甬道顶部左侧尚可见绘一四瓣十字花。

窟顶壁画，由残存壁画分析，原窟顶正中及四角各绘一圆莲，其间描绘飞天忍冬等；现存顶部彩绘，有中左、右各绘一团莲，左侧莲花较为完整，右侧莲花残损；莲花周围绘忍冬叶、宝珠等图案，此外尚残存两身飞天躯干及飘带等痕迹；色彩多以石青、石绿、黑为主。

题　记

正壁左侧供养人内至外依次榜题：“亡母龙欢姬供养佛。”“亡嫂王双供养佛。”“□□□□供养佛。”右侧内至外依次榜书：“比丘僧果供养佛。”“亡父李道生供养佛。”“亡兄阿舍供养佛。”“亡兄阿□供养佛。”

右壁左侧内至外依次榜书：“亡侄孟虎供养佛。”“亡侄阿也供养佛。”“亡侄阿和供养佛。”“亡姪□女供养佛。”右侧内至外依次榜书：“亡息（媳）阿奴供养佛。”“亡媳□□□□□。”

第160窟

窟　号　第160窟
时　代　北魏
位　置　位于西崖东上部。左邻第148窟，右邻第162窟，窟门下沿距栈道地面垂直高度0.37米。

形　制

平面方形、平顶。坐北朝南，南偏西30°。窟高1.36米、宽1.23米、进深1.37米。前壁开甬道，甬道近方形，高0.83米、宽0.65米、进深0.57米。窟内正壁一台座，高0.26米、宽0.56米、深0.35米。左、右壁原各一低坛基，高0.08米、宽0.21米，均残毁严重。

造　像

无

壁　画

窟内壁面泥皮部分脱落，仅存正壁、右壁大部分；窟顶右侧大半部及门壁左下侧少许。现存壁画面积约3平方米。壁面底层可见多处北魏原绘壁画，表层有重绘叠压现象。壁画残损较为严重，彩绘剥落、叠压，模糊不清。基本可辨：正壁、右壁及顶部，绘有背项光、飞天、比丘、菩萨、供养人、供养比丘、莲蕾、梁柱等痕迹。

正壁正中，绘一莲瓣形背光多重同心圆项光。背光左、右上侧各一莲蕾，莲蕾下各一飞天，面向正中；背光左右两侧可见各有一圆形项光。

右壁可见多个前后交错的背光及项光，其中右侧壁面上清晰可见上、下两排供养人，每组均为一主一仆。上排为五组供养人，第二排为三组供养人，均为女性，装束大致相同，穿交领束腰宽袖袍，下系曳地长裙，足蹬云头履，双手拢于袖中持一莲蕾，向佛而立。婢女面容清秀，穿束腰长裙，手拖女主人长裙。每组供养人一侧有姜氏家族墨书供养题记。

顶部正中及四角各绘一莲花，并分别绘梁柱相连，柱表面绘束莲及折枝变形花卉；其中正披内正中绘一飞天，右披内绘四身飞天，前披内容不详，画面多已残损模糊不清。

题　记

右壁第一排供养人上侧自左至右共五组墨书依次为：“卫□（国）洪□□晖持花供养佛时。”“□

女□持花供养佛佛时。”“母田持花供□□□□。”“祖母齐持花供养佛时。”右壁第二排供养人上侧自左至右共三组墨书依次为：“妹僧晖持花供养佛时。”“妹小咴持花供养佛时。”“姜氏妹小晖持花供养佛时。”

第161窟

窟 号 第161窟

时 代 北魏

位 置 位于西崖东上部，左邻第159窟，右邻第154窟，窟门下沿距栈道地面垂直高度1.88米。

形 制

平面方形、平顶。坐北朝南，南偏西23°。窟前部及门道损毁，窟高1.22米、宽1.23米、残进深1.13米。正壁正中一低台座，高0.15米、宽0.52米、深0.35米。

造 像

正壁塑一坐佛，左、右壁各塑一弟子，共计3身。

正壁佛，高0.81米。磨光高肉髻，面形圆润，削肩平胸，内着僧祇支，外着袈裟，右手置于右肩前施无畏印，左手抚于左膝之上，结跏趺坐于台座上，下摆呈三瓣垂于座前。身后有绘背项光，背光为莲瓣形，边缘为火焰纹，内侧为涂色的条带纹；项光圆形，为各色同心圆组成，可见有白、灰、蓝、赭石等色。

左壁弟子（迦叶），高0.80米。突目高鼻，面相苍老，头面略扭向左侧，略下视；身着袈裟，双手拢于袖中，下系长裙，虔诚而立。

右壁弟子（阿难），高0.84米。青年面相，长圆脸，略下视，体态挺拔，身着袈裟，双手拢于袖中，下系长裙，虔诚而立。

壁 画

窟内壁画表面多处剥落及破损现象。现存面积约1.5平方米。

正壁背光上方右侧，可见两身僧人形象；左侧可见三身僧人形象，均身着双领下垂袈裟，向佛而立。大致可辨右侧第一身，双手持一供物于胸前；第二身，双手拢于胸前。左侧前两身，隐约为一手下垂，一手持一供物于胸前；第三身，仅可见人物大形轮廓。在僧人下方各绘一禅僧，结禅定印，结跏趺坐于禅床上。壁面的其他位置，绘制有各种形态的莲花、莲蕾、花卉等形象。

左壁上方绘一大一小两身女供养人，大者束高髻，面前有圆形饰物，穿对领宽袖外衣，下系裙腰至胸腹部的曳地长裙，右手于肩前持莲花，左手自然下垂至腹前拢于袖中，足穿方头履；前方小者（婢女）身体消瘦，双叉髻，穿宽袖短袍，双手拢于袖中举至胸前，下系长裙。供养人两侧各一竖长条形白底榜题框，空隙处绘花卉，忍冬等。供养人下方绘一托举力士，仰首，体态健壮，披帛搭肩绕臂后扬，手臂上举奋力托一山石，右腿直立、左腿高提膝（或足踩一物，不清），四周绘数朵火焰状花卉。头有一白色同心圆项光。

右壁上方多已残损，模糊不清，仅最内侧可见一竖长条形白底榜题框，下方正中可辨绘一力士，怒目圆睁，体态呈跨步状，因残损和漫漶细节不清，四周绘莲花及火焰形花卉。

题 记

无

第162窟

窟 号 第162窟
时 代 北魏
位 置 位于西崖东上部，左邻第160窟，右邻第154窟。窟门下沿距栈道地面垂直高度0.50米。

形 制

平面方形、平顶。坐北朝南，南偏西20°。窟高1.06米、宽1.05米、进深1.10米。窟前有方形甬道，高0.86米、宽0.60米、进深0.20米。窟内正左右三壁前作坛基，高0.32米、宽0.28米。

造 像

正、左、右三壁坛基上各塑一佛。原正、左、右壁佛两侧壁面上下均贴有影塑，但大部分影塑已经脱落无存，仅见残迹，现存正壁佛左侧上方贴影塑立佛，下方贴一影塑立菩萨；左壁佛右下方贴影塑立菩萨；右壁佛左上方贴影塑立佛。共计7身。

正壁佛，高0.74米。磨光高肉髻，瘦长脸，双目下视，细颈削肩，上身微前倾，内着僧祇支，腹部系带下垂，外着厚重双领下垂袈裟，双臂屈肘前伸，左手与愿印，右手无畏印（手指残，外露铁筋），右脚外露脚心朝上，结跏趺坐于坛基上，袈裟下摆层次分明，分左、右两片垂于坛基前。身后浮塑莲瓣形背光，外缘有较宽火焰纹，可见红、绿、蓝、赭等色，内侧为条带纹；项光为多重同心圆组成，可见石青、石绿、赭红等色。

左壁佛，高0.70米。造型与正壁佛相似，双手前后叠于腹前施禅定印，袈裟下摆呈圆弧状左右两片下垂在台座前。身后浮塑有莲瓣形背光，背光外缘有较宽火焰纹，可见红、绿、蓝、赭等色，内侧为条带纹；项光为多重同心圆组成，可见红、绿、蓝颜色。

右壁佛，头已失，残高0.55米。造型与左壁佛基本相同。身后有浮塑背项光，背光为莲瓣形，背光右侧残损，背光外缘有较宽火焰纹，可见红、绿、蓝、赭等色，内侧为条带纹；项光为多重同心圆组成，红、绿、蓝颜色。

正壁左侧上影塑立佛，高0.26米。高肉髻，细颈，上身内着僧祇支，外着双领下垂袈裟，双臂屈肘前伸，左手掌心朝外置腹侧施与愿印，右手掌心向外置于肩前施无畏印，跣足立于半圆形莲台上。身后绘莲瓣形背光，背光外缘为火焰纹，项光为多重同心圆组成。左侧下影塑立菩萨，头已失，残高0.30米。上着交领衣，外披宽帛带，帛带自双肩垂下至腹前作“×”形交叉再上绕至小臂后自然垂下。左手拢于衣袖内置于腹侧，右手于胸前作持花状（已毁），下系裙，身后绘圆形项光。

左壁右侧下影塑立菩萨，头已失，残高0.30米。造型与正壁左侧下立菩萨相同，身后绘有莲瓣形背光，背光为外缘火焰纹，项光为多重同心圆组成。

右壁左侧上影塑立佛，高0.26米。造型与正壁左侧上立佛基本相同，保存基本完整。

壁 画

窟内壁画现保存顶部部分、正壁及左壁、右壁部分，面积约1.2平方米。虽残损较重，但尚能辨认。正、左、右三壁面背项光之间点缀有四瓣莲及花卉。窟顶后部残存有两身相向飞舞的飞天，束高发髻，清瘦脸，一手持物平端前伸，裙裾飘带细长而高扬，周围绘有圆莲及花卉。

题 记

无

第163窟

窟 号 第163窟

时 代 北魏

位 置 位于西崖东上部，左邻第149窟，右邻第164窟，窟门下沿距栈道地面垂直高度0.94米。

形 制

平面方形、平顶。坐北朝南，南偏西37°。窟高2.58米、宽2.66米、进深2.85米。窟口及前壁部分坍塌，正、左、右三壁前凿低坛基，高0.18米，正壁坛基深1.00米、左坛基深0.40米、右坛基深0.50

米。正壁正中砌一“工”字形台座，高0.64米、宽1.40米、深0.60米；左、右壁前壁各砌一“工”字形台座，左壁台座高0.42米、宽0.70米、深0.40米，右壁台座高0.33米、宽0.66米、深0.35米。正壁左、右两侧各竖开三个圆拱浅龛，龛高0.40米、宽0.30～0.36米、进深0.10～0.13米。左壁面上方现存六个圆拱形小龛，右壁上方开七个圆拱形小龛；左壁内侧与右壁内侧均有两层小坛台，右壁（前部）外侧四层小坛台；前壁左侧上方残存三个圆拱形小龛（上面并排2龛，下1龛），龛高0.35米。左壁右侧（内侧）、右壁左侧（内侧）各有一圆形莲台，莲台高0.07米、半径0.20米。

造　像

窟内正壁塑一坐佛，左壁一坐菩萨，右壁一坐佛，左、右壁后部（内侧）相对一立胁侍菩萨。正壁左侧上层小龛影塑一身跪供养菩萨；右侧上部小龛内造像残失；中、下层小龛内原有影塑二佛并坐，现已无存，仅余身后圆形项光，可见赭红、石绿等色；中层左右龛内各仅存右边影塑一胁侍立菩萨，下层左、右两龛内左、右两侧各影塑一胁侍立菩萨。小龛外周围均贴有姿态各异的供养小菩萨。

左壁面上部小龛内原均有影塑一佛二胁侍立菩萨，现左壁上部小龛内坐佛均残失。内侧第二龛及内侧第四龛内各存一身胁侍立菩萨。第三龛与第五龛内均于左、右两侧各一胁侍立菩萨；左壁内侧坛台第二层一坐佛，头残失，坛台外竖向两坐佛；泥塑造像背项光上部两侧贴有供养小菩萨，壁面下方中段贴有小供养人，头已失。

右壁面上部小龛内原均有影塑一佛二胁侍立菩萨，现右壁上部内侧两小龛内坐佛残失，其余五小龛保存完好，其中内侧第二龛左、右及外侧第一龛左边胁侍立菩萨残失，其余保存完好。右壁内侧坛台第二层上一坐佛，右壁外侧坛台第一层上一坐佛一跪姿供养菩萨，其中坐佛头残失；第二层一坐佛，头残失；第三层一比丘尼，头残失；第四层三身供养人，外侧两身头残失。右壁胁侍菩萨背光上部右一供养小菩萨。

前壁上部左侧上龛内一佛两跪姿供养菩萨；下龛内仅存一跪姿供养菩萨。壁面供养人及供养菩萨姿态各异。

窟内现存泥塑造像5身，正壁影塑22身、左壁影塑13身、右壁影塑25身、前壁影塑4身。共计69身。

正壁主佛，高2.00米。旋涡纹高肉髻，长方脸，弯眉细眼，高鼻小嘴，双耳垂肩。内着僧祇支，腰间束带并作结，外着双领下垂袈裟，衣角搭于左臂，左臂屈肘置于腹前，左手施无畏印，右臂屈举于胸前，右手施与愿印。右脚脚心朝上外露，结跏趺坐于长方形台座之上，袈裟下摆分三瓣垂于座下。身后有浮塑莲瓣形背光并绘项光，背光从外到内为火焰纹、忍冬纹、条带纹，项光为多重同心圆，项光左右下方各绘一弟子，现已漫漶不清，仅可见部分衣饰。背项光整体保存完整，但是壁画色彩脱落、漫漶，很多细节无法辨识。

左壁主尊菩萨，高1.44米。头束高髻戴冠，发丝细密，长发披肩，系宝缯，长圆脸，弯眉细眼、高鼻小嘴。颈戴桃形项圈并于左、右两边有突起圆形饰物。上身袒露，双肩披帛带，帛带于胸下十字相交垂下，下系翻腰长裙。双臂及膝下已残失，推断原应为交脚姿态，坐于“工”字形台座上。身后有浮塑莲瓣形背光并绘项光，背光从外到内为火焰纹、联珠纹、千佛、条带纹，项光为联珠纹、千佛、多重同心圆。

左壁后部（内侧）胁侍菩萨，高1.34米。头戴花蔓冠，宽发辫，系宝缯分披于肩头有花结，面形方圆，细眼小嘴。戴桃形项圈并于左右两边有突起圆形饰物。上身袒露，斜披络腋，左臂屈肘上举左手持莲于胸前，右臂自然下垂，右手提桃形玉璧于腿侧。下系翻腰长裙，跣足立于莲台上。身后有浮塑莲瓣形背光并绘项光，背光为火焰纹，项光为多重同心圆，项光左右下方隐约可见底层壁画各绘一弟子，面向菩萨，现已漫漶不清，仅可见部分衣饰，足穿鞋立于莲台上。

右壁佛，高1.30米。面相与正壁佛相似，肩部浑圆，内着僧祇支，外着覆肩袒右袈裟，双臂屈肘，双手已毁，倚坐于“工”字形台座上，衣着质感较为单薄贴体。身后有浮塑莲瓣形背光并绘项光，背光从外到内依次为火焰纹、联珠纹、千佛、条带纹，项光为联珠纹、千佛、多重同心圆。

右壁后部（内侧）胁侍菩萨，高1.28米。高束发髻，宝缯分披于肩，面形方圆，细眼小嘴，面带微笑。颈戴桃形项圈，内着僧祇支，帛带自双肩垂于腹际，呈双弧形上绕至肘部后顺体飘下，左臂屈肘微屈下垂，左手端一桃形物品于腹前，右臂屈肘微屈右手提净瓶于腿侧，下系长裙，面朝外跣足立于莲台上。身后有浮塑莲瓣形背项光，整体保存基本完整，但是壁画色彩脱落、漫漶、熏黑，很多细节无法辨识，隐约可见背光为火焰纹，项光为多重同心圆，项光左右下方各绘一弟子，漫漶不清。

小龛内影塑坐佛，高0.22米。均高圆肉髻，长圆脸，外着通肩袈裟或袒右袈裟，施禅定印，结跏趺坐。窟内影塑坐佛共十二身，其中左壁内侧坛台第二层、右壁外侧坛台第一层、右壁外侧坛台第二层三身坐佛，头均残失，其余保存完整。坐佛，身后均绘有圆形项光。

影塑胁侍立菩萨，高0.16米。头戴花蔓冠，身材修长，上身袒露，戴项圈，帛带绕臂而贴墙飘下，一手提莲于胸前，一手提净瓶于腿侧，下系羊肠小裙，立于悬塑半圆形莲台上。窟内胁侍立菩萨共二十三身，保存基本完整，身后均有浮塑圆形项光。

供养菩萨，均头戴冠。其中交脚供养菩萨八身，高0.16米，呈交脚状，菩萨外着天衣，右手置于胸前，左手置于两腿中部，但因烟熏剥蚀等衣纹细节不清。胡跪式供养菩萨十四身，高0.16米，着通肩袈裟，双手合掌于胸前，身子微微倾斜；窟内立式供养菩萨存两身，头均已失，残高0.17米，着内衣，外穿宽袖衣，搭帛带，帛带自肩垂于腹前十字相交上绕臂弯而飘下，下系长裙，跣足立于悬塑莲台上，于正壁左右下部，身后均有浮塑圆形项光。

供养比丘尼，头已失，残高0.18米。内着僧祇支，外着袒右袈裟，左手置于腹中部，右手至胸下手心朝里握拳状，下系长裙，立于坛台上。身后绘有圆形项光。

供养人现存四身，高0.24米，其中三身头部已失。束高髻，内着圆领小衣衫，外穿宽袖袍，肩搭披巾，双手上、下作合掌状于胸下，下系条状纹长裙，立于坛台上。

壁 画

洞窟内壁画大部分已脱落，现存壁画可见先后二层彩绘，大都模糊，且多孔洞，被烟熏黑，只个别处尚可辨认。

窟内四壁上方与顶部相接处绘半身弟子像，现存11身，弟子着红褐、石绿等色的通肩袈裟，均红褐、石绿等色的圆形项光。

左、右壁两背光相接正下方各绘一弟子，其中左壁弟子内着赭红色僧祇支，外着双领下垂袈裟，左臂屈肘左手置于胸前，右臂屈肘前伸右手掌心朝上持供灯置身侧，双足穿云头履，面朝窟内而立；右壁隐约可见供养菩萨，外披帛带，帛带自肩垂于腹前十字相交上绕臂弯而飘下，身后有圆形项光。

顶部残存有一身着项光弟子头像及飞天裙裾，圆莲及忍冬纹饰。色彩以石青、石绿、赭红为主。

题 记

窟内右壁前部供养人像前有条状形墨书。第三层坛台从左至右："比丘尼贾□供养佛时。""□女□赵早□供养佛时。"第四层坛台从左至右："清信失香供养佛时。""清信賸姜供养佛时。""清信赵賸婆供养佛时。""□□□□□养佛时。"

左壁面两背光相接处的下方条状形墨书："□□□□供养佛时。"

第164窟

窟　号　第164窟

时　代　北魏

位　置　位于西崖东上部，左邻第163窟，右邻第155窟，窟门下沿距栈道地面垂直高度1.72米。

形 制

平面长方形、平顶敞口龛。坐北朝南，南偏西30°。龛高1.09米、宽1.18米、残进深0.77米。

造 像

窟内正壁一坐佛，保存基本完好，高0.72米。磨光高肉髻，面形圆润，细颈削肩，内着僧祇支，外着双领下垂袈裟。左臂屈肘略微上举，左手置于腹部，拇指、食指自然前伸，其余三指微微合拢；右臂屈肘上举置于胸前，右手掌心向外施无畏印。双足掩于袈裟下，结跏趺坐于台座上，袈裟下摆呈三片弧形垂于座前。身后浮塑背光仅表层保存零星彩绘痕迹，多已严重模糊剥落，依稀可辨绘圆形项光及莲瓣形背光。

壁 画

无

题 记

无

第165窟

窟　号　第165窟

时　代　后秦（北魏、宋重修）

位　置　位于西崖中下层，左侧为地震坍塌区崖面，右邻第093窟，窟门下沿距栈道地面垂直高度0.43米。

形　制

平面呈横长方形、敞口、略作券形顶。坐北朝南，南偏西24°。窟高3.85米、宽4.60米、残进深2.40米。窟前部有坍塌，正壁前现代用钢管支架架起菩萨台座，距离地面高1.23米、宽1.23米。被架台座下方一束帛座，高1.24米、宽1.02米。

造　像

窟内原作无存，现皆为宋代重塑，正壁一菩萨，左、右两侧各立一女供养人，左下方后侧有一身供养人残迹，上部残失仅残存下部。左、右壁各立一胁侍菩萨。左壁右侧下方有一身供养人残迹。共计6身（含一身影塑供养人的二分之一部分）。

正壁菩萨，高2.10米。整体保存完好，束高发髻，发髻成数缕分披垂于肩部。面部饱满圆润，双眉上挑，唇分四瓣，颈部有三道显示颈部丰腴的刻纹。内着僧祇支并于腹下系带，胸腹部多袒露在外，外着双领下垂大衣，大衣下摆裹腿折叠自然。右臂屈肘向前向上，右手掌心向外，仅存拇指部分其余手指已残毁。左臂屈肘平置、左手掌心向上置于腹部，五指均已残毁。双脚隐于袈裟内，结跏趺坐于架空的高台座上。身后背项光中残存火焰纹。

菩萨下方束帛座上部分残损，中部有帛带束腰，表面有阴刻线条。下方有厚重的“S”形折叠纹。据现状推测原应为弥勒菩萨台座，从菩萨侧面破损处及下方可见原作造像内胎部分。束帛座正前方及左、右两侧各有约0.08米的小桩孔，推测为原作造像菩萨双脚支撑点。菩萨两侧肘后各有0.15米的向上桩孔一个，推测为原造像弥勒菩萨手臂骨架部分。菩萨身后有宽厚背光，上半部分已残损，可见最初弥勒菩萨两侧帛带脱落痕迹，束帛座两侧可见原有浮塑帛带，保存相对完整。背光外侧有部分壁画但整体漫漶不清，唯最外侧的石青色火焰纹表现明显，依稀可见竖条纹饰。

左侧供养人，高2.10米，保存基本完整。头束高髻并戴简单的花冠，鹅蛋形脸，双眼眉目上挑，小嘴。内着交领衣衫，外穿斜领宽袖长袍外衣，腰间系带并下垂，左臂自然下垂，左手已毁露出原作木桩骨架。右臂屈肘上举，右手呈握拳状置于胸前，五指均残损，下内着长裙，穿小鞋站立于半圆形莲台上。莲台高0.12米。

右侧供养人，高2.06米，保存基本完整。束高髻戴简单的花冠，鹅蛋形脸，双眼眉目上挑、小嘴。内着交领衣衫，外穿斜领宽袖外衣，下系长裙。腰部系带有方形装饰物，腰间系带并下垂。左臂屈肘上举，左手呈握拳状置于胸前，右臂自然下垂，右手已毁露出原作木桩骨架。小足穿鞋，站立于半圆形莲台上。莲台高0.12米。

左壁胁侍菩萨，高2.46米，整体保存完整。头顶束高发髻、戴观音巾，面形丰腴，双目下视，唇分四瓣，双肩圆润，内着僧祇支，胸腹大部分袒露，外着双领下垂大衣于腹间系带，双手手心向上、上下相叠置在腹前，下系长裙，跣足立于莲台上。莲台高0.12米。身后莲瓣形背光为20世纪80年代补全修复的。

右壁胁侍菩萨，高2.40米，整体保存完整。束高发髻，戴观音巾，面形丰腴，双目下视，唇分四瓣，双肩圆润，内着僧祇支并于腹间系带，胸腹大部分袒露，外披双领下垂大衣，双臂自然下垂，双手置在腹前，下系长裙，跣足立于莲台上。莲台高0.12米。身后莲瓣形背光为20世纪80年代补全修复的。

左、右壁二菩萨背项光中残存火焰纹和有项光的小坐佛。

壁　画

窟内泥皮大部分已脱落。现存壁画为后秦或北魏作品，正壁左上侧及右壁左上侧残存彩绘栏墙，栏墙上方伎乐天的局部，下为华绳状装饰纹，斑驳脱落严重，具体形象已经无法辨识。

左壁上方绘有一排五身天宫乐伎，可辨认的有自里向外：第一身吹箫、第二身吹排箫、第五身弹筝。其上身袒露，戴项圈，形象古朴，壁画大都模糊剥落，现存仅可辨认其大致轮廓，色彩均以石青、石绿、赭红、赭黄为主调。

题　记

左壁背项光左侧墨书：“维太宋庆元丙辰四月初八日……”

右侧供养人裙身部分有墨书：“佛□（身？）诸佛。”

第166窟

窟　号　166窟

时　代　北周

位　置　位于西崖下部，左、右侧皆为山体崖面，窟门下沿距栈道地面垂直高度1.03米。

形 制

平面长方形、平顶敞口龛。坐北朝南，南偏西34°。龛高0.96米、宽0.74米、进深0.48米。正壁正中有一方形台座，高0.20米、宽0.40米、深0.20米。左、右壁各有一半圆形莲台，高0.05米、半径0.14米。

造 像

正壁正中塑一身坐佛，左、右壁各塑一身胁侍菩萨。龛内现存造像共3身。

正壁佛，高0.55米。磨光低平肉髻，面相长方丰圆，细眉高耸，眼向下视，鼻梁端正，下颌丰满。内着僧祇支，腰系带，外着双领下垂袈裟，袈裟单薄贴体，双手前后交叠，于腹前施禅定印。左脚显露在外，结跏趺坐于台座上，下摆呈圆弧状分两瓣下垂。身后残留背项光，上部残失，仅存残损的下部，以红色、青色、白色绘出同心圆项光。

左壁菩萨，高0.56米。头戴宝冠，颈戴宽项圈。上身袒露，外披帛带，帛带上部较宽，覆盖上臂与胸侧，下部绕臂弯自然下垂于足侧。胸前佩有璎珞，自右肩斜挂垂于腿前。左臂自然下垂，左手已失；右臂屈肘上举，右手掌心向外置于胸前。下着长裙，跣足立于莲台上。

右壁菩萨，风化严重，五官已模糊不清，面形、体态、尺寸等与左菩萨相似。左臂屈肘上举，左手置于胸前，五指已失；右臂自然屈肘下垂，左手置于腿前。

壁 画

无

题 记

无

第167窟

窟 号 第167窟
时 代 北魏
位 置 位于西崖中部，左邻第137窟，右下邻第088窟，窟门下沿距栈道地面垂直高度1.99米。

形 制

平面方形、圆拱顶敞口龛。坐北朝南，南偏西10°。龛高0.37米、宽0.40米、进深0.22米。

造　像

无

壁　画

无

题　记

无

第168窟

窟　号　第168窟

时　代　北周

位　置　位于东崖第003窟东侧，是在崖壁上凿出的从地面通往第003窟的斜长廊，坡度45°，廊底与廊顶高差10米，西上侧凿有方形门与第3窟相通，东侧连接东崖东门入口处地面。

形　制

建筑形式为斜梯廊道，前往第003窟。廊道横向宽10.00米、斜长13.70米、进深2.00米。内侧壁素面，外侧边缘凿有斜披边缘，其上方为敞口，共凿出24级石台阶，每级台阶高度为0.35米。

造　像

无

壁　画

无

题　记

正壁有摩崖题刻数处，自东向西有："武城李琦□/河南赵明伯，同游乙亥七夕。""贾源贵按部游政□（和）/戊戌九月□（十）/八日书。""留题二首/路入青松翠霭间，斜阳倒影下溪湾，此中猿鹤休相/顾，谢傅东归自有山，大抵襟怀要自然，圣贤/事业本优闲，东山不负/苍生□，望望更有何人继。谢/安陈留李师中罢使与傅/君僮陈君琪庞君无直/吕君大忠游遂宿弟/纯中男称伉侍行熙/宁三年六月二十四日/□令吴安规供职事以□。万□□□岁四月□陇城□□游此/提举秦风民兵道/□德渊□□□原移。”

附：

窟北侧与东侧壁面现保存5块碑刻。除《开除常住地粮碑》外，余四碑因嵌入岩中，无法测其厚度，诗碑周边均阴刻花边纹。

1.《开除常住地粮碑》，高1.24米、宽0.77米、厚0.22米。碑座高0.30米、宽0.95米、厚0.58米。碑首有“大明”二篆字。

录文：

大明麦积山开除常住地粮碑

按广舆记称麦积山为秦地林泉之冠。其古迹系历代敕建者有碑碣可考，自姚秦至今一千三百余年，香火不绝，林壑幽峭松桧阴森，有瀑布泻出苍崖之间，天然奇景也。杜甫、李师中俱有题咏志，云：何谷不兰茝？何渊无蛟龙？麦积屡产灵芝，圣灯贝光照耀林谷，询一方名胜，可与五岳竞高矣。旧设常住田三百二十亩，皆脊薄山岗，阴寒陡硎，春回署际，霜落秋前，所出不过燕麦小荞等。寥寥山缯，多食野菜资生。杜诗云：“野寺残僧少”，山田硗确，故僧突不黔耳，各处常住地原不入粮额，独此寺香火田乡愚侵占不遂，妄告增粮二石九斗五升，僧输不前，逃窜过半，兼兵荒重困之后牛种无出，地全荒芜，佃户已填沟壑。而催租者尚打寺门不休，至法堂前草深一丈，良可惜也！幸巡道范老公祖征寇驻寺，见寺僧菜色未苏，问及香火之资，僧人能信泣诉前因公慨然曰：寺田几何！追呼不免，此地方官之羞也，即准诉察免。又幸值州守毛父母神明慈谅，具有佛种者，欣然原藉是作一大因缘事，申请开除详文，极剀切恳至，蒙批荒粮如议，开豁仍谕里老，不得混催此缴，由是名刹中兴，僧行安生矣，窃念山地数亩，得其税不足以裨国储，贻其害遂足以累山灵。

范公祖及毛父母，信是三世诸佛，现宰官身获法者乎，理宜勒石，以志二公之德不朽，如再有乡愚妄许及里老混催诈骗者，本寺僧禀官重治法不贷。

范公讳学颜山西万泉县人，辛酉乡进士，毛公讳凤冠，四川富顺县人丁卯乡进士，崇祯十五年九月十五日庚午举人姚隆运撰。

2.《游麦积山次泰奚谷甘公韵碑》，宽0.80米、高0.50米。录文：

游麦积山次泰奚谷甘公韵

一入招提境，能令长昼添。俯临渭水曲，遥数陇山尖。爱树木留榻，成诗辄捻髯。幽楼无所好，濡滞复何嫌？/峰房成户牖，斗绝复孤悬。颇胜楼观日，还期剑倚天。含恨非宿约，坐食亦前缘。无异匡庐上，晴峰散紫烟。/珠玉忽盈手，翩翩艺苑雄。客来尊尚绿，僧起日初红。陇蜀驱驰后，蕃戎指授中。伊吾欲鸣剑，感事忆藏宫。/云消初见洞，风满自开扉。曲径人稀到，悬崖鸟倦飞。暂当挹晴霁，聊复论玄微。鹿鞅如此何？何由早息机。/珠林有奇赏，色界本来澄。鸟韵和禅磬,岚光杂佛灯。门临千树杪，身上五云层。偶及乘除语，萧然媿老僧。/度陇观形胜，今为第一山。勒摹前代姓，谈笑故人颜。坐卧浑忘署，镐临始觉闲。丹梯分手处，谁与再登攀。

姚江胡安

3.《下麦积山小憩二绝碑》，宽0.80米、高0.50米。录文：

隆庆元年四月望日登麦积崖小憩二绝

上尽诸天喜未还，归来无力济民艰。回首垅麦连云起，但愿登场似此山。/万佛千佛洞几崇，不知佛在此心中。老僧指点云霄上，回首乾坤一笑空。

鄞郡西野李筵题

4.《冯惟讷四首碑》，宽0.85米、高0.58米。录文：

游麦积山四首

山川雄且都，法界盛规模。陇蜀屯灵气，乾坤辟壮图。天垂云幄近，月照相轮孤。想象昙花现，西来启觉途。/疏川开净土，镂玉写金仙。翠霭连三积，空香隐四禅。莲宫长曜日，桂栋欲浮天。不入沈灰劫，灵光独自然。/鹫岭横西极，祇园复在兹。孤标拔地起，万象入云危。月殿金芝秀，霜林锦树披。经过未辟数，猿鹤久相期。/千载庾开府，传闻此勒铭。金涵沦宝气，玉宇秘图经。日月回三殿，云霞卫百灵。空嗟浮世改，搔首别山庭。

时嘉靖庚申孟冬/吉北海少洲冯惟讷书

5.《重游麦积山六首與乐山胡公同赋碑》，宽1.14米、高0.70米。录文：

重游麦积山六首与乐山胡公同赋

冥搜此灵境，兴比尘游添。群动同禅寂，千山为佛光。慧风吹豆甲，法雨唤松髯。吏隐真堪奇，华簪只自嫌。/宝塔千松绕，云笼万幕悬。丹梯斜有径，青壁峭通天。混沌神能凿，飞翔鸟尚缘。振衣惊两屐，下界等浮烟。/地因痍碣重，寺以杜诗雄。鸟语防僧定，毫光映日红。浮生色相外，胜览醉歌中。怀中情无赖，黄蒿没隗宫。/重阁浮高栋，危栏隐曲扉。步生云片片，身共鹤飞飞。莲宇开丹嶂，经堂俯翠微。百年轻履险，万事解忘机。/牛洞藤阴细，龙湫溜色澄。无云花自语，不夜月传灯。金粟三千界，琼楼十二层。摩崖不辟数，珍重此山僧。/登临依越客，指点是巴山。萍梗牵吟思，乾坤洗俗颜。上方诸品静，信宿一官闲。回首追三笑，寥寥不可攀。

嘉靖甲子夏，蜀人泰谿甘茹识

重游麦积山六首与乐山胡公同赋后附文：

小有洞

上界右为牛堂，堂纳雾占，阴雨盖出，巩记云，故有栈绕外而达，代远朽堕，不可缮补，/僧始洞之，然低隘，非匍匐莫由也。乃命工稍加广，众称便。因牛堂，遂假五丁事以例之，再赋五言一律：

小有何年辟，斑斑斧凿新。群生悲觉路，万劫启迷津。秦蜀金牛险，阴晴玉洞春。谁知三昧外，彼崖复无垠。

6.君赏诗碑

刊于东崖门外崖壁，呈横长方形，高0.51米、宽1.10米。碑文草书十四行，满行七字。全文如下：

宿麦积禅林

风尘伤远道，夜半礼诸天。兰若青云里，瑶华碧落前。堵藜能作法，贝叶喜忘筌。了悟无生术，心知物外禅。

又口号：贫妇艰难炊，良人苦远征。山茏如许麦，止供往来情。

万历己卯　四山君赏

第170窟

窟　号　第170窟

时　代　北魏

位　置　位于西崖中部，左邻第086窟，右邻第085窟，窟门下沿距栈道地面垂直高度0.48米。

形　制

洞窟破坏严重，前部塌毁，原形制较难判断，根据现有残迹判断原形制应为方形浅龛。坐北朝南，南偏西34°。龛左侧靠上处有龛边缘痕迹，其他位置无明显痕迹，均为坍塌崖面。现存窟形为混凝土喷护范围，龛高1.33米、宽1.23米、残进深0.54米。正壁前残存长方形台座，残高0.30米、残宽0.58米、残深0.15米。台座右侧残存上、下并列的两个方形桩孔，高0.21米、宽0.24米、深0.16米，下侧桩孔中有桩木，推测桩孔为后期开凿。

造　像

正壁前方形石胎上仅存造像残迹，主尊背光左侧残存影塑一身思惟菩萨和一身弟子。共计2身。

主尊，仅残存下部内胎，内胎最里为石胎，外部残存部分泥层，残高0.45米。正壁佛后原浮塑莲瓣形背光，现仅存左侧部分，以赭红色、淡黄色和黑褐色颜料绘出火焰背光，以黑褐色颜料绘出圆形项光，右侧部分泥皮为现代补修。

浮塑背光左侧出挑小坛台上的影塑思惟菩萨，高0.27米。束高发髻，右臂屈肘上举，右手托腮作思惟状，左腿屈膝自然下垂，右腿屈膝上抬，右脚搭于左膝上，坐于束帛座上。

背光左上侧影塑弟子，头部残失，残长0.17米。着袈裟，呈空中飞舞状，由左向右斜飞向佛。

壁　画

无

题　记

无

第171窟

窟　号　第171窟
时　代　北周
位　置　位于西崖西上部，左邻第125龛，右为崖面，窟门下沿距栈道地面垂直高度1.88米。

形　制

原制小型圆拱龛，龛内左侧前部，龛右侧前上部及龛顶前部，均坍塌破损，洞窟保存不完整。坐北朝南，南偏西17°。龛高0.88米、宽0.84米、进深0.56米。龛内壁面泥皮全部无存，龛内正壁残留主尊造像石胎台座，高约0.25米，两侧残留石胎低坛基，高0.05米。

造　像

无

壁　画

无

题　记

无

第172窟

窟　号　第172窟
时　代　西魏
位　置　东崖中区上部，左右皆为崖面，上接第016窟，窟门与栈道地面平齐。

形　制

平面方形、平顶窟。坐北朝南，南偏西10°。窟高1.04米、宽1.58米、残进深0.68米。前壁坍塌，窟内正、左、右三壁各开一圆拱龛。正壁龛，高0.65米、宽0.64米、进深0.23米。左壁龛，残高0.62米、残宽0.40米、进深0.20米，龛距地高0.23米。窟顶及右壁已塌毁，现存正壁龛及左壁残龛。

造　像

现存正壁龛内一坐佛，龛外左侧立一胁侍菩萨；左壁龛内一坐佛，龛外右侧立一弟子。共计4身。

正壁龛佛，高0.84米。磨光高肉髻，面形长方，弯眉细目，眉间有白毫相。高鼻薄唇且小，嘴角内敛，下颌上翘，长颈溜肩；内着僧祇支，外着通肩袈裟，双臂屈肘前伸，左臂屈肘前伸施与愿印，手指尖部位多残损；右臂屈肘前伸，手施无畏印。结跏趺坐于台座上。袈裟分两片垂于座前。身后绘背项光，以赭红、石青、白色组成环形椭圆形项光，外绘火焰纹。背项光两侧各绘有一身弟子，石绿圆形项光，身穿赭红色袈裟，身材修长，面佛拱手而立。菩萨、弟子，均绘有环形头光。窟壁面周围点缀有莲蕾。画面以石绿、石青、赭红色为主调，色彩鲜丽明亮。

左壁残龛内佛，头颈缺失，残高0.68米。内着僧祇支，外着通肩袈裟，溜肩，双手施禅定印，结跏趺坐于坛台上。服饰线条简洁，左侧腿部已毁掉，残存躯体风化严重。

正壁龛外左侧菩萨，高0.17米。扇形高发髻，发髻有残损，宝缯自双肩自然下垂。面形长方，弯眉细目，高鼻薄唇且小，嘴角内敛，下颌上翘。长颈溜肩，身躯修长，内着斜领内衣，外着交领束腰长衫，左臂自然下垂，左手拢于袖内持净瓶，右臂屈肘平置，右手置于腹前。双足残毁，立于莲台上。莲台高0.02米。

左壁龛外右侧弟子，高0.75米。面形长方，弯眉细目，高鼻薄唇且小，嘴角内敛，下颌上翘，长颈溜肩。着通肩袈裟，左臂屈肘平置，左手捧供品于腹前，右臂屈肘上举，右手置于供品上。足蹬云头履，立于左龛外。

壁 画

无

题 记

无

第173窟

窟 号 173窟
时 代 不明
位 置 位于西崖东下部，右邻第58窟，左侧为山体崖面，窟门下沿距栈道地面垂直高度0.78米。

形 制

洞窟是利用自然洞穴稍加改造的洞窟，平面为不规则的椭圆形。坐北朝南，南偏西42°。窟高4.18米、宽3.80米、进深3.63米。窟口稍小，上部人工凿出一个横长方形的敞口龛，高1.20米、宽2.76米、残进深1.17米。敞口龛右壁残存一下部竖长方形、上部圆拱形的浅龛，高1.10米、宽1.00米、进深0.30米。浅龛下还有纵向及横向的人工凿痕。下部自然形成的洞窟部分壁面略向上收，整个洞窟顶部为长方形敞口龛平顶。正壁及左、右壁后侧有自然岩石形成的不规则的月牙形坛基，高0.70米、宽3.50米、深1.80米。地面右侧保留一残破严重的清代火炕台，高0.40米、宽1.70米、深0.90米。

造 像

无

壁 画

无

题 记

无

第174窟

窟　号　174窟
时　代　不明
位　置　位于西崖东下部，左邻第173窟，右邻第175窟，窟下沿与栈道地面平齐。

形　制

平面长方形、平顶敞口龛。坐北朝南，南偏西32°。龛高1.52米、宽2.21米、进深1.02米。

造　像

无

壁　画

无

题　记

窟顶墨书："万历四十五年重建天桥、张兴樊氏李门马氏、陈孟□李氏、刘进学杨氏、光道张氏。"

第175窟

窟　号　175窟
时　代　北魏（唐代重修）
位　置　位于西崖东下部，左邻第174窟，右侧、上方为山体崖面，窟下沿与栈道地面平齐。

形　制

平面横长方形、平顶敞口龛。坐北朝南，南偏西29°。龛高1.30米、宽1.50米，进深0.70米。此龛底部现无存，与第058窟连通。但从此龛与下方的第058窟相交处的左、右侧壁上可见各有二大桩孔，推测其底部应为木横梁所架的泥质底面。

造 像

无

壁 画

唐代于正、左、右顶部均有所绘，主要为背项光，坐佛、飞天、云气、花朵之类。顶部未及上色彩。

正壁正中绘莲瓣形背光，背光上中部绘圆形项光，项光边缘为忍冬纹。背光内侧左、右绘忍冬纹，背光最外层绘火焰纹。背光上方左、右两侧有飞天向佛而飞，帛带向后飘扬。正壁左侧有圆形项光，与中间背光之间绘有莲蓬；右侧也绘有一莲蓬；左、右上方各绘两身小坐佛，后有圆形项光、椭圆形背光，坐于仰莲台上，着袒右袈裟。小坐佛左、右均有绘莲花或莲蓬。

右壁残存头光痕迹和三身坐佛痕迹，均已漫漶不清。顶部白粉底，细梢浓墨笔勾勒出云气、飞天、四瓣莲花、莲蕾、莲蓬，飞天。

题 记

正壁左侧上方书：“淳兴己酉”，此题记浓墨较浓，覆盖下面淡墨字体，淡墨字体，左边“二西垂”，右边“雷□至未牛”。

第176窟

窟　号 第176窟
时　代 北魏
位　置 位于西崖中部，左侧为崖面，右邻第178窟，窟门下沿距栈道地面垂直高度3.92米。

形 制

平面方形、平顶。坐北朝南，南偏西10°。该窟前部大部残毁，仅存少许顶部、右壁内侧部分及地面后半部分，残高1.71米、残宽1.75米、残进深0.74米。

造 像

无

壁　画

无

题　记

无

第177窟

窟　号 第177窟
时　代 北魏
位　置 位于西崖东上部，左邻第144窟，右邻第148窟，窟门下沿距栈道地面垂直高度0.26米。

形　制

窟前部坍塌，现仅存正壁，左、右壁小部分。据推断原窟为平面方形、平顶。坐北朝南，南偏西15°。窟高1.82米、残宽1.86米、残进深0.90米。正壁正中凿一方形台座，残高0.42米、残宽0.66米、残深0.41米。

造　像

无

壁　画

无

题　记

无

第178窟

窟　号 第178窟
时　代 北魏
位　置 位于西崖中部，左邻第176窟，右邻第142窟，窟门下沿距栈道地面垂直高度4.12米。

形　制

洞窟残损严重，仅存洞窟的后壁及两侧壁靠后部分，推测原形制为平面方形窟。坐北朝南，南偏西8°。窟高1.32米、宽1.34米、残进深0.90米。正壁前一石胎台座，残高0.22米、残宽0.46米、残深0.30米。

造　像

无

壁　画

无

题　记

无

第179窟

窟　号 第179窟
时　代 北魏
位　置 位于西崖西上区，左邻第113窟，右邻第114窟，窟门下沿距栈道地面垂直高度0.31米。

形　制

平面方形、平顶。坐北朝南，南偏西20°。窟高1.05米、宽0.81米、进深0.68米。龛形基本保存完好，龛内泥皮已剥蚀掉落。

造 像

无

壁 画

无

题 记

无

第180窟

窟 号 第 180 窟
时 代 不详
位 置 位于西崖中下部，左、右侧为崖面，窟门下沿距栈道地面垂直高度2.31米。

形 制

原为平面半圆形、圆拱顶小龛。坐北朝南，南偏西 10°。龛高 0.95 米、宽 0.90 米、进深 0.60 米。现窟形基本破坏，现存正壁及少部分，左、右壁面。正壁凿方形台座，台座石胎体有残损，残高 0.15 米、残宽 0.35 米、残深 0.20 米

造 像

无

壁 画

无

题 记

无

第181窟

窟　号　第181窟

时　代　北魏（宋代重修）

位　置　位于西崖西上区，左邻第182窟，右邻第114窟，窟门下沿距栈道垂直高度2.01米。

形　制

平面梯形、敞口圆拱顶。坐北朝南，南偏西30°。龛高0.75米、宽0.58米、进深0.38米。龛内塑方形台座，高0.11米、宽0.44米、深0.18米。龛形基本保存完好。

造　像

造像原组合情况不详，现存为宋代重塑一身佛。

佛，高0.44米。低平肉髻，双目微启，嘴角内陷。外着双领下垂袈裟，双手于腹前施禅定印。佛表面泥层侵蚀严重，现存面部、胸部及双领下垂袈裟左领少许，其余均剥蚀掉落，仅存胎体，露出部分早期造像的遗迹，有敷彩上色痕迹。

壁　画

无

题　记

无

第182窟

窟　号　第182窟

时　代　北魏

位　置　位于西崖西上区，左邻第119窟，右邻第181窟，窟门下沿距栈道地面垂直高度2.0米。

形　制

平面梯形、敞口圆拱顶。坐北朝南，南偏西18°。龛高0.75米、宽0.64米、进深0.32米。龛形基本保存，龛内保存台座遗迹一处，后壁正中可见固定造像的桩眼一处。龛内泥皮已剥蚀落尽。

造　像

无

壁　画

无

题　记

无

第183窟

窟　号　第183窟
时　代　不明
位　置　位于西崖西上区，左邻第109窟，右邻第108窟，20世纪80年代加固工程时已用混凝土喷护。

形　制

平面半圆形、敞口圆拱顶。坐北朝南，南偏西25°。龛高0.35米、宽0.38米、进深0.38米。

造　像

无

壁　画

无

题　记

无

第184窟

窟　号 第184窟
时　代 不详
位　置 位于西崖第098窟（大佛）脚下，左邻第089窟，右邻第088窟，窟门下沿距栈道地面垂直高度0.73米。

形　制

平面半圆形、圆拱顶。坐北朝南，南偏西30°。龛高0.85米、宽0.70米、进深0.46米。正壁前凿有高0.09米的低坛基，低坛基上方有焚烧痕迹。正壁右下角遗存有一方形桩孔。桩孔高0.20米、宽0.26米、进深0.25米。

造　像

无

壁　画

无

题　记

无

第185窟

窟　号 第185窟
时　代 不详
位　置 位于西崖中下层，左邻第167窟，右邻第186窟，窟门下沿距栈道地面垂直高度2.44米。

形　制

平面近长方形、圆拱顶。坐北朝南，南偏西30°。龛高0.43米、宽0.40米、进深0.30米。窟形保存基本完整。

造　像

无

壁　画

无

题　记

无

第186窟

窟　号　第186窟
时　代　不详
位　置　位于西崖中下层，左邻第167窟，右下邻第087窟，窟门下沿距栈道地面垂直高度2.00米。

形　制

平面近长方形、圆拱顶。坐北朝南，南偏西8°。龛高0.75米、宽0.64米、进深0.60米。窟前沿略有坍塌，窟内泥皮全部脱落。

造　像

无

壁　画

无

题　记

无

第187窟

窟　号 第187窟
时　代 不明
位　置 位于西崖中下层，左邻第088窟，右邻第188窟，窟门下沿距栈道地面垂直高度1.21米。

形　制

平面近方形、圆拱顶。坐北朝南，南偏西9°。龛高0.56米、宽0.53米、进深0.40米，窟形保存基本完整。

造　像

无

壁　画

无

题　记

无

第188窟

窟　号 第188窟
时　代 不详
位　置 位于西崖中下层，左邻第187窟，右邻第087窟，窟门下沿距栈道地面垂直高度1.24米。

形　制

平面方形、敞口平顶。坐北朝南，南偏西8°。龛高0.46米、宽0.36米、进深0.30米。

造 像

无

壁 画

无

题 记

无

第189窟

窟 号 第189窟

时 代 北周

位 置 位于西崖中部，左下邻第084窟，右下邻第083窟，窟门下沿距栈道地面垂直高度1.43米。

形 制

原形制可能为摩崖，现仅可见正壁。坐北朝南，南偏西45°。窟残高0.76米、残宽0.87米、残进深0.42米。

造 像

无

壁 画

窟内泥皮大部分脱离。正壁绘有20余身千佛，多已模糊难辨，着通肩袈裟，施禅定印，结跏趺坐，后有圆形项光，为一身红色袈裟、一身灰色袈裟相间排列。

题 记

无

第190窟

窟　号　第190窟
时　代　不详
位　置　位于东崖，左邻第030窟，右邻第034窟，窟门下沿距栈道地面垂直高度0.19米。

形　制

马蹄形、圆拱顶。坐北朝南，南偏东5°。龛高0.80米、宽0.70米、进深0.50米。前有方形甬道，高0.70米、宽0.56米、进深0.10米。龛形基本保存完好，龛顶及龛内壁面所有泥皮均脱落。

造　像

无

壁　画

无

题　记

无

第191窟

窟　号　第191窟
时　代　西魏（宋重修）
位　置　位于西崖出口，左、右侧为崖面，窟门下沿距栈道地面垂直高度0.52米。

形　制

摩崖、敞口窟。坐北朝南，南偏西30°。窟高5.60米、宽6.01米、进深1.05米。略靠上正中凿一圆拱形龛，龛高1.25米、宽2.01米、进深0.54米。

造　像

现存均为宋代重修，上方圆拱龛内正中一身坐佛，左、右两侧原各塑弟子一身，现左侧弟子已失。龛外左、右两侧各塑一身交脚菩萨。龛正下方塑一身化生金刚，化生金刚下方两侧各塑一身蹲狮。左下角尚存一足部残块，判断可能下部左、右两侧各有一身菩萨。共计7身（含蹲狮）。

龛内坐佛，高1.09米。螺纹肉髻，中有肉髻珠，面形丰满，眉间白毫相，弯眉，上唇较厚，两耳平贴，短颈圆肩，内着僧祇支，右胸坦露较多，外着双领下垂袈裟。左臂屈肘前伸，左手抚于左膝；右臂屈肘前伸，右手已毁。倚座于台座上，双足各踩一覆莲台。身后绘有同心圆项光，内侧为白色，外侧为褐色，项光下侧相连褐色身光。左侧弟子已失，仅余部分项光。

右侧弟子，高0.78米。头微偏向外，面形神态似佛，内着僧祇支，外着双领下垂袈裟。左臂屈肘平置，左手置于胸前，五指已毁；右臂自然下垂，右手持袈裟衣角，右手中指、无名指已毁，跣足而立。头后有褐色同心圆项光。

龛外左侧菩萨，高1.71米。顶束发髻，面容清秀，颈戴项圈，下垂配饰，上身袒露，璎珞自双肩下垂至腹部交叉垂于腿部后上绕，披帛带搭肩绕臂下垂并浮塑于墙面。左小臂残毁；右臂屈肘前伸，右手已失。下系贴身长裙，双脚交叉坐于束帛座上，足踩由下方化生金刚延伸而上的莲蓬。

龛外右侧菩萨，高1.82米。头部经宋代重修，面形、体态等与左侧菩萨相似。璎珞及披帛带残毁，仅余左下侧浮塑于墙面的部分帛带。左臂微屈，左手置于腹侧，左手五指已毁；右小臂残毁。

龛下方化生金刚，高1.84米。卷状发髻，面形圆润饱满，双眉高隆，怒目圆睁，高鼻阔嘴，八字胡，颌下密布卷状胡须。挺胸鼓腹，上身袒露，披帛带搭肩绕臂上扬浮塑于墙面，双臂张开呈飞翔状，双小臂已毁。腹下为双层覆莲瓣，每瓣正中浮塑一道凸棱，覆莲下方四周浮塑变体忍冬叶纹饰。覆莲左右两侧各展出上、中、下三根莲茎，上枝末端为莲蕾；中枝末端为仰莲蓬，与上枝的莲蕾相接，中枝末端的莲蓬各立一身上方龛两侧的交脚菩萨；下枝莲茎外扬，末端各浮塑一莲叶；茎根处装饰忍冬叶。

左侧蹲狮，高0.52米。鬃毛卷曲，张嘴卷舌，唇下有鬃毛，后尾上扬，右爪踩绣球，其余三爪五指抓地，侧首前视，蹲坐于方形坛台上，坛台为现代修复。

右侧蹲狮，高0.54米。基本形态与左侧蹲狮相似。颈系铃，鬃毛平顺，右后爪前伸挠头，昂首仰视，两前爪基本风化。

窟左下角，残存双足，足开立呈“八”字形，踩于半圆形莲台上。

壁　画

壁面泥皮，残损脱落较为严重，剩余部分表面多为后人填涂的朱红色。龛外右上方有一身供养人，头戴红色帽，身穿红色长袍，足穿黑色云头履。

题 记

无

第192窟

窟 号 第192窟
时 代 不详
位 置 位于西崖，左邻第133窟，右邻第193窟，窟门下沿距栈道地面垂直高度8.25米。

形 制

圆拱形龛。坐北朝南，南偏西25°。龛高0.90米、宽0.73米、进深0.40米。

造 像

无

壁 画

无

题 记

无

第193窟

窟 号 第193窟
时 代 不明
位 置 位于西崖中部，左邻第192窟，右邻第098窟，窟门下沿距栈道地面垂直高度8.55米。

形　制

圆拱形龛。坐北朝南，南偏西10°。龛高0.60米、宽0.60米、进深0.30米，窟形较完整。

造　像

无

壁　画

无

题　记

无

第194窟

窟　号　第194窟
时　代　北周
位　置　位于东崖，第004窟下方，第015窟上方。

形　制

摩崖小龛，加固工程时喷护封堵，无数据记录。

造　像

原石胎泥塑佛残迹，后代补塑小像残坏。

壁　画

无

题　记

无

第195窟

窟　号 第195窟
时　代 北魏
位　置 位于西崖中部。左邻第093窟，右侧为崖面，窟门下沿距栈道地面垂直高度0.13米。

形　制

平面方形、圆拱顶龛。坐北朝南，南偏西30°。龛高0.49米、宽0.45米、进深0.20米。正壁一方形台座，高0.07米、宽0.22米、深0.10米。

造　像

龛内现存一身坐佛，高0.30米。磨光高肉髻，面部五官残损不辨，内着僧祇支，外着袒右袈裟，双手于腹前结禅定印，双足掩于袈裟内，结跏趺坐于台座上。

壁　画

无

题　记

无

第196窟

窟　号 第196窟
时　代 北魏
位　置 位于西崖中部。左邻第093窟，右邻第195窟，窟门下沿距栈道地面垂直高度0.13米。

形　制

平面方形、圆拱顶龛。坐北朝南，南偏西30°。高0.51米、宽0.47米、进深0.25米。

造　像

龛内现存影塑一身坐佛，左右各一身立胁侍菩萨。共计3身。

佛，头部残失，残高0.24米。内着僧祇支，外着袒右袈裟，双手于腹前结禅定印，双足掩于袈裟内，结跏趺坐。

左侧菩萨，高0.28米；右侧菩萨高0.28米。两身菩萨表层泥层已风化，模糊不清。

壁　画

无

题　记

无

第197窟

窟　号　第197窟

时　代　西魏至北周

位　置　位于麦积山东侧山岭上王子洞窟区，大致为东南至西北走向，距麦积山主体窟区直线距离600米，窟区分布于距山脚0.2～8米的高度上，大致呈一线布置。第197窟位于王子洞窟区最西侧，距离左侧第198窟42米，上下方均为自然崖面。窟门下沿距岩隙平台垂直高度2.50米。

形　制

原窟形应为平面方形、三壁三龛形制。现平面横长方形，攒尖顶。坐北朝南，南偏西70°。窟高2.2米、宽2.75米、进深2.1米。前有券顶甬道，高1.17米、宽1.0米、进深0.4米。正、左壁各有一半壁龛，正壁龛高1.22米、宽0.47米、进深0.24米，距离地面0.34米；左壁龛高1.00米、宽1.03米、进深0.27米。龛前有方形台座，为厚0.10米的土坯垒砌，外敷细泥，高0.33米、宽0.70米、深0.47米。甬道由于自然塌落而形成现在的不规则形，局部可见原券顶遗迹。地面四周有低坛基，高0.15米、深0.35～0.74米（右壁坛基宽0.74米，是后期右壁向后凿平所致）。

造　像

左壁龛前塑一身坐佛，现此身佛已移至文物库房保存。

坐佛，通高0.74米。磨光低圆肉髻，面形圆润，头略下低，身着单薄贴体通肩袈裟，衣纹采用贴泥条和阴刻线相结合的手法塑制，双手结禅定印于腹前，结跏趺坐于方座上。

壁　画

无

题　记

无

第198窟

窟　号　第198窟
时　代　北周
位　置　王子洞窟区西侧，左邻第216窟，右邻第197窟，窟门下沿距地面垂直高度5.50米。

形　制

平面方形、敞口龛。坐北朝南，南偏西66°。龛高1.10米、宽0.90米、进深0.55米。

造　像

无

壁　画

无

题　记

无

第199窟

窟　号　第199窟
时　代　北周
位　置　位于王子洞窟区西侧，左邻第215窟，右上方邻第198窟，窟门下沿距地面垂直高度1.80米。

形　制

平面横长方形、敞口龛。坐北朝南，南偏西60°。龛外有素平的口沿，龛高0.50米、宽2.00米、进深0.50米。

造　像

无

壁　画

无

题　记

无

第200窟

窟　号　第200窟
时　代　北周
位　置　位于王子洞窟区西侧，左邻第201窟，右邻第199窟，窟门下沿距地面垂直高度1.90米。

形　制

平面方形、敞口龛。坐北朝南，南偏西60°。龛外有素平的口沿，龛高0.95米、宽1.00米、进深0.95米。

造　像

无

壁　画

无

题　记

无

第201窟

窟　号 第201窟
时　代 北周
位　置 位于王子洞窟区中部，左邻第202窟，右邻第200窟，窟门下沿距地面垂直高度1.27米。

形　制

平面方形、敞口龛。坐北朝南，南偏西68°。龛外有素平的口沿，龛高1.00米、宽0.75米、进深1.00米。

造　像

无

壁　画

无

题　记

无

第202窟

窟　号 第202窟

时　代 北周

位　置 位于王子洞窟区中部，左邻第203窟，右邻第201窟，窟门下沿距地面垂直高度0.88米。

形　制

此窟由窟门与窟室两部分组成。坐北朝南，南偏西65°。方形窟门，窟门上方左、右各存一个方形桩孔，窟内为前后双室窟，有素平口沿。前室为平面方形、攒尖顶窟，窟顶凿有帐杆。窟内前室高1.63米、宽1.72米、进深1.54米。后室为平面纵长方形的券顶，高1.10米、宽0.88米、进深1.13米。

造　像

无

壁　画

无

题　记

无

第203窟

窟　号 第203窟

时　代 北周

位　置 位于王子洞窟区中部，左邻第204窟，右邻第202窟，窟门下沿距地面垂直高度1.33米。

形　制

平面正方形、敞口券顶龛。坐北朝南，南偏西65°。龛外有素平口沿，龛高1.15米、宽0.90米、进深1.10米。

造　像

无

壁　画

无

题　记

无

第204窟

窟　号　第204窟
时　代　北周
位　置　位于王子洞窟区中部，左邻第205窟，右邻第203窟，窟门下沿距地面垂直高度0.95米。

形　制

平面横长方形、敞口龛。坐北朝南，南偏西63°。龛高0.83米、宽0.95米、进深0.60米。

造　像

无

壁　画

无

题　记

无

第205窟

窟　号　第205窟
时　代　北周
位　置　位于王子洞窟区中部，左邻第206窟，右邻第204窟，窟门下沿距地面垂直高度0.70米。

形　制

平面横长方形、敞口方龛。坐北朝南，南偏西63°。龛高0.85米、宽0.85米、进深0.55米。

造　像

无

壁　画

无

题　记

无

第206窟

窟　号　第206窟
时　代　北周
位　置　位于王子洞窟区中部，左邻第212窟，右邻第205窟，窟门下沿距地面垂直高度0.88米。

形　制

平面方形、敞口方龛。坐北朝南，南偏西65°。龛高0.93米、宽0.93米、进深0.95米。

造 像

无

壁 画

无

题 记

无

第207窟

窟 号 第207窟

时 代 北周

位 置 位于王子洞窟区东侧，左侧第208窟，右侧第212窟，窟门下沿距地面垂直高度1.30米。

形 制

平面横长方形、敞口方龛。坐北朝南，南偏西63°。龛高1.10米、宽1.50米、进深1.10米。

造 像

无

壁 画

无

题 记

无

第208窟

窟 号 第208窟
时 代 北周
位 置 位于王子洞窟区东侧，左邻第209窟，右邻第207窟，窟门下沿距地面垂直高度1.85米。

形 制

平面横长方形、敞口方龛。坐北朝南，南偏西62°。龛高0.65米、宽0.95米、进深0.52米。

造 像

无

壁 画

无

题 记

无

第209窟

窟 号 第209窟
时 代 北周
位 置 位于王子洞窟区东侧，左邻第210窟，右邻第208窟，窟门下沿距地面垂直高度1.80米。

形 制

平面横长方形、敞口方龛。坐北朝南，南偏西62°。龛高0.65米、宽0.95米、进深0.52米。

造　像

无

壁　画

无

题　记

无

第210窟

窟　号　第210窟
时　代　北周
位　置　位于王子洞窟区东侧，左邻第211窟，右邻第209窟，窟门下沿与地面平齐。

形　制

平面横长方形、敞口方龛。坐北朝南，南偏西66°。龛高0.73米、宽0.77米、进深0.45米。

造　像

无

壁　画

无

题　记

无

第211窟

窟　号　第211窟
时　代　北周
位　置　位于王子洞窟区最东侧，左侧为崖面，右邻第210窟，窟门下沿与地面平齐。

形　制

平面横长方形、敞口方龛。坐北朝南，南偏西64°。龛高0.73米、宽0.77米、进深0.45米。

造　像

无

壁　画

无

题　记

无

第212窟

窟　号　第212窟
时　代　北周
位　置　位于王子洞窟区东侧，左邻第207窟，右邻第206窟，窟门下沿距地面垂直高度1.10米。

形　制

平面方形、敞口浅龛。坐北朝南，南偏西48°。龛高0.53米、宽0.56米、进深0.29米。

造　像

无

壁　画

无

题　记

无

第213窟

窟　号 第213窟

时　代 北周

位　置 位于王子洞窟区东侧，左上方邻第212窟，右邻第206窟，窟门下沿距地面垂直高度0.55米。

形　制

平面方形、敞口浅龛。坐北朝南，南偏西66°。龛高0.53米、宽0.50米、进深0.32米。

造　像

无

壁　画

无

题　记

无

第214窟

窟　号　第214窟
时　代　北周
位　置　位于王子洞窟区东侧，第205窟、第206窟中间上方。窟门下沿距地面垂直高度2.47米。

形　制

平面方形、敞口浅龛。坐北朝南，南偏西47°。龛高0.48米、宽0.45米、进深0.30米。

造　像

无

壁　画

无

题　记

无

第215窟

窟　号　第215窟
时　代　北周
位　置　位于王子洞窟区西侧，左邻第200窟，右邻第199窟，窟门下沿距地面垂直高度2.56米。

形　制

平面方形、敞口浅龛。坐北朝南，南偏西60°。龛高0.66米、宽0.60米、进深0.30米。

造 像

无

壁 画

无

题 记

无

第216窟

窟 号 第216窟
时 代 北周
位 置 位于王子洞窟区西侧，右邻第198窟，下邻第199窟，窟门下沿距地面垂直高度5.50米。

形 制

平面梯形、敞口浅龛。坐北朝南，南偏西60°。龛高0.64米、宽0.48米、进深0.25米。

造 像

无

壁 画

无

题 记

无

第 217 窟

窟　号　第 217 窟
时　代　北魏至西魏
位　置　位于麦积山窟区东崖最下层，左邻第 047 窟，右侧为崖面，窟门下沿距地面垂直高度 1.12 米。

形　制

平面方形、敞口龛。坐北朝南，南偏西 53°。龛高 1.22 米、宽 1.07 米、进深 0.62 米。

造　像

原造像已毁，仅可见原来正壁造像石胎遗迹。

壁　画

无

题　记

无

第 218 窟

窟　号　第 218 窟
时　代　北魏
位　置　位于中区上部，左邻第 016 窟，右侧为崖面，窟门下沿距地面垂直高度 1.44 米。

形　制

平面横长方形、圆拱龛。坐北朝南，南偏西 40°。窟高 0.88 米、宽 0.56 米、进深 0.20 米。此窟有上下两个小龛，上龛高0.33米、宽0.23米、进深0.20米；下龛高0.37米、宽0.38米、进深0.10米。

造　像

两龛内的泥塑造像均为影塑。上龛内原塑一思惟菩萨和二供养菩萨，现存中间思惟菩萨和左侧供养菩萨、一胁侍立菩萨。下龛仅残存一身站立胁侍菩萨。共计4身。

上龛思惟菩萨，高0.27米。高发髻，发束带，短宝缯贴塑于项光表面。面形较瘦长，表面泥皮局部脱落。上身袒露，颈戴宽边桃形项圈，帛带自肩绕臂于两侧飘下，右臂支于右腿上，右手指托腮，头向右偏，作思惟状。下系长裙，左手扶右腿腕，右腿屈膝搭于左腿上，舒相坐于束帛座上，裙裾覆于脚跟处。束帛向左折叠，折边清晰，表面呈放射状纹线。衣纹简单，阴刻成阶梯状，衣质单薄。浮塑圆形项光。

上龛左下侧胡跪一小供养菩萨，高0.17米，保存基本完整。扇形高发髻，束带，阴刻发纹清晰，着圆领衣，衣纹阴刻。左腿着地，右腿支起，呈胡跪式，双手合掌举至胸前，抬头眯目静思，头微微偏向中间的主尊菩萨。衣服表面原施的石绿色保存较多。有圆形项光。

上龛左壁站立胁侍菩萨，高0.21米。帛带左侧残损，其他部位基本存留，剥蚀风化严重。头部、面部已残损剥蚀，颈戴尖形项圈，上身袒露，披帛带自双肩绕弯贴壁飘下。右手屈置于腹部，左手垂于左腿外侧，下系羊肠小裙，跣足立于莲台上。

下龛仅残存左壁的一身站立胁侍小菩萨，头已残失，残高0.17米。颈戴尖形项圈，上身袒露，披帛带自双肩绕弯贴壁飘下，右手屈置于腹部，左手垂于左腿外侧，下系羊肠小裙，跣足立于莲台上。

壁　画

无

题　记

无

第219窟

窟　号　第219窟

时　代　北魏晚期至西魏

位　置　位于中区坍塌遗址下方2.8米，距麦积山山体水平距离15米。

形　制

现存残窟。坐北朝南，南偏西42°。残高0.23米、宽1.36米、进深1.30米。

该窟因地震山体崩塌脱落翻滚后造成整个窟室呈窟底向上，窟室倾斜形态。原形制应为平面方形、三壁三龛窟，前壁中间开长方形窟口和甬道，正壁与左、右壁正中开有敞口小龛，龛内有桩眼，四壁前有低坛基。窟内四角处也有桩眼。依据现有遗迹，可复原出原窟窟口高0.85米、宽0.62米、进深0.60米；窟室高1.24米、宽约1.15米、进深2.05米。前壁高1.24米、宽1.06米；正壁宽1.15米，左壁宽1.12米。正壁龛口宽0.74米、进深0.30米，右壁龛口宽0.60米、进深0.27米。窟内低坛高0.05米、宽0.25。

造　像

无

壁　画

无

题　记

无

第220窟

窟　号　第220窟
时　代　北魏至西魏
位　置　位于麦积山窟区中区坍塌遗址下方，右邻第219窟。

形　制

平面长方形、敞口龛。坐北朝南，南偏西42°。窟高0.78米、宽0.89米、进深1.15米。此窟与第221窟形制相似，大小相近，窟壁面均有明显的雕凿痕迹，侧壁残留桩孔且水平位置一致。

造　像

无

壁　画

无

题　记

无

第221窟

窟　号　第221窟
时　代　北魏至西魏
位　置　位于麦积山窟区中区坍塌遗址下方，右邻第220窟。

形　制

平面长方形、敞口龛。坐北朝南，南偏西42°。窟高0.58米、宽0.81米、进深1.15米。此窟与第220窟形制相似，大小相近，窟壁面均有明显的雕凿痕迹，侧壁残留桩孔且水平位置一致。

造　像

无

壁　画

无

题　记

无

附录　麦积山石窟碑刻

一、记事碑

1．瑞应寺再葬佛舍利碑

现存文物库房，高0.42米、宽0.75米、厚0.08米，左端有残损，碑文楷书，16行，满行20字，碑文如下：

秦州雄武军陇城县第六保瑞应寺再葬佛舍利记

阿育王始初□（兴）建号无忧□（古）寺至我宋/乾德四年计二千年矣又至靖康二/年计一百□（七）十年昔西魏大统元年再/修崖阁重兴寺宇至我宋乾德二年计/四百年又至隋文皇仁寿元年再□（开）龛/窟敕葬舍利建此宝塔赐净念寺至大中/二年有先师迥觉大师寻旧基圣迹构/精□（蓝）至乾德四年一百二十年及赐灵芝一十/一本其年一月内遍山花卉盛开继至皇佑（祐）三/年一百二十八年又元符元年讼火毁坏寺宇于建/中□（靖）国元年寺主僧智利等再建宝塔又崇宁/□□□顶产灵芝三十八本丞□□（昨）同申州帅坐/□山图进产芝蒙恩改瑞应寺免/奖谕又至靖康元年管勾僧……/□彻净台四周地面……/□（日）请僧众及……

2．四川制置使司给田公碑

现刊于瑞应寺天王殿山墙内，高1.68米、宽0.98米，碑已断为上、下两块。碑文楷书47行，满行78字，首行刻“四川制置使司”六个楷书大字外，又在碑额横刻一行“四川制置使司给田公据”。碑文如下：

四川制置使司

契勘使司先于嘉定十四年三月内据何茂成忠申准使司指挥差委点检元管提振天□□□□□□□□□□□□□即遵奉外湫池屯田内□□准嘉定十二年十二月空日四川制置使司□□□/劄子据天水军麦积山瑞应寺住持赐紫明觉大师重遇状昨赴行在尚书户部陈已□□□□□□□□□□□□部符下制置司及总领所给还今将尚书户部符粘速乞下案早赐给还施行□/续承总领所公文已遵照　省劄指挥出给公据付瑞应寺僧重遇胜仙寺僧智演崇果院□□□□□□□□□□□耕种充逐寺常住施行外今请照会

使司照得湫池一带屯田内有拘到瑞应胜仙/两寺田土先来系元初措置屯田官李寔进武申根括待两□田土开禧兵火以后并皆荒芜□□□□□□□□□□前所收租利尽资非用乞拘没入官理作屯田耕种以用赡军准使司拘作屯田支/钱措置耕种已经年其措置之初两寺僧人亦经宣司□□□□□乞行给拨赡养众僧宣司抽□□□□□□□□□僧拨田百亩以充赡养续准朝省指挥取会应管屯田亩自租□等使司亦已逐/一具申　朝廷了当委是难以给还本司已于嘉定八年□□□□月十九日移牒总□所照应□□□□□□□□状陈缴到部符指挥并总所公文使司照得瑞应寺乞给还田亩等事准户部符下/本司令契勘如本寺系给赐田亩即与照祖给还今僧重遇所供止是邻保供称系给赐田产及□□□□□□□□年间秦州陇城县所给公据只是蠲免非泛元无朝廷给赐田产指挥今虽承总□/所牒报已行给还却缘当来已系具申　尚书省并行在尚书户部□会外令即住行给拨仍旧拘□□□□□□□付湫池一带措置屯田官准此一项于嘉定十三年五月初八日准宣抚使司指挥措/置湫池一带屯田张忠信进义申此准随军转运司差委天水县簿尉王进义前来交拨麦积等寺□□□□□□□上件田土拨还去讫乞施行使司照付元不曾行下随军转运司许将元拘收麦积等/寺田土给还除已行□□□下随军运司契勘给还因依供申外所有种户成宪等借过本屯官种粮□□□□□百余石缘今来二麦将熟未审令本屯拘收从旧应副支遣唯复拨付麦积寺合布申/听指挥施行寻具呈□□□　司佥厅拟照得麦积胜仙寺田土已于开禧年间尽拘作屯田并申□□□□□县给还指挥今据措置官申审收夏料指挥欲下屯田官何茂将合收两寺田土双料/自本屯拨付指定仓分送□□纳应副支遣戍兵口食取收附缴申外有种户□成宪借过本屯粮斛□□□□余石并仰拘收椿管不许少欠呈奉安少保判行使司已于嘉定十四年三月初三日行/下何茂成忠遵从施行去讫今据天水军申准提□刑司判送下本军麦积山瑞应寺住持□□□□□□重遇状伏睹本寺继传名相历劫胜因群山围绕中间突起一峰镌凿千龛现垂万/像上下万仞中有三泉文殊普贤观音圣水万民祈祷无不感应始自东晋起迹　敕赐无尤寺□□□给田供赡次七国重修敕赐石岩寺大隋敕赐净念寺大唐敕应乾寺/圣朝大观元年于绝顶阿育王塔傍地产芝草三十八本蒙秦州经略陶龙图具表进上奉敕改赐瑞□（应）□（寺）□□衆草诸般非泛耕率特许本寺开坛专一建置祝延圣寿道场进奏功德疏□回赐/御香度牒又奉　神宗皇帝宣诏本寺得道高僧秀铁壁入内升座讲演宗乘敕赐圆通禅师照得本寺□□□往给赐田土贰百余倾供赡僧众先缘建炎绍兴兵火隔隶彼国三分之二止□有余/□小山田伍拾余倾昨缘开禧兵火之后于嘉定元年有忠义首领□□□□李寔强德张钧等前□□寺搔扰钱物不满私意便行打劫本寺钟锅两件计铁壹万柒百斤及将本寺布种/二年地利部领凶徒各持刃器强收了当使本寺僧行数年无食迯散外方于嘉定二年及更妄申宣抚□□□作屯田重遇遂赴诸监司陈诉准大使司钧判照得李寔等强取麦积寺麦苗耕/牛钟锅委是分晓合行勒令赔还下天水军去着准本军追到强德李寔等陪得铁叁仟斤至嘉定七年□□□十一日再赴安抚司陈诉□前政刘安抚台判照得上件二寺田磑并系给赐田土准/条不应作屯田便□□下拨还二寺依旧作佃牒总领至嘉定八年三月二十四日准领所坐准朝□□□出给公据付本寺收执将前件田磑准此拘收耕种充常住施行不委□□□□信何/茂等贪盗官物□□再撰巧词妄申制置使司准于四月二十七日行下成州从实根究申准本州追张忠□□到官蒙送直司根究为见重遇□□□经天水军等田□有给到告示一件□□信何/□壹百勘断其本人觉知虚妄分晓却用银式铤买嘱情节其成州官吏受情将词理一向灭裂曲法行移□□□实将田却判与屯田以此重遇□□□至行在阙下告论准尚书户部符四□总领/所主者详状如已经本所契勘即与照

祖给还讫仍下屯田庄照会毋致再有侵扰准予嘉定十年八月十□□□下准使所于嘉定十一年十月廿二日遵从朝省指挥准再出给公据□本寺及下/天水军差雷县尉前来交拨却缘雷县尉与屯官雷安礼系兄弟以此迁延未曾交拨及金人侵犯大安□□□嘉定十三年正月二十九日再赴随军转运司陈□准台判牒天水/军照诸司指挥施行即令本寺复业趁春耕种免失地利于二月初四日准告示兼下天水军再行差委主簿□□来于四月十二日又拨□件田土令本寺截□□□□始□业见于二□□□本寺自/去年秋料收到地利为见 国家调兵未已遂将物斛尽数赴随军转运司助献军粮计贰佰伍拾石见有□□□附为照本寺□人上举借钱债籴贸夏秋种□□立下嘉定十四年夏□□□苗目土/地继准上司指挥拘籍忠勇军每名免税子叁石陆斗遂交钱贰佰贯上非泛科率本寺遂顾到边地□□□充应忠勇军捍御敌功缘本寺乏钱科置遂于湫池仓开借籴本钱□□□道置买/军器衣甲口食并逐人老小粮食每名月计物斛叁石盐菜钱贰拾□□□□计钱壹佰贰拾道□□□□□石偲办至今年六月成熟本寺于所拨田上元不曾收到颗粒物斛□□□还纳□□/湫池（仓）官钱不委有毋丘宣幹前来天水军根括营田于四月初一日差人追呼出头收□拨田因依重遇□□将本寺拨田干照并省符公据供呈其毋丘宣幹□不批□直至六□初□日差/委赞佐官主簿尉前来于诸庄抄劄租子田地强夺□□□营田给付佃户韩甫史全等管停将于来夏租□□□张了当有□秋租子见系马进义播收未曾着落重遇切见昨□□□元行指挥据实/負白劄子数内一项止具呈屯田官吏韩甫韩茂□□□□侵欺青葩寺□年官租事元不曾该说麦积寺□□给□拨田土奉钧判□□毋□官勘会着落韩甫等四年租□□□其毋丘宣幹却听从/吏人杨钧魏奂取受韩甫韩茂情嘱便凭逐人分□□□□更不根究欺隐官租一节却于状外枝蔓灭诬□□省及诸监司指挥□□□□□本寺及崇果院等□拨还田□□□强夺作营□有此冤/屈事情乞详重遇所陈事理乞赐参照朝省及诸司已行拨还指挥仍乞先次行下天水军交拨□□租子付□□□□□□□□□□□□□□宣总□□□□□□□刑朝奉判送军照上司已/行本军近准宣司揭榜降下五州军营□访闻所委官□□□吏不子□□□细讨究营田来历亦不参对□□官产□□□□□□□□□□□□□□明覆□□□□□□集田户柳令增认租数其间/或有契据不为执用但要增租一切不恤委□有□□□□初奏陈本寺理宜优恤仰人户将营田具照□□交租□□□□□□□□□□□□□□□□□□□□□给议施行其执出契据干照昨来/根括不为理用并仰经州军自陈仍旧照□据官□□□□□业务使边民得安生理照得瑞应寺僧重遇□□□□□□□□□□□□□□□□□□□□□□□□□□□田土先来准宣总两司拘作屯田/至嘉定十三年正月间准 朝省指挥符四川□□□□□总领所□者如已经□□契勘□即与照□□□给还□□□□□□□□照会毋致再有侵扰及□□总两司随军转运司指挥将上件/田地给拨与瑞应寺管佃讫昨于嘉定十四年六月间准毋丘宣幹□□委主簿尉拘收作□□今准前项提刑司指挥备边在前军司除已告示僧重遇遵从使司揭榜指挥施行外申乞/钧照并据天水军麦积山瑞应寺□住持赐紫明觉大师重遇状陈作缘□（本）寺自东晋历本朝并□□赐田地昨来宣抚使司差委毋丘宣幹根括绝本官更不仰体上司本意却将本寺并崇/果院常住妄行拘占作营田重遇□当□□时欲行陈诉缘冯宣幹以根括为急不恤无辜□□□乞今□□抚制置侍郎镂榜约束许在监司并本州陈乞即与改正重遇上件冤抑有所声诉重遇/遂赴提刑司陈状准判□□□□司已行并准本军给据付重□（遇）□依使司榜文指挥令重遇仍旧管业□□□田官遂奉具申使司钧照去讫本寺未准管业更合赴使司陈乞给据乞照本军并屯田/官所申及今来重遇所陈□□□□□事因乞指挥给据付田□□□管业并乞行下本军并屯田官□□□行据所申寻具呈状司佥厅拟据僧重遇状诉根括官毋丘宣幹将/朝廷已给还

常住田占充营田□□详重遇状上件田于嘉定十三年内制置大使司括充屯田□□□□朝省陈状符下总领所照祖给还讫去年宣司根括官再拘收作营田缘营田系入/总领所赡军上件田已先据总领所受 省符给还去讫今欲牒常平司照总领所已行给还本寺呈奉 □□□□□台判牒使司除已牒利州路提举常平司遵照台判指挥并佥厅拟定事理照总/□□已□□还本寺及移牒总领所□会并下天水军照应施行外

知委嘉定拾伍年三月二十三日（内有篆书“四川安抚制置使之印”）

3．明嘉靖六年残碑

现藏库房，高0.48米、宽0.30米，已断为左右两块，残损较重。碑文楷书，共4行，满行14字。其上横刻“皇帝□□（万岁）”四字。碑文如下：

皇帝□□（万岁）

大明嘉靖六年开山……宝鉴寺修……发心/凿洞……功德主刘纪刘/……僧德遇镌字康/□（嘉）□（靖）八年重饬主（住）持/觉能信芳立石

4．贴完佛像碑

刊于东崖9窟外侧壁面。高0.45米、宽0.29米。碑文楷书14行，满行17～18字，横刻“礼县”二字，碑文如下：

礼 县

贴完佛像碑

伏以汉明帝梦金人之□文询佛化流于中国/老君著语三千□□位列于三清是□□□/之位在人而人生应赖神以获安史□□/麦积山明水秀地灵神杰然栋宇乏□□□/新□像□□ 贴金乏饰□乞会首□□□/□统领□□□会所派进香三载前□□□/□财易金贴完大佛像三尊□□□□□□□/法垂千载□庇万民谨意□本□□□□/会首邓□□ 李春□ 赵□□ 赵□□ 赵应学/杜应宿 赵佃 郭支 贯进 □□□日月□氏/崇祯岁次辛未朔建□□□吉日

5．瑞应寺常住香火田地四至碑

刊于瑞应寺大殿前廊山墙内，高1.44米、宽0.63米。碑首楷书“百代流芳”四字。碑文楷书24行，满行39字。碑文如下：

麦积山瑞应寺常住香火田地四至碑记

麦积山之创建由来已久矣，历代称为天水第一胜境也。圆慧禅师住锡以来，竭力苦行，殿宇辉煌，丹艧鲜明，皆其功也。至于寺中田地，上以供香火，下以裕僧众，四至最明。东至天池坪高岭为界，南至老庵大梁为界，西至庙沟梁为界，北至前湾石堡为界。乃有借端吞谋辈，始焉偷开一半响（垧），渐次偷开十数响（垧），久霸香火为己业，以致鸣官与讼，殊属不雅。今于乾隆二十八年蒙费太爷将侯贡生与潘了智争地一案，侯生所开常住浪弯银洞山地，仍作荒山，不得霸种。潘了智所租陈姓之地，亦作荒山，不得藉为常住。至二十九年四月内，又蒙费太爷钧谕着立碑记，并将前任太爷断案亦书入碑内，如乾隆十年潘了智与阮姓争地一案，张太爷酌中取公，永斩讼端。据阮姓佃帖，侯家沟以北，阮姓管业；侯家沟以南，僧人管业。各太爷断案彬彬可凭，第恐年远日久，复生蒙混，垂为碑记，世世清白。则碑载常住田地，上以供香火，下以裕僧众，庶永久不朽云尔。是为记。

中宪大夫山东青州府知府前知甘肃直隶秦州事加三级纪录八次费廷珍

登仕郎管直隶秦州捕务事两当县典吏加一级屠文焯

登仕郎赞直隶秦州督捕厅事加一级王鼎新

合郡士庶（二百余人姓名从略）

二、铭序碑及诗碑

1．冯惟讷识《秦州天水郡麦积崖佛龛铭并序》碑

此碑位于瑞应寺，1920年海原大地震时被倒塌的大树砸断为数块，后麦积山石窟艺术研究所业务人员修复，先存放于瑞应寺山门右侧，高3.86米、宽1.08米、厚0.27米。碑文楷书18行，满行45字。碑文如下：

秦州天水郡麦积崖佛龛铭并序

麦积崖者，乃陇坻之名山，河西之灵岳，高峰寻云，进深谷无量。方之鹫岛，迹遁三禅；譬彼鹤鸣，虚飞六甲。鸟道乍穷，羊肠或断。云如鹏翼，忽已垂天。树若桂华，翻能拂日。是以飞锡遥来，乘杯远至；疏山凿洞，郁为净土。拜灯王于石室，乃假驭崠山龛，方资控鹤。大都督李允信者，藉以宿植，进深悟法门。乃于壁之南崖，梯云凿道，奉为王父造七佛龛。似刻浮檀，如攻水玉，从容满月，照曜青莲。影现须弥，香闻忉利。如斯尘野，还开说法之堂；犹彼香山，更对安居之佛。昔者如来追福，有极恩之经；菩萨去家，有思亲之供。敢缘斯文，乃作铭曰：

镇地郁盘，基乾峻极。石关十上，铜梁九息。百仞崖横，千寻松直.

阴兔假道，阳乌飞翼。载辇疏山，穿龛架岭。纠纷星汉，回旋光景。

壁累经文，龛重佛影。雕轮月殿，刻镜花堂。横镌石壁，暗凿山梁。

雷乘法鼓，树积天香。溆泉珉谷，吹尘石床。集灵真馆，藏仙册府。

芝洞秋房，檀林春乳。水谷银砂，山楼石柱。异岭共云，同峰别雨。

冀城余俗，河西旧风。水声幽咽，山势崆峒。法云常住，慧日无穷。

方域芥尽，不变天宫。

兹山名胜，独冠陇右。其开轫之始不可考，而志籍所存，惟子山是铭是古。观其图写山形，飘扬法界，事综理该，辞义典则，而碑版不传，遗文湮灭。乃命工伐石，刊置山隅，将以之同好，俾后来者有所考焉。

子山，新野人，仕梁，累官右卫将军，聘于西魏。属魏师南讨，遂留长安。江陵累迁开府仪同三司司宗中大夫。博学工文辞，尤长于诗，有集若干卷传世。

赐进士出身朝列大夫河南布政司右参议

前陇西按察司分巡陇右道佥事北海冯惟讷识

嘉靖岁次甲子孟秋吉日

赐进士出身奉议大夫陕西等处提刑按察司分巡陇右道佥事甘茹书。

□州许□重勒

2．甄敬诗碑

现置瑞应寺，是利用上述冯惟讷识《秦州天水郡麦积崖佛龛铭并序》碑的背面刻诗，碑文楷书13行。碑文如下：

登麦积山三首

孤标冠地轴，远眺倚天门。巴蜀东南尽，山河西北□。□□开色界，水月满灵轩。不识如来意，常瞻□气存。

法□□峰外，浮云万里长。乾坤入旷劫，今古共□□。灵籁鸣虚壑，禅光落上方。我生无着执，梦里到慈航。

鸟道悬青嶂，龙宫宿紫烟。香云飞不着，宝月□守园。俯仰浮生幻，洪濛象帝先。晚来移杖屦，灯火下诸天。

麦积山遇雪

万象高悬北斗齐，三千世界望中迷。浮云□住常青莲宇，净水常流白虎溪。风动回檐驯鸽舞，雪凌远嶂□□啼。招提应为幽人至，遍雨天花待马蹄。

嘉靖己未十月三晋龙庄山人甄敬题。

属下吏知州吴应卬属下吏知州杜廷栋立属下吏知州李宋立石

3．马应梦诗碑

刊于瑞应寺天王殿前廊山墙，呈竖长方形，高1.25米、宽0.75米。碑文楷书10行，满行20字。全文如下：

麦积山候杨藩伯不至

我与麦山似有缘，浃旬两度处上山巅。间关鸟语迎征□，烂熳花香拂去鞭。雾锁攒峰新雨后，翠环列嶂晚风前。迟君不至同游尝，独步青霄意惘然。

麦积山早发□□用前韵

□是山灵厌俗缘，为保云雾隐峰巅。诸天长望空回首，群壑留连懒赠鞭。飘渺踈钟疑界外，微茫远树□村前。山灵应爱清征客，雨滞归途岂偶然。

万历岁次庚寅夏月吉日分巡陇右道佥宪前山西道监察御史东鲁

4．麦积崖图铭诗

现刊置瑞应寺内大殿前廊，呈竖长方形，高1.93米、宽0.78米、厚0.20米。竖排篆体碑题两行。碑身自上至下分为相等的三栏，分别镌刻图、铭、诗。内容如下：

“图”即用阴线雕刻的麦积山石窟立面示意图，纵0.44米、横0.65米。

“铭”题《麦积山佛龛铭》，落款为“庾子信山撰”。楷书21行，满行20字。

“诗”刻七言律诗五首。楷书21行，满行20字。

图与铭略，录诗文如下：

游麦积崖作大荔淡士

直同峰峦朵朵齐，一峰天外引丹梯。香林栉比筇浮幻，贞石镌经浩劫迷。松岭鸟飞通下界，草川龙饫稳长堤。来探水玉铜梁路，身在关山西又西。

和淡刺史麦积崖原韵吴江潘炤

飞盖真堪谢屐齐，危崖依约拾如梯。半痕□□□月□，一抹□拖积翠迷。构尽幽昙遗石壁，□□□□□金隄。何缘绝顶慈云驻，携句惊人压陇西。

和前作刘腾蛟

飞阁凌霄廻万齐，勾连石磴出□梯。半拖烟雨缘崖匝，一弄峰峦到眼迷。竹马依稀迎下界，玉虹约路接长隄。铭词不数子山妙，绝调阳春陇坂西。

和前作陈殿纶

环峙居然万□齐，高擎□镇耸丹梯。崖悬阁道虹霓现，人历洞天□□迷。净土山连松作盖，仙岩月偃玉为隄。等闲不到谢公屐，侍修昙云荫陇西。

和前作牟照□

凌绝丹崖罕与齐，峰回蹬转等危梯。侵衣不碍烟霞坠，扪碣无妨风雨迷。野碓声喧红叶径，石梁影泻白沙隄。山霭莫谓徒行少，南国甘棠今在西。

大清道光元年仲夏之吉大荔布衣李□□书

三、砖石塔及铁钟铭文

（一）塔铭

1．宝鉴大禅师塔铭

现藏文物库房。塔为石质亭阁式，塔身八角棱柱体。塔身遍刻铭文，楷书。首尾字迹较清晰，中间大都漫漶。首尾抄录如下：

□（大）明重开山祖师讳成聪号宝□（鉴）大禅师塔

赐进士出身敕巡山东右副都御史京兆□□□□曹兰撰

……

第四代嗣住持太能□（觉）焚香拜书

第五代住持能信□（建）□（立）

2．寂空大禅师塔铭

现藏文物库房。塔为亭阁式，白色石质，塔身八角棱柱体。塔身遍布楷书铭文。全文如下：

□□□□山沙门忠寂空大□（禅）□（师）塔铭

赐进士出身敕巡山东都御史雒州平田翁管□撰

□地开辟以来，混元造化，乾坤定位之□，宇宙明分之后，圆明一点，迥出青霄之外，忽然本地发明，辉天鉴地，□□□□着千圣难测，五十五位法□□□□进□□妙理圣义，囥然顿悟。□□□□（忠）公寂空大禅师者，乃岐周白□之子，□岁省悟。礼宝鉴大师剃孪心印，隐迹终南，禅定悟道，随师同住此山。住世六十有龄，法蜡四旬五夏，禅息静虑，告众曰：吾世缘已尽。集众参圣洒焚，正念坐逝。孝徒法泉等想师教授之恩，扶祖修蓝之化，亲资运石建塔，□□□觊传扬后世者矣。

第四代嗣住□持泰能觉焚香拜书

□皇明嘉靖岁次已未孟夏上旬吉旦

佛圣诞日第五代住持能信等众建立（以下为“龟凤山”、“胜仙寺”及本山僧徒10余人名号从略）字匠康登云□（田）永寿、□（田）□（永）身

（二）砖铭

1.砖铭一

现藏文物库房。高0.49米、宽0.33米。其上镌一“佛”字。铭文内容分上、下两栏，上栏竖排8行，下栏竖排10行，刻建塔人姓名。全文如下：

佛

千古百年复皆昌，九宫八卦察阴阳。诸佛流（留）下安身意，天地日月助三光。

临济下二十三代佛照本禅师圆喜 圆才 圆聪

正德九年

住持僧静泉涨藏父母夏纪姚氏 弟夏景禄 夏永坚

侄男夏得安 夏世安 砟得正 砟得李 夏来安

夏回安 夏廷安 夏正安 夏受安 夏能喜

2.砖铭二

现藏文物库房。高0.55米、宽0.34米、厚0.05米。其上镌一“佛”字。内容竖刻8行，文曰：

法乳临济，智寿惠洪，德法普净，妙性圆明。福缘善庆，觉照本宗。

麦积山瑞应寺住持僧众海藏和尚本师普暹

徒妙玄 妙通 净亮 圆青 妙德 竟惠

正德九年七月初旬建觉惠作上□妙贤男阎堂杨福

3.砖铭三

现藏文物库房。高0.49米、宽0.29米。全文如下：

居麦积岩大佛寺，作主（住）持焚修复，禁步六载，良□已满。异日出关，同本邑缁素人重葺理山崖洞□佛堂、云梯以及大雄殿阁精舍，靡不鼎新革故。乾隆元年冬，师初建法幢在清水县北村，地名大柳树海波寺，结制安禅，弘演毗尼。复明年，重创法席于本山瑞应禅院。开炉数次，丕振宗风，阐扬法化，承先启后，福德难量，始末七载余矣。次年，合白衣同募诸上善人绪，重修麦积峻岭佛舍利塔一座，递代相传，创自阿育王所造，共襄厥事，晃如初复。明年冬月望七日，师值辰刻示寂于本刹丈室。

4.砖铭四

现藏文物库房。高0.52米、宽0.35米。铭文最后残缺。全文如下：

麦积，天水胜境，闻起自阿育王，降及魏晋六朝，载记纷然。西魏文后削发于此，寂后凿石而葬。山顶旧有浮屠，名曰“舍利塔”。岁次磨灭，遗迹无存，大灭名胜色矣。后僧师上圆下慧和尚住锡于此，数年之间，百废俱兴，重修舍利塔于万仞峰头之上。但见落星河于檐前，穿日月于户牖，畂云雾于槛底，与天竺比峰可以齐观。寺门前院有先师祖与先师宝塔二座，俱各六角七层，宝盖玲珑，是皆福德所致，非大众所可及也。今岁山门看壁工峻，公议又于塔院右边建修普同塔一座。夫空去来一生灭，是将同大众而普之者也，何有于祇园众僧？又何庸空棺如达摩西方必去哉？是为铭。铭曰：塔名普同，事关众僧。供成……

5.砖铭五

现藏文物库房。高0.33米、宽0.30米、厚0.025米。行楷。全文如下：
……预为之志，而颂以铭曰：
太虚非虚，法空非空。有大和尚，安禅制龙。肫肫仁慈，渊渊度量。
为于无为，妄自无妄。不动至尊，自在无上。人也佛耶？涅槃真相。
云山苍苍，水月茫茫。云归月去，山高水长。
秦安训善发弟子张翀翮沐手敬撰
弟通闻 徒达焕 达炤 达孝 达元……

四、铁钟铭、香炉铭

1.明代成化二十年铁钟

现存瑞应寺钟楼，高1.34米、直径1.02米。录文如下：

僧正司僧正普宽謯印僧人/隆寐僧吏普曜/会福寺僧成戒进深厚/……/妙净妙德妙□（上）/……/巩昌府秦州知洲传鼒/同知张琰/户房司吏张志通/秦州卫指挥使吴钟王文/百户黄庆男黄永/秦州卫舍人吴昇……/

本寺住持静泉发心普化/十方铸钟一口上报四恩下资/三宥普及法界有情同登/觉岸本师普遏僧人静渟/妙鏌妙因妙锦妙宥性理性琛/性瑄园逵园进隆海徒妙朗/作工人董正杜怀……发心住持静泉号雪庭/助缘僧妙铭居士杜刚/施主夏真……/成化二十年四月初一日铸造

下部有“持住静泉”“夏景名”“郭昇聂氏”“杜果”字样。

2.清代乾隆十三年铁钟

现藏库房，钟身高0.42米、口径0.44米，钮高0.07米。钟身遍铸铭文，内容如下：
肩头四栏：佛日增辉法轮常转帝道遐昌皇图永固
钟身：

钟铭□修□序

麦积胜地，为天水□景之冠。名公巨卿登眺其上者，末不叹以为观止也。然而创建之自已不可考矣。其碑记、钟铭尚有存才，则云自阿育王构舍利宝塔于山顶。按：阿育王者不知出自何代，亦不知建国何地。至周穆王选胜遨游，亲历此山，敕赐舍利山灵安寺；其在东晋七国时，敕太石岩寺；隋开皇时敕赐净念寺；唐开元时，敕赐应乾寺；至宋敕改麦积寺曰瑞应。则历代之增修褒封者，累累不乏，夫亦曰：元堕先□，无废后观。焉乎由来年进深代远，其如风刮雨催，宝塔、佛龛、殿象、瞧炉、招提诸道已将废灭于荒烟蔓草而不可复。□幸迨僧圆慧惇等乞募众信，焕然亦（一）新，故书钟铭，特表云耳。

传临济正宗第三十六世住持圆慧□（惇）

徒了意 了机 孙达□达禅金火匠人强希圣

乾隆十三年十月朔立

3.清乾隆十三年铁香炉铭

铁香炉一对，现存瑞应寺大殿前左右两侧，高1.80米，分上中下三层。

左侧香炉录文如下：

第一面：碑记/乞化信士人/刘宗彦董贵董才……

第二面：碑记/陈趣监生吴延祚监生吴延行……

第三面：奉直大夫知固原州正堂加三级/祀隶二次贯/御前侍卫特授陕西秦州等/处地方参府当□府□世中□/加一级纪录三次多罗媜付□□/奉直大夫知直隶秦州正堂事/加三级纪录五次 张□……

第四面：碑记/徽郎判直隶秦州□粮□/茶总捕事务加二级甘/陕西河州镇属秦州□□□□/加一级纪银二次张……/登仕郎掌直隶秦州□□□□/直隶秦州僧正司僧正赵□□□/直隶秦州揔理盐税商人/周自□

第五面：碑记/传临济正宗第三十六世/住持圆慧 圆博/徒了参 了意了机了牵了脱/孙达福 达□达焕 达照/弟性海 性□/戒子普仁

第六面：碑记/金火匠人连必高 强希孝骆延/木匠陈连 强希发强希圣/铁匠刘月海

香炉上部：

瑞应方丈书/□钟月/引□□/五行□□/铁/□中消/八卦

数十/人二连月/辩/一复红炉/鞘当特成/戊辰年/凌峰衲

右侧香炉录文如下：

第一面：……（以上字模糊不清）僧懿可僧性□ 僧性廷 僧□□ 僧福安

第二面：……（字模糊不清）

第三面：僧寂容僧寂光……（以下字模糊不清）

第四面：……（字模糊不清）

第五面：□□……/莫道阴阳□明□□/天干融地支圣□□□/日月循朝暮春秋□□□/易经张卦理达士笑□□/凌峰玉人

第六面：碑记/志气欲高还须从大□□/十身雄万圣五眼□□/礼相脱三泪持名□□□/世人如信效亿德□□/乾隆十三年岁次戊辰应钟（釪）目

后　记

《麦积山石窟内容总录》的编写出版工作，多年来备受所领导和相关专家重视，学术界也多有期盼。前任所领导花平宁、朱毓中、魏文斌等都曾多次部署安排、协调资金和业务力量，全力推进；董玉祥、马世长等先生在条件极为艰苦的情况下多次在麦积山石窟长住，不顾年老体迈，风雨无阻、屡次临空涉险攀爬洞窟，亲力亲为指导编写工作，但编写工作历经波折，屡未如愿，是为憾事。

2021年，《麦积山石窟内容总录》编写出版被国家文物局列入“十四五”文物事业发展规划，作为重要业务工作再次提上所内工作日程。2021年4月，经麦积山石窟艺术研究所学术委员会讨论确定，《麦积山石窟内容总录》编写工作由考古研究室负责调整为学术委员会负责，委员会主任李天铭所长负责总体统筹协调，项一峰和董广强具体负责开展工作；并成立了分别由孙晓峰、张铭、项一峰、董广强带领所内中、青年业务人员进行洞窟调查记录的四个内容总录小组。孙晓峰参照敦煌研究院内容总录的体例，拟定了以麦积山第142窟为例的麦积山内容总录体例并经学术委员会讨论通过。随后，新的内容总录编写工作启动，并于2022年3月份完成总录调查记录稿。由项一峰和董广强负责统稿、校对、编写，期间克服了多轮新冠肺炎疫情影响，经过多次校对，文字、体例修改和调整，现终于完成付梓，得以告慰曾经为《麦积山石窟内容总录》付出过辛勤努力的前辈和同事，也回应了学术界的长久期盼。

参加本次麦积山石窟内容总录调查和记录的人员有：孙晓峰、张铭、项一峰、董广强、臧全红、张萍、曹晓玲、庞子旻、冯学斌、赵海祥、刘静、王蕾、白凡、邵春花、毛明霞、漆荟、孙安迪等。记录稿完成后，其中的几位同志还参加了后期校对工作。附录部分的碑刻录文以及洞窟分布图的补充工作由臧全红完成。

在本书的出版过程中，敦煌文物基金会在出版资金方面给予了全力支持，文物出版社领导和编辑给予大力支持，在此一并表示最诚挚的谢意！

编　者

2023年5月